四川袍哥史稿 SICHUAN PAOGE SHIGAO

绵阳师范学院学术著作出版基金丛书
四川省哲学社会科学重点研究基地四川民间文化研究中心项目

四川袍哥史稿

SICHUAN PAOGE SHIGAO

刘延刚　唐兴禄　米运刚　著

四川教育出版社
·成都·

图书在版编目（CIP）数据

四川袍哥史稿 / 刘延刚，唐兴禄，米运刚著. —成都：
四川教育出版社，2015.3

ISBN 978-7-5408-6500-9

Ⅰ.①四… Ⅱ.①刘… ②唐… ③米 Ⅲ.①哥老会
—史料—四川省 Ⅳ.①K254.420.6

中国版本图书馆 CIP 数据核字（2014）第 312895 号

四川袍哥史稿

刘延刚 唐兴禄 米运刚 著

责任编辑 穆 戈
封面设计 金 阳 何一兵
版式设计 王 凌 何一兵
责任校对 伍登富
责任印制 杨 军 陈 庆
出版发行 四川教育出版社
　　　　　地　址　成都市槐树街 2 号
　　　　　邮政编码　610031
　　　　　网　址　www.chuanjiaoshe.com
印　　刷 四川大学印刷厂
制　　作 成都完美科技有限责任公司
版　　次 2015 年 3 月第 1 次版
印　　次 2015 年 3 月第 1 次印刷
成品规格 190mm×260mm
印　　张 18 插页 8
书　　号 ISBN 978-7-5408-6500-9
定　　价 45.00 元

本书在编写过程中，参考使用了少量其他来源的文字和图片，请有关作者与编者联系，我们将按国家有关规定支付稿酬。

如发现印装质量问题，请与本社调换。电话：(028) 86259359

营销电话：(028) 86259605　邮购电话：(028) 86259694　编辑部电话：(028) 86259320

序

谭继和

在上个世纪初叶的巴蜀大地上，曾经上演过轰轰烈烈的帮会闹剧，其主角就是袍哥。由于种种原因，那些曾经叱咤风云的人物以及有关的历史事件，却在人们的记忆中模糊起来，甚至已经成为历史的"失忆"，殊为憾事。作为一段历史时期不可磨灭的历史活动，尽管一些史家对此也作过梳理和研究，但由于种种原因，此前大都限于个案性的、分散性的资料整理和个别问题以及个案实例的研究，能够全面系统自成体系地反映"袍哥"历史渊源及其发展，还原"袍哥"历史本来面目的专门著述，却一直付之阙如。刘延刚先生等三人的《四川袍哥史稿》，经辛勤耕耘，即将付梓，心里着实高兴。

作为一部通史性的《四川袍哥史稿》，本书较为系统全面地阐述了四川袍哥的起源、发展、流变和消亡的历史，展示了袍哥文化生存和发展的来龙去脉。全书采用持论求其正与实事求是相结合的研究方法，论从史出，特别是在吸取前人研究成果的基础上，注重社会调查和田野调研，取得了至少两点重大创新：第一，打破了袍哥江湖化、文学化、戏剧化的视域语境，而代之以严肃的学术研究的文本话语，较全面地展示了袍哥的历史与文化。第二，将原来主要是资料性、个案性，且比较分散零星的袍哥研究，转变为宏大系统的通史写作范式，这在秘密社会史与民间社会史研究上可谓别开生面。

从历史进程的角度看,该书至少有下列三方面的价值:

1.以历史进程与逻辑联系相一致的研究思维,第一次较全面系统地阐述了四川袍哥的历史。

袍哥现象是近现代中国社会一种重大历史现象,是中国近现代史特别是四川历史的重要组成部分,而迄今为止,没有一部正式出版的完整的袍哥史稿,这很不正常。袍哥作为已经消失了的特定的社会历史现象,其产生、发展和消亡都有其深刻的历史文化背景。作为一部专门史,首先要从还原历史本来面目的角度,对袍哥产生、发展和消亡的过程加以全面系统的揭示,探索其历史必然性,并且在流变和比较中区分"袍哥会"与"洪门""天地会"等的异同。除了详尽地占有现存的零散史料和研究资料外,笔者还做了大量的田野考察,让过往的历史云烟能在本书中真实再现。这种历史的二重证据研究方法,用在袍哥史研究上,是探本求真所必须的。

2.袍哥在历史上有复杂的效应和作用,需要用辩证思维对其条分缕析。本书从辩证的角度客观分析研究了袍哥这一民间帮会组织在历史上消极与积极的双重效应和作用。

由于种种原因,从官方到民间都习惯地把袍哥视为晚清民国时期社会肌体上的"毒瘤",而对其正面作用认识不足。除了少数学者在研究文章中对袍哥在历史上的积极作用有所涉猎外,对于袍哥会在四川保路运动、辛亥革命、护国战争中的重大贡献大都忽略了,更不用说"红色袍哥"如王伯高、杜重石等人在特殊时期所起的积极作用。近年来,影视文学对袍哥题材的炒作,误导了受众对于袍哥的认识,有必要正本清源。该书为此做了有益的尝试。

3.本书从区域文化学、心理学等角度揭示了民国时期袍哥这一秘密社会组织在四川公开化并迅速扩散的原因。

同为三大封建帮会之一,民国时期袍哥会在四川的群众基础远胜于青帮和洪帮在南方诸省的群众基础,四川参加袍哥会的人数估计占当时成年男子的一半左右，仅成都地区的公口就有一千余个。之所以形成这样的局面，除了四川特定的政治、经济大环境之外，还有更深层次的社会、民俗、心理等原因，本书对此作了新的探索。

从逻辑发展的角度看，该书有下列三大特点：一是客观性。作为一种历史存在，袍哥在历史上的作用和意义，本书从正反两个方面进行了深入的剖析。对袍哥在辛亥革命时期特别是在保路运动中的积极贡献，浓墨重彩，加以褒扬的地方，则不吝笔墨加以描述，对袍哥在特殊时期作为"次生政权"主持公道、维护地方秩序，特别是稳定乡村社会、助推城市社会方面的作用则作了求实的肯定。同时也对"浑水"袍哥欺行霸市、鱼肉乡里的土匪行径给予了鞭挞。总之，一切以客观事实作为褒贬的依归，坚持还历史以本来面目的客观立场，是本书的一大特点。二是逻辑性。本书并不只是停留在对史料的钩沉上，而是从社会学、民俗学、宗教学、心理学的多种角度，从逻辑发展上探索袍哥存在和消亡的历史必然性，把逻辑发展与历史过程结合起来构筑框架，具有逻辑上的科学性。三是现实性。由于袍哥在四川有着非常深厚的土壤和根基，袍哥文化对川人在语言、心理甚至行为方式方面的影响，特别是潜移默化的影响，对川人文化性格的"集体无意识"构成的影响，还很值得探究和挖掘，这不是简单地从肉体上消灭和组织上剪除能够解决问题的。以古鉴今，本书将研究视野从历史回到现实，对袍哥对当今帮会组织的影响提出了独到见解，为人们把握当代黑社会性质组织的特性提供历史借鉴，这是难能可贵的。作为第一部专门史，它有着发前人所未发的地方。

当然，既然是探索，也就必然有它的不足之处。本书在有关历史人物的评判和历史阶段的划分上还可斟酌，活生生的存在于底层社会的丰富袍哥文化的田野调查还不够，袍哥文化丰富复杂的诸多方面尚待细致发掘和全景式展开。当然，这些复杂的问题都不是一本书能解决的，尚有待于读者与识者的评判与探讨。

勉贡芜辞，是为序。

目录

引 言

袍哥，作为近现代史上对中国政治、经济、文化和社会生活有着重大影响的社会组织，我们对他的研究太有限了。

翻开中国的史书，我们可以找到沙场的断戟，后宫的裙裾，酷吏奸臣的龌龊与肮脏也屡见不鲜，然而在中国历史上曾经有过重要影响的袍哥却被湮没在历史的烟云里。透过滚滚尘沙，只能看到他们仓皇而依稀的背影。

是的，他们是遥远的江湖，他们中的一些人物及事件多以"匪""盗"等让人憎恶的字眼记录在清代、民国甚至中华人民共和国的档案里面。那些在刀口上舔血、在凌辱中讨生活的袍哥，甚至还来不及搞清楚发生了什么，就被作为社会毒瘤扫进了历史的垃圾堆，永远见不了天日。还有一些为国家为民族流血拼命的人，也因为其出生于"匪""盗"而难以让后人为之树碑立传。以学术的眼光来审视，关于袍哥题材，除了那些找乐子的文艺、影视作品和极少数的学者偶尔提起外，在主流学术研究中，已将他们基本遗忘。

感谢前贤留下珍贵著述！二十世纪三十年代刘师亮的《汉留史》，九十年代王纯武的《袍哥探秘》和二十一世纪初赵宏的《袍哥理门一贯道》等著作对袍哥史进行了有价值的梳理。毋庸讳言，这些著述对袍哥的研究还不全面系统，很多问题或者没有涉及，或者一鳞半爪，语焉不详，难窥其全貌。至今为止，学术界还没有一本系统阐述袍哥问题的史书，这不能不说是史学界的一大遗憾。

然而，作为时间长达一个多世纪的社会存在，四川袍哥离我们并不遥远，袍哥文化对当代四川及其周边地区的社会生活还存在着各方面的影响，他们的一些类似佐罗的故事仍在民间流传，他们总结出的诸如"海底"的江湖规则仍然根植于某些社会阶层的血脉之中，他们的隐语暗号也已成了当下巴蜀人的生动方言。说到底就是一句话：今天我们的现实生活中或多或少都存在着袍哥文化的影响因子。因此，著作一部相对系统、完整的四川袍哥史，为四川袍哥正本清源，是四川学术界的一件大事。

这就是我们不揣冒昧，竭其愚笨想要做的工作。

第一章 袍哥总论

第一节 袍哥的概念

何谓"袍哥"？《现代汉语词典》（2002 年增补本）解释为："旧时西南地区各省的一种帮会的成员。也指这种帮会组织。"我们认为：《现代汉语词典》的定义在语义上是不完整的，因为袍哥的活动范围不仅仅局限于西南地区，中国其他地区也有袍哥活动的痕迹。因此，不如定义为"清朝至民国期间以四川为主要活动区域的一种帮会组织及其成员的统称"。一般说来，袍哥则是"哥老会"在四川的俗称，本书所称四川袍哥，其区域包括当时的西康省和川渝两地。

为什么称这个组织及其成员为袍哥？《诗经·秦风·无衣》中有这样一段："岂曰无衣？与子同袍。王于兴师，修我戈矛，与子同仇。岂曰无衣？与子同泽。王于兴师，修我矛戟，与子偕作。""袍"在古代指的是装丝棉的长衣，《急就篇》颜师古注："长衣曰袍，下至足跗；短衣曰襦，自膝以上。"而至今还鲜活在时尚中的旗袍更进一步证明"袍"是一种长衣。而穿上这种长衣上战场，似乎就有了非凡的意义，"金带连环束战袍，马头冲雪度临洮"[1]，"到处人皆著战袍，麾旗风紧马蹄劳"[2]。从古到今，同一战壕里的人容易结成生死之交。后来军人以"同袍"相称，而"袍泽之谊"已是深厚友谊的代称。刘师亮对"袍哥"解释说："言其同一袍色之哥弟也。"[3] 异姓如同胞，见面称哥弟，取"胞""袍"谐音之义。作为军人，为共同的目标出生入死，统一服装颜色并称兄道弟也是天经地义的，有衣同穿，有饭同食，有福同享，有难同当，倒不一定非要是有血缘关系的亲兄弟了。古人多将"服""袍"与朋友的关系连在一起，作为帮会组织及其成员的袍哥，也是借助这

---

① 〔唐〕马戴：《出塞》。
② 〔唐〕秦韬玉：《塞下》。
③ 刘师亮：《汉留史》，1935 年成都排印本，第 61 页。

件好看的外衣，结成了利益同盟体。

在四川，除了以"袍哥"称呼这种帮会组织及成员之外，还有"哥老会""哥弟会""光棍""袍皮闹""汉流""汉留""汉刘"等种种流行的称呼。

刘师亮对以上别称作了解释。"何为'光棍'，一尘不染谓之光，直而不屈谓之棍，光者，明也，棍者，直也，即光明正直之谓也，试观世界上无论何种棍式，谁非直者，若稍有弯曲，不称之曰拐，便谓之曰杖，安得谓之棍哉，以棍定名，更曰光，非正直光明者不可。"① 此论表述了袍哥刚直不阿的方面，但似乎对袍哥有过誉之嫌。"何谓'袍皮闹'，以袍哥称'皮'而能闹出世界也。桃园结义，以三人同心，而成帝业；陈桥兵变，以黄袍加身之赵匡胤，亦是三人结义，而开大宋基业。以我汉留亿万人同心，未始不能造成绝大事业，所谓'袍皮闹'者本此。"② 此论重在说明袍哥的社会作用和能量。由于刘师亮本人就是袍哥"巨子"，对自家人溢美是完全可以理解的。而"汉留"，意为汉民族惨遭屠杀后的幸存者。"夫汉留者，汉族遗留也。先烈悯明室之亡，异族主国，留下革命种子，作灭清复明之计也，故名汉留。"③ "汉流"，"汉人之流也，满清以儒术牢人，恐汉族子孙被其收买，故创汉流以别之，以明我是汉人之流，非满人之流"④。"汉刘"意为这个组织是汉室刘姓王朝的正统后人，明指汉朝，暗指汉族。值得注意的是，这些称谓都是在清朝统治下，汉族人遭到歧视的情况下产生出来的。

这里有必要说明的是，很多学者都认为，袍哥就是哥老会在四川的通称。这一论点容易形成这样的印象，袍哥是哥老会在四川的分支。但就源流关系来看，王纯五的观点值得肯定："哥老会发源于四川，流传于云南、贵州、湖北、湖南、江西、广东、广西、陕西、甘肃等省，其踪影遍布全国。从清代至民国的长时期里，哥老会曾广泛地活动于四川的城市和农村。"⑤

由于袍哥产生之初是秘密帮会组织，其活动受到清政府极大的限制，目前尚没有可靠的资料证明其究竟产生于何时，就是陈近南在雅安开立精忠山和郭永泰在叙永开立荩忠山，也只是停留在传说之中。倒是活跃于四川边远山区的啯噜会，在历史档案中有记载。从史学角度来看，"啯噜"似乎成了有史可证的袍哥的先驱，他们的活动初期大致是在清康熙乾

---

① 刘师亮：《汉留史》，1935 年成都排印本，第 61 页。
② 刘师亮：《汉留史》，1935 年成都排印本，第 61-62 页。
③ 刘师亮：《汉留史》，1935 年成都排印本，第 13 页。
④ 李耘夫：《汉留全史》，星星书报杂志社 1938 年版，第 4 页。
⑤ 王纯五：《袍哥探秘》，巴蜀书社 1993 年版，第 1 页。

隆年间，比郭永泰开立苍忠山要早。

钻研历史多年的洪门南华山第五代山主、台湾国际洪门中华总会理事长刘沛勋认为：清末以来的民间秘密组织大多与洪门有关，在解放以前，洪门旗下有数百万人的社团，依分布区域的不同名称各异，在台湾和福建的是天地会，广东广西的是三合会，云南四川的是袍哥，湖南湖北的是哥老会，在江浙一带的则称为小刀会。① 关于"哥老会"与"袍哥"两个称谓，秦和平作出过比较明确的界定，他认为，袍哥是民间恃力型的互助团体，而哥老会是以反清复明为宗旨的秘密社会组织。② 王纯五则认为，完全可以把袍哥理解为哥老会在四川的称谓。我们也认为：哥老会同袍哥在概念上没有十分明确的分野。因此，以下篇目凡提及袍哥的地方均可以理解为哥老会。

第二节　袍哥的性质和特点

根据袍哥在清代、民国时期的活动，综合所得资料来看，袍哥的性质和特点如下。

第一，就初期形态说，袍哥是清代中期在四川出现的秘密社会组织。这种组织以互助为存在的基础。秦宝琦、孟超指出："旧中国的秘密社会，是泛指那些为了某些政治、经济或信仰等原因而自发结成的社会群体。按其组织形式与特点，可分为秘密教门与秘密会党两大系统。它们名目繁多，仅据中国第一历史档案馆的记载，已有200多种。如加上地方志其他记载，则不会少于300~400种。旧中国的秘密社会自登上历史舞台之日起，其足迹已遍及大江南北（亦在海外华人聚居地区流传）。"③ 按照这种划分，袍哥属于秘密社会组织的会党组织。由于袍哥组织从一开始就带有社会互助性质和民族主义色彩，"反清复明"是其根本宗旨之一，清廷因其反满倾向而视之为"会匪""会党"，因而他们的活动只能秘密进行。为了使其活动不被官方发现，其组织、活动隐蔽，隐字、隐语、手势、茶阵，纷繁而多变，局外人很难掌握。但凡秘密社会组织，之所以不能公开，主要因其政治上的反叛性，组织上的不合法性，以及其活动对现存社会秩序的否定性。咸丰年间爆发的历时六

---

① 参见林佳昕：《揭开洪门的神秘面纱》，载《凤凰周刊》第158期。
② 参见秦和平：《对清季四川社会变迁与袍哥滋生的认识》，载《社会科学研究》2001年第2期。
③ 参见秦宝琦、孟超：《中国秘密社会产生的根源与特点》，载《江苏社会科学》1993年第6期。

年以四川为主战场的李永和、蓝朝鼎农民起义的基本力量就是袍哥。以后的历次反洋教的主力也是四川袍哥（哥老会）。如四川最大教案"大足教案"的主力，就是"一绅二粮三袍哥"，余栋臣等首领都是"哥老会魁桀也"①。因此，袍哥组织遭到禁止和镇压，曾国藩在制定湘军营规时特地立了一条："结拜哥老会、传习邪教者斩。"② 这也是清朝统治者对待秘密社会组织所持的最基本的态度。

袍哥具有帮会组织必须具备的组织机构、帮规和帮约、隐语暗号以及活动的非法性等特点，是为学术界公认的帮会组织。有必要指出的是，由于哥老会在清朝末年已经半公开化，到辛亥革命后，已经转入全公开，甚至与当地的政权有一定的联系，成了享有一定地方治权的帮会组织，与一般意义上的秘密社会组织有了质的区别。抗日战争胜利后，"力图在中国推行多党制政治的风潮中，哥老会也在某些地区组建政党，其中有'中华社会建设党''民主社会促进会'等"③，并且有了政治纲领，说明其发生了质的变化。

第二，袍哥是一种江湖组织。

袍哥为了生存和发展，在早期活动中，多数以江湖人物的身份活动，采取的也是江湖手段。按照袍哥规定，江湖上的惊、培、飘、猜、风、火、爵、耀、僧、道、隶、卒、戏、解、幻、听各色人等，"如身家清，己事明，俱入汉留资格"④。

由此可见，袍哥组织中的人物，几乎涵盖了江湖中所有人物，袍哥的活动，几乎涵盖了所有江湖勾当，可以说是一个十足的江湖组织。而这些江湖人物，除僧、道、隶、卒、戏、解、幻、听等几种外，其余有属诈骗一类者。同时袍哥与其他贩毒、赌博等社会群体及江湖组织有极大的共通性和交叉性，这就使其具有了边缘性和复杂性。由于这些社会群体被主流社会充分边缘化了，属于失语一族，没有发布其主张的地方，自己极少留下可靠的文字资料。某些荼毒生灵的活动被群众抵抗，反抗政府的隐蔽行为更为政府所禁绝。正是由于袍哥组织的这些特征，带来其历史资料的匮乏性、零散性、断续性、可疑性。对于这些历史事件的记载，或源于官方报告，或来自社会传闻，或得于文人渲染，夸大其词、隐约其词、含混其词、以是为非，像《海底》那样的第一手资料实在是凤毛麟角。⑤

① 《民国重修大足县志·仇教记》。

② 〔清〕李翰章编纂，李鸿章校刊：《曾文正公全集·杂著卷·营规》，吉林人民出版社1995年版。

③ 李山：《三教九流大观》，青海人民出版社1998年版，第1248页。

④ 刘师亮：《汉留史》，1935年成都排印本，第26页。

⑤ 参见熊月之：《中国近代江湖社会史丛书序言》，载《中国江湖社会》，福建人民出版社2004年版，第1页。又：《海底》，民国时期李子峰撰，是一部研究洪门的典范之作。

第三，山堂或公口的独立性。袍哥组织不像别的帮会组织那样，有一个从上到下的层级关系，每个袍哥组织都是相对独立的组织，互不统属，按照"仁、义、礼、智、信"和"威、德、福、智、宣"，自行开设山堂或公口，聚集势力，不存在行政或经济上的从属关系，各袍哥组织之间是一种平行的即"横"的关系，这点同青帮的区别就特别明显（青帮是一个纵的组织，按班辈分前辈后辈。参加青帮拜师如父，收徒如子，师徒如父子，兄弟如手足，完全如同家庭组织）。正因为公口的独立性，才存在袍哥组织之间相互争夺地盘、抢夺利益的纠纷甚至厮杀。

辛亥革命后，袍哥组织公开，袍哥组织之间有了一定程度的兼并整合，四川大邑的"公益促进社"就是由安仁的五个袍哥公口合并而成的袍哥总社，成为联络、争取、团结其他袍哥公口的总机关。由于刘文辉、刘文彩兄弟的大力支持，"公益促进社"异军突起，成为拥有支分社三百六十多个，十万兄弟伙，一万多条枪的 20 世纪 40 年代川西农村实力雄厚的袍哥组织。[1] 雅安"荥宾合"更是"袍哥组织中的托拉斯，其成员包罗万象，大多数为军政要员；上至将官，下至士兵，三教九流，都可加入；原有仁、义、礼各旗的袍哥都可个别参加，也可全社集体参加……荥宾合成立后，天全原有各袍哥组织一律加入荥宾合，各区、乡、镇以人数多寡，分别设立支、分社；除荥宾合外，全县别无公口"[2]。而成都大汉军政府都督尹昌衡自立"大汉公"，自任龙头大爷，欲收编成都的袍哥组织，城内的许多袍哥公口加入"大汉公"，被时人称为"哥老政府"[3]。但是，由于袍哥组织的具体情况，联合都是暂时的、局部的，而总体上仍保留了相对的独立性。

第四，随着形势的发展，袍哥组织的半公开性逐渐明显。

由于袍哥从一开始就具有反清复明的性质，必然遭到清朝统治者的镇压，早期所从事的活动只能是秘密的。组织内部使用隐语暗号，对外联络上，也是使用公片宝札等不为局外人所完全明了的证明物。但由于四川当时地广人稀，山高路远，统治者的治辖权有限，加上袍哥的群众基础好，袍哥组织一般都是处于半公开状态。由于袍哥在辛亥革命时期为推翻清朝统治发挥了积极作用，辛亥革命后袍哥活动基本上是公开进行的，但有些杀人越货的活动仍见不得天日，始终处于半秘密状态。民国时期，袍哥势力渗透到军政各界，给

---

①　笑蜀：《刘文彩真相》，陕西师范大学出版社 1999 年版，第 251 页。

②　杨国治：《西康雅属的袍哥》，载刘剑、丁小梅编：《帮会奇观》，中国文史出版社 2001 年版，第 217 页。

③　参见吴雁南：《清末资产阶级革命派与会党》，载《贵阳师范学院学报》1981 年第 3 期。

统治秩序带来不利影响，各级政府也想禁止袍哥活动，但收效甚微。

第五，参与的广泛性（即群众性）。

袍哥在前期由于带有反清的性质，遭到清政府的严厉镇压，其活动基本处于秘密状态。太平天国与李蓝起义失败之后，社会更加动荡，四川的袍哥数量有了高速发展，不仅有无业游民、贫苦大众，还有各地的地方势力、军营官兵也纷纷参加。无钱无势者当袍哥（四川方言中通称为"嗨袍哥"）是为了求得结援互助，有钱有势者当袍哥是为了控制地方，培植羽翼，从而在更大程度上发展或保护自己的利益。在这种风潮之下，不嗨袍哥就很难在社会上立足。"袍哥能结万人缘"，"上齐红顶子，下齐讨口子（四川方言，即乞丐）"等民谚，说明袍哥的影响有如水银泻地，无孔不入。清道光年间，在湘军、楚军等军营中发展更快，亦如左宗棠所说，"自顷啯噜变成哥老会匪，军营传染殆遍"①。作为我国秘密社会两大系统（即会党与教门）中的哥老会，在清代的四川曾经是少部分人的秘密组织，可辛亥革命之后，袍哥组织成为民国的开国功臣之一，危险不复存在，利益却显而易见，因此，大多数成年男性都直接加入或间接受其控制。

第六，主体地位的边缘性。

袍哥分为清水袍哥和浑水袍哥。清水袍哥有更多的侠义意味，除暴安良、打富济贫等行为都体现了尚侠的一面；而浑水袍哥则带有较强的匪性，欺行霸市，鱼肉乡里，图财害命，更多地表现了强盗的本性。民国年间，由于袍哥公口迅速发展，僧多粥少，为了生存和发展，于是乡镇上的袍哥组织多参与抢劫，变成了浑水袍哥。正因为其主体地位的边缘性，决定其在辛亥革命前是革命的力量，民国成立后则成了破坏性的力量。

第七，"信""义"为其核心价值观念。

袍哥在其仪式、隐语、暗号、誓词及行为规范等方面都体现着"信""义"观念。"信""义"是袍哥存在的基础。作为江湖组织，无政治的隶属机构，更无法律的约束关系，如何相互联系共同完成大业？他们便从孔子、孟子等先贤的言行中找到了依据，"人无信则不立"，"生，我所欲也，义，亦我所欲也，二者不可得兼，舍生而取义者也"。有了"信""义"，散处五湖四海的江湖中人便可相互依托成为一个整体。②

---

① 《左宗棠奏疏续编》卷三三。
② 参见刘平：《民间文化、江湖义气与会党的关系》，载《清史研究》2002 年第 1 期。

第三节　写作《四川袍哥史稿》的意义和价值

由于袍哥是一种民间社会组织，各地的袍哥又相对独立，其史籍零乱而模糊，多由传说而来，各地史书和方志的记载也只是片言只语，因而袍哥的历史特别是早期的历史显得扑朔迷离，且有不少失真之处，学术界也众口纷纭。袍哥历史应该是中国近现代史特别是四川近现代历史的重要组成部分，而迄今为止，没有一部正式出版的完整的袍哥史，这是近代史学研究的缺陷。袍哥作为已经消失了的特定的社会历史现象，其产生、发展和消亡都有其深刻的历史文化背景，因此，作为一部专门史，其任务大致包括四个方面。

一是要还历史本来面目，对袍哥产生、发展和消亡的过程进行全面系统的揭示，探索其历史必然性并在比较中区分"袍哥会"与"洪门""天地会"等的异同。除了详尽地占有现存的零散史料和发表的研究文章外，笔者还做了大量的田野考察，让过往的历史烟云能在本书中真实再现。

二是从辩证的角度客观分析研究袍哥这一民间帮会组织在历史上的作用。由于种种原因，从官方到民间都习惯性地把袍哥视为晚清民国时期社会肌体上的"毒瘤"，而对其正面作用认识不足。除了少数学者在研究文章中对袍哥在历史上的积极作用有所认识外，对于袍哥在"四川保路运动""护国战争"中的重大贡献大都忽略了，更遑论"红色袍哥"如王伯高、杜重石等人在特殊时期所起的积极作用了。特别是近年来影视文学对袍哥题材的炒作，误导了受众对于袍哥的认识，有必要正本清源。

三是从社会学、民俗学、宗教学、心理学的角度揭示这一秘密社会组织民国时期在四川公开化并迅速扩散的原因。同为三大帮会之一，民国时期袍哥在四川的群众基础远远胜于青帮和洪帮在南方诸省的群众基础，四川参加袍哥的人数估计占当时成年男子的一半左右，仅成都地区的公口就有一千余个。之所以形成这样的局面，除了四川特定的政治、经济大环境之外，还有更深层次的社会、民俗、心理等原因，本书将对此作分析研究。

四是以古鉴今，从比较学的角度审视袍哥现象对当今社会的影响，并且作一些现实的思考。袍哥这一民间帮会组织，自中华人民共和国成立后已作了历史性的终结，但滋生它的社会文化背景并没有由此而消除，还阴魂不散并有了新的变种，"黑社会"问题已成当今中国社会的一个敏感话题。本书将对此进行分析探讨，给研究者提供参考。

第二章　袍哥的起源

第一节　袍哥产生的思想及宗教渊源

袍哥产生的思想渊源可以追溯到春秋战国时期，而影响最大的是三国时期刘备、关羽、张飞的"桃园结义"。根据《三国演义》的描述，刘、关、张结义之后，便有了一层特殊的仿血缘关系。这层仿血缘关系甚至比真血缘关系更加亲密，他们誓同生死，"不求同年同月同日生，但求同年同月同日死"，于是演绎了许多可歌可泣的故事。特别是关二爷被逼降曹后，曹操给予他很多金银财帛，他一概不收，只收了一件锦袍，平时却很少穿，有事穿上，却要把旧袍罩在外面，曹操问他原因，关二爷说："旧袍是我大哥赐的，受了丞相的新袍，不敢忘我大哥的旧袍。"这些忠义故事感染了千百年的亿万读者，人们都希望自己身边能有这样的异姓兄弟，进而，也希望自己是这样的忠义君子。千百年来，类似的金兰结义的故事比比皆是。称袍哥为汉留，名称的来源及其精神指向都应该与此有极大的关系，这也是汉民族世代传承的精神气节。

道教化了的关公及白莲教对袍哥产生了深远的影响，在袍哥组织的仪规上随时可以见到这些宗教文化的影响。在清代秘密社会中，像哥老会这样的以下层人士为主体的秘密会党，与白莲教、青莲教等秘密教门有着千丝万缕的联系。三国的关公，由于是忠义的化身，自唐代以来，民间对他的崇拜就很盛行，并逐渐成为朝廷、宗教和民间共同信奉的神祇。到了清代，由于清朝统治者的推崇，这种崇拜则进入鼎盛阶段。清代秘密会党受《三国演义》桃园结义的影响，吸收异姓兄弟金兰结义的形式，强调忠心义气，以关公为楷模。桃园结义和会党组织，都是属于异姓的金兰结义，其性质最为相近。秘密会党对关帝的崇拜，具体表现为，以关帝庙为举行盟誓仪式的地点，即使没有关帝庙，也要用纸写立关帝神位，要在关帝的见证下歃血沥酒。许多会党的名称也以关帝命名，例如关圣会、关帝会、关爷会、忠义会等，关帝在会党活动的舞台上确实扮演了十分重要的角色。① 清朝统治者想利用关公的勇武、忠义精神，顺治皇帝封关公为"忠义神武关圣大帝"，关羽被推崇为与孔子并列的武圣人，并在全国各地建立武庙。袍哥把自己的行为附会成武圣遗教，把关公作为忠义的典范，目的是增加组织的凝聚力。清代南方诸省，异姓结拜风气盛行，人口流动频繁，种族意识强烈，因此，结盟拜会的活动非常活跃，是中国秘密会党最为蓬勃发展的时期。

哥老会与其他秘密会党一样，吸收民间金兰结义的传统，模拟家族血缘的兄弟情谊，举行歃血沥酒的盟誓仪式，成员之间彼此以兄弟相称，强调忠心义气，以维持兄弟平行的关系。②

中国历来有任侠仗义之风，"桃园聚义""瓦岗威风""梁山根本"把这种侠义精神发挥到极致，并且由此成就了一番事业，有一定的示范效应。袍哥提倡互助共济，"有饭大家同吃，有难大家同当"的口号，与"桃园聚义""瓦岗威风""梁山根本"的精神品质一脉相承。

明末清初文人学者有很深的遗老情结，不甘于受异族统治，以王夫之、顾炎武为首的学者提出"反清复明"的口号，与民间反满情绪高涨暗暗相合，促使明末清初秘密社会组织的产生。郑蕴侠认为："汉留陈近南到西北组织洪门的时候，正逢顾炎武在陕西华阴县云台书院讲学，常以民族大义激励学生，同时受到洪门影响，率众结社反清复明。大家推顾炎武为首领，仿洪门组织称为'汉留'，取'汉族遗留'之意；亦称'袍哥'，取'岂曰无衣，与子同袍'之意。"③

不管王夫之、顾炎武的思想是否对袍哥产生直接影响，但明朝遗老的反清复明情结是客观存在的，他们的一些思想言论不可避免地要对清代秘密社会产生一定的影响。正如萧一山指出的那样："明朝遗老看透了中国人的特性是不讲民族而讲家族的，是不讲国家而讲君上的，是不讲后世而讲祖宗的，是不讲先民而讲宗派的。于是利用郑氏（指郑成功）部曲的心理，下级社会的弱点，江湖豪杰的义气，造出为宗派、祖宗、君上、家族的复仇说，

---

① 参见庄吉发：《从萨满信仰及秘密会党的盛行分析清代关帝崇拜的普及》，载《清史论集》（一），台北：文史出版社 1997 年版。

② 参见庄吉发：《从萨满信仰及秘密会党的盛行分析清代关帝崇拜的普及》，载《清史论集》（一），台北：文史出版社 1997 年版。

③ 郑蕴侠：《洪门、袍哥及青帮探源》，参见《当代中国扫黑纪实》相关章节，群众出版社 1997 年版。

民族国家的大义，自然寄托在里边了。"①

　　清代初年流行的末劫思想也具有极大的煽动性，广大群众正是出于对现世的逃避和对劫后世界的憧憬，积极加入秘密社会组织。洪门的创始人很多都是僧人，他们所创设的一些内部制度或多或少带有佛教的痕迹。由于四川和湖北、湖南、陕西等省地缘上的关系，白莲教和青莲教都有早期哥老会的成员参加，而会党的活动也带有明显的教门色彩。秘密社会组织的头目，既有来自会党的，又有来自教门的，他们在反对清朝统治者的斗争中都做出了贡献。哥老会初期五旗制的分派，就是效法白莲教，而青莲教的拜台结盟仪式又受啯噜结拜仪式的影响。从哥老会的发展历史来看，"从啯噜发展到哥老会，并不是简单的组织重复，也不是简单的名称变异，而是一个错综复杂的历史演变过程。其间，很明显的经历了川楚陕白莲教起义时期啯噜与白莲教的融合，和太平天国起义时期天地会与白莲教两大结社系统的相互融合两个重要阶段"②。这些秘密宗教组织同秘密帮会组织之间，总体上是互相渗透、互相融合的，是分中有合、合中有分的关系。

第二节　袍哥产生的政治背景和经济背景

　　（1）社会矛盾的复杂多样是秘密社会组织产生的重要因素。

　　秦宝琦、孟超认为："明末清初，中国广大地区经历了一场深刻、剧烈的动荡，清统治者在统一全国的战争中，实行野蛮的民族高压政策。如占汉族人民的土地，强迫汉族人民向满族农奴主投降，强令汉族人民剃发易服。这极大地伤害了汉族人民的民族感情和民族自尊。清朝统治者对拒不服从者，则加以杀害。对待汉族人民反抗，则用屠城的方法处理。'嘉定三屠'、'扬州十日'等事件，在当时的汉族人民心中留下了难以愈合的创伤。满汉民族矛盾的激化，引起了汉族人民更大规模的反抗斗争。他们或参加抗清义师，或加入农民起义军，或逃亡在外。"③ 说明清朝初年，统治者为了维护刚刚建立起来的统治秩序，对汉族民众采取了高压政策，致使民怨加深，民变蜂起。到了康熙、雍正和乾隆年间，由于

---

　　① 萧一山：《天地会起源考》，载《近代秘密社会史料》（《国立北平研究院史学研究会社会史料丛编》第一种），中国书店1993年影印本。

　　② 参见蔡少卿：《关于哥老会的起源问题》，载《南京大学学报》1982年第1期。

　　③ 参见秦宝琦、孟超：《中国秘密社会产生的根源与特点》，载《江苏社会科学》1993年第6期。

采取了拉拢汉族上层官僚及知识分子的政策，并积极推行"推丁入亩"等赋役制的重大改革，"摊丁入地后，封建国家解除了对百姓最直接的人身束缚和奴役，农民获得了离开土地的人身自由，从而为人口流动、农村剩余劳动力的分流创造了条件；同时促进了农村经济商品化生产进一步发展，加强了农村经济和市场的联系，促成阶级分化的加剧"[1]。由此而产生了大量的脱离故土、流寓他乡的农民。同时，由于社会经济有了较大发展，清王朝的疆域也有了极大拓展，进入了史书上所说的"康乾盛世"。但是明朝以来的社会矛盾并没有得到根本解决，如封建专制带来的吏治腐败，是封建制度本身无法解决的，和珅被处决表明了皇帝惩治腐败的决心，却也暴露了统治阶级的危机，"三年清知府，十万雪花银"，就是吏治腐败的真实写照。也正是在盛世时期，清朝统治者为了加强对反满力量的控制，大兴文字狱，堵塞了士人的言路，也堵塞了百姓的诉求渠道。这一举动，事实上激化了满汉之间的民族矛盾。汉人中的有识之士，继承了明代成化初年以来的秘密社会组织的传统，开始秘密发展教门和帮会组织，得到了广泛的响应。

（2）宗法制度留下的权力真空为秘密社会组织的存在创造了条件。

宗法制度是奴隶社会的产物，之后又长期发展。它在小范围内是一股稳定和谐的力量，但对集权统治来说，却是一种离心力量。满族入关后，开始由马背民族来统治农耕民族，本来就有一种民族隔膜在里面，遇上适当的时机，这种离心力量就会变成一种反抗力量。在封建社会相当长的时间内，庞大臃肿的官僚体制，并不能完全控制到广大民众的社会基层。朝廷权力只到达县一级，下面存在大片的断层，是官府鞭长莫及的，因而，除政权外，还必须运用父权、夫权、族权、神权等等，以及依靠大批豪强、吏役来填补空白。

农村的实际情况是，绅权往往比治权强大得多，祠堂的作用比衙门大得多。农村的祠堂起着维系宗族的作用，补政权之不足。对农村生活深有了解的太平天国领袖之一洪仁玕曾说："中国村乡隔县城或最近之官衙有远至六七十里路者，每有讼事发生，官吏胥役，重重剥削，所费不赀，故乡人遇有争执，恒由族中父老判断是非曲直，甚或与邻村邻族械斗以武力解决。"[2] 当小姓、小族受到大姓、大族欺压时，如果他们不联合起来，就无法与之抗衡，亦无法生存。因此，异姓结拜，互助互济，攻守联合，成为宗族争斗中常用的手段。清朝疆域拓展后，留下了管辖的真空地带，下层民众的生命和财产安全得不到强力有效的

---

① 参见张莉：《论帮会产生的社会条件》，载《历史档案》1999 年第 4 期。
② 参见叶曙明：《大国的迷失》第一章，陕西师范大学出版社 2007 年版。

保护，需要一种次生政权适时填补空白，这就为秘密社会组织的产生创造了条件。需要说明的是，宗法制度留下的权力真空虽然给秘密社会组织创造了条件，而秘密社会组织本身却带有浓厚的宗法等级制度的痕迹。就以袍哥组织为例，其内部组织完全按照横向兄弟式的血缘家族体系构成。

（3）人口爆炸性增长和土地兼并严重所造成的大量流民，为秘密社会组织的产生奠定了群众基础。

中国北方，从清顺治元年（1644）到乾隆末年（1795）这一百五十余年间，人口增加了五至六倍，而同期的耕地增加远远跟不上人口的增长，"生齿日繁，地不加广"，农民赖以生存的生产资料即土地日趋短缺，如果将耕地以人口平均计，清初平均每人约有十亩，乾隆三十一年（1766）则下降为二亩多。在土地日益紧张的情况下，地方豪强却对土地展开长时间的激烈争夺，到乾隆年间，已形成"田之归于富户者大约十之六"的局面，一些豪强地主中的大家族，倚仗其政治权势，欺压小族、小姓。小族、小姓则不甘心处于被欺压的地位，联合起来，通过歃血结盟，化异姓为同姓，形成如以齐、海、万、同为姓的集团，从而推动了中国的秘密会党的形成。对土地的争夺、兼并，直接后果是造成大量失去土地的流民。

而四川恰恰相反，张献忠入川后与朱明王朝的战争，双方对百姓的大屠杀，以及战后的瘟疫造成了人口骤减、土地荒芜、民生凋零。以温江县为例，由于战争及瘟疫，温江县境内"人类几灭，劫灰之余，仅存者范氏、陈氏、卫氏、蒋氏、鄢氏、胡氏数姓而已。顺治十六年（1659）清查户口，尚仅 32 户，男 31 丁，女 23 口，榛榛莽莽，如天地初辟"[1]。其他地方的情况也大体相似，"简州赋役……明末兵荒为厉，概成旷野，仅存土著 14 户"[2]。可见战争对于社会生产的破坏程度。

到了康乾时期，这一状况引起了清廷的高度重视，并从政策上加以调整。由此而引发自发或有组织的移民。移民的方向都是由人口稠密的地区向地广人稀的地区转移，就全国来说，主要是广东、福建、山东的流民向台湾、四川、广西等地迁移。四川的移民主要来源于湖南、湖北、广东、广西、福建、陕西、江西等省。

为鼓励外省移民入川，政府制定了许多优惠政策：

---

① 参见民国版《温江县志》。
② 参见民国版《简阳县志》。

首先，招抚流遗与劝官招民。

早在战时的顺治十年（1653），政府即"以四川荒地听兵民开垦，官给牛种"①，对占领区进行垦殖，但收效甚微。康熙三年（1664）夔东十三家失败，四川境内战事最终平息，于是四川的重建迫在眉睫。康熙六年（1667）湖广道御史萧震上疏请求以驻兵屯垦荒地，他说，蜀省"地多人少，诚行屯田之制，驻一郡之兵，即耕其郡之地；驻一县之兵，即耕其县之地；驻一乡之兵，即耕其乡之地"②。与此同时，政府开始大力招募因战乱而外逃的四川本省劳动力。康熙七年（1668）户部下令："蜀中流民寄居邻省者，现在查令回籍。而山川险阻，行旅艰难，地方各官，有捐资招抚，使归故土者，请敕议叙。"③

当时招民授职之例在全国已取消，可清廷对四川却破了例，史称："查招民授职之例已经停止。但蜀省寇氛之后，民少地荒，与他省不同。其现任文武各官，招抚流民，准量其多寡，加级纪录有差。"④ 为了鼓励普通百姓回籍落业，清廷首先要求在外省避难的四川乡绅带头回籍，以给百姓树立榜样。康熙二十五年（1686）六月，户部批准四川巡抚姚缔虞关于"四川乡绅应回原籍"的上疏并强调指出："四川土旷人稀，若居官者，尽留他省，则川中人益稀少，愈致荒芜矣。"⑤ 康熙二十七年（1688）七月皇帝对四川巡抚噶尔图说："姚缔虞曾奏四川缙绅，迁居别省者甚多，应令伊等各归原籍，则地方富庶于贫民亦有裨益。此事尔等次第行之。四川荒地甚多，尔当募民开垦。"⑥

清政府在招抚四川本省难民回乡的同时，还大力鼓励外省人民入川落籍生产。康熙七年（1668）政府批准了四川巡抚张德地的奏请："无论各省州县人民，虽册籍有名，而家无恒产，出外佣工度日之人，至于册籍无名而又无家业，流落于彼游手游食之人，准令彼地方查出，汇造册籍，呈报本省督抚，移咨到臣。臣即措处盘费，差官接来安插。此等游手游食之人……在他省无地可耕，久则势必放辟侈侈之事无所不为。一至蜀土，无产而有产，自为良民；在于蜀省，无人而有人，渐填实而增赋税，一举两得，无逾于此。"⑦ 为此他还建议奖励招民有成效之官员，"臣更有请者，无论本省外省文武各官，有能招民三十家入川

---

① 清康熙《四川总志》卷十《贡赋》。
② 清康熙《四川总志》卷十《贡赋》。
③ 清康熙《四川总志》卷十《贡赋》。
④ 清康熙《四川总志》卷十《贡赋》。
⑤ 清康熙《四川总志》卷十《贡赋》。
⑥ 清康熙《四川总志》卷十《贡赋》。
⑦ 清康熙《四川总志》卷十《贡赋》。

安插成都各州县者，量与纪录一次；有能招六十家者，量与纪录二次；或至百家者，不论俸满即准升转"①。张德地也正因为招民有功，康熙九年（1670）五月被朝廷加封工部尚书衔，"以招民议叙也"。

康熙十年（1671）六月，湖广总督蔡毓荣奏请"敕部准开招民之例"，同样得到清廷的批准。内容是："为候选州同、州判、县丞等，及举贡、监生、生员人等，有力招民者，授以署职之衔，使之招民，不限年数，不拘蜀民流落在外，及各省愿垦荒地之人，统以三百户为率。俟三百户民尽皆开垦，取有地方甘结，另准给俸，实授本县知县。其本省现任文武各官，有能如数招民开垦者，准不论俸满即升。又蜀省随征投诚各官，俟立有军功，咨部补用者，能如数招民开垦，照立功之例，即准咨部补用。"② 这一奏疏刺激了准官员们招民入川的积极性，更加拓宽了四川招民垦荒的渠道。从上述张、蔡两官员奏疏之良苦用心来看，正反映了清初四川百废待兴急需劳动力之迫切现状。

其次，对土地垦殖权和户籍权的规定。

清前期，四川除贯彻执行清廷对各地制定的垦荒抚民统一政策措施外，还享受了不少特殊优惠政策。在土地垦殖权方面，康熙二十九年（1690）清廷"以四川民少而荒地多"，特定《入籍四川例》："凡流寓愿垦荒居住者，将地亩永给为业。"这一措施肯定了移民对占垦土地的所有权。直到雍正六年（1728）三月，户部还下令"入川人民众多，酌量安插，以一夫一妇为一户，给水田三十亩或旱地五十亩。如有兄弟子侄之成丁者，每丁增给水田十五亩或旱地二十五亩……俱给以照票令其管业"，基本上保证了入川移民均有属于自己的土地进行耕种。

而对移民入川的户籍权问题，早在康熙十年（1671）即有"定各省贫民携带妻子入蜀开垦者，准其入籍"的规定；康熙二十九年（1690）十一月又定"蜀省流寓之民，有开垦田土，纳粮当差者，应准其子弟在川一体考试，著为例"。依科举制度之例，移民能在四川参加考试，则是对其户籍权的肯定和确认。

再次，赋税政策。

清初定各省垦荒地亩以"三年起科"，唯独对四川实行了例外的优惠，康熙下诏，"准

① 清康熙《四川总志》卷十《贡赋》。
② 见《清史稿·蔡毓荣传》。

川省招民开垦……其开垦地亩，准令五年起科"。① 其起科的田亩也是由百姓自由申报，史称清初"来川之民，田亩任其插占，广开四至，随意报粮。彼此州县唯恐招之不来，不行清查"，② 以致川省出现"有报粮升合，而占地数块者"③ 的现象。时至康熙四十八年（1709）清廷仍反对清丈四川地亩，史载康熙告诫四川巡抚年羹尧："比年湖广百姓多往四川开垦居住，地方渐以殷实，为巡抚者，若一到任即欲清丈地亩，增加钱粮，即不得民心矣。"④ 直到雍正七年（1729），四川才开始全面清丈田亩。清丈的结果为：田亩总额为459027 顷 83 亩，是明朝万历年间四川田亩额 134827 顷 76 亩的 3.4 倍；而此年四川的田赋总额为 656426 两，仅为明万历年间四川田赋额 1616600 两的 40% 左右。这就是清前期"国家赋税，四川为最轻"的有力证明。清末薛福成曾指出："四川古称饶裕，国初定赋，以其屡经寇乱，概从轻额，故其地五倍江苏，而钱粮不逮五分之一。"⑤

此外，清前期还对各省入川的贫民给予牛种口粮等经济上的援助。如雍正五年（1727）各省贫民大规模逃荒入川，川陕总督岳钟琪奏请："请开招民事例，给穷民牛具籽种，令其开垦荒地，方为有益。"雍正帝览后批令："今据岳钟琪奏请设法安插，令其开垦以为生计，此实安辑贫民之急务。其牛具籽种口粮等项之费，不必另开事例。现今有营田水利捐纳银两敷余之项，存贮在京，著于此内，拨发十万两解川应用。倘有不敷，该督抚再为奏请。"⑥ 雍正六年（1728）三月户部规定，给入川开垦人户"每户给银十二两"，助其应急之需。

清前期四川的招民开垦政策是全方位开放的，既采取优惠措施鼓励人民携家自愿入川，又以升官为手段大力倡导官员招民入川，甚至连外省的游手好闲之人，四川也乐意筹措盘费接入四川。不仅如此，清前期对四川的移民政策基本上是连续不变的。乾隆时期，一些官员屡请朝廷禁止外省人民入川，但均为皇帝否决。如乾隆二十五年（1760）贵州巡抚周人骥奏请设法限制各省人民入川，乾隆批评他说："此所谓知其一，不知其二也。国家承平日久，生齿繁庶。小民自量本籍生计难以自资，不得不就他处营生糊口。此乃情理之常，岂有自舍其乡里田庐而乐为远徙者？地方官本无庸强为限制，若其中遇有生事为匪之人，

① 《清圣祖实录》卷三六。
② 《宫中档雍正朝奏折》第九辑《管永泽折》，台北故宫博物院印行，1977 年。
③ 《宫中档雍正朝奏折》第四辑《法敏折》，台北故宫博物院印行，1977 年。
④ 《清圣祖实录》卷二三九。
⑤ 转引自刘正刚：《清前期四川和台湾移民政策之比较》，载《四川大学学报（哲社版）》1996 年第 1 期。
⑥ 《清圣祖实录》卷六十一。

则在随时严行查禁，不得以一二败类潜踪，遂尔因噎废食。今日户口日增，而各省田土不过如此，不能增益。正宜思所以流通，以养无籍贫民……若如周人骥所奏，有司设法禁止，不但有拂人性，且恐转滋事端，否则徒为增设科条，而日久又成故事。"① 乾隆三十二年（1767）四川总督阿尔泰又奏禁止各省人民入川。乾隆帝批评道："此等无业贫民，转徙往来，不过以川省地广粮多，为自求口食之计。使该省果无余日可耕，难以自赡，势将不禁而自止。若该处粮价平减，力作有资，则生计所趋，又岂能概行阻绝？……倘此等民人，入川或有滋事为匪，致为乡里之害，即按罪严惩，以儆其余，亦督抚等分所应办，又何事鳃鳃过虑？"②

由于清政府移民政策的倾斜，四川的人口骤增，据粗略统计，"湖广填四川"期间的移民人数超过 500 万。到了乾隆后期，由于四川的土地紧张，才不得不限制外省移民入川。移民入川固然解决了国计民生的大问题，但也产生了大量的社会问题。最令统治者头疼的就是所谓的"啯匪"问题。

移民入川后，四川形成了若干股势力。

一是原住民。他们是几辈甚至几十辈就在这儿生产和生活，有"地主"的优越感，加上唯恐从五湖四海入川的移民分享他们的既得利益，在防备之中抱成一团。

二是移民。移民来自四面八方，除了同乡人外，概不认识。语言不通，生活习惯迥异，由于人地生疏，同其他人一般不交往。为防范本地人和其他移民对自己人身、财产的侵袭，纷纷结成小团体以求自保。

四川省内人民的群体结构复杂，矛盾也就多样化了：原住民与移民的矛盾；移民中来自不同省、不同区域之间的矛盾。语言的差异，生活习惯的差异，宗教信仰的差异，都可使矛盾激化、扩大。

由于同乡移住没在同一处所，即使是同一地区迁移入川的移民，平时见面也极不容易。远在他乡，同乡人见面之后便有许多话要说，老乡的情结自然而然地产生了。为了便于同乡交流，同乡会馆便应运而生。比较有名的有"湖广会馆""广东会馆""江西会馆""陕西会馆"等。

有了这样的聚会场所，同乡人便可以经常聚会，除了联络亲情、乡情外，还可以处理

---

① 《清高宗实录》卷六〇四。
② 《清高宗实录》卷七八四。

内部的一些纠纷，并在利益问题上协调对外。如果遇上别人欺负同乡，大家便联合起来，为其讨回公道。会馆这种结社的形式在四川大地上悄然兴起。

从外省移民入川的，并非全是良民，也有游手好闲之徒。从外省迁入四川的流民，并不是人人都可以在异地他乡成家立业，在饱受了背井离乡的漂泊之苦后，如果运气不好，仍然找不到一个安身立命的地方，到了无路可走的时候，这些被完全边缘化了的流民不得不寻找别的路子，最简捷的就是进入"匪道"。由于这些外省移民不可能整个家族迁入四川，要想在异地他乡站稳脚跟并要面对漂泊和孤独，不得不仿照桃园结义与梁山聚义，与异姓人家结为拜把兄弟，在类似家族式的社会组织中找到身心的寄托场所。他们就是袍哥的前身。

（4）"强干弱枝"现象使乱世中人团结互助成为必然。

长期的封建专制，使本来属于整个社会的权力和资源集中于极少数人手中，形成了"强干弱枝"现象，国家机器表面上显得异常强大，而百姓已经柔弱不堪。处于弱势地位的社会各阶层为了身家性命，把求生存和求安稳作为现实的选择，愿意加入互助式的利益团体，而强势群体为了控制地方和培植羽翼，同样借了这件外衣，跨越宗族的界限，广结异姓兄弟，加入袍哥等帮会组织。

（5）普遍的信仰危机和道德失衡是秘密社会组织产生的根本的原因。

中国的本土宗教和外来宗教，到了清代都被充分实用化、庸俗化了，这就背离了宗教的教义，从本质上动摇了信仰的根基，使民众失去了对真善美的追求，迷失了方向感。清朝已经到了中国封建社会的末期，各种社会矛盾的交织，从官方到民间都变得浮躁，一切都处于变化之中，整个国家都在漂泊的轮船上，未来是什么，谁也说不清楚。

信仰危机带来的道德失衡现象，已是司空见惯。最起码的是非标准已不存在，为了生存，甚至是为了一个不是理由的理由，为匪为盗，只要不关自己的事，没人站出来怒吼一声，社会价值标准全面异化甚至扭曲。这就迫切需要行侠仗义的组织出来扭转世风。秘密社会组织则以一种变形的身份出现，一方面是顺应了时代的需要横空出世，另一方面，他们也同样干着为非作歹的事，成为矛盾的统一体。所有的秘密帮会组织建立之初，都是针对恶劣的世风或强横的势力，为了帮扶弱者，如汉末张角兄弟领导的太平道、宋代的梁山聚义、清末洪秀全拜上帝会，无一例外，洪门、青帮、理门、袍哥也都是如此。他们替弱者出气申冤，惩处强横者，杀贪官豪强，伸张正义，在一定程度上维护了社会的公平和正义。

随着时间的推移，秘密社会组织的缺点便暴露出来：等级制度下利益分配出现了明显的不均衡，如洪秀全可以坐在天京发号施令，享受别人的服侍，可以拥有豪宅美女，而普通会众则收入微薄，还得到前方卖命流血；是非观念不统一，有人认为结成帮会是为了世道公平，有人认为结成帮会是为了有吃有穿，有人认为是为了不受欺凌，有人认为是为了称王称霸当皇帝，再去欺凌另一团体的人，分歧愈来愈大，以致不可收拾。

第三节　袍哥产生的文化心理因素

原本依附于土地生活的农民，即使被迫离开了土地，生活环境改变了，而长期以来所形成的社会心理并不可能改变。首先是归属感和依赖感。乡里民众长期蒙受着社会动荡的反复折磨，其生存总是处在危机之中，因此，倍加感到求生存的艰辛。当他们对某种环境无力判断、无所适从时，恐惧心理使他们产生强烈的合群倾向，促使他们寻求沟通，希望缩小彼此间的距离，希望与自己社会地位、知识水平等状况相同的人们，能够相互亲近，并经过比较和选择，使相互之间的行为方式趋向一致。长期以来，这种社会心理，使广大基层民众在生活中产生了互相依存与共同防御的需求。在这种情况下，人们自然地趋向依靠群体的力量。而帮会组织正是适应了基层民众的这种需求，为分散的、缺乏依靠的，以及缺乏安全保障的这一社会人群，提供了彼此沟通、彼此依赖的生活空间。也正是在互助互济的口号下，彼此邀约，帮会组织才得以形成。帮会组织所行的歃血誓盟、焚香结拜的仪式，是中国民间由来已久的一种结盟的做法。他们对天盟誓，信仰天地能主宰一切，认为凡是违盟的人，就是欺天，就当受到上天的惩罚。这种做法，也带有一定信仰特征，是将人世间生活上之所需，采取超人间的形式，作为规范约束人们的准则，是民间社团中的习惯方式。帮会组织即通过宗法师承的组织模式和结盟互济的纽带，将人们组织在一个新的群体中。[①]

四川四面被高山包围，中间盆地，山多地少，阴天多日照少，潮湿多雾。李白《蜀道难》一诗基本上描绘出了四川地形地貌的总体特征。在山高路远的偏荒地带生存的川人，在交通极不方便的历史状况下，与主流社会总是隔着不小的距离，容易产生孤独感和被遗

---

① 参见张莉：《论帮会产生的社会条件》，载《历史档案》1999 年第 4 期。

弃感，遇上合适的机会，其叛逆和反社会的情绪极易被调动起来。四川大山连绵不绝，江河奔流不息，孕育了川人耿直豪爽、重信好义、敢作敢为的性格，给了袍哥作风硬朗、仗义守信的基因。易守难攻的复杂地形给袍哥开展活动提供了广阔的空间，深山古寺成了开展活动的最佳场所。传说中陈近南在雅州开立精忠山、郭永泰在永宁开立荩忠山、万云龙在峨眉山开立山堂等等，都说明了四川易于隐蔽的地理环境是秘密社会组织从事活动的最佳选择。从历史沿袭下来的以休闲和信息交流为主要功能的四川大众茶馆则给袍哥提供了信息传递的平台。四川的茶馆，既是城乡居民交际的公开空间和自由场所，也是从事经济活动和调解民间纠纷的场所，具有多方面的社会功能。各种社会组织也利用茶馆的特点开展活动，后来茶馆多成为袍哥进行联络的地点。

另外清季四川袍哥得以大量滋生尚有如下原因：一是商品经济发展，城镇地位凸显，传统社会组织难以适应，需要新的治安维系体；二是清政府统治削弱，绅民寻求自保的需要；三是教会势力的发展和横行，民众需要建立组织与之抗衡；四是鸦片的贩运和销售，需要群体的力量与严密的网络。袍哥具有维护城乡社会治安的功能，成为乡镇的权威。他们协调关系，规范行为，填补传统管理体制的不足，起到次生政权的作用，得到清统治者一定程度的容忍。

第四节　袍哥探源

关于袍哥的源头问题，历来众说纷纭，莫衷一是。尹恩子先生的《哥老会起源问题研究综述》① 对各个时代的研究成果进行了分析归纳和点评，蔡少卿先生的《关于哥老会的起源问题》② 综述了国内外学者的研究成果，并对哥老会产生的原因进行了深入的探讨，秦宝琦、孟超先生的《哥老会起源考》③ 对袍哥的起源问题也作了较深入的研究。总体来看学术界关于袍哥的起源问题，传统的说法主要有两种："起源于啯噜说"和"创自郑成功说"。当代学人赵宏在《袍哥理门一贯道》中还提出了"袍哥起于边钱会"的说法。观察

---

① 《清史研究》2002 年第 1 期。
② 《南京大学学报》1982 年第 1 期。
③ 《学术月刊》2000 年第 4 期。

的角度不同，所得结论就会有一定的差异。从现有的史料观察，《左宗棠全集》中多处提到四川袍哥乃是由啯噜演变而来的，"本川、黔旧有啯噜匪之别名也"①，"啯噜变成哥老会匪"②，"本四川啯噜之变称"③，"本啯噜之遗"④，"四川啯噜一种，因土俗口语而讹"⑤，而洪门帮规对啯噜会众的影响也很大。笔者认为，哥老会的产生是由川内的边缘群体与移民中的游民部落结合而产生的，既受当地传统秘密社会因素的影响，又借鉴了外来的形式，是多源归于一流，但总的源头还是啯噜。

清康熙雍正以来，由于农村人口的迅速增加，政府"地丁"政策掠夺，地主豪绅剥削，造成大量无业流民向地广人稀地区迁移。乾隆嘉庆年间，川楚陕交界的南山巴山地区就侨寓着数百万"江、广、黔、楚、川、陕之无业者"。⑥ 他们依亲傍友，到此垦种荒地。他们居无定所，伐木架屋，藉以栖身，他们种地之外，多到盐井、铁厂、煤厂佣工为生。尽管在这样地广人稀的荒僻地区，仍不能避免地主、厂头、吏胥敲骨吸髓的压榨。

进出四川，以夔门水路为主，川内的嘉陵江、沱江、涪江、岷江、乌江等江河也是交通的动脉，在外国轮船侵入长江以前，长江中、下游，即从四川重庆到湖北武昌再到上海的航线上，无论是货运还是客运，主要都是木船。"长江未通商以前，商贾运货，行旅往来，悉雇用民船，帆樯如织。"⑦ 数量众多的帆船，需要雇佣大量的舵工、水手及纤夫，长江"大号船约需水手七十人，中号者约四十人，小号者二十至三十人"⑧。仅宜昌至重庆的航线上，共有船夫、水手、纤夫二十多万人。这些船夫、水手，在千里大江上，随时有触礁或遭风浪而覆船的危险；纤夫们则挽着沉重的木帆船，在江边崎岖小道上艰难地前进。他们的劳动既艰苦又危险，因此，无论在劳动中还是生活上，均需要相互帮助，于是自发地结成水手行帮，称"川楚八帮"。严如煜说："大船用纤五六十人，小亦二三十人。船头仍用桡楫，上拉下推，逆流而上。遇难则合三四船之纤夫百余人共拉一船上滩，再拉一船，名为并纤。纤道忽上山巅，忽落岩脚，石壁横线索，便扒换，或凿小石孔，仅能容趾，人

---

① 《左宗棠全集》奏稿四，岳麓书社1990年版，第80页。
② 《左宗棠全集》奏稿四，岳麓书社1990年版，第466页。
③ 《左宗棠全集》书信二，岳麓书社1990年版，第216页。
④ 《左宗棠全集》书信三，岳麓书社1990年版，第570页。
⑤ 《左宗棠全集》书信三，岳麓书社1990年版，第767页。
⑥ 严如煜：《三省边防备览》卷十四《艺文下》，清道光十年刻本。
⑦ 聂宝璋：《中国近代航运史资料》第一辑下册，上海人民出版社1983年版，第1274页。
⑧ 聂宝璋：《中国近代航运史资料》第一辑下册，上海人民出版社1983年版，第1338页。

如猿猱鳖蘦，负纤而行。间有无纤道处，则全赖桡楫。船行江中，纤索上顶，声息不能相闻。船上设锣鼓，以锣鼓声为行止进退。纤绳或挂树梢，绊石上，则锣鼓骤发，纤夫行足，另有管纤者名'价挽'，无论岩之陡峭，树之丛杂，扑身脱解，倾跌所不计。纤绳挂住，船则转折不定，危在呼吸。若纤断，更不待言。江河之险，川流为最。川流之险，又莫过于峡中。"① 川江河道上的木帆船，由湖北荆、宜上水至四川重庆，所需水手、纤夫甚多，而由重庆返回荆、宜之船，所需水手纤夫较少，因而，就有大批水手、纤夫滞留于川江上游重庆一带。这些滞留者，有的沦为乞丐，更多的则成了啯噜。

"四川本鱼米之乡，不但本省民食充足，并且接济两湖、江南，民间生计不甚艰难，惟游手好闲者太多，是以地方易于滋事。上曰：'游民何以如是之多？'对曰：'四川水陆通衢，陆路由陕西、甘肃自宁羌州入蜀；水路由湖北宜昌至重庆、夔州入蜀。来往商旅，无论舟车，皆雇觅纤夫，负绳牵挽，盘旋而上，至蜀则纤夫无用，若辈到处无家，无资回籍，下水船只，不雇纤夫，流落异乡，群居为匪，是以每次办一啯匪大案，胁从者半属游民。'"②

"川东之可虞，时宜防范者，在大江之水手。川江大船载客货，由汉阳、荆、宜而上，水愈急，则拉把手（即纤夫）愈多。每大船一只，载货数百石，纤夫必雇至七八十人。夔门不过经过之地，至重庆府卸载，客商改雇小船，分往川北、川西南，其嘉陵、渠、潼、泸、涪等江，各有熟水道水手板主（即船主）另雇而行。荆、宜所来拉把手，在重庆府河岸各棚待下水重载之雇募。下水重船需水手较上水为少，每只多止三四十人，计重庆所至上水船每日以十船为率，是水手来七八百人，所开下水船，每日亦以十船为率，是水手去三四百人。以十日总计，河岸之逗留不能行者，常三四千人，月计万余矣。此辈初至尚存有上水身价，渐次食完，则卖所穿衣服履物，欠之，即成精膊溜矣（山中恶少无衣履赤身者，谓之精膊溜）。弱则为乞丐，强则入啯匪伙党。"③

早在乾隆末年，便有许多水手因谋生艰难而加入啯噜。湖北松滋人李维高于乾隆四十三年（1778）"推桡"来到四川巴县，与魏老虎等共五十人结盟成为啯噜，到梁山县（现为重庆梁平县）一带抢劫。四川重庆府刘玉彩于乾隆四十三年加入啯噜，同伙二十多人，

① 参见严如熤：《三省边防备览》。
② 张集馨：《道咸宦海见闻录》，中华书局1981年版，第119页。
③ 严如熤：《三省边防备览》卷五《水道》。

在永川县抢劫，闻拿逃散，靠当水手推桡为生，并与啯噜周老幺一同讨饭、抢劫。① 贵州清溪县人周德，因贫乞食，乾隆四十六年（1781）三月来到四川巴县，入啯噜刘胡子一伙，在巴县马场抢劫布客商人银两，后又至巫山县一带沿江抢劫。湖南会同县人向群，靠撑木锋（木筏）来到湖北来凤县，再至四川觅工。乾隆四十六年（1781）二月在秀山县入啯噜黄老幺一伙，抢劫过往客人。② 湖北监利县彭老三，在川江靠推桡为生，乾隆四十六年三月，在梁山、垫江一带被黄大年邀入啯噜，随同抢劫。③

清朝督抚大员们，多次奏报川江水手加入啯噜一事，湖广总督舒常奏：查啯匪始而结伙行强，继而闻拿四散，近来履获之犯，或推桡寄食，或沿路乞讨。

四川总督福康安奏："川省为荆楚上游，帆樯络绎，自蜀顺流而下，推桡多用人夫。自楚溯江而上，拉纤又需水手。往来杂沓，人数繁多。每于解维之际，随意招呼，一时猥集。姓名既属模糊，来去竟无查考……川省人多类杂，棍徒抢劫行凶，遂有啯噜之称。"④

湖南巡抚刘墉奏："川省重庆、夔州二府，与湖广等省毗连，结党为匪者，每起或二三十人，或四五十人不等，每起必有头人，名'掌年儿'，带有凶器，沿途抢夺拒捕。"⑤

嘉庆年间，川江上的啯噜更加活跃。"查川省自邪教荡平以来，民庆履丰，元气渐复。惟近来啯噜匪潜滋，川北、川东为甚，自五六十人至一二百人不等，或聚或散，忽东忽西。遇行客则肆行动夺，入场镇则结党成群，而大江船只，劫掠更多。各州县等皆因该管上司以地方平静，不欲办此重案，遂后不禀报。"⑥

盐是四川货殖最大的物产，著名产盐地数十处，每厂盐工苦力多者"以数十万计"，少则"亦以万计"。⑦ 繁重危险的劳作，使盐工中多有伤残者；逃跑者，则成了无业游民。

这些各地各类不能谋衣食的无业游民，为了谋生自卫，便呼朋招类，十百为群，歃血为盟，结成帮伙。他们飘流江湖，弱则为乞丐，强则为盗为骗，还有充私贩，作保镖的。

啯噜会多在川湘楚等地。"军兴以来，其党多亡命，归行伍，十余年勾煽成风，流毒遍湘楚，而变其名目'江湖会'。每起会烧香，立山名堂名，有莲花山富贵堂、峨眉山顺德堂

---

① 《朱折》，湖广总督舒常折，乾隆四十六年九月七日。
② 《宫中档·乾隆朝奏折》第五十一辑，署湖南巡抚李世杰折，乾隆四十七年二月二十八日。
③ 《朱折》，湖广总督舒常折，乾隆四十六年八月十六日。
④ 《朱折》，四川总督福康安折，乾隆四十七年五月十二日。
⑤ 《上谕档》，乾隆四十六年七月二十三日。
⑥ 韩晋鼎：《奏陈四川应除积弊六条疏》。
⑦ 严如煜：《三省边防备览》卷九《山货》。

诸名目。每堂有左堂老帽、行堂老帽。每堂八牌，以一二三五为上四牌；六八九十为下四牌。以四七两字为避忌，不立此牌。其主持谋议者号为圣贤二爷，守关银钱号为当家三爷。内有红旗五爷专掌传话派人，黑旗五爷掌刀杖打杀，其聚党行劫者谓之放飘，有谓之起班子。"①

他们的基本活动是强乞强买，逢场就窃，"昼抢场市，夜劫富民，小则拒捕抗官，大则揭竿谋逆"②。即使后来发展为袍哥，其吸收会员的各类人员中"惊、培、飘、猜、风、火、爵、耀"还完全属于啯噜性质。

后来，这些由穷苦游民转化而来的武装集团啯噜会便顺江而下，来到湖北、湖南、贵州、江西，在这些地方又与各种秘密社会组织接触，逐渐向秘密会党转化。首先，表现在组织上较严密。"拜把之后，不许擅散，有散去者，辄追杀之"。"遇追捕急，公议散去，始敢各自逃生。如未议而一二人先散者，众共追杀之，其党极为坚固。"③ 其次，活动不再局限于抢劫，开始讲仁义和劫富济贫。曾经充任啯噜首领，后来担任清军提督的罗思举说："甲辰年（乾隆四十九年），余出外访友，途遇仁义弟兄陈际盛、汪蛮、马贵、询知伊等，在九打杵樊哙殿偷窃商贾银四十两。余曰：'我等弟兄先前结拜之时，原讲仁义，打富济贫，不许窃人财物，致伤义气。'伊等即将银两付还，那商贾感谢不已……继至南坝场，瞥见杨某携家途乏盘费，卖女于周家，得银八两。临别，母女嚎啕痛哭。余睹情惨，如数称银以赎此女，并另送银三两作路费。某父女叩头感谢。"④

啯噜会在清初是四川的一大社会问题，四川督抚官勒保就曾奏称："川省五方杂处，游手最多，往往结党成群，游荡滋事，日久即成啯匪。"⑤

啯噜会是康乾以后社会阶级矛盾的产物，是四川民间自发组成的秘密结社，是破产劳动者的互助团体。由于加入啯噜会便可不受欺侮，还可保住或赢得一点维生的财物，"利之所在，走险如骛"⑥，因而便迅速在四川蔓延开来。啯噜会众成为此后前期四川袍哥的主要成分。

为了求生存、谋互助而自发结为民间秘密组织的啯噜会，渐渐沦为棍徒（川人将浑水

---

① 李榕：《禀曾中堂、李制军、彭宫保、刘中丞》，载《十三峰书屋》卷一《批牍》。
② 陈庆镛：《与舒云溪制府书》，载《皇朝经世文续编》卷九十七。
③ 严如熤：《三省边防备览》卷十一《策略》。
④ 《罗壮勇公年谱》，清光绪三十四年振绮堂本，第17页。
⑤ 《录副奏折》：嘉庆十年三月二十九日四川总督勒保奏。
⑥ 严如熤：《三省边防备览》卷五《水道》。

袍哥称为"棒老二",原因由此而来)、盗贼,虽然有天灾人祸、生计所迫,官府不顾其生死等社会原因,但也有人民所痛恨的市井无赖、不劳而获的寄生虫,更有凶恶残忍下流之徒混迹其中,正由于此才遭到百姓痛恨、官府剿杀。

乾隆嘉庆年间,天地会、白莲教、青莲教教徒入川,这些会党由于受压迫、受镇压的社会地位以及经济来源、政治地位等许多方面相似,于是相互融合吸收。啯噜会则吸收了诸教会的繁复仪式、令规条例、秘密号令、隐语暗号等,通过长期的融合和改造,啯噜会渐渐变成了哥老会。

这个融合改造大致经历了两个重要阶段:

第一阶段,乾隆末年到嘉庆初年,啯噜的势力由四川向外扩展,与活动在川陕楚三省边界(大巴山区)的白莲教势力相汇,两股势力各有所长,白莲教"多深堂大宅,复轻财好施",啯噜会"皆年力精壮之无赖恶少",操习技艺,劲悍善斗;又各有所需:啯噜会入白莲教不需携货粮便可穿衣吃饭,不分你我,"藉教还家以藏身";白莲教借助啯噜会,一遇战事,可让其啸呼而起,战阵技艺可取胜获利。嘉庆元年,达州徐添德起兵,万余军中绝大部分是啯噜。由于啯噜在社会上有广泛的联络,不久,又迅速扩至5万余人。

两股势力并肩战斗,相互影响,嘉庆以后的啯噜开始设立山堂字号,又将内部分出红、黄、蓝、白、黑五旗,这时的啯噜会中已有老帽、帽顶、大五、小五、大老幺、小老幺等职位,与后来的哥老会内部组织相近似了。

第二阶段,太平天国起义爆发前后,天地会和白莲教相互融合,嘉庆道光年间,南方天地会势力北移,与白莲教啯噜会相汇,相互渗透,于是就出现了许多亦教亦会、非教非会的组织,如湖南等省有红薄教、黑薄教、结草教、斩草教、添地会、串子会、红教、黄教、白教、青龙教、白虎教、红黑会、半边钱会、江湖会、股香会等。这些教会已集天地会、白莲教、啯噜会的特点于一身,都有了堂口,如湖南青莲教"皆以四川峨眉山会首万云龙为总头目,所居之处有忠义堂名号"①。后来,这些教会又渐渐分化兼并,有些消失了,有些则归入了大的教会,再归入更大的社团。

正是在社会形态急剧变化,社会极度动荡,秘密结社纷纷发展,会党与教门广泛融合的条件下,以啯噜的组织为胚胎,吸收了天地会、白莲教等组织的若干特点,哥老会才逐渐形成起来。哥老会正式命名应该在清道光年间。

---

① 蔡少卿:《关于哥老会的起源问题》,《南京大学学报》1982年第1期。

哥老会从产生开始，就具有四川土生土长带有野性和匪性的流民基因，他们可能成为革命的有生力量，但一旦被别的政治势力所利用，也可能成为革命的破坏性力量。在移民和并肩作战的过程中，哥老会吸收了清代最有实力的秘密教门和秘密帮会有用的东西，最后演变为清代后期最有影响力的秘密会党组织。白莲教成立得较早，在宋元时代就有了成形的组织，到了明末清初，白莲教逐渐在教理方面趋于完备，教义也更加体系化了。而天地会传说是成立于康熙十三年（1674），与洪门有理不清的关系，学术界几乎把洪门和天地会作为同一个组织，清代的许多帮会组织都是其分支。哥老会具体是怎么演变而成的，目前尚无更多的资料从细节上完全厘清，但乾隆五年（1740）林爽文领导的天地会起义和嘉庆元年（1796）的白莲教大起义，无疑给啯噜带来巨大的影响，让这些长年在生命线上苦苦挣扎的流民看到了一线新的希望，也从中感受到在寒冷的夜晚抱团取暖的重要性。于是乎借鉴传统的歃血为盟的习俗，开始原始的结拜仪式。从那时开始，啯噜已从被动变为主动，虚心地学习天地会的内部规则，一切依《海底》条款，并从白莲教那儿兼收并蓄了红黄蓝白黑五旗制度，历经嬗变，五旗也变为仁、义、礼、智、信（又称威、德、福、智、宣）五大堂口。从此，哥老会以独立的姿态出现在公众和官方的视野里。

第三章　袍哥与其他秘密社会组织及兵、匪、侠的关系

第一节　中国秘密社会组织概述

何谓秘密社会组织？秘密社会组织是封建社会下层群众目发结成的一种社会群体。因为它有秘密的组织、活动方式与联络暗号，有神秘而独特的礼仪，严格的规约，从事政府所禁止的政治、经济或宗教活动，只能在民间秘密流传，因而被称为秘密社会组织或秘密结社。

清代秘密社会组织，从其组织形式与活动内容来看，可以分为秘密教门与秘密会党两大系统。秘密教门以宗教信仰的面貌出现，以师徒递传的方式组成，以宗教迷信作为维系内部联系与团结的纽带。要求徒众茹素食斋，诵经礼佛，以消灾获福或避劫免厄来吸引群众，表面上与佛教和道教有某些相似之处，因而也被人们称为"民间宗教"或"秘密宗教"。像明清时期的白莲教、罗教、闻香教、八卦教等，皆属秘密教门。秘密会党（青帮例外）多以异姓结拜弟兄的形式出现，以歃血结盟，焚香结拜弟兄的方式结成，以江湖义气作为维系内部团结的纽带。要求会众忠于誓言，恪守规约，严守会内机密。以互济互助和自卫抗暴吸引群众。秘密会党也称帮会，如清前期的天地会、三合会、三点会、边钱会等，均属秘密会党。①

中国的秘密社会组织起源较早，但在清代最为繁盛。尽管清政府对秘密社会组织采取高压政策，仍不能阻止其迅猛发展。而在历史上影响较大而且对推翻帝制起到积极作用的主要有天地会、哥老会、白莲教和太平天国拜上帝会。

由于历史原因，秘密社会组织在发展过程中，均发生了不同程度的变化，有的成为危害一方的邪教组织，有的加入了革命党，有的演变为黑社会。哥老会作为秘密会党，也是

---

①　参见秦宝琦：《清前期秘密社会简论》，载《清史研究》1992 年第 1 期。

顺应历史发展的要求应运而生的。在清朝初年产生的会党中，哥老会占尽天时地利人和，发展成与天地会、白莲教等齐名的秘密社会组织之一。

第二节　袍哥与洪门（天地会）的关系

之所以首先要谈到哥老会与洪门的关系，是因为在很多研究袍哥的文章当中，要么把洪门、天地会与哥老会混为一谈，要么把天地会、三点会、三合会、哥老会、添刀会、边钱会、汉留、袍哥、江湖会、仁义会、公社、海皮等均作为洪门的分支。问题的症结还是在于帮会组织本身的秘密社会性质。

按照通常的说法，"天地会及其各种支派统属于洪门"①。关于洪门的起源，有人认为是康熙甲寅年（1674）创立的，其主要依据是贵县修志局发现的天地会文件《反清复明根苗第一》的记载。有人认为洪门应是雍正甲寅年（1734）创立的，主要依据是萧一山氏在伦敦博物馆发现的许多天地会文件，特别是其中的《西鲁序》和《西鲁叙事》。由于清初天地会影响比哥老会大，且同哥老会在供奉对象、价值观念上有许多一致的地方，很容易造成哥老会是天地会支系的错觉。而事实上，哥老会在与各秘密社会组织的交往过程中，自然受到天地会等帮会组织的影响，甚至相互交叉融合，有许多共同的地方，这集中表现在起源、组织形式、仪规等方面。

尹恩子认为：天地会对哥老会的影响主要体现在三个方面，一是"堂"的使用；二是供奉"洪世武祖"；三是"五祖洪门""反清复明"的印记。从研究资料来看，更多的人认为，天地会为明朝的遗民组织，宗旨是反清复明。而哥老会主要是在四川的啯噜会的胚胎上发展起来的，其宗旨主要是团结互助，虽然吸收了天地会、白莲教、青莲教等秘密社会组织的一些有用的东西，使自身得到不断发展和完善，但其鲜明的特点也保留了下来，体现为江湖性和匪性。这与由明末知识分子创立并受佛教影响颇深的洪门（天地会）有明显的区别。值得一提的是，众多在清代进入极盛时期的秘密社会组织，在后来都因为各种原因式微甚至消亡了，但洪门组织却历经各种风雨而最终逢凶化吉，从秘密社会转为公开的社团组织。

---

　①　李山：《三教九流大观》，青海人民出版社1998年版，第1123页。

中华人民共和国成立后，成为社会恶势力的洪门等组织已失去了存在的价值和意义，因而被新政权取缔；作为在历史上受到洪门影响颇大的袍哥组织，也被铲除，消亡在历史的风尘之中。

在我国台湾地区，洪门组织（包括各个分支）至今仍遍布全岛，在台北等大城市中，更是山堂林立。

第三节　袍哥与白莲教的关系

白莲教是清代主要秘密教门之一，它是由摩尼教、弥勒教、道教、佛教等各种宗教混合演变而成的。贫苦农民、手工业工人、矿工、漕运水手、城市平民以及流民等，是白莲教的基本群众。组织系统较为松散，有信仰作为基础。它的教仪简单，经卷比较通俗易懂，深为下层人民所欢迎，并且常被利用作为组织人民反抗封建压迫的工具。为了适应下层人民白天参加生产劳动的实际情况，白莲教教徒多是"夜聚晓散"。愿意参加白莲教的人不受任何限制，不分贫富、性别、年龄，男女老少只要愿意均可加入，这就是史书上所说的"男女杂处"。从这点看，实际上是一个半僧半俗的秘密宗教团体，具有明显的民俗性、乡土性。从创始到清代中叶的几百年中，白莲教始终不是作为正统宗教被尊崇，而是作为邪教被排斥。

白莲教主张打破现状，鼓励斗争，这一点吸引了大量贫苦群众，使广大下层民众得到启发和鼓舞。在乾隆嘉庆时期一系列的人民起义中，嘉庆元年（1796）的白莲教大起义是规模最大的一次。这次起义前后持续了九年零四个多月（嘉庆元年正月初七日至嘉庆十年五月十九日），参加的人数达几十万，斗争的区域遍及湖北、四川、陕西、河南、甘肃五省，并且还波及湖南省的龙山县。据不完全统计，共涉及府、州、县、厅、卫等二百零四个。清朝统治者征调了来自全国十六个省的兵力，耗费白银二万万两，相当于当时清政府五年的财政收入；同时这次起义还大大削弱了清军的力量，使清军损失一品、二品的高级将领二十多人，副将、参将以下的军官四百多人。这次起义给满、汉地主阶级以沉重打击，成了清朝走向衰落的起点。① 起义的原因是朝廷政治腐败、经济失序、天灾人祸，川陕等

---

① 参见冯佐哲：《嘉庆年间五省白莲教大起义》，载《清史论丛》第二辑，中华书局1980年版。

五省流民聚集，而这些流民面临着衣食无着的困境，还遭受统治者的驱赶打骂，上天无路，入地无门，只好铤而走险，最终酿成了大规模的教民起义。

哥老会与白莲教同属于清代的秘密社会组织，其产生的社会基础、历史条件都有相同的地方，同在四川这块土地上开展各种活动，均有明显的区域性特征，自然会有交叉、借鉴、渗透和融合。哥老会的山堂组织是在啯噜与白莲教活动时期的山寨战经验基础上产生的，内分红、黄、蓝、白、黑五旗。这种五旗制分派，由白莲教创建。哥老会的开山立堂之风是直接从白莲教的支派青莲教借用而来的。同样的，白莲教也受到啯噜的影响，参加起义的教众相当部分就是啯噜，且教民受到啯噜的影响之后，也开始了拜把结盟的仪式。白莲教的某些教义中也包含着贫苦人民互相帮助、同甘共苦的思想。例如白莲教宣传的"习教者有患相救，有难相死，不持一钱可周行天下"，对于贫苦的劳动人民来说，是具有巨大吸引力的，这与哥老会团结互助的主张一脉相承。但他们又分别属于两个不同的系统，在诸多方面存在区别，主要表现在：

（1）哥老会为秘密帮会组织，白莲教为秘密教门。

（2）白莲教产生较早，明中下叶就已出现；而哥老会产生较晚，清中叶才出现。

（3）白莲教组织形式较为松散，哥老会组织系统比较严密。

（4）成立之初，白莲教的群众基础主要是农民；哥老会的群众基础主要是流民。

（5）白莲教有信仰作为基础，有系统的教义，以"无生老母"为神，经典有《弥勒下生经》《二宗三际经》《大小明王出世经》等；而哥老会主要是借异姓结拜形成利益共同体，没有明确的信仰，以关公为圣，尊崇的秘籍只是传说中的《海底》和《西鲁序》等。

关于"横"与"纵"的问题，虽然同属于中国传统宗法等级制下的权力系统；但它们又分别属于权力的分层结构和教阶制度体系。二者权力系统的区分，正是两大秘密社会组织的核心区别。在权力的获得方面，秘密会党的权力获取途径相对要多一些，主要是通过首倡、名望、自称、晋升等形式成为会首，而秘密教门主要采取君权神授的方式取得，通过对教首与创教始祖的神化，使教首及其传教家族在底层广大教徒的心目中形成一种至高无上的神圣光环，既使信徒对危机四伏的生存环境有了某种心理调适，具有一种能得到保护的安全感，同时又对信徒造成一种无形的威慑力，形成一种难以摆脱的精神枷锁。之后各民间教派进而制定出一套严密的组织体系和等级森严的教阶制度以确保各项措施的贯彻实施，确保教派的巩固与发展，也确保各项利益顺畅无阻地获得。在权力运行方面也有明显的差别，如果说民间教门的教首相当于封建家长制统治中的家长的话，那么秘密会党的会首则相当于封建家长制统治中的长兄，也就是宗法制中的嫡长子。由此可以看出，哥老会的权力系统虽然也是由封建宗法等级制度派生出来的，相对于白莲教而言，它在权力运行上带有一定民主色彩。

第四节　袍哥与兵、匪、侠的关系

一、 袍哥与兵的关系

军队是一个国家捍卫主权和领土完整的重要工具，自从军队由皇室操纵以来，军队又成了捍卫皇权的工具，它始终是以公开身份开展活动的。但为什么要在这儿将军队与秘密社会组织扯在一块来谈呢？这是因为在清朝的一段特定的历史时期，部分军队被彻底异化了，沦为帮会操纵的工具，其中袍哥与军队就有着千丝万缕的联系。

道光年间，中国南方暴发了举世闻名的太平天国起义，为了镇压这股农民起义军，除朝廷军队外，各地还组织了地方武装，曾国藩组建湘军，左宗棠组建楚军，李鸿章组建淮军。于是清军（包括地方武装）与太平军在以江淮大地为中心的广大地区进行了殊死激战。

湘军将士保命符

湘军将士

地方武装中以湘军影响最大，数量最多，湘军成立之初，其骨干力量是曾国藩的湖南家乡子弟。但由于湘军战斗惨烈，兵源不足，不得不改变起初只招募湖南山民的规定，湘军将领就地招募兵勇的做法被默许，给袍哥流入湘军营伍创造了条件。一些哥老会员随招募之机加入湘军，"随营煽结"，在湘军中大力发展势力，湘军内部出现了许多哥老会的山堂组织，使湘军带上了明显的帮会色彩。川籍湘军将领鲍超所率的霆军成了四川游勇和袍哥藏身匿迹的渊薮。另一川籍湘军将领黄鼎所部也是袍哥充斥。到同治初年，湘军"各营相习成风，互为羽翼"。① 后来袍哥又迅速在楚军、淮军中蔓延开来，"楚师千万，无一人不有结盟拜兄弟之事"，"用兵省份各勇，亦纷纷效尤，党羽繁多"。② 虽然曾国藩多次厘定营规，严禁结拜哥老会，规定："禁止结盟拜会，兵勇结盟拜会，鼓众挟制者严究，结拜哥老会，传习邪教者斩。"左宗棠将勇丁结拜哥老会，作为"行军五禁"③，但仍不能阻止哥老会在军队中的发展。咸丰末年，有人估计，湘军勇丁"入会者，亦十之三四"。④ 随着哥老会势力的壮大，湘军首领找不出更好的办法来禁止，曾国藩不得不叹道："哥老会一事，尤为莫大之患。"⑤

湘军内部腐败，派系斗争严重，战斗力减弱，特别是为了消弭清政府的疑忌等方面原因，同治三年（1864）五月攻下天京后不久，曾国藩即递上《贼酋分别处治粗筹善后事宜折》，决定将湘军裁撤。据统计，至同治五年（1866），除存留少数几支军队在要地分防或派去剿捻、剿回外，湘军先后被遣撤约30万人。湘军欠饷太严重，哥老会乘遣撤之机，掀起了声势浩大的索饷斗争，哗变、倒戈纷起，壮大了哥老会的声势。加上湘军将士迅速沦为赤贫，无以为业，纷纷投奔哥老会，哥老会得到广泛的蔓延和扩张。随着被遣散湘军将士携带着的哥老会种子的落地生根，哥老会的蔓延趋势已势不可当。曾国藩也一改过去对待哥老会的态度，采取了"刚柔相济""只问匪不匪，不问会不会"的政策，而在实际处理哥老会案中又一味从宽，实际上起到了保护伞的作用。

湘军解散后，数百万将士无法安置，他们解甲后却归不了田，又找不到其他职业，绝大多数成为无家可归的游民。他们流浪江湖，与各地原有的游民相勾串，结盟立会，散票取钱，成为各地新立哥老会的头目。于是哥老会迅速在川、湘、黔、鄂以及江淮广大地区蔓延开来，很快造成"各路之会匪声气相通，抗官拒捕，势渐不可制"⑥ 的局面。

湖南巡抚刘崐在同治九年（1870）给皇帝的奏折中说："从前平定川陕三省教迹，筹办善后，安插数十年之久，始能教定。此次军务十倍于川陕善后，安插又远不能及嘉庆年间物力之厚，勉强敷衍，苟顾目前，兵勇之情，多未安帖，哥匪名目因之乘之以兴。"从这里可以看出：（1）虽已走向没落的嘉庆政府还能勉强用十多年时间安置镇压川陕鄂三省白莲

---

① 《曾文正公全集·批牍》。
② 《曾文正公全集·批牍》。
③ 《曾文正公全集·批牍》。
④ 《曾文正公全集·批牍》。
⑤ 《曾文正公全集·批牍》。
⑥ 《曾文正公全集·批牍》。

教起义后的遣散兵勇，而陷入半殖民地深渊的同治政府再也无力处理镇压太平天国后的遣散兵勇了。（2）仅湖南省就有数十万遣散兵勇不能归农，于是就纷纷举事作乱。从此后，哥老会就由四川走向了全国，愈来愈甚。吴善忠在研究湘军与哥老会的关系时得出了这样的结论："湘军是由曾国藩为首创立的一支镇压太平天国的地主武装，它的出现对近代中国社会产生了极为重要的影响。湘军与哥老会有着密切的存在与发展的关系：第一，哥老会原先僻处西南一隅，传入湘军后，由于生存环境、组织发展等方面的适应性，哥老会势力在湘军内部得以充分发展与扩张；第二，随着湘军的辗转征战和战后的遣散，哥老会在长江流域蔓延开来，迅速地扩及于全国大多数省份，并最终成为凌驾于其他教门和会党之上的最大秘密结社。一部湘军史向人们证明：一种力量在社会上出现与膨胀的时候，它也造成了遏止自身存在与发展的对立面。湘军的对立面不仅是存在于外部的太平军，也存在于它自身所滋育、哺养出的哥老会，湘军适时地挽救了清政权的覆灭，但它在晚清社会政治、经济、军事等领域所产生的诸多'负面效应'，又无时不在动摇着清改权这座业已摇摇欲倾的大厦；而哥老会的崛起及其在辛亥革命中与新军的联手斗争，则最终将这座腐朽的封建大厦彻底摧垮。"①

到了民国时期，由于长期军阀混战，军阀同袍哥的关系发展成一种非常特殊的关系。一方面，袍哥组织基本上是以军阀统治的羽翼和爪牙的面目出现，另一方面，袍哥组织对军阀统治的影响和对政局的干预和控制，是其他社会力量不可同日而语的。袍哥组织的大发展，是由于军阀官僚对其纵容和庇护的结果，而袍哥的蜕化堕落与辛亥革命后军阀政府对其处置不当有关。辛亥革命后，四川督军尹昌衡想利用袍哥作为其政权的支柱，他在成都公开成立"大汉公"总公口，自任总舵把子，军政府各部都组织公口，陆军部内有"大陆公"，参谋部内有"大参公"，城内各警署内部都打出了公口招牌，还通令各县哥老头子率领兄弟伙到成都点验成军。致使在一些地方，袍哥的人数成几十倍的增长。

随着军阀政权的稳固和局势的变化，袍哥组织被一脚踢开了，部分舵把子的权力被解除，敢于反抗者则被镇压。袍界一时引起混乱，其中一部分拥入军队，寻找新的庇护，一部分返归原籍，与当地官府勾结，成为地方豪强，还有一部分组织武装队伍，进行非法活动。面对如此强大的社会力量，四川大小军阀均对袍哥采取了笼络和收买的政策。

一是直接招收哥老队伍。袍哥队伍比一般帮会组织更为严密，既有兄弟关系，又有上

---

① 参见吴善忠：《湘军与哥老会》，载《江海学刊》1997年第3期。

下关系，既有袍哥的家法，又有军队的军法，难以拆开打散。如刘湘为了扩大其军队，就曾在绵阳、罗江、广汉一带收编了乔得寿的一支哥老队伍，编为独立旅。其他被收编的袍哥队伍首领有陈兰亭、魏辅臣、邓国璋、杨春芳、汤子模、郑启和、龚渭清、范绍增、刁青云、郑慕周等。余际唐所部四个团全是袍哥队伍。统领这样的军队，一般军事长官都会显得力不从心，有时到了军事首脑的权力抵不上袍哥舵把子威望的地步。

二是收买袍哥保护自家性命和维持治安。刘文辉、邓锡侯正面负责保卫的人员，大半为袍界中人。刘文辉的主任副官、邓锡侯的副官长，都是码头兄弟。在警力方面，袍哥组织几乎包揽了全川的地方治安。有的地方甚至从头目到一般成员都是袍哥。如成都警备司令部乡村情报所，主任是华成社舵把子，其成员全是华成社袍哥，外人或其他堂口的人根本无法染指。

三是利用袍哥组织扩大自己的影响。例如刘文辉曾授意其五哥刘文彩当上"叙荣乐"总舵把子，利用帮规和纪律，把十万兄弟伙牢牢控制住，并与川西各地的舵把子三百余人掉把换帖，为刘文辉的统治扩大影响。①

二、 袍哥与侠、 匪的关系

由于袍哥同侠、匪都是从事某种秘密活动的组织或个人，其行为都是与当时的法律相悖的，一般情况下不得公开，因此秘密性和江湖性是他们的共同点。同时，就他们从事的非法活动本身而言，有部分雷同的地方，不能进行截然的划分。他们之间的区别主要在其各自活动的目的和组织形式。

自古以来，庙堂与江湖是支配着中国社会的两大系统。从文化而言，一为'儒'，一为'侠'，在历朝历代治乱相替的循环中，起着相生相克的作用，缺一不可。中国传统文化中，有两类人备受尊崇，一为圣君、贤相、儒将、忠臣、清官，这是庙堂系统的；一为高僧、隐逸、侠士、豪客，这是江湖系统的。② 按照这种标准分类，哥老会和侠、匪、盗均应属于江湖系统中"侠"的范畴。

"侠"是备受尊崇的对象，源远流长。侠"以武犯禁"，其行为破坏了现有的统治秩序，韩非子将其列入"五蠹"之一，自然要受到官方的打击。由于其行为有打富济贫、除暴安良的正义的一面，又受到老百姓的拥护和爱戴，所以司马迁在《史记》中专辟一节，

① 张杰：《民国川省土匪、袍哥与军阀的关系》，载《江苏社会科学》1991年第3期。
② 参见叶曙明：《大国的迷失》第一部第二节，陕西师范大学出版社2007年版。

为"侠"立传，名为《游侠列传》。其中对游侠作了精辟的论述："今游侠，其行虽不轨于正义，然其言必信，其行必果，已诺必诚，不爱其躯，赴士之厄困。既已存亡死生矣，而不矜其能，羞伐其德，盖亦有足多者焉。"从司马迁的论述中，可以得出"侠"的特征：讲信用，愿舍己救人，施恩于人而不图报答。

侠起源于春秋盛行于战国，中国古代著名的侠客有豫让、专诸、聂政、荆轲等。到了唐宋时代，民间更加推崇侠义精神，通过唐宋传奇将侠义精神发扬光大，除了树立起虬髯客、昆仑奴那样的侠客形象外，又多了聂隐娘、红线女那样的女侠形象，实际上起到倡导和传承侠义精神的作用。

从古代流传下来的崇尚侠义的文化及其精神，到了明清受到了前所未有的限制。清代的保甲法就是对全社会进行严密控制的强硬措施。侠失去了自由活动的广阔天地，或被消灭，或走向官府，加上封建奴性思想和功利意识对侠的侵蚀，造成了侠义思想的平庸化，甚至堕落。即使在那样的社会条件下，侠义精神还是没有完全湮灭，行侠仗义、诚信为本的精神在袍哥那儿得到了传承和复苏，在哥老会开展的系列活动中经常可以见到侠客的影子。也可以说，袍哥就是在清代某个特定时期的侠客。只不过，古代的侠客是以个体为主，而哥老会是在整个组织上都有这种色彩。

哥老会在本质上是吸收了"侠"的行侠仗义精神及"匪"的行为特征，是亦侠亦匪的帮会组织，而匪的特征更为明显。《辞海》对"匪"的解释是："强盗；为非作歹的人。"这就明确划分了侠和匪的界限。而刘平把"匪"定义为："农业社会中那些脱离或半脱离生产行列、没有明确政治目标、以正义或非正义行动反抗社会、以抢劫和绑票勒赎为主要活动内容的武装集团或个人。"①

"侠"可以对抗官府，劫富济贫，骚扰的是强势群体，一般不危害群众；而"匪"则以弱势群众为主要骚扰对象，当然也不排除骚扰官府及大户。哥老会的前身是"啯噜"，先天就带有"匪"的胎记。啯噜以游民为主，是一群流氓无产者，为了生存，为了改变被人为边缘化的命运，抱着对社会完全敌视的态度，他们打家劫舍，是一股巨大的社会破坏性力量。

哥老会是在融合了"南会北教"的基础上产生的。啯噜在同白莲教教民的接触中受到了一些宗教教义的影响，在大规模移民过程中，从东南地方传来的天地会对啯噜进行了组

---

①　参见刘平：《略论清代会党与土匪的关系》，载《历史档案》1999 年第 1 期。

织上的改造，最终使哥老会成为有组织有领导、团结互助的秘密帮会组织。但袍哥成员中的"匪"性也很鲜明，这集中体现在浑水袍哥身上。

由于对内互助和对外进行非法活动只有一步之遥，到了后来，随着社会危机的加深，社会动乱的扩大，会党演化为土匪的情况越来越普遍。土匪与会党之间也出现了相互吸收、渗透、融合的现象。但从总体上看，会党和土匪之间还是有一定的区别。从组织结构来看，会党的组织结构比较完备、稳定，土匪则比较原始、松散；从活动的内容来看，会党的活动内容十分广泛，举凡政府视为不法的事情都与他们有关，土匪活动则比较单一；从宗教信仰、秘密仪式、誓词戒律、隐语暗号来看，会党由于结会宗旨明确、组织机构完善，与之伴生的宗教信仰、秘密仪式、誓词戒律、隐语暗号相应完备，土匪在这些方面则简单得多，但不能认为没有。[①] 由于会党的反社会性，土匪活动可能成为会党日常生活的重要内容，随着加入会党的土匪越来越多，土匪也可以借会党的组织形态开展活动。"间有入会而不为匪者，断无为匪而不入会者。"[②] 这种会、匪不分，民、匪莫辨的情况，充分说明在特定历史时期，各种社会组织都在通过不断的渗透融合，打开生存空间。

民国年间，四川的匪患特别严重，土匪、袍哥、军阀相互勾结、相互影响，共同鱼肉百姓，是那一时期的三大毒瘤。所以民间有谚语曰："匪如梳，兵如篦，团防好比刀子剃。"四川的土匪是参加了袍哥组织的，但是参加了袍哥组织的人并不都是土匪，只有那些浑水袍哥才是职业土匪。[③]

---

① 参见刘平：《略论清代会党与土匪的关系》，载《历史档案》1999 年第 1 期。
② 中国第一历史档案馆藏《军机处录副奏折》，光绪二年七月二十五日文格奏折。
③ 参见赵清：《重视对袍哥、土匪和军阀史的研究》，载《四川大学学报》1990 年第 2 期。

第四章 袍哥的组织状况

第一节 袍哥的人员构成及分布情况

一、构成

袍哥的人员构成非常复杂，按照袍哥会的规定，各事其事者，包括江湖上的惊、培、飘、猜、风、火、爵、耀、僧、道、隶、卒、戏、解、幻、听各色人等，只要他们"身家清、己事明"（父母无禁止入会之人，本人无社会纠葛未办，无下脚未清之事），都有加入袍哥的资格。

（1）惊门（《江湖通用切口摘要》称"巾门"）

惊门，多是从事看相、算命、测字等迷信活动者，又分平惊、柳惊、壳壳惊、嘴子惊、盘盘惊、咣咣惊、海子惊、朵朵惊、带子惊、花花惊、带带惊、帕帕惊、奶奶惊等十三种。

平惊：摆摊子算命之人，又叫"张张子"。

柳惊：算命又看相之人，用"柳庄相法"，署名"相命同参"。

壳壳惊：占卜文王卦之人，取灵于龟壳，又叫"查惊"。

嘴子惊：提雀笼，手敲三才板算命之人。

盘盘惊：看相端盘盘，人有灾祸，便和盘指出，预为躲避。分"草盘盘"和"清盘盘"，"草盘盘"用谷草比作占卜人的骨节，"清盘盘"只是清谈。

咣咣惊：弹三弦及月琴为人看相之人，又叫"蟒子惊"。

海子惊：拉胡琴摸骨相之人，多是瞎子，又叫"手扪惊"。

朵朵惊：测字之人。

带子惊：为人修写书信之人，又叫"袖笼惊"。

以上为男子九惊。汉留初无妇女，后来情况有了变化，有妇女参加了，又增添了女子四惊。

花花惊：又叫"抽花书"或"抽彩头"，先用灾祸福祥编成诗句，到乡下让无知妇女抽取。

带带惊：抽花书代拴魂烧胎之人。

帕帕惊：抽花书代观水碗看查头之人。

奶奶惊：抽花书代卖各类丸药之人。

（2）培门

培门多是卖假药之人，又叫"四平摊子"，分文四平、武四平、内四平、外四平、棍棍霜、马马霜等。

文四平：设摊卖膏、丸、丹、散等药，顺带临时看病之人。

武四平：设棚厂摆刀枪等兵器，再卖打药之人。

内四平：摊子上摆各种补药，或卖药膳粥、药酒、药饮料之人。

外四平：针灸按摩或画符咒施神水之人。

棍棍霜：在空坝子扯棚势，卖艺卖药之人。

马马霜：卖假药得手后，马上溜走之人。

（3）飘门

飘门，江湖上称"飘叶子"，分用资本和不用资本两类。

用资本的"飘叶子"。用名人字画或其他实物，投其所好，送上人手，并称此物为他人之物，因有要事需要出门，暂寄于此。若贪此物者，到了舍不得之时，或不小心损伤了，或遗失了，或时间久远了，将此物卖了之时，"飘叶子"来索要，并称"多少多少钱"，你便只有花大价钱赔偿。

不用资本的"飘叶子"。如写俚俗不堪的字条多张，或言会亲不遇，或言同乡同道同门，或言考学堂进工厂等等困难，请求帮助，以此骗钱的人。

（4）猜门

猜门多为借赌博为名骗钱的人，又叫"测门"，有证虎、开宝、摇宝、诗谜、花宝、估杯等。

除证虎为文人游戏外，其余均要下赌注，猜中之人获利不多，猜不中，全注赔尽。

（5）风门

风门，又叫"又风"，风顺则进，风逆则止。又有"风流"之意，多指女色。常用一有姿色的青年妇女，在偏僻地方路口独坐，如遇衰年老成之人，便作安闲态度，似临近探亲，人们不疑；若遇青年男子独行，便作仓皇之色，再将随身包袱或箱笼让人看见，内有金银首饰值钱之物。若青年男子动问，便含泪而言自己种种苦处，如逃离夫家，孤身一人难行等等，以财以色勾动男子心火。若男子不问则主动以悲苦状问路，并告以私逃，勾动男子心。若男子动心，将人物带入家中，不久，便有许多人来到，大骂青年女子败坏门风，当其见了青年男子，便说：既然生米已经煮成熟饭，况且男子也不错，便勉强应允婚事，但是，男家虽然富足，住处却太简陋，不如女家奢华，要夫妇及家人收拾到女家生活。夫妇搬去后不久，男子家产连同房屋全部被卖了。

或者丈人、丈母娘常来，并将本钱给女婿（青年男子），让其做绸缎生意等。交易中，丈人暗将麻醉药给女婿吃下，再弄坏绸缎，使女婿与对方争论直至动手厮打，忽然女婿倒地而亡，便哭诉并揪住对方不放，对方见出了人命，只得出大价钱息事。然后，再以寡妇身份，卖尽家产而离去。

还有与官府交往，说自己朝廷中有人，可帮官家升官或保住官位，以此取利。或假冒王公大员微服寻访，而又暗将消息透露给官府，官府便争相接纳、馈赠。如：清嘉庆年间，广东省所谓"成亲王奉旨南海查访"，一次就获"馈赠"黄金白银一百多万两。

（6）火门

火门是指羽士烧丹炼汞行骗。如：探得某人特富且贪婪，便先让一相士为其相面，说此相极好，不久就有大富贵。数日后，富翁遇一举止高雅又面熟之人，高雅之人熟视良久，做惊讶态，说：多年不见，君有大福，我有一技术，立即可得万金，却因有术无命，想找一个有福有命之人共谋之。富翁问：有什么技术？高雅之人便将其带入一雅室，雅室中有一美貌妇人。谈话间，美妇人捧茶倒水，秋波频送，富翁不禁销魂。雅士让美妇人出去，才密告富翁：炼"九转还丹"，能于火中生莲，用世间金银投入冶炼，可一化十、十化百。富翁不信，雅士将其带入邻室，令美妇人搬来炉火在室中。雅士将金银和药投入炉中，生火冶炼。富翁认真观看。良久，雅士说："火候到了！"开炉一看，十倍金银于眼前。雅士说："金银少，功效少；金银多，则功效就多。"富翁大喜，请雅士与美妇人到府冶炼。雅士矜持不去；富翁再三相请，雅士再三嘱咐："要保密，若泄露了秘密，炼'九转还丹'就不灵了！"富翁发财心切，将家中金银全部拿出交予雅士。雅士说："冶炼之术全凭阴阳调和，我二人属纯阳，您家中的妇女又不懂炼丹之道，幸我小妾在，可令她看守炉灶，你我二人轮流守护，大功可成。"

几天中，美妇人不断挑逗富翁，富翁心猿意马，但见雅士在旁，不敢胡来。几天后，雅士说："金银多而药料少，冶炼可能效果差，得去添买药料，您去买吧！"富翁一则要守候炉中金银，二则不认识药料，三则不舍身边美妇人，于是，只有雅士去买。临行，雅士再三与美妇人和富翁说："仙家妙用，重在清洁，如若秽亵，大丹必坏。"雅士去后，美妇人施出种种难以拒绝的手段，富翁再也按捺不住了，二人苟合。几天后雅士回来，观看炉火大惊："炉火变色，大丹已经坏了，你二人干了些啥？"二人惊慌，美妇人实言相告，雅士大怒，欲杀美妇人。美妇人向富翁求救。富翁跪地求情，并说大丹坏了自己负全责。雅士愤怒至极，大骂富翁既坏了自己仙术，又秽乱了自己爱妾，拖着美妇人扬长而去。

其实，在冶炼过程中，雅士趁富翁几次轮流休息，已将金银搬运空了。

（7）爵门

爵，官爵。有冒充官宦行骗的，有"卖官"行骗的，有替官诈骗的。如清同治年间，有一记名（候补）提督，运大量金银入都，想补实缺。得人介绍，来了一位贵人，说：自己是皇帝亲信，实缺易得，但要赏谢多少，给皇帝的金银你自己送入内务府。一天半夜，有内监来招，提督跟随，走了许多路，见宫女太监无数。来人说："皇帝已临偏殿。"提督慌忙跟进觐见，山呼已毕，俯伏听训。皇帝温语有加，嘱咐要勤练兵爱惜百姓，不负重任。提督唯唯听命。后由内监手执宫灯送回旅馆，提督便把带来的金银交给同来的内监，内监还给开了收据。提督便在旅馆中等候佳音，可等了几年，也没有一点消息。

（8）耀门

耀，荣耀。行此骗术的人多居于城市，出手阔绰，自称富贾巨绅。若探知某人有若干财产，先投其所好与其交往。若好嫖，则供美女如云；若好酒，则供名酒佳酿；若有病，则供名医名药。然后编排此人赌博，先让此人赢若干，然后渐渐用手段，将此人金银赢光。

（9）僧道门

僧、道，出家人。吸收僧道的原因：清时秘密结社，大都在深山古寺中，既方便又隐秘；且梁山泊有"花和尚"鲁智深，"一清道人"公孙胜，"行者"武松；袍哥祖师陈近南在白鹤洞出家，称"白鹤道人"。僧道出家人常云游四方，人不生疑，便于侦探和发展会员，也便于联络。

（10）隶门

隶，隶役，即衙门中小吏员。吸收小吏的原因：在公门中，信息必然先得，便于种种准备；梁山泊中有许多小吏出身或在衙门中供过职的人，如宋江、李逵、乐和、杨雄、蔡福、蔡庆、戴宗等。

（11）卒门

卒，兵卒。吸收兵卒的原因：人员集中，便于行动；手中有武器，身上有武艺，便于打仗起事；若遇军队围剿，可从中便宜行事，如反戈或通消息。

（12）戏、解、幻、听门

戏：表演戏法（魔术），泛指江湖上的各种游戏、戏曲，有票友（业余爱好者）和演员两种。

解：江湖上卖打药的。

幻：虚幻，指通过"降乩""扶鸾"（置一沙盘，操作者手持木棍，忽然说仙人附体，木棍抖动游走，沙盘上便出现字迹，恰是人们——雇主想要知道的事）、"放阴"（操作者焚香秉烛，口中念念有词，忽然倒下，口中说自己是某某神仙或雇主已死去的亲人，说出雇主所关心的事和话，并出一些主意）等迷幻骗人。

听：指卖艺，如弹琵琶、打扬琴、唱道情、说相声、吹芦管、唱小曲等等。[1]

从初期袍哥的构成人员看，大多属于啯噜，他们大多无正当职业，四处游荡，以各种江湖手段找钱谋生。到了清末、民国年间，体力劳动者如农民、工人、士兵大量加入，成为袍哥的重要构成人员。袍哥是下层民众特别是游民团结互助的自发组织，其复杂的成分则使其有广泛的群众基础，便于联系各方面的力量。四川俗话说"袍哥能结万人缘"，"上齐红顶子，下齐讨口子"，"千里不要柴和米，万里不要点油灯"，充分说明了袍哥组成人员的广泛性。初期哥老会的基本群众主要是破产的农民，失业的手工业者，裁撤后流散在社会上的军人，外省入川的移民和四处流浪的无业游民，经常流动的挑夫、水手、船工、商贩和下层衙役等。中后期则以农民为主，军人、士绅、团练等也广泛参加。前期领导者多为游民中的豪侠善斗者，烟帮、马帮、盐帮、船帮中的护送和押运人员多为其骨干力量；后期的领导者以地方豪强、军阀为主。袍哥由于一开始就打上流氓无产者的烙印，形成巨大的社会势力，就四川而言，确实发展成了具有地方特色的特力群体。

由于袍哥带有反主流社会的性质，因此遭到清朝统治者的残酷镇压，其初期的活动主要是秘密进行的，拟加入的成员有一定的条件。所谓"身家清，己事明"，在当时指的是家庭、父母及自身是否投降清廷，曾做奸细，有无纠葛未办。由于当时存在清政府对袍哥严厉禁止的客观条件以及袍哥特有的道德伦理观念，故规定了清政府的官吏和狱卒、汉奸、

---

[1]　参见刘师亮：《汉留史》，1935年成都排印本，第29—45页。

理发师、裁缝、娼家、巫人、端公、小偷等不能加入袍哥。故有"王八戏子吹鼓手，修脚剃头下九流，身家不清不要走，己事不明快回头，要想入流不能够，除非二世把胎投"之说。

随着时代的变迁，"身家清，己事明"的标准也发生了一些变化。辛亥革命后，袍哥的活动完全公开化，秘密山头、香堂也转化为显赫一时的公口、码头。其成员也由早期的基层群众向上层转化，有的甚至与官绅勾结，插手基层政权，干预地方事务。袍哥队伍中的部分有识之士逐渐走上民主革命的道路，而相当部分龙头大爷逐渐变成军阀、官僚的帮凶，有的甚至沦为社会渣滓。

四川究竟有多少袍哥组织，实际有多少人参加，由于历史的原因和时代的变迁，各个时期数量有所不同，难以作确切的统计。

1949 年，成都的袍哥公口连同分社、支社约计 1000 多个。重庆的袍哥公口在抗日战争前夕共有 300 多道公口，约六七万人。1941 年，雅安县的袍哥人数达 10084 人。什邡县在 20 世纪 40 年代初期，14 个乡镇设立袍哥公口 40 个，约计 8400 人（占全县成年男子的 14%）。彭县在 20 世纪 40 年代末期，全县 20 个乡场有袍哥码头 33 个，另外县政府的监狱内还有半个码头。以灌县（今都江堰市）金马乡为例，民国初年，该县与毗邻的崇宁县（今崇州市）桂花、丰乐、庆兴三个乡联合成立哥老会组织，取名"通山会"，总公口设在丰乐乡的三圣寺。其分支有金马乡的金鼎山、桂花乡的桂湖水，丰乐乡的丰裕香，庆兴乡的庆兴堂。40 年代末期，金马乡已单独成立总公口，下设五个码头。全乡 17793 人中有袍哥将近 3000 人。崇宁县（今崇州市）36 个乡镇有袍哥组织 34 个，辖 163 个分社 270 个支社。温江县的袍哥组织有 52 个公口，56 个支社，成员少则一二百人，多则两三千人不等。夹江县 1949 年全县有 90 个公堂私会，拥有成员 28462 人，约占全县总人口的 20%，县参议会的议长、议员，乡镇保长、乡民代表多数组织或控制有公口。川东的开县，清末只有袍哥堂口 5 个，均发源于古汉公。辛亥革命后开县便发展到 15 个堂口，1914 年袁世凯下令解散袍哥组织，全县取缔袍哥公口 234 处。1929 年，范绍增驻防开县，支持袍哥组织复活，袍哥组织得到很大发展。①

川南重镇宜宾，拥有长江航运之便，陆路接云南、贵州等地，哥老会历来盛行。宜宾"清同治年间（1862—1874）县人王霭廷在外参加哥老组织金华山，回县后秘密建立真戎

---

① 参见王纯五：《袍哥探秘》，巴蜀书社 1993 年版，第 38—42 页。

山，此后又与同仁成立八社：北下正公、东平公、金振同、言叙仁、天正公、启明公、丽明公、古兴仁，后称'老八家'。光绪末（1908）哥老会经府县默许而公开活动。于是又陆续建立了映星潭、萃戎贤、天正合、富荣公、协和祥、蜀南公、緯蜀公、天金明、同仁福、宣寿和、聚星公、武陵公等共 12 家。后来，12 家与老八家又联合组成'大同会'，称'仁字汉流'。此外，又成立有义字的从善公、清铭公、叙明公；礼字的兰林公、福胜公；智字的河镇公。此六家又联合成立'六合会'。哥老会内部有人提出'合仁义为一堂'，另组成'仁义同'，与汉流平行，称为'会事'。再后会事又派衍出'集'字叙荣乐、合叙同、文孝合、普庆永、集叙贤、福来祥、孝义园，以及'德'字德叙公等 8 家。至此，宜宾哥老会就有汉流的'大同会'、'六合会'，与'会事'的'和平会'，共 34 家。至 1941 年叙荣乐分支组织达到 100 个，遍及省内及云南、西康、湖北等省。合叙同发展到省内南溪、江安、高县、筠连、庆符（今高县）、犍为、乐山、眉山、彭山、新津、双流、成都、潼川（今三台）、洪雅、夹江等县、市及西康省雅安一带。规模不大的德叙公，也发展到武汉、上海等城市。映星潭也在汉口船民中建立了'码头'。当时，县内成年男子除'身家不清，已事不明'者，及轿夫、剃头匠、私生子、戏子等被排斥外，城镇参加者约（占成年男子的）90%，乡村参加者约 70%。"①

安县 20 个乡镇先后建立堂口 18 个，加入哥老会的人数最多时达 3 万余人，新中国建立前夕尚有 1.8 万人。

1939 年在原四川省西部地区分建西康省。1949 年前，四川省先后设置成都、重庆、自贡 3 市，及 18 个行政督察区，共 134 县。西康省有 5 个行政督察区，共 33 县、2 个设治局、1 个实验区。川康两省当时合计 167 县，人口约 5730 万人。根据上述各地对哥老会成员人数的推算，估计全川康袍哥总人数最多时约 300 万人。②

由于社会的急剧变化，辛亥革命后，四川的袍哥又迅速分化为清水袍哥和浑水袍哥。

清水袍哥多由当地有权有钱有势的官僚士绅掌握，即所谓的"官带皮"，亦称"绅带袍"。这些人有一定的声望，平时能在大众面前说几句漂亮话，袍哥兄弟伙认为他们能够主持一定的公道，一般比较拥戴他们。清水袍哥多属仁字公口，其成员多居住在城镇、农村从事正当职业，或是暂无职业但不惹是生非的本地人，经人引荐，公口承认即可参加。还

---

① 《宜宾县志》，巴蜀书社 1991 年版。
② 参见王纯五：《袍哥探秘》，巴蜀书社 1993 年版，第 42 页。

有人为了提高自己在当地的地位，保住家业，用钱买大爷来当。

浑水袍哥则是那些以打家劫舍、"关圈拉肥"等土匪行为为主的袍哥组织，大多属于义字公口。他们继承了啯噜的匪性，以"盗窃为武差事，赌博为文差事"①。浑水袍哥实际上是土匪袍哥。农村乡镇上的袍哥大多白天为清水，晚上化装后就成了浑水；在本地是清水，到了外地就成了浑水。许多浑水袍哥异地打抢烧杀，但一般不抢掠家乡人，这便是所谓"兔子不吃窝边草，岩鹰不打窝下食"，因此他们在家乡往往还有一些好名声。

清水袍哥与浑水袍哥之间一般井水不犯河水，但也有相互利用、相互渗透、互为转化的一面。

二、 分布

哥老会的存在和发展以四川为主体，其他地方的哥老会也蔚为大观，湘军的遣散是哥老会扩散的主要原因。同治十年（1871）益阳之役后，哥老会迅速发展到了长江流域。到了光绪十七年（1891），哥老会便把长江上下三千里联为一气，一处起义，处处响应。

哥老会不仅流行于湘军营中，也流行于其他军营，如楚军、淮军，随后又经过军营的流动换防而传至全国各地，并散布于民间。

山西的哥老会起于咸丰初年，山西绿营和豫军中的遣散归乡者是其主要成分。山西哥老会在发展过程中注意了纪律问题，规定对乡里、亲友的保护政策，受到群众的欢迎。

淮军建立后，安徽哥老会得到发展壮大，于1891年和1900年发动了两次起义。

新疆、陕西哥老会的发展与左宗棠的军队有关。同治年间，左宗棠进军新疆，在陕西、新疆、青海、宁夏各地都驻有军队，其部下有不少哥老会成员，这成为哥老会在西北发展的主要原因。哥老会众以陕南、新疆和田地区为多，大都在破产农民、小手工业者、船夫和无业游民中发展会员。

民国前，哥老会在宁夏已有发展，左宗棠率领的楚军镇压了马化龙起义后，楚军官兵在宁夏各地落户，楚军中原有的哥老会成员散入民间，随之在宁夏发展起来。

除此之外，川内的少数民族地区也发展了哥老会组织。1908年，川西袍哥张捷先曾深入川西北藏羌族地区发展袍哥。清末二十三世瓦寺土司索代庚便是汶川、理县哥老会首领，曾率士兵六百余，出三江口游击，与清兵转战郫、灌道上。② 1937年灌县西华公袍哥申价

---

① 参见蔡少卿《关于哥老会的起源问题》，《南京大学学报》1982年第1期。
② 参见《羌族社会历史调查》，四川省社会科学院出版社1986年版。

屏曾在少数民族杂居的懋功县成立西华公分支码头，当地舵把子为杨跃如，其中有藏族、回族等人士参加。四川藏族、彝族聚集区都有袍哥活动的痕迹，今凉山彝族自治州就有"咕噜坝""咕噜沟"等地名。有的少数民族袍哥在反清王朝统治及反军阀中发挥了积极作用。

第二节　袍哥的堂口

袍哥的组织制度是通过歃血拜盟、血盟誓约的形式结拜异姓兄弟，虚构以血缘关系为特征的家族制度而形成的。由于哥老会是在啯噜的胚胎上，接受了天地会和白莲教的影响演变而成的，在组织制度的创设上也打上了三者的烙印。

天地会的原始山堂是仿照《水浒传》梁山忠义堂的组织加以改进而成的。其组织的秘密名称一律规定为"某某山""某某水""某某堂""某某香"。这种山堂水香的秘密名称，称为四柱。除四柱外，还各自规定内外口号。白莲教的五旗制度是其便于领兵作战的组织制度，演变为哥老会的五堂。四川袍哥的组织名称各地不一，初期通称为"公"或"堂"，民国初年的《临时约法》订有"结社自由"，遂改称"社"或"公社"，其办公场所，俗称"码头"。在同一城镇和乡镇有若干"公社""分社"及"支社"，但均各自独立活动，一般无隶属关系，更无跨地区的领导，到了后期，虽然成立了袍哥的联合体，但大都有名无实。

四川袍哥开立山堂较早的有方安澜的蓬莱山、郭禹钦的华严山、李云九的青城山、郭永泰的荩忠山、彭立山的回龙山、彭焕如的飞龙山、颜鼎章的大峨山、胡文翰的九成山、张联弟的华阳山、李煜华的巍峰山、黄华成的大宝山等。辛亥革命后，袍哥组织迅速发展，纷纷开山设堂。广汉侯少煊、郫县钟次方、灌县董松如、绵竹赵祝三、什邡马昆山、简阳刘惠安、大邑刘文彩、威远周兴武、潼南陈南平、大足王公辅、荣昌张烈武、江津周化成、合江夏之时、合川杨作兰等都建立了在当地有名的堂口。[①]

四川哥老会分为五个堂口，即仁、义、礼、智、信。四川的袍哥堂口很多，但基本是按照仁义礼智信来排定。民间说法是"仁字操面子，义字操银子，礼字操刀子"；也有"仁

---

①　黄勇军：《简论川渝袍哥的分布、切口及帮纪》，载《康定民族师范高等专科学校学报》2004 年第 4 期。

字堂口，一绅二粮；义字堂口，买卖客商；礼字堂口，不偷就抢"的说法。

袍哥间不许串字，仁字俗称"缎带子"，串义字叫"摔岩"；义字俗称"二杆子"，串仁字叫"翻山挂炮"。①

袍哥的组织分为十牌即十杆旗。有人说是"仁义礼智信，威德福至宣"，又有人说是"仁义礼智信，松柏一支梅"。但一般都只有前五个字，即"仁义礼智信"前五旗，后五旗一般不存在。参加仁字号袍哥的人，以士绅为其主要成分，这是民国初年的情况。在清朝时，士绅均瞧不起袍哥，袍哥也认为士绅是站在官府方面的，怕被出卖，所以不让他们参加袍哥组织。义、礼字号，以商人为主要成分，人数较多并以义字号最盛。其他各字号的成分较为复杂，士农工商兵各阶层都有。就地域而言，以成都为中心的川西地区，仁字号居多；以重庆为中心的川东地区，义字号居多。有时，同一个地区的袍哥各个公口，由有声望的人为首，联合起来组成大联合形式的"会口"，又称"合会"，用以相互联系，协调行动，调处纠纷。如辛亥革命期间，新津县袍哥首领侯宝斋发起组织的"九成团体"，就是大型的"合会"。民国期间，这种大联合的组织越来越多，如"合叙同""荥宾合"等等。这些联合起来的袍哥组织，在组织管理上又是相互独立的。

民国年间，四川各地比较出名的公口有：蓬安县的仁字袍哥"咸安公"、义字袍哥"德兴聚"、礼字袍哥"福源公"、智字袍哥"智云公"、信字袍哥"信咸公"；遂宁县的仁字袍哥"永和公社"；汶川县的仁字袍哥"西昌公""西乐公"；灌县的"九华公""西茂公""西胜公"；龙泉驿的仁字袍哥"武圣会"义字袍哥"全义公"；邛崃县的"文武公""文蔚社""志诚公""信义社""明远社"；彭山县的"仁和公""辅仁社""三义团"；大邑县的"公益协进社""鹤山总社""屏华社"；金堂县的"万缘山""飞龙山""人和公""仁寿公"；温江县的"四合公""忠义公""三合社""怀义公"；双流县的"辅汉公""七贤会"；崇庆县的"唐安总社"；郫县的"仁术公""文明公""德义公""清远公""久合公"；射洪县的"芝兰公""聚贤会"；平武县的"松龙山""大义山""金旗山""铁旗山"；梓潼县的"东南山""大同公"；安县的"西昌公社""成城公社"；三台县的"肇林公""信义公""兴仁公""协义公""集义公""复兴公"；旺苍县的"友仁社""德胜社""复兴社"；渠县的"安全公""荣升公"；青川县的"聚义山""仁寿公"；南部县的"隆汉公社""云汉公社"；巴中县的"翊汉社""聚英公"；阆中县的"保汉公""聚义公"

---

① 《营山县志》，四川辞书出版社 1989 年版。

"扶汉公";南充县的"益诚社""新联社";广元县的"谦益公""立德公""福兴公";蓬溪县的"普庆会""怀仁会";广汉县的"广益公""正谊社""和群公""向阳公";犍为县的"印清公""永汉公";小金县的"西华公";宣汉县的"同兴永""信义公";道孚县的"道垣公""强义公";马尔康县的"康义社""西河公";巴塘县的"西圣公""崇德公";沙湾的"公生仁""廉生义""礼兴公";井研县的"忠汉仁社""忠汉义社";五通桥的"青正公""四青公""仁通公";沐川县的"德叙公""三合公";马边县的"龙骧社""正林公";峨边县的"仁怀公""义兴公";丹棱县的"仁让公""齐益公";宝兴县的"友谊公""齐圣公""六合公""两河公";汉源县的"孝全公""富同春公";荥经县的"荥义公""全义公""云鹤社";名山县的"汉兴公""明义公""定汉公""合义公";泸定县的"泸阳公""永定公""清和公";仁寿县的"四明公""全和公";中江县的"永汉公""沛然公""伍城公""扶汉社";石棉县的"同心公""美全公";江油县的"合济公""广益公""众志社""精诚社";芦山县的"荥宾合""全义社""国光社""进同社";沐川县的"德叙公""三合公""三民社";天全县的"叙荣乐""荥宾合";雅安县的"全雅公""万同公""澄清社"等等。

第三节　袍哥的内部组织结构

根据《汉留史》和《汉留全史》的记载,四川哥老会各堂口下设内八堂和外八堂。

一、内八堂

内八堂为"龙、盟、香、佐、陪、刑、执、礼"。它是哥老会公口的领导核心,主持开山堂、做方首、发会票等重大的会务。大公口按常例可设十二位大爷,分别担任:

香长:堂口最高负责人,即山主。

总座:又称舵把子、龙头,是日常事务负责人。

正印:又称副舵把子、副龙头,协办堂口事务。

座堂:为内八堂首席执事,掌人事升迁。

盟证:堂口盟誓的监察者。

陪堂:掌堂口经济。

元堂:掌堂口的印章、印信。

执堂：管堂口内部事务。

副堂：管交际、迎宾。

礼堂：管司仪。

刑堂：管执法。

新一：协办堂口临时指派的事务，递补以上正职的空缺，亦称"通城幺满"。

以上除香长、盟证、总座、正印外，其余八部，分掌八堂事务。其职位由总座提名，通过香长任命。

二、 外八堂

外八堂是内八堂领导下的组织机构，它有十个序列，称为十牌（也叫"十排""十步"）。但因为袍哥避忌四牌、七牌，故实际上只有八排：

行一，牌把大爷（"舵把子"是俗称）。分山主或社长。升到这一步，称为"出山"。当大爷的要入会时间长，从"幺大"一步一步升上去。如果有功，也可以越级上升。还有一种有权有势的人，或是捐了大钱的人，虽然是初入会，却可以马上当大爷，但一般是闲大爷，只有地位，没有实权，这叫作"一步升天"。大爷是以资格而论，在一个公口内，有多少定多少，不受数目限制。《海底》说："嗨大爷要效那昭烈刘姓，汉天子拜皇叔认为宗亲。"

行二，圣贤二爷。设一人，推选品端学粹、谨言慎行的人担任。有时分管提调，有时仅为受人尊敬的闲散位置，他唯一的职务是在开会时敬神。这个位置由关二爷传承而来。《海底》说："嗨二爷要效那圣贤一样，在曹营保皇嫂一片热肠。"

行三，桓侯三爷，管钱粮、人事，故内部称为"当家"。上承舵把子的旨意，下督率管事办理事务。设二人，推选恩威并具、品学兼优的担任。《海底》说："嗨三爷要效那翼德张姓，长坂坡吓退百万雄兵。"

行五，即管事，有承行、执行、红旗、黑旗、迎宾等各类管事，分掌承上启下、执法讯问、办理交际、调处纷争等职。是公口的关键性人物，上辅拜兄，下管拜弟，内管开山设堂、人事调迁、功过赏罚，外管迎宾赴会、访友、解决纠纷、协调地方关系等。故有"内事不明问当家，外事不明问管事"之说。《海底》说："嗨五爷要效那单氏雄信，为朋友日用黄金夜用斗银。"

行六，称巡风、护律，又叫蓝旗，负责侦察放哨及资格审查，还负责掌握书册、香规、仪注，帮助管事办理会中事务。《海底》说："嗨六排要效浪里白条张顺，在刘唐请医生四海标名。"

行八，称纪纲，负责纪律检查，会中有触犯纪律的，经拜兄弟认为应受刑罚的，由其执行。《海底》说："嗨八排莫学那罗成德性，不上三十二，一命归阴。"

行九，称挂牌，栽培新进，提升调补，登记会内兄弟排名。上四牌挂金牌，下四牌挂银牌，受处分的挂黑牌。《海底》说："嗨九排要效那九寨巴甡，巴九寨咱兄弟讲过人情。"

行十，称营门，率领大小老幺充当护卫执事，听候指派差遣，负责传达。《海底》说："嗨十排要效那石秀人品，翠屏山报兄仇才算有能。"

另一说，袍哥的排行实际无二、四、七、八、九。二是不敢僭越关羽；四是桃园结义如有赵子龙当为四弟，故虚此席；七据说是出了叛徒，或说是瓦岗罗成行七；八、九是杨家将八姐九妹之称。

这是正规大山堂的组织结构。民国年间，袍哥开设的小山堂，许多都没有这样的结构，而是将香长、总座、行一集中为一人，俗称"龙头大爷"或"龙头舵爷"，将盟证、礼堂、行二集中为一人，陪堂、行三集中为一人。其余内堂的人员几乎不设。另外无论大小堂口，外八堂均不设四、七两排。

第四节　袍哥的权力构成

一、权力的来源

作为秘密帮会组织之一哥老会的权力来源主要是以下几和途径：第一，是因起意与首倡结会而被推为会首。这是在会党组织创建初期，确立"大哥"地位的一种最主要的方式。这一点，在记载清初破获的各个会党组织的文献中，大多用"以""推"二字来介绍会内大哥地位的取得，便是一个很好的证明。第二，凭借个人的名望与便利而被推为会首。四川同盟会会员佘竞成、陕西的同盟会会员钱定三，都是因为当时的威望，入会后便成为哥老会的首领——龙头大爷或舵把子。第三，自称会首。这是会党组织有了一定的发展但还没有明确的组织制度时，会党组织的成员又自行纠人结会，另立会党名目时所常见的一种方法。第四，按会内规章制度晋升会首。这是秘密会党的组织制度确立与完善后，所遵循的一种最基本的获取会内职衔的方式。如哥老会中的正龙头死后，其职位便由副龙头接任。外八堂表现好的成员也可以进入内八堂。内八堂还设有一个"通城幺满"的职位，袍哥谓之"小老幺",洪门谓之"小老大"。普通会员有功者晋升此职后,可以平步入五堂。既入五堂,亦可以自开山堂。因此,他有一人之下、万人之上的权力。

会党中职衔的高低,主要按照入会时间的长短、个人能力的强弱以及功劳的大小来决定。

二、 权力的运行

哥老会的会首在其组织中都拥有"无上的权威",都处于与传统中国宗法等级制结构相类似的金字塔权力体系的顶端。身处底层的广大会员只能对其绝对地服从,来不得半点私心杂念。哥老会的会首相当于封建家长制统治中的长兄,也就是宗法制中的嫡长子。在家长制统治下,家长拥有绝对的权力,而长兄并非天伦意义上的家长,他与家庭其他成员的关系毕竟是一种横向的兄弟关系而非纵向的父子关系,因此,他在代家长行使自己的权力时,是会受到一定约束的。这种约束就表现在他必须严格遵守家长的遗制,而不能任意地创造新的家规。他可以按已有的家规处罚家庭的任何成员,但这种处罚绝对不是"随心所欲"。

家长可以任意支配家庭的财产,而长兄则绝对不能把其他兄弟的财产据为己有。有一套非常周密和严厉的规章制度,不仅规范着普通会众的言行,对会内的领导阶层也同样行之有效。哥老会的领导阶层不仅要遵守普通会众所必须遵守的规制,同时还要严格遵守与他们所担任的职务相对应的条款。哥老会中的会首只不过是在维持着其权力机制的运行。首领维护哥老会组织正常运行的作用,在哥老会主持仪式执行家法时得到了一定程度的体现。

哥老会执行家法时一般要开香堂,届时各位龙头老大分列两旁,龙头大哥首先高声喝唱"开山令",其中即有"不是愚下言语陡,大哥将令不自由"之句,这就把哥老会首领在团体规则面前身不由己的状况一语道破。也正是因为哥老会的首领实质上只是拥有维护哥老会组织正常运行的权力,因此,他们对会内已有的规章制度不能像民间教门的教首那样随心所欲地进行更改,他们在执行他们的权力的时候,也不得不秉章办事,以确保其在会内的威望和地位。

三、 权力的继承

哥老会的首领传承基本上没有直系血亲关系。其原因主要有以下三个方面:一是因为哥老会是通过异姓结拜的方式结成,很难父子相承。二是由于哥老会组织的活动内容决定了其成员的基本素质。同时,哥老会的组织者和领导者也深知他们自身的处境,不愿意把他们的亲人轻易拉入到这种动辄有性命之忧的危险中来。①

第五节　袍哥的内外活动形式

哥老会组织在其内部，以模拟家族形式存在，对会众采取家长式管理，几乎无事不管。

哥老会在组织内部，打着维护忠义的招牌，以排难解纷、教愚化贤、扶危济困来笼络人心，其基本做法：

一是排难解纷。如遇哥老会内人之间发生纠纷，请哥老会大爷出面调解，便到茶馆评理，理屈者责令开茶钱。如果双方理由各有曲直，地位相当，彼此倔强都不认输，舵把子则拿出绝招，把双方的理由讲清楚，然后自认对兄弟伙的帮助不够管教无方，以"不看僧面看佛面"结论，自己把茶钱开了并说："把今天的事情丢罢了，今后和好如初，不许再提。梁山兄弟不打不亲，袍哥理不讲不明，理明气散，哪里说哪里丢，哪里讲明哪里休。今后若双方再提此事，就是不给我面子。"这样评理，双方不伤和气，很能平息事端，又得人心。

二是教愚化贤。凡兄弟不和、儿子不孝顺父母的事情，由红旗管事先对双方进行劝说调解。如不听开导，则由舵把子出面，召集当事双方，首先把儿子"矮起"（跪下）讲话，讲明不孝父母是大逆不道，责令儿子向老人磕头请罪。较重者，要向众人磕"转转头"，再不悔改者，把袍哥"搁了"，改了再行恢复。

三是扶危济困。哥老会本着"仁义"二字，也做一些对兄弟伙有益的事情，如集资协助兄弟伙渡经济难关，给没有职业的兄弟伙介绍当学徒、店员、下苦力等工作，以解决生活出路。

据曾经参加过袍哥组织的原重庆市天府矿务局机电工程师贺荣璋老人回忆，1945 年解放战争时期，他在国民党某空军基地工作，因种种原因，不想再待下去了，遂逃跑出来，流亡到四川省涪陵彭水一带做小生意维持生计。为了做生意不被人欺负，1946 年他在彭水经当地袍哥中的五哥介绍，加入了袍哥组织。可能是属于临时入会，仪式很简单，五哥带他到袍哥大爷处叩头，然后请几个当地袍哥的头面人物喝了顿酒，就算加入了。然而，从

---

① 参见欧阳恩良：《民间教门与秘密会党权力系统之比较》，载《文史哲》2005 年第 2 期。

此就受到了关照。他当时做的小生意是在彭水买包谷到涪陵去卖，卖后把钱交给当地的大商家，商家再开给他"渝票"（类似支票），他们拿上渝票到重庆取现。之所以如此做是为了安全，同时可以挣点利息钱。在重庆取现后，又买布到涪陵。1947年的一天，贺荣璋在彭水县城一茶馆谈生意，不知何故，里面的人开始打群架，打得不可开交。当地袍哥大爷在外面看热闹，有小喽啰告知贺荣璋还在茶馆里面，大爷立马叫兄弟伙冲进去将他背了出来。还有一次，他在涪陵被税务官把几百斤烟丝扣了，实际上是想敲他的竹杠。无奈之下，他找到介绍他入袍哥的五哥，由他出面请当地袍哥大爷给税务官打了招呼，东西完璧归赵。第二天在往彭水运输时，载烟丝的小船在武隆江面被火轮掀起的大浪打翻，捞上岸后炒干，袍哥大爷又让兄弟伙凑钱买走烟丝，帮了他的大忙。还有一件戏剧性的事情发生在1948年。那天，他从重庆出货回来，行至彭水已深夜，投宿到山中一个小寺庙里。半夜突然来了一伙土匪，将他和同伴的现金、衣服悉数打劫了，仅给他们各剩下一件内衣。土匪打劫后已经离开寺庙，其中一人觉得口渴，又返回寺庙厨房，手持火把到水缸里舀水喝。火光下，土匪见水缸里白晃晃的一片，好奇的伸手一捞，竟是白花花的银元，众土匪欣喜若狂，满载而归。老和尚坐在院中号啕大哭。老和尚聪明反被聪明误，以为将银元藏水缸里绝对安全，没想到给土匪来了一个意外的惊喜。第二天黎明，贺荣璋与同伴趁天未大亮，慌慌忙忙进了县城，找到当地袍哥大爷，袍哥大爷给了银子，让他们到当铺买了一些旧衣服穿上。

帮办红白喜事是哥老会的基本活动，也很能收买人心。在旧社会，不论家庭经济情况如何，红白喜事都要办得热闹体面。有钱人家死了老人办丧事，首先请知客（帮忙）酒，把办丧事场面的大小告诉管事五哥，管事五哥即吩咐兄弟伙轮流值班，接待客人，不论烟茶酒饭、围鼓、玩友、开奠、送葬等，都会安排得周密细致。贫困的兄弟伙死了老人，首先向本堂口的执事大爷、三爷、五爷磕头拜孝，说明衣、衾、棺、椁无钱办理，请求帮助解决。公口的舵把子通知管事五哥，找兄弟伙凑人情并招呼兄弟伙送情、帮忙，不吃酒饭。有的公口制备有若干套孝衣，兄弟伙穿起来送葬，显得风光气派，使人称赞羡慕。因此在旧社会凡子弟成人，当家理事，出门经商或四海宦游，都愿意参加哥老会。所以四川流行一句话，叫作"有一皆公口，无人不袍哥"。

本堂口的大爷或有声望的会众遇有婚、丧、喜、寿，本堂口的兄弟伙必须送礼。喜庆叫"传礼信"，逢丧叫"凑烧香钱"。新入会的成员，第一次向拜兄拜年，必送腊膀、冰糖等高贵礼品，叫作"仪注"。哥老会组织在本地区亲朋故旧多，一般不干坏事。他们叫"兔子不吃窝边草，岩鹰不打窝下食"。为了得到故土人们的称颂，往往还要倡办一些慈善事业，如慈善会、孝义会等。遇到天灾人祸，寒冬腊月，都要发放钱财衣米，救济贫病老弱孤寡，度过灾荒。即使作恶多端的浑水袍哥也是如此，如罗江县大井铺的肖化龙，其抢劫行径都在茂县、汶川、松潘等外地进行，或者抢劫外地来的客商，所以过往客商称"走遍天下路，难过大井铺"，但肖化龙从不抢劫本地百姓，而且对乡邻还常施小恩小惠，在当地博得好名声。对于这类善事，不论字号公口，均积极支持，甚至抽专人办理。

而在社会上，哥老会的活动则是另一番景象：

一是从事违法勾当方面。泸州某些舵把子参与贩毒贩枪的犯罪活动，已是众所周知。泸州是滇、黔鸦片运输通道，外地烟贩来泸州，通过袍哥把烟买好，由泸州舵把子招呼，兄弟伙武装护送出境。而滇、黔烟贩来泸卖烟后，多要买回枪支弹药到边区再换鸦片。因此，一部分军人、团阀、袍哥舵把子便勾结在一起，卖烟买枪业应运而生，形成一个黑道团伙。如庆顺东舵把子兼团阀肖镇南就是通过兰田坝朱大爷把烟运送进城，又把枪弹运到兰田交给烟贩子。1946年，任毕节保安司令的王大爷，借追拿卷款潜逃的毕节县长之机，率亲兵一排，汽车三辆，将车停于泸州城内十字口某商号前，士兵每人枪支一长一短，内藏烟土的被盖卷两三个，王通过袍哥把烟土全部卖出，士兵手中的手枪也卖了不少。

二是参加社会活动。1906年，泸州佘庆公舵把子佘英，赴日本参加孙中山先生的同盟会，孙中山委以西南大都督，要佘回川"对会党晓以大义，为种族效命"。1948年，四川第七区专员（驻泸州）罗国熙竞选国大代表，由泸州袍哥出面，邀请重庆仁字袍哥田得胜、义字袍哥冯什竹及夏斗枢、杨绍堂、张开祺等各堂社舵把子来泸，在大慈路中山纪念堂召开泸州袍哥各堂各社执事人员大会，罗以美酒佳肴待袍哥。罗在席间说："我要竞选国大代表，我没有后台，如果说有，那就是袍哥，希望各位拜兄投我一票。"在袍哥的支持下，罗后来果然当选为国大代表。袍哥确是社会上具有重大政治影响的势力集团。

民国建立以后，四川袍哥势力大大发展，其成员极为复杂、出现职业袍哥、半职业袍哥和普通袍哥之分。职业袍哥一般不从事生产劳动，专门搞袍哥活动、依靠袍哥组织吃饭。半职业袍哥，虽有一定行业，但其行业或经营方法具有不正当性质，必须依靠袍哥活动来配合。而普通袍哥则有一定的正当职业，有固定的生活来源，加入袍哥组织，是为了达到某种目的或求得保障，而不一定搞袍哥活动。职业袍哥、半职业袍哥，一般都属于社会上的游民阶层，普通袍哥则依其职业决定其成分。

在重庆袍哥码头，各堂各公口，从执事大爷当家管事到么满十排，都有不少职业袍哥和半职业袍哥。著名仁字大爷田得胜、方茂山，义字大爷冯什竹，礼字大爷吕正明、何占云等，都是不事生产，称为"光棍"的职业袍哥。著名仁字大爷唐绍武、石孝先，义字大爷李祝三、杨光宜等，则是兼搞工商业的半职业袍哥。至于著名工商界人士如刘航琛、李奎安、杨晓波、范仲渠、蔡鹤年、吴人初等教育界人士嗨袍哥，则是或因社会经济原因，或因一定的政治目的。这些人因其身份、地位不同，在社会上做事的范围及涉及的方面也有不同。

职业袍哥的日常生活都是坐茶馆。袍哥的公口一般都在茶馆内，茶馆成了袍哥组织的办公室、会客室、交易所和休息、娱乐、赌博等的场所。职业袍哥大爷每天定时坐在自己的公口一两个茶馆内，与兄弟伙碰头听取消息，商量办法，指挥一切活动。所谓"一个老鸦守一个摊"，是一般例规。一个职业袍哥大爷，或者当家管事，身后经常跟着几个兄弟伙。如袍哥大爷田得胜好摆威风，跟随的人有时多至十几个。这种"随侍拜兄"的小职业袍哥，多是一些流氓阿飞，专门为拜兄出力跑腿，打探消息，看守赌场，是大职业袍哥的耳目爪牙。职业袍哥一般没有多的恒产，如有，也要拿出来操漂亮花销，否则就是"狗大爷"，嗨不开。如职业袍哥冯什竹曾经当过多年军需处长、江津征收局长，开过"四风会"大餐馆。他搞来的钱，都拿来让袍哥花销了。后来他搞职业袍哥，找钱都用来维持他那种挥霍无度的生活，袍哥中人都说应该。

第六节　袍哥活动的经费来源

任何组织开展活动都需要一定的经费来源作为保证，袍哥组织也不例外。袍哥组织的活动经费主要来源于以下几个方面：

（1）底金。又叫码头钱，实际上就是会费。由新加入的袍哥缴纳，一般为四至八元（相当于银元价值）不等。如新入社的人经济特别困难或年龄未满十岁者，可酌情减免。

（2）捐款。捐款又分自由捐款、政治捐款和特别捐款三种。新提升的有钱袍哥自愿向公口捐一定数目的款项称为自由捐款，有的也凭钱财来买位，可一步登天超拔为三爷、大爷；政治捐款是有头面的袍哥为竞选镇长、县长、议员以及各种代表等职位拉选票而向堂口捐献，捐款的数目一般都很大；某人出事，经袍哥摆平，出事人除了向出力的袍哥酬谢外，还要向堂口交一笔钱，数目根据自己的经济情况和事情的大小而定，称为"特别捐款"。

（3）份金。也就是聚餐费。每年办会时，规定每个袍哥向公口缴纳一定金额做会餐的费用。

（4）生息、经商所得。公口组织有了一定的资金后，多存入钱主、银行生息。也可以将部分资金拿出来做生意，其利润作为本公口的收入。如四川袍哥普遍经营茶馆以取得收入。①

（5）为别人调解纠纷、排解困难所收的感谢费。

另外，袍哥还通过摆设赌场，抽头吃利，经营烟毒、囤积粮油等获取不正当收入，更有偷盗和抢劫而来的收入。

就袍哥的收入而言，有的比较干净和正当，而有的收入则是依靠暴力和垄断而获取的非法收入，是以牺牲别人的利益为前提的。

袍哥取得这些收入后，其经费由当家三爷负责掌管。其开支主要是接待宾朋、酒宴、购买必要的物品、接济困难、日常会议、活动经费、部分医药费用以及掩埋死亡袍哥和发放抚恤金等。年终团年会上，当家三爷须向全公口袍哥报告财务收支情况，接受监督。

职业袍哥的生活，一般是靠以下各种方式来维持：

（1）发展袍哥组织，引进有钱有势的兄弟。这种兄弟，明里暗中对于拜兄都有好处，或者听命出力，或者报效钱财。这种兄弟越多，袍哥大爷的办法越广，神通越大，越是不愁没有生活来源。

（2）为人排难解纷，有时还要寻找机会挑起矛盾、扩大纠纷，然后出面为之排解，以取得报酬。不管是袍哥与"空子"还是袍哥与袍哥之间发生大小纠纷，如果双方或一方是有财产的人，那就是职业袍哥的目标。他们首先设法加以挑拨扩大，然后出面调解，使当事双方或一方感激，甘心献出报酬。重庆袍哥的这种事例非常之多，田得胜尤其爱搞这种事。

（3）包庇违法、包揽词讼、钻营门路、贿赂说情，以取报酬。奸商走私犯案，富家诉讼，托袍哥大爷运用袍哥关系，向军警司法人员说项，使赃物发还，或诉讼获胜。当事人感激，甘心酬谢。如重庆义字袍哥大爷杨少宣为九龙商号老板杨某、罗某私运大批钞票被

---

① 参见黄勇军：《简论川渝袍哥的分布、切口及帮纪》，载《康定民族师范高等专科学校学报》2004 年第 4 期。

扣押案，以袍哥义字总社为名，向重庆市市长杨森讲情，结果全部发还。杨、罗感谢，杨森则假意不受，后来罗以代搭干股经商获利为名几次送杨森金条。

（4）代人买卖烟土、吗啡及一切违禁物品，收取赚项佣金、酬劳费用。义字大爷冯什竹，专在重庆代销代购烟土吗啡，负责保险，以批价接货，零价售出，差额作为佣金，酬劳由人自送。警察局长唐毅、稽查处长罗国熙等，都常来他家过瘾。曾任重庆行辕主任朱绍良的太太亦向其购买吗啡。冯什竹一家生活开销巨大，靠此维持。

（5）摆设红宝、单双、麻将、扑克赌场，聚赌抽头，遇有"毛子"，即作假骗钱。仁字袍哥大爷卢俊卿擅长赌钱作弊，在陕西街密设赌场，经常作假骗钱，甚至使人家破人亡。田得胜某次亦曾赌钱作弊被人识破，贻笑袍界。

（6）借端阳、中秋、过年三节，过生，红白喜事，介绍买卖，代出公片，都有兄弟送贺致酬。越是嗨得开交游广的袍哥大爷，这项收入就越多。

此外，还有运用吹牛、白吃、强借、讹诈等下流手段取得利益的。除一般小职业袍哥经常如此外，著名袍哥大爷也有此行为。方茂山是出名的吹牛乱说，田得胜是出名的讹诈白吃。田得胜的一件平常物件都是贵重古董，有人接触就赖污损，要高价赔偿。兄弟伙稍有不合，就拈过拿错，必须请客送礼，才能了事。所居附近茶馆饭店，他经常白吃。某次"正伦社"聚会，包席数十桌，吃毕说菜不好，不肯照价付款。遇到他的人，只好自认倒霉。

至于半职业袍哥，则多有一些产业。重庆有两个著名的大旅馆，一个是仁字袍哥唐绍武开的沙利文饭店，有十几个袍哥军人、袍哥大爷投资。一个是义字袍哥大爷李祝三开的西南旅馆，有陈兰亭背后支持。这两个地方是袍哥军人、袍哥绅士的高级俱乐部，烟赌嫖娼、吃喝玩乐，无不齐备。尤以沙利文更为豪华，一桌酒宴动辄逾千金，一夜豪赌，输赢累万；轮船运来江南螃蟹，飞机载送上海鱼羹，极尽奢华。①

第七节　袍哥与茶馆文化

一、茶馆文化

宋元以来，市井生活大大丰富，市民们也纷纷走入公众场所，他们需要交流，需要官

---

① 参见赵宏：《袍哥理门一贯道》，团结出版社 2006 年版，第 123 页。

府以外的平等对话，为了满足广大人群的这一需求，茶馆便应运而生了。

茶馆是不分阶级、不分区域、不分族群、不分思想文化信仰差异的公共空间，任何人都可参与到中间去。生产劳动之余，人们花几个小钱，在茶馆中坐坐，喝喝茶，聊聊天天南海北，畅所欲言，既解除了疲乏，又增长了见闻，的确是人们精神生活的大好事。如果再听听戏、小曲，看点魔术、杂耍，用点小吃，那真是普通市民神仙般的生活了。因此，从东到西，从南到北，从都市到集镇，甚至乡村，茶馆比比皆是。

清朝末年，四川的茶馆就有了相当规模，民国之后又有新的发展。以成都为例，据成都《新新新闻报》1935 年统计，宣统元年（1909）"成都省城内外街道，据警察之调查，凡 516 条"，成都共有茶馆 599 家，几乎每条街巷都有一家茶馆。每日去茶馆的人占全市人口的五分之一。即使经济不景气、百业萧条的时期，茶馆生意仍然看好。"萧条市井上灯初，取次门停顾客疏，生意数它茶馆好，满堂人听说评书。"[①] 到了 1941 年，成都市政府编制的统计表上，茶馆数量增加到 614 家。中华人民共和国成立前夕，虽百业萧条，但成都市内的茶馆仍有 500 多家。

民国时期，由于外来文化的剧烈冲击，全国茶馆由盛走向衰落，而四川茶馆不仅没有减少，相反还有增加，形成"一枝独秀"的现象，这是因为身处内地的盆地中，受战争影响较小，受外来文化冲击较小，加之许多盆地外的人大量拥入。人们都需要一个空间交流。能够容纳如此之多的人，能够让其任意倾吐胸中块垒，只有功能性齐全、结构性复杂的茶馆可以胜任。

二、 茶馆的功用

茶馆之所以能存在并发展迅猛，这是因它有着其他公共场所所不具备的功用。茶馆的功用大体如下：

（1）平民会客

一般市民住处不怎么宽敞，没有专门的会客空间。客人来了，主人手一挥："走，口子上吃茶！"茶馆中一坐，有专人服侍，且气氛也较家中闹热，不会简慢客人。

（2）平民娱乐

旧时，供人娱乐和社会交往的公共空间十分有限，茶馆便是市民的"社会俱乐部"。进入茶馆，泡上盖碗茶，然后遛遛鸟，弈弈棋，看看杂耍，听听（或自己唱唱）围鼓、评书、

---

① 陈锦：《锦城竹枝词》。

小曲，市民们便在茶馆中尽情地消遣娱乐了。

（3）民间曲艺演出

清末民初，评书、扬琴、竹琴、清音等民间曲艺没有专门的舞台、戏院，而茶馆中多设有舞台，可供演出；更重要的是，茶馆内有大批无须召集的观众、听众。因此，所有民间曲艺基本上都在茶馆内举行。以成都为例，悦来、大观、万春、锦江四家茶馆都有川剧演出，其中成都第一个川剧团体"三庆会"就是在悦来茶馆成立的。著名竹琴艺人贾树三，人称贾瞎子，20世纪40年代在成都红极一时，他定点在锦春楼茶馆演出，与邹麻子的掺茶绝技、司胖子的花生并称"锦春楼三绝"。冯玉祥、巴金、胡愈之、谢添都曾慕名前往听曲，《国民公报》主笔谭创之还为他题联："唱罢离合悲欢，回首依然贾瞎子；拍开风花雪月，伤心谁问李龟年？"

艺人选中茶馆，因为有演出场所，有众多的听观众；茶馆接纳艺人，是因为可借他们唱红茶馆，招来更多的茶客，相得益彰。

（4）小商贩营业场所

四川茶馆小商贩多，经营项目特别，如卖烟的有：纸烟、叶子烟、水烟。叶子烟是川中老人爱吸的烟，水烟贩用数尺长的烟枪提供服务，如果烟枪不够长，他们还有备用的烟管连接。小贩代客人上烟、装烟、点火，吸烟人只需要张口就可以吞云吐雾过足烟瘾。掏耳朵的，手持十余种工具，用刮子拨动镊子，发出清脆的声音，在茶桌间走动，招揽生意。卖瓜子、糖果及各种零食，卖报纸、针头线脑、各种江湖药物，茶馆内生意都会好过别处。算命、看相、修脚、剃头、卖风（热天给茶客用扇子扇风讨钱）的人也随时在茶馆内走动。

（5）办公

由于茶馆是公众场所，就被大小帮会所看重，被当作"办公室"。各行各业有形或无形的"同业工会"，都以茶馆为中心形成了一个个松散的组织。同行们常在茶馆聚会，商量问题交换意见，了解行情涨落，原料、产品集散，劳资纠纷动向，大宗交易看货样，小宗买卖现场交易等。以成都为例，春熙路"饮涛"属金银帮，东大街"包馆驿"属棉纱帮，下东大街"闲居茶馆"是纱布业，上东大街"流芳"属丝绸帮，南门火巷子茶馆属米帮，安乐寺茶馆属纸烟帮，提督街"魏家祠茶社"属皮鞋业，商业场的"品香"是枪支、鸦片的交易市场，督院街口的茶馆是全城武术师会聚之所，少城"鹤鸣""绿荫阁"是"六腊之战"（寒暑假失业教师找工作）的场所。总之，七十二行各种人群都可在不同的茶馆找到自己的同行，办理自己需办的事情。

三、 袍哥与茶馆

由于茶馆是公众场所，又有如此之多的功用，就被袍哥们所看重，他们利用茶馆进行各种活动：与各袍哥码头的人联络，解决双方的重要事情；聚集各路同党谋划大事；烧香结盟，开山立堂。如：本帮本派内有了矛盾，帮派与帮派之间发生了摩擦，帮派与外界闹出了事端，或社会上其他人之间发生了矛盾而请袍哥出面解决的，双方就会到茶馆聚齐。如果事态严重涉及外帮外派的，各派掌门的龙头大爷都要来茶馆坐镇主持。正因此，各袍哥码头的办事场所就设在茶馆内，有些茶馆本身就是袍哥所开。

袍哥大爷在地方本来就是一霸，是黑道的"官府"。旧时法律极不完善，一般百姓有纠纷都不愿涉官，相比之下，百姓更信赖这些黑道"官府"。民国年间，这些黑道"官府"又被政府所倚重，他们又身兼政府的官职，解决民事纠纷便成了天经地义的事了。冲突双方请来了"码头"上的大爷，再加上保、甲长等有威望的人，一起进茶馆，一人一碗茶入座，堂倌只点茶碗数量，不收茶钱（平常先收茶钱）。讲评完理后，输理的一方付双方的茶钱，同时，袍哥大爷应得的"礼钱"也在付茶钱时交付明白。

辛亥革命后，各地的袍哥组织都由秘密转入了公开，各街道，各乡镇都划出了一个个势力范围，占据一个范围的便设一个"公口"，而这些"公口"基本上都设在茶馆内，有的茶馆门前直接挂出"某某公口"或"某某社"的招牌。袍哥与茶馆的关系更加密切了。一般袍哥码头由红旗大管事（袍哥五排）坐堂负责。

袍哥除利用茶馆进行各种活动外，还从茶馆的经营中获得经济收入。旧时由于人们休闲的场所太少，因而茶馆的生意就特别好，收入也就十分可观。设若再在茶馆内聚赌抽头、买卖鸦片枪支等，那么，袍哥码头在茶馆中的收入就更大了。当然，也有许多茶馆不是袍哥公开所开，但茶馆老板为了自保，为了生意不收骚扰，也往往想方设法与袍哥大爷拉上关系，或者干脆交钱交粮加入袍哥，作为"绅夹皮"。

茶馆这个空间不分民族，不分阶级，不分族群，不分区域，不论官绅，贩夫走卒甚至乞丐也可自由出入，所以，它相对不起眼，富于隐蔽性。同时，人员相对集中，每当场期，三乡四里、乡里乡外的人都云集在茶馆，本码头的袍哥要处理公事，外码头的袍哥要拜码头，无论早晚，都可达到目的。这对于袍哥们的活动，较之一般场所更具有方便性。正因为如此，袍哥们大都将"公口"选设在茶馆内。

茶馆给袍哥码头提供了方便、隐蔽性的服务，袍哥码头为茶馆拓宽了生意路，提供了保护，推动了茶馆文化的发展，二者相得益彰。民国年间，二者的发展都达到了顶峰。

第八节 袍哥与"血酬定律"

"血酬"问题在古籍中很少提到，但它是一个客观的存在，是江湖生活无法回避的话题，吴思在《血酬定律》对其进行了总结。纵观古今中外的恃力型社会，几乎都存在以暴力参与社会财富分配的问题。付出血的代价有多少，应该与获得的财富成正比，这才能调动"以血换酬"的积极性。

所谓"血酬"，是指称那些"用命换来的收入"，或是"为保存生命愿意付出的花费"；也可以理解为流血拼命所得的酬报，体现着生命与生存资源的交换关系。从晚清到民国，吃这碗饭的人比产业工人多得多。血酬的价值，取决于所拼抢的东西的价值。所有规则的设立，说到底，都遵循一条根本规则：暴力最强者说了算。这是一条元规则，是决定规则的规则。这便把"丛林法则"赤裸裸地扔到了文明社会的大街上，让戴着面具的文明人集体变脸。"强盗、土匪、军阀和各种暴力集团靠什么生活？靠血酬。血酬是对暴力的酬报，就好比工资是对劳动的酬报、利息是对资本的酬报、地租是对土地的酬报。不过，暴力不直接参与价值创造，血酬的价值，决定于拼争目标的价值。如果暴力的施加对象是人，譬如绑票，其价值则取决于当事人避祸免害的意愿和财力。"①

在此过程中，人们的核心计算是：为了一定数量的生存资源，可以冒多大的伤亡风险，可以把自身这个资源需求者损害到什么程度。这个道理说来简单，却能推出许多惊人的结论，解释许多费解的历史现象。"土匪种地""土匪保民"两种奇怪的现象，其实都是追求血酬的最大化。如"匪变官"（为了追求血酬的长期最大化，土匪愿意建立保护掠夺对象的秩序）、"官变匪"（为了追求短期血酬收入的最大化，合法的暴力集团也可以退化为土匪）、"匪变民"（随着血酬逐步降低，生产行为的报酬相对提高，土匪可以转化为农民）、"民变匪"（假定血酬不变，随着生产收益的减少以至消失，大量生产者将转入暴力集团）等等，都在追求血酬的最大化。袍哥俗称"光棍"，而光棍的理论是"脑袋砍了碗大的疤"，"二十年后又是一条好汉"，因此，"为朋友两肋插刀"，为了共同的光棍事业（袍哥事业），刀山敢上，火海敢下，而这背后便是令所有光棍心仪的血酬，即使不酬今生，也一

---

① 参见吴思：《血酬定律——中国历史上的生存游戏》，中国工人出版社 2003 年版，第 50 页。

定会酬来世，这报酬不仅是金钱的物质的，还有精神的——万人称颂敬仰的袍哥义气。

"血酬定律"的元规则是"暴力最强者说了算"，暴力最强者的选择，体现了对自身利益最大化的追求，而不是对正义的追求。暴力最强者甚至可以选择并修改正义观念本身。当然，平民并非不重要。在长时段上，平民的选择和对策，从热烈拥护到俯首帖耳到怠工偷懒再到揭竿而起，可以决定暴力竞争胜利者的选择的成本和收益，决定选择者的兴亡荣辱，从而间接地影响统治者对法规的选择，间接地影响正义观念和统治者对正义观念的选择。这些都有助于理解秘密社会组织的行为规则，以及农民起义和政权无序更迭的原因。

当然，袍哥之间为了利益的分配问题，他们也要协调相互之间的关系。广汉的袍哥大爷侯少煊在《广汉匪世界时期的军军匪匪》中提到，广汉土匪袍哥为解决广汉匪患过多，无人通行而自断财源的问题，土匪们彼此商定一个办法，由他们分段各收保护费，让行人持他们的路票通行，用抽取保护费来代替普遍抢劫。如有劫案发生，由他们清追惩办。外地匪来抢劫，由他们派匪去打匪。这样一来，有些乡镇农民又部分地开始从事生产，逃亡开始减少，匪徒们坐享收益，没有抢劫的麻烦，多少也有点好处。这说明即使在江湖社会里，经济规律所决定的人的行为本质始终是利己的，文明和野蛮是可以相互转换的，文明社会的秩序在丛林里面也可以找到。屠场里并不总是血腥。

第五章　袍哥的会规与礼仪

秘密帮会的会规一方面是为了约束会内成员，更重要的则是为了防止官方或其他帮会的破坏；礼仪则是为了提高会内人员的素质，表明本帮会是符合圣贤之规范的，以便更好地"替天行道"。袍哥也不例外，只不过与其他帮会的会规和礼仪有所不同而已。

第一节　袍哥的会规及三把半香

一、会规

袍哥的会规是与其崇尚的精神即价值观及道德标准密切相关的。其会规也就是价值观的具体化。"信""义"就是袍哥的核心价值观。袍哥把"桃园结义""瓦岗威风""梁山根本"融为一体，总结出"忠信为本，义气为先"的思想，把"义"上升到行为的最高准则，把不同职业、不同身份的人组织起来，提倡"兄弟道"。

袍哥以封建伦理为自己的伦理观，以五伦（君臣、父子、夫妇、兄弟、朋友）和八德（孝、悌、忠、信、礼、义、廉、耻）为信条，要求会众对组织保持绝对的忠信和依赖，要求会众对大爷的绝对服从。袍哥的社会功能，就是以人身依附形成团伙，团结互助，借以在君权社会里保持并扩张自己的生存权利。它要求会众对同胞的困难有无条件援助的义务，同时也有接受援助的权利。崇拜关公和血盟习俗将"义"进一步程序化、制度化。另外，出于标榜"义"的目的，哥老会内部存在着认劫不认偷的观念，即允许拦道抢劫之类的行为，不允许偷鸡摸狗的行为，对劫匪和窃贼持不同的态度。例如哥老会中有个别兄弟伙，因盗窃他人财物被官府缉拿，明知偷窃罪轻，抢人罪重，但他为了给哥老会公口争气，自供是抢人的绿林英雄，否认是偷扒小人。凡是以劫供匪的案件，其作案人必定与袍哥有干系。待到刑满释放时，哥老会公口要派兄弟伙多人到监狱门口迎接，并为之簪花挂红，放鞭炮游行，表示堂口上的光荣。①

　　袍哥会规的蓝本是传说中的哥老会会章《海底》，而《海底》又是根据天地会早先的章程修订而成的。

　　据刘师亮《汉留史》载，郑成功生前开金台山明远堂，为反清复明而盟誓，与所部官兵结为兄弟，此为洪门组织的起点。郑成功逝世后，遗著《金台山实录》和结盟兄弟之花名册传其子郑经。郑经于康熙十九年（1681）兵败厦门，忧愤而死。子郑克塽嗣位。康熙二十二年（1684），清提督施琅率兵攻取台湾，郑克塽见大势已去，决心以死殉国，遂拔剑自刎（清史记载为降清）。郑克塽自刎之时，为防止先人遗物被清兵抄获，将金台山的一切案卷文件、花名册、印信等，装入一铁匣密封后沉入厦门附近海底。相传，这个铁匣子于一百六十年后为福建渔民陈寿亭打捞起来。里面藏有《金台山实录》一书，印章一枚，为"延平郡王招讨大将军印"。《金台山实录》记述了反清复明的宗旨，另外载有"金台山会盟"的规章、暗号、称呼等。

　　道光十五年（1835），四川永宁（今宜宾市叙永县）人郭永泰路过该渔民家，重金购其书及印信。但因为时代变迁，语言迥异，于是委托凌桐阶照原本略加增改，取名《海底》，又叫《金不换》。《海底》成为了哥老会的组织章程、规则禁令、礼节仪注、行为规范和隐语暗号的蓝本。各地开立的山堂，均以郭永泰原本为圭臬，虽因地制宜，自成风气，但山堂范围，超不出《海底》所载十条十款。此外，1924 年，重庆坊间曾刊印《江湖紧要》；20 世纪 40 年代，王蕴滋曾在成都刊印《海底诠真》。现存的以《海底》命名的还有陈培德主编的《海底》，群英社编辑的《江湖海底》，博爱山人校书的《改良真本江湖海底》，李子峰汇编本《海底》。"海底者，记载洪门史迹、规矩、隐语等之秘籍也，一称'金不换'。又名'衫仔'。凡'洪门'中人，咸寤寐求之，欲期手藏一卷，以深窥会中规矩，而俾'道高瓶满'，藉免隙越失礼也。"② 这些会规都是按照封建宗族制度的要求建立起来的，渗透着封建伦理道德思想内容。

　　哥老会的会规，各种《海底》记载多有歧义，民国以后的内容变化更大，但其基本价值取向并无多大区别。

　　据刘师亮《汉留史》所述，郭永泰开茛忠山所传《海底》原仅八章的第一章为《金台

---

　　① 参见赵宏：《袍哥理门一贯道》，团结出版社 2006 年版，第 53 页。
　　② 李子峰：《海底》，上海文艺出版社 1990 年版，第 1 页。

山开山令》，其文如下：

> 明远堂愚兄大令下，满堂哥弟听根芽。
>
> 令出开山非戏耍，犹如金殿领黄麻。
>
> 只为满清兴人马，无端抢我大中华。
>
> 扬州十日遭残杀，嘉定三屠更可嗟。
>
> 把我人民当牛马，视同奴隶毫不差。
>
> 马蹄袖又加马褂，凉帽缀成马缨花。
>
> 本藩闻言喉气哑，率同豪杰奔天涯。
>
> 权借台湾来驻扎，金台山上饱风沙。
>
> 今日结成香一把，胜似同胞共一家。
>
> 声摇山岳起龙蛇，万众一心往前杀。
>
> 不怕满房军威大，舍生忘死推倒他。
>
> 还我山河才了罢，补天有术效神娲。
>
> 人生总要归泉下，为国捐躯始足夸。
>
> 战死沙场终有价，将军马上听琵琶。
>
> 争回疆土功劳大，流芳千古永无涯。
>
> 奋我精神秣我马，勇往直前莫呼嗟。
>
> 大众兄弟情不假，请进香堂把誓发。①

其他依次为《金台山镇山令》《金台水牺牲令》《金台山繃把令》《金台山缵把令》《金台山拜把令》《金台山咒堂令》，限于篇幅，这里不一一介绍。

《海底》戒律分"红十条""红十款""黑十条""黑十款"。早期的十条十款如下。

十条：

> 第一父母须当孝，尊敬长者第二条。
>
> 第三要分大和小，有仁有义第四条。
>
> 第五拜兄要敬道，红面杀兄第六条。
>
> 第七兄嫂莫言笑，第八莫把弟媳瞧。

---

① 刘师亮：《汉留史》，1935年成都排印本，第20页。

第九为人要正道，越礼犯法第十条。

十款：

不忠不孝遭恶报，不仁不义该下毛。

灭弟灭兄斩头脑，嗟娘骂母割舌条。

越礼犯法自拔吊，奸淫恶霸刀上抛。

暗箭伤人斩为要，丢人卖客罪不饶。

皆地议论刑打拷，败坏纲常罪难逃。①

民国时根据这十条十款又作了些修改，主要的有"红十条"和"黑十款"。

"红十条"的全文如下：

汉留原本有十条，编成歌诀要记牢。

言语虽俗道理妙，总要遵行才算高。

第一要把父母孝，尊敬长者第二条，

第三莫以大欺小，手足和睦第四条，

第五乡邻要和好，敬让谦恭第六条，

第七常把忠诚抱，行仁尚义第八条，

第九上下宜分晓，谨言慎行第十条，

是非好歹分清楚，牢牢谨记红十条。

"红十条"语言通俗易懂，便于文化层次本来就很低的袍哥成员牢记掌握。如果说"红十条"的条款主要是倡导和劝化的性质，而"黑十款"则是袍哥的惩罚性条例，条款清晰，惩罚措施分明。全文如下：

出卖码头挖坑跳，红面视兄犯律条，

弟淫兄嫂遭惨报，勾引敌人罪难逃，

通风报信有关照，三刀六眼谁恕饶，

平素不听拜兄教，四十红棍皮肉焦，

---

① 参见赵宏：《袍哥理门一贯道》，团结出版社 2006 年版，第 54 页。

言语不慎名黜掉，亏欠粮饷自承挑。

还有十款歌词供参考：

袍哥原来规矩大，在缘哥弟要详查。

还有十款更值价，范围谨守始堪夸。

汉流章法要文雅，不是山蛮野性家。

一不许前后把衣扎，二不许帽子戴歪斜。

三不许跷脚把腿挂，四不许口内乱开花。

五不许当堂把架打，六不许胡扯与胡拉。

七不许谈言无上下，八不许吵闹与喧哗。

九不许裁瓜还逗把，十不许灭股并卡娃。

同人学得修身法，声名早著大中华。①

除了十条十款之类的原则性条款之外，哥老会内部还有一系列具体的奖励和惩戒措施。

奖：哥老会中人，如果谁立了功或替拜兄做了使他称心乐意的事，都同样叫功苦勤劳，给予提拔升级或现金等不同程度的奖励。其中，如果功劳突出本人又有才干，所谓吃得开、踩得响的人，还可以越级升为红旗管事。对这些人，对功劳大的升级哥弟，要走红牌，走字样，即派本公口红旗管事手捧公口的大红名片、柬帖到本码头各公口通告表彰，以示荣誉。各公口接到红牌通告，也同样即时向自己公口传达，表示尊重推崇。

惩：若有袍哥严重违纪，要开"执法堂"，当着关圣帝君举行"神判"。具体的规定如下：

一是挂黑牌。民国年间，哥老会中人触犯了清规戒律，将名字用白纸写黑字贴于墙上，并且停止其开会等各种活动，交会众监督反省。考察一段时间后，看其悔改程度，再行拆除黑牌，准其恢复活动。

二是赔情道歉及经济处罚。它是对犯有小错的人，如酒后骂人，无意间冒犯妇女等，只要知过改错、赔情道歉或开茶钱即可。情节严重的，要设酒宴道歉、挂红、放火炮才能了事。

---

① 参见李山：《三教九流大观》，青海人民出版社 1998 年版，第 1141 页。

三是矮举。哥老会成员不孝父母、打骂兄长等，经查属实，由哥老会处理时，首先叫犯过错的人"矮起"（跪下）来说明道理，辨别是非，到认错改过为止。

四是传堂训诫。即召集全公口兄弟伙对犯错者当众教育，实行打手心、打屁股等体罚。

五是磕转转头。哥老会人所犯的错误，影响面宽，经教育自愿改正者，龙头大爷命令其向周围在场的不分男女老少都要一一磕头。

六是走知会。犯错误而逃跑在外地的哥老会成员，由公口通知当地哥老会团体协助劝其返回原地，讲清楚，讲明白，认过改错、请求原谅者，可从宽处理。如逾期拒不返回，悬牌宣布开除并通知所逃奔地方的哥老会，必要时当众宣布其人所犯过错事实。

七是搁袍哥。凡是做了对不起公口和哥老会兄弟伙的事，经查证属实，把袍哥搁了。本人承认错误改正后，又进行恢复，叫暂时搁袍哥；永不恢复的叫连根拔搁袍哥。

八是放河灯。这是对谋杀哥老会人的奸夫淫妇的惩罚。用门板将奸夫淫妇合钉其四肢，或将其奸夫的尸首放于淫妇的下身处，再写明罪行，不准哥老会人施救，放置河中，顺水漂流。

九是"沉水"。犯有逆伦的袍哥，或虐待、毒打父母而屡教不改者，经袍哥传堂予以沉水。

十是草坝场。草坝场是哥老会惩罚中最残酷的一种极刑。兄弟伙犯了不可饶恕的严重罪行，由本公口龙头大爷传堂，在深夜荒凉而阴暗的地方进行，四周安置警戒，龙头大爷抹红脸，当家三爷及管事五爷抹花脸，宣布罪行后，被处死者提出照顾家小等要求后，龙头大爷交匕首一把给被处死者，逼其自杀——三刀六个眼，胸、心、腹对穿，或自己挖坑自己跳下进行活埋。

有的地方按照袍哥违纪行为的轻重，其处罚的形式有极刑（由执法管事行刑）、重刑（挖坑自跳或自杀）、轻刑（打红棍）、黜名（开除会籍或降级）、挂黑牌（停止活动若干天，以观后效）。除此之外，还有记过、赔礼、降级、走夹单、传公事、搁棍子等，比官府的处断要认真严格得多。袍哥组织继承洪门（天地会）的一些"家法"，并进行了一些修改，其目的在于加强内部团结，杜绝内讧。

特别值得注意的是，袍哥非常注重对变节行为的惩罚。几乎所有叛变袍哥组织的行为，都要遭到严惩。不设四、七排已充分说明了全体成员对变节行为的憎恶。在男女关系上规定了严格的家法，如有违反，惩罚是从重的。就是不懂规矩的局外人，如果不慎沾上了与袍哥有关系的女人，后果一定是严重的。在前期，如发生会中人奸淫袍哥兄弟妻女，由大爷给犯事者匕首一把，叫他自己"找点点"（即自裁）；如发现外人奸淫袍哥兄弟伙的妻女，则由大爷指派袍哥兄弟将奸夫淫妇一齐杀掉。后来虽然有所放宽，但在处罚上仍很重。光绪末年，重庆仁字袍哥大爷唐廉江，因兄弟伙刘某之妻被璧山县马坊桥袍哥刘大爷霸占，特派红旗管事况春发、当家田得胜前往"拿梁子"。当时田得胜在绿营任哨官，得到指示后，弃公差不顾，即与况春发率领得力兄弟伙一二十人赶往马坊桥场。他们先向当地码头讲明原委，言语拿顺后，乘夜包围刘宅，拂晓越墙而入。刘大爷闻警惊起，况春发投一石灰包迷其双眼。田得胜扑上去，用刀将刘大爷双目剜出。目的已达到，况、田二人自报家门，数其罪行，依照香规"吹灯"，不取性命，也未动丝毫财物，事毕率领弟兄伙返回。

总之，由于地方区域不同，各地的赏罚也不尽相同，但目的是一致的，也正是因为有了这样的赏罚制度，袍哥组织才得以正常运转，才不至于是一盘散沙。

二、"三把半香"

哥老会内部没有人不知道这句话的含义的。各地袍哥之间联系的暗号、礼节、手势、茶阵等都离不开三把半香。三把半香已成为袍哥共同尊崇的道德规范和江湖义气的信条，其中包含了历史上或传说中很经典的侠肝义胆的英雄故事，崇拜的英雄也随着时间的变化而有所不同。据刘师亮的《汉留史》记载当时的三把半香拜的是管仲与鲍叔牙、羊角哀与左伯桃、刘备与关张以及梁山好汉。"香焚头把纪周朝，管鲍当今此订交，留下千秋香一把，后人结义胜同胞。""香焚二把贵盟心，羊左论交贵死生，我辈今朝同结义，同心同德效前人"。"香焚三把效桃园，大义千秋尚懔然，歃血盟心何所似，乌牛白马祭苍天"。"半把烧成一盘香，心香一瓣祝煌煌，梁山半把香何故？百零八将有姣娘"。① 而后来的《海底》演化成了稍不同前的四个故事，去掉了管鲍，加进了瓦岗

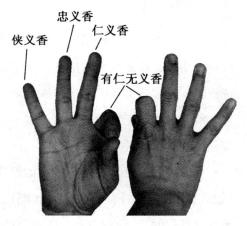

"三把半香"手势

英雄。以前的民间曲艺唱词对其作了通俗易懂的总结："左伯桃、羊角哀把仁义讲；后有桃园刘、关、张；瓦岗寨三十六员将，三十三人投了唐，单雄信上了朋友当，实可怜斩首在洛阳，秦叔宝哭得泪长淌，哭回江湖半把香；梁山一百单八将，生死与共情义长。"

---

① 刘师亮：《汉留史》，1947 年版，第 67-68 页。

第一把香为纪念羊角哀和左伯桃，称为"仁义香"。传说春秋时代，楚元王崇儒重道，招贤纳士。西羌积石山的左伯桃由于家贫且父母双亡，努力读书成了大才时已五十岁了，得知楚元王爱才的消息后，携一袋书前往楚国。到了雍地，严冬雨雪天黑，到一茅屋求宿，见一四十多岁的书生，家贫屋破，却有一床好书。经互通姓名，才知道这人叫羊角哀，也是满腹经纶的志士。二人志趣相投，相见恨晚，便结拜为兄弟，带了一点干粮一同前往楚国。经过一路奔波，干粮已剩得不多，而离楚国还有相当远的路程。若一个人吃，还能勉强到达楚国；如两个人吃，路上都会饿死。左伯桃决定牺牲自己而成全羊角哀。便故意摔倒，让羊角哀去搬石头坐。羊角哀搬石头回来时，左伯桃已脱光了全身衣服裸卧雪地，只有一口气了。左伯桃让羊角哀把自己的衣服穿上，把干粮带走，速去求取功名，说完就死了。羊角哀到了楚国后，献上了治国方略，被楚元王封为中大夫，赏黄金百两，绸缎百匹。羊角哀却弃官不做，要去寻找左伯桃的尸体。找到了尸体后，羊角哀给左伯桃香汤沐浴，择吉地安葬，并自己住下来守墓。一天羊角哀做了一个梦，梦见有许多恶鬼纠缠殴打左伯桃。羊角哀醒来后，提剑到左伯桃的坟前说："凶鬼可恶，吾兄一人打不过他们，让小弟来帮你的忙！"说罢自刎而死。这天晚上，狂风暴雨，雷电交加，喊杀声大作。天明时，左伯桃附近的坟全爆开了。楚元王知道后，给他们建了一座忠义祠，以旌表其舍生取义的精神。

第二把香为纪念刘、关、张"桃园三结义"，称为"忠义香"。刘备、关羽、张飞结义时，"不求同年同月同日生，但求同年同月同日死"。结义后，三人胜过亲兄弟，有饭同吃，有衣同穿。尤其是徐州失散后，关公"降汉不降曹"，曹操用尽办法，既封官，又赏金银，还赏衣袍及美女。可关羽不穿曹操所赐的新袍，即使非穿不可时，也用刘备所给的旧袍罩住，以示不忘兄长旧情。曹操三日一小宴，五日一大宴，也留不住关羽的心。关羽一旦得知刘备消息，便"挂印封金"，千里走单骑护皇嫂，过五关斩六将前往投奔，其兄弟情义感动了天下所有人。后来关羽被吴国害死，刘备和张飞发誓报仇。张飞又被害死后，刘备将报兄弟之仇看得比自己的性命及蜀汉的江山还重，倾全国之兵力东征，战败后死在白帝城。如此兄弟情义，袍哥们十分景仰。

第三把香纪念梁山泊一百单八将，称为"侠义"香。宋徽宗时期，奸臣当道，宋江等一百零八人，以不同身份、不同经历、不同地方汇聚到梁山泊。无论是夫妻、主仆、叔侄、上下级，还是原本就是亲兄弟，甚或是仇家，在义气的旗帜下，一概结为兄弟，一同坐在忠义堂中，一同替天行道，干出了一番轰轰烈烈的事业，被袍哥视为楷模。

半把香为纪念秦叔宝和单雄信，称为"有仁无义香"。秦叔宝落难，卖马当锏，遇到单雄信百般接济。后来瓦岗寨英雄都保唐王李世民，而单雄信却因李渊父子杀了他的兄长，誓不投唐，而投入到李渊的敌对阵营窦建德、王世充之处为将。唐朝灭了诸侯各国，单雄信被俘，秦叔宝、徐茂功、程咬金等人向李世民保单雄信，可单雄信坚决不降。李世民担心如果放了单雄信，他可能一直与自己为敌，决心杀了他。临刑前夜，秦、徐、程等旧日兄弟轮流把盏劝单饮酒，秦叔宝还搬来一个火盆，用刀割下大腿上的肉炙了给单雄信下酒。单雄信被斩后，秦叔宝等大哭着为单送葬。因为单、秦等人有始无终，不能像左伯桃、羊角哀一样舍命全交，因而说"秦琼哭回半把香"。

袍哥三把半香的仪礼，将复杂的感人故事简化成动作手势，主要是便于记忆，便于同道理解。而三把半香的传说本身，则主要在于以江湖义气为精神支柱，加强内部团结，防止帮内兄弟受敌人收买。而这些传说本身强烈的封建迷信色彩，反映出帮会组织缺乏明确的政治纲领，以崇尚义气代替政治纲领的状况。这些会规在辛亥革命之后有一定的变化，但封建色彩依然浓厚。

第二节　开山立堂和入会仪式

哥老会的开山立堂是会内非常隆重的仪式，为了保守机密，用隐语称开山立堂为"作方首"，或"作闲事"。地址多选在深山古庙人迹罕至的地方，或者就在闹市茶馆后堂中，多在夜间举行仪式。仿照梁山泊忠义堂聚义的故事，自称香堂为"忠义堂"，堂门称为"辕门"。忠义堂正中置龙头宝座，两旁分设虎豹皮交椅，各依在会中的等级入座。香堂正中悬挂关公圣像，用野草一束，白水一樽，信香三炷置于案前，称为"香水缘"。举行仪式前，要派各路巡风，监视路口，防止外人混入。

仪式开始时，踩堂管事上场按袍哥规矩行大礼。袍哥行礼称为"拉拐子"，俗称"作歪屁股揖"。它源于古代军人周身着甲胄，不便行大礼，只是歪出左脚，将后半侧身体前倾做骑马桩式，拱手作揖。虽是拱手，但两根大拇指却是竖直的，意谓在任何情况下绝不倒旗。在清代，还要将发辫甩到右肩前面，两手捧着辫尖，表示不忘清廷强迫蓄辫之耻。

礼毕，踩堂管事对众人"拿上咐"："全体肃静，执事者各执其事，务宜慎重。小弟才疏学浅，江湖礼貌不周，汉留仪注不熟，倘有上咐不清，申登不明，称职有错，安位不恭，万望各位拜兄不吝大教。小弟当即更正，务请海涵。"接着便从龙头大爷起，依次唱名，各就各位。

一、 开山立堂令

进位毕，由大爷唱《开堂令》：

天开黄道日，龙门大吉昌；

英雄齐聚会，禀开忠义堂。

管事请香长大哥出班上香，赞《上香令》：

信香三炷，奉祀明堂；

虔诚顶礼，万古馨香。

请正副龙头大爷率全堂哥弟望空恭迎圣驾，赞《迎驾令》：

恭迎圣驾，銮卫遥临；

桃园千古，帝君一人；

恭维圣帝，万世人杰；

大义参天，于今为烈。

接着由大管事赞《香水令》：

插野草以为香，酌白水以为酒；

古礼先进所遗，万古馨香不朽。

香焚头把纪周朝，羊左当年此订交。

留下千秋香一把，后人结义胜同胞。

香焚二把效桃园，大义千秋尚凛然；

歃血盟心何所似，乌牛白马祭苍天。

管事赞《设土地令》：

辕门气象本森严，缕缕香烟上九天，

位设地祇祠福德，内外安靖护盟坛。

大管事手捧"斗口王星君神位"（王星君即道教护法神王灵官），并赞《咒堂令》：

适才传下一支令，令设咒堂走一巡。

结义自然凭武圣，设誓还须斗口星。

弟兄同袍结刎颈，各人要洗各人心，

倘有欺蒙心不正，金鞭一举不容情。

叩请星君临此境，少刻香堂作盟证。

大管事接着赞《设禁门令》：

从早拜兄传下令，命弟前来设门禁。

禁门之内非凡品，天下英雄到此行。

光棍原要讲根本，身家己事宜认真。

第一为人根基正，第二品行要常敦。

三要仁义多恭敬，孝悌忠信请进门。

新入江湖要认定，山堂香水要记清。

谁为龙头谁盟证，谁是香长把令申。

谁是坐堂谁总印，谁是陪护礼执新。

谁人保举谁引进，谁是承行谁的恩。

履历从头讲清顺，然后方许入禁门。

倘若糊涂把山进，开除袍界不容情。

非是小弟宣言硬，江湖律例记得明。

在缘人人要遵令，不枉拜兄一片心。

交割办完一声请，依次而入莫留停。

大管事传完此令，对众人行拐子礼。盟证老大哥出场，赞《巡查令》：

一支巡查令，管事听分明。

进步当光棍，巡查要认真。

鱼目将珠混，帮规不容情。

奉命须维谨，一一巡查清。

担负执法的黑旗大管事，赞《行巡查令》：

巡查令出如雷吼，满堂兄弟听从头。

今日此地作方首，协力修成兴汉楼。

身家不清早些走，己事不明早回头。

自知身份有不够，自讨方便把身抽。

清查出来要出丑，当着人前把底丢。

非怪愚下来得陡，事到头来不自由。

袍哥开山堂时，严禁外人参加。如有故意混入者，便以"走风"（为官方刺探情报的奸细）论处。有时也遍请各相邻公口的大爷参加。

巡查毕，香长立于正中，唱《开山令》：

忠义堂前传号令，在缘哥弟听分明，

今逢吉日开黄道，弟兄结义来荒郊，

探得名山修此道，地势巍峨气象高，

南北英雄齐会哨，到来都是大英豪。

令人巡风去放哨，有无奸细听蹊跷。

逢山必要先开道，遇水还需早架桥，

先把盟坛来筑好，以凭结义认同胞。

开山立堂相号召，职责分明不混淆，

正副龙头齐请到，十二圆觉把名标，

香盟总坐正都好，陪护礼执新更高，

恭写圣牌迎圣纛，圣贤专责早扬毫，

桓侯赞礼先斩草，执法管事抱律操，

红旗管事司令号，黑旗检查穿黑袍，

承行管事司教导，帮办方方可代劳，

闲五迎送人多少，六牌巡风掌律条，

八牌通报怀中抱，九牌挂牌众目瞧，

十牌辕门司禀报，待客知宾大小幺。

执事人人都要到，各人负责莫轻抛，

倘有故违迟不到，虚名缺职法难饶，

开山大会齐遵照，中军传示把令消。

接着由香长宣布本山头的山、水、香、堂名称，内八堂、外八堂大爷及管事的姓名。
宣布《镇山令》：

适才传过开山令，镇山大令说分明。

开山无宝把山镇，恰似浮萍未定根。

第一镇山孝为本，第二镇山悌是遵，

第三镇山须忠信，第四镇山礼义兴，

第五廉耻牢记定，第六做事要公平，

第七修身重德行，第八同胞宜要真，

第九三纲勤整顿，第十五常永保存。

诸般至宝把山镇，愿众身体而力行。

人生处事最要紧，常遵八德与五伦。

唯善为宝古所训，我辈犹当效古人。

大众兄弟遵此令，汉留身价重千金；

倘有强顽违此令，荆条驱逐不留情；

故为犯法不安分，军法相绳问斩刑。

我今传出镇山令，满堂哥弟尽知闻。

众哥弟齐肃静拈香敬神，对关羽圣像行三跪九叩礼。
礼毕，大管事宣《传堂升位令》：

忠义堂前瑞气盈，弟兄情谊重兰金。

结拜虽然为异姓，恰似同胞生母生。

保安为友弃家庭，大家互励相亲近。

山堂永镇标名姓，汉留成功集大勋。

宣毕，分班回归各人位次。
由香长传《汉留道令》：

天下袍哥是一家，汉留大义总堪夸；

结成异姓同胞日，香堂盛开棠棣花。

其间，还有红旗管事令、黑旗管事令、开光令等，各依堂口大小，繁简不一。

接着由总印老大哥捧本堂印信进呈香案，当圣启封，赞《启印令》：

有守有为，惟凭此印，

当圣启封，祥云普荫。

至此，山堂便正式成立。

凡有新入会者，由引进大五哥引入香堂，跪于圣像前，歃血拜盟。承行管事到香长前行礼，念《请宝裁牲令》：

忠义堂前忙禀告，盟主近前把教叨，

今日英雄齐会哨，山堂集义结同胞。

歃血为盟遵古道，裁牲需要用金刀，

只得帐前来请宝，如何令示望兄教。

香长答礼，念《盟主赐宝令》：

一支令出忙分派，承行管事听开怀；

今日弟兄同结拜，恰逢紫气又东来。

承行职责无旁贷，前来请宝把牲裁；

迎接生气手宜快，金刀一划翅双开。

执宝不高又不矮，平平而出是通才，

一柄宝刀传出令，谨守弟职莫迟延。

承行管事接过宝刀，手提大红公鸡，唱《赞鸡令》和《裁鸡令》，边舞边唱：

此鸡不是非凡鸡，身穿五色锦毛衣，

脚跟有趾五德备，红冠缀顶壮威仪，

飞在昔年天宫去，双成唤作紫云鸡，

一朝飞向昆仑去，变作人间报晓鸡。

今朝落在弟手里，取名叫作凤凰鸡，

凤凰鸡，世间稀，翰音徽号冠中西，

歃血为盟祭天地，祷告上下众神祇。

福德先颂兄与弟，然后再祭五方旗，

东方祭青旗，南方祭红旗，

西方祭白旗，北方祭黑旗，

中央祭起杏黄旗。

飞龙飞虎旗，飞熊飞豹旗，

青龙白虎旗，朱雀玄武旗，

四方五神旗，三才九曜旗，

二十八宿旗，六十四卦旗，

周天九宫八卦旗，一百二十四镇旗，

三十六杆天罡旗，七十二杆地煞旗。

弟兄今日同结义，当效桃园永不离。

裁罢凤凰重道喜：

恭喜众位仁兄祝寿与天齐。

鸡呀鸡，

头顶红冠角角尖，五色毛衣硬是鲜，

借你血水来祭献，今夜弟兄结桃园。

宝刀出鞘亮堂堂，小弟今夜裁凤凰，

若有谁把良心丧，照着此鸡一命亡。

仙鸡飞过品仙台，众位拜兄来看裁。

鸡血滴进碗中央，碗里装的是杜康。

各位兄弟饮一口，患难祸福同担当。

若有哪个掉了底，兄见兄诛，弟见弟灭。

承行管事把鸡头扭下，鲜血淋漓，高唱《裁牲祀神令》：

金刀一挥字开天，歃血为盟自古传。

借得翰音生气满，祥光万道集盟坛。

左旋右旋礼方隆，带宝由来气势宏，

平平而出随先例，清观红兆喜重重。

香长捧盘观红兆（俗名"看财喜"）赞，《观红兆令》。承行管事将鸡血滴于酒碗中，念《制花红酒令》：

祀天祀地祀神明，福酒先须制造成。

饮得山堂新血酒，满缘祝寿吉星临。

盟主赐酒给新入会弟兄，唱《赐福酒令》：

福酒原来自古传，弟兄共饮乐无边。

今日谊结同袍后，生死祸福永相连。

众弟兄依次饮血酒。

盟证老大哥接着用青香数根，以红纸束腰，称为"捆把"，唱《捆把令》：

拈香拜把职居先，古礼传来千百年，

今日拈坛存旧制，汉留大义效前贤。

接着唱《赐把令》：

捆成把子赐新香，千古流传世泽长，

但愿弟台能继志，××山色郁苍苍。（××为当时开山立堂旳场所）

盟证唱《拜把令》：

今朝拜把结同心，斗口星君作证盟。

谨守十条和十款，自然事事吉星临。

又唱《敕咒令》：

咒堂发誓表心迹，汉留从来信誓词，

立誓莫言同儿戏，亏心自有鬼神知。

誓言立罢应遵循，万古千秋作证盟，

从此弟兄敦信义，山堂香水永流芬。

读毕请香长捆把，赞《捆把令》：

二人同心，其利断金。

江湖一把，功业千秋。

一把青香，赐与新进。

后来居上，则笃其庆。

香长将香交与新进弟兄，众人持香向关羽圣像叩首，盟证赞《拜把令》：

异姓同胞，当拜把子，

万众一心，名标青史。

赞毕，新进将香把交引进拜兄，香燃后插入香炉中，新进入会者当神立誓：某某某自入汉留之后，遵守山堂十条十款。如有口是心非，神明鉴察，死于刀下。

引进接着唱《赞新进令》：

今日龙门大展开，韩侯拜将众登台，

争着立下大功后，始信英雄出草莱。

礼毕，由圣贤二爷赞《送圣令》：

久劳圣驾降红尘，况值干戈扰攘中，

方手作完邀圣鉴，送将銮位早回宫。

大管事接着赞《咒堂送斗令》《撒土地令》。有的还有《送寒林令》，其礼节与民间"庆坛"作法事近似。紧接着的《扫火堂令》突出了袍哥本身的主题，它采取了由大管事提问，众哥弟齐声作答的方式，渲染出仪式圆满、皆大欢喜的喜庆气氛。

《扫火堂令》问答词如下：

问：一扫东方甲乙木，弟兄和睦不和睦？

众答：兄弟们永远和睦。

问：二扫南方丙丁火，弟兄们合伙不合伙？

众答：弟兄们永远合伙。

问：三扫西方庚辛金，弟兄同心不同心？

众答：兄弟们永远同心。

问：四扫北方壬癸水，弟兄们和美不和美？

众答：兄弟们永远和美。

管事说：唯有中央我不扫？

众问：为何不扫？

管事答：留与山堂兄弟修一座兴汉楼。

众：恭喜！恭喜！

二、 开山立堂会场中诗句（选录）

1．忠义堂诗

忠义堂前过万军，将军一对两边分；若有奸心辕门斩，忠心义气伴明君。

2．刘关张桃园结义诗

桃园开放万里香，久闻知己访忠良；天下英雄居第一，桃园结义刘关张。

3．四城门诗

东门打破西门出，杀得冱皇无路程；南门开路北门绝，只见洪英数万人。

4．玉玺印诗

顺治胡人过海波，雁门失玺数年多；真命天子登龙位，浮起玉玺笑呵呵。

5．木斗立世诗

十八山河在眼前，立心来向帝王边；世间多少愚拙子，斗转星移正向前。

6．木杨城匾额诗

参经念佛去修斋，聚会洪英木杨城；洪开天地成日月，剿灭冱朝复大明。

7．仁义旗诗

仁义帅旗第一枝，五祖分派始开基；二九山河归我祖，留在花亭教洪儿。

8．大明旗诗

日月旗中第一枝，会和洪英创洪基；为人须要存忠义，不可外头说是非。

9．宝镜诗

女娲炼石补青天，留存宝镜照人间；日明水清和玉洁，能破火轮兵万千。

10. 乾坤圈诗

若问乾坤重或轻，二斤十三称分明；虚心实园混沌福，十日游尽便回程。

11. 红花亭诗

红花亭上一炉香，兄弟传来立誓章；招集洪英来聚会，刘师神算天下扬。

12. 松柏诗

心坚不怕雪霜侵，万古流传到如今；分开左右迎真主，反清复明合天心。

13. 仁义礼智信诗

仁凭中路总无差，义气相连大一家；礼别尊卑何所论，志气英雄不让他。听我此言行好路，他朝必定帝皇家。

14. 顺天行道诗

顺兴和睦孝双亲，天理无私本姓人；行过两京通各省，道排兵将两边分。

招齐四海英雄将，来护明朝圣帝君；后日团圆封爵禄，吉星照耀我明王。

游街观看众歌声，编列安排众子民；天下回复明朝转，下营宝寨定乾坤。

15. 三军司命诗

三军司命下校场，五湖四海把名扬；两旁排列英雄将，主复南京万里香。

三、 新丁贵人入会问答

新丁贵人入会时，先由承兄及拜兄行礼，礼毕，新入会者跪于神前，与管事者作如下问答。

问：你何故要来此？

答：愿充洪家兄弟而来。

问：谁叫你来的？

答：出于自己本意。

问：是谁引进？

答：保举人某。

管事于是转问介绍者。

问：他是你引进吗？

介绍者答：是！

管事又问新丁。

问：洪门的规矩你知道吗？

答：全仗承兄同拜兄的戒摩。

问：进了我会，犯了条款，就要洗身，你不怕吗？

答：若是犯了条款，私通马子，或是不忠不义，愿受三刀六眼之处分！

问：兄弟吃的三分米，七分沙，你能受这种苦吗？

答：兄弟能受，我也能受。

管事：既然如此，行抖海式罢。

至此，入会者乃对神发誓曰：

我既归洪，若有三心二意，或勾通马子，或私卖梁山，或不讲义气，日后愿死于刀剑之下，千刀万剐。

是时，管事立于神位左侧，手持利刃，即时斩一白雄鸡而言曰：不忠不义，有如此鸡。（神前应供三牲，凡供三牲，必用白公鸡；若只供香烛，则可用无色丝线束线香一股，至此时则由新丁贵人斩香为二，曰：有如此香，以代斩凤凰之举。）

誓毕，即行礼起立，然后行洪门"抖腕式"（袍哥行"拐子礼"），礼毕，管事将新丁姓名填记于宝（哥老会内部文礼名册），给予介绍者。介绍者两手捧宝，高诵："大哥命我解宝来"，一面转向新丁，新丁就用两手接宝，口诵："多谢大哥来解宝。"受宝后，新丁交纳会费，其数目应合一百零八将，或三十六天罡，或七十二地煞。于是，拜见诸兄弟及送宝者，彼此互相道贺而毕。①

以上是简洁的仪式。

比较复杂的仪式会场陈设必须完善，且有卫兵、先锋等等执事，其问答及仪式也更为复杂。

由于过分复杂的仪式人员多，时间久，设施设备多，容易暴露；同时也不便于小地方、小规模的组织活动，渐渐便简单化了。

袍哥开山堂的习俗，也随着时代的发展而产生了很大的变易。特别是辛亥革命后，袍哥组织由秘密转为公开，其开山仪式不再偷偷摸摸，有的还搞得富丽堂皇，热闹非凡，变成了袍哥显示实力的盛会。以前开山堂《安位令》中的"汉留大义总堪夸""恭喜早修兴汉楼"等套话，也变成了"三十六把金交椅，七十二座软八台"，"恭喜各位仁兄升官发大

---

①　参见李子峰：《海底》，上海文艺出版社 1990 年版，第 122–137 页。

财"等恭维辞令。到后来，许多仪式简化，各种"令"也省了，有些仪式只请出圣人像焚香结拜就完结。

1943 年 4 月，为庆祝袍哥大码头"合叙同总社"开山立堂，在成都东丁字街华瀛大舞台，召开显赫一时的万人迎宾大会。全川各县大小码头派来庆贺的袍哥代表有 2800 人之多，可谓袍哥历史上最大的一次"开山堂"仪式。①

加入袍哥的时期一般是在农历过年吃团年饭和农历五月十三单刀会两个日期，也有在喜事寿酒中临时集会而凑合加入的。

第三节　袍哥的隐语和暗号

辛亥革命前，袍哥活动尚处于秘密状态，为了防止奸细的混入，使会内的活动不被外人知道，在彼此联系时，有一套内部交流的规矩，包括手势、隐语等。隐语和暗号在袍界被称为"海底"或"江湖切口"。在开展活动的时候，如遇有陌生人，就要先问对方的山、水、香、堂，身家底细，在清问对答中多用袍哥隐语加以试探，就叫"盘海底"。

一、隐语

袍哥的隐语行话是江湖切口的一种，俗称"内盘话""展言子"。隐语行话是一种封闭式或半封闭式的特定语符体系，而不是一般的语言。这种群体的隐语行话所掩盖的内容，既是其秘密，又正是该群体内部的主导文化所在，可以增强凝聚力。

袍哥常用的隐语有：

1. 人类

天牌：男人。

地牌：女人。

尖椿子：小孩。

混子、码子：土匪。

野毛子、外马子：外地土匪。

笑果儿：妓女。

花斑子、念三：和尚。

杂毛子、念四：道士。

水念三：尼姑。

上壳子：丈夫。

底板子：妻子。

花鹊子、灰狗子：兵。

老掌局：爷爷。

---

① 参见王纯五：《袍哥探秘》，巴蜀书社 1993 年版，第 48—59 页。

日宫、老根子：父亲。

月宫、老底子：母亲。

并肩子、排琴：兄弟。

晚辈子、低多万：子孙。

老教子、老元良：师傅。

徒垦、孝点子：徒弟。

赶孙、流巴生：乞丐。

孔孙子、笔管子：书生。

肉旦孙：富人。

念水孙：穷人。

西国点子、哑子、尊老：菩萨。

熟麦子：自己人。

尖果：小美女。

亮果：美女。

苍果：老妇人。

歪鼻子、绷嘴子：死人。

双身子：孕妇。

无影子、哀六子：鬼。

钻念子、台炮：傻子。

土地孙、千张子：乡下人。

老门坎、相夫：行家。

哈郎子、朝阳子：生意人。

掌柜的、朝阳：老板。

郎中：精于赌博者。

三只手：小偷。

海翅子、点字头：当官的。

黑心符：后母。

滥杆儿：流氓无赖。

舵把子：袍哥头目。

2．人体器官类

脏点子：头。

盘儿：脸。

盘儿念：脸丑。

盘儿尖：脸美。

菊花盘儿：麻脸。

青丝：头发。

招子、招落：眼睛。

闻罗：鼻子。

柴吊子、扁锯子：牙齿。

樱桃、是非子：口。

爪子、托罩子：手。

金刚子、立定子：脚。

五柳子、燕尾子：胡须。

合皮子、攀子：女阴。

软硬棒子、金星子：男阳。

跨合子：交媾。

球子、高山：乳房。

瓢儿：嘴巴。

顺风、听罗：耳朵。

旺子、幌子：血。

爪子：拳头。

登子：肚皮。

天球子：眼珠。

3．姓氏类

老咪：杨。

老抓：侯。

老花：谢。

老焦：胡。

老炎：陈。

老拱：朱。

灯笼子：赵。

抄手子：李。

匡巴、匡吉子：周。

口天子、张口巴：吴。

四方子：郑。

虎头子、平巴：王。

甜：唐。

双口：吕。

板弓：张。

撑肚：魏。

大元：程。

顺水：刘。

双梢：林。

喉巴、冰天：韩。

沟子：何。

震耳：雷。

顶浪：余。

4. 建筑物类

围子：城市。

凑子、杆子：集镇。

窑子：房子。

子堂、甲子：家。

古子：庙宇。

天窑子：山寨。

顶青窑子：官宦人家。

威武窑子：衙门。

呼芦窑子：赌场。

火山窑子：酒店。

靠熏窑子：烟馆。

花果窑子：妓院。

来往窑子：旅店。

抬头窑子：饭馆。

清水窑子：茶馆。

苦水窑子：药店。

白瓜窑子：肉店。

梨园窑子：戏院。

书房：牢狱。

空心子、过子：桥。

线子：路。

乱点子、丁子：坟墓。

四块子、狗硼头：棺材。

当房古子：土地庙。

阎王古子：城隍庙。

5. 食品、生活类

灰包子：点心。

漫水子：清油。

黄汤子：茶。

昆仑子：鸭蛋。

千条子：挂面。

火山子：酒。

玉粒子、大沙子：米。

念沙子、念稀子：粥。

散头子、亮沙子：饭。

翻张、搬渣：大饼。

哨子：馒头。

瓜子、留干子：肉。

弯腰子：虾。

青苗子：菜。

浮水子、滑子：油。

海水子、吼子：盐。

黑末、老乌：鸦片。

地钉子、得胜哥：葡萄。

横行子、无肠子：螃蟹。

白瓜：生肉。

金瓜：熟肉。

哼瓜、很子：猪肉。

粗瓜、大菜：牛肉。

6. 衣物类

靠身子：短衫。

四不相：马褂。

登空、三只眼：裤子。

大蓬、长叶子：长袍。

蓑衣子：皮袍。

顶壳、万立：帽子。

船帮子：鞋子。

臭筒：袜子。

打哨子：包袱。

板头子、白匹子：布。

软片子、滑溜匹子：绸缎。

铁板：草鞋。

玉条子：腰带。

袈裟：明朝官服。

对光子：眼镜。

7. 动物类

摆尾子：鱼。

尖嘴子、穿梁子：老鼠。

老粗：牛。

跳涧子、扒山子：老虎。

跑土子、大耳子：兔。

海条子、戏珠子：龙。

土条子：蛇。

高腿子、风子：马。

爬山子、啃草子：羊。

爬竿子、跟斗子：猴。

啄头子：鸡。

皮条子、嚎天子：狗。

哼子、毛瓜：猪。

扁嘴、阿八：鸭。

寿头子、阿六：鹅。

缩头子、中卫：乌龟。

海嘴子、黑心皮子：狼。

8. 用具类

大扇：门。

平托子：桌子。

靠背子：椅子。

四脚子：长凳。

板台子：床。

土台子：炕。

照笼子：蚊帐。

铃铛子：箱子。

夜衣：被盖。

双脸子、菱花、对面子：镜子。

金盆子：洗脸盆。

恨脏：肥皂。

熏斗子：香。

亮光子、古树：蜡烛。

亮子：灯。

莲花子、撇子：饭碗。

清风子：扇子。

莲叶：碟。

清炊子：茶壶。

篙竿：筷子。

莲蕊、清炊撇子：茶杯。

火山炊子、玉宝：酒壶。

莲米、玉海：酒杯。

摇子：罐子。

叶子：钞票。

现水子、缆头子：钱。

黄垦子、黄货：金。

白垦子、槽子：银。

山根子：玉石。

海亮子、白货：珠宝。

水浅、念缆：没有钱。

劈巴：分钱。

缆足：有钱。

花叶子：名片凭证。

朵子、吹风子：书信。

描朵子：写信。

扎朵子：送信。

测头子：书。

毛锥子：笔。

炭头：墨。

老光：火。

细星子、散花子：洋火（火柴）。

双影子：照片。

雨淋子、开花子：雨伞。

竹林子、方城子：麻将。

竹叶子：牌九。

跟斗子、叫子：骰子。

飘子、底子：船。

轮子、滚子：车。

9. 生活类

扫苗：理发。

掩扇子：关门。

亮扇子：开门。

押淋子、敏黄莲子：吃茶。

靠熏、吞云：吸鸦片烟。

炊散头子：煮饭。

收粉子、造粉子、上啃：吃饭。

打沙子：买米。

搬火山子：饮酒。

火山子高、搬篡了：酒醉。

甩阳子：大便。

甩条：小便。

摧条：男人小便。

摆柳：女人小便。

靠：坐。

扯、拉：走。

拖条：睡。

劈苏：哭。

磁盘儿、累盘儿：笑。

崩嘴儿、土垫了、返圣：死亡。

10. 社会活动类

放黄：失约。

不认黄：不认账；不承担责任。

关火：能起决定作用的人。

乘火：顶住祸事。

撤火：胆怯。

抽底火：揭露底细。

天棒：无法无天的人。

识向：会看风向。

撒豪：恃强仗势，胡作非为。

吃通：到处行得通。

丢海誓：赌咒发誓。

拍扇子：开门。

飞片子：出字样。

熏堂子：吸鸦片。

报盘：当众说明过错。

打平伙：共同分担伙食钱。

吃欺头：捡便宜。

下粑蛋：说软话，求饶恕。

搁平：把事情处理好。

扯恕：请原谅。

搭手：互相帮助，求助。

扎起：大力相助或袒护。

捡脚子：收拾残局；做善后工作。

不落教：不够朋友。

不依教：不按规矩办事。

倒打码子：起内讧。

困沱：没事干。

捞梁子：和解。

搭台子：调解私怨。

对识：见面相互认识，川东叫"会首"。

阐条子：介绍情况。

结梁子：结仇。

说聊斋：找人扯皮。

卖关子：泄密。

打让手：有商量的余地。

方起：使人尴尬。

斗梁子：复仇。

对红星：意气相投。

涮坛子：开玩笑。

包袱：笑话。

采花：强奸良家妇女。

掷金掷拐子：赌博。

翻肥肠：算老账。

剪眉毛：欺负人上了脸。

11. 社会行业

飘行：剃头业。

吃皮子的：唱大鼓。

梨园子、彩行：唱戏的。

申子行：相面。

汉生意：卖药业。

铺地汉：药摊子。

柳册子：说书。

换子孙、开叅子：贩卖人口。

搬石头：卖小孩。

先知子、圆头：占卜。

十黑、黑子：测字。

地吼子、银子篷：大木偶戏。

12．天文地理类

乾宫、上空子：天。

沙坨子：地。

老爷、球子、大煞：太阳。

玉盘子、兔屋子：月亮。

悬亮子：星星。

斗色子、扬沙子：风。

天漏子：雨。

挂帐子、山巾子：雾。

鹅毛、棉花团：雪。

摆乾、天开、大扇放光：天晴。

天摆：下雨。

双濛子天：阴天。

球子上：早上。

楼子上：夜晚。

格鞑子：山。

沟子：河。

卤沟子：海。

脏沟子：坑。

13．袍哥活动类

"光棍"：袍哥的自称。《汉留史》的解释是"一尘不染谓之光，直而不曲谓之棍"，[①]是有意拔高的说法。另有人解释说：光是明的意思，"棍"字拆开为"十八昆"，即十八省昆仲（兄弟）。光棍二字含义为大明十八省昆弟，勿忘大明江山，因而含有反清复明的意思。

跑日光：白天行窃。

掐灯花：夜晚行窃。

吹灯笼：剜眼睛。

打背手：私吞财物。

提线子：出主意。

踩水：侦察。

归标：转移袍哥组织关系。

关火：能起决定作用。

扯势口：摆出袍哥的常规姿势。

穿灶：调戏妇女。

踏帽：玩弄拜兄捡了伙食（即包身）的妓女。

穿靴：玩弄拜弟捡了伙食（即包身）的妓女。

倒油：向人赔礼道歉。

地皮风：流言蜚语。

倒打码子：起内讧。

肘住：帮忙举荐。

夹磨：训练；刁难。

天仓满了：恶贯满盈。

扎口子：警戒守卫。

宰埂子：抢劫。

落马：被捕；被困。

刘师亮：《汉留史》，1935年成都排印本，第61页。

办交卸：刑满。

灰锥了：判了死刑。

出煤子：黑夜行动。

攒堂：召集哥弟们共同议事。

落下脚：受审问。

嗨皮：参加袍哥。

空子：又叫"白袍"，即未入袍哥者。

引进：介绍参加袍哥。

打响片：将事情向袍哥内部公布。

拿上咐：通知注意事项；交代托付、嘱咐。也叫"拿言语"。

坐堂：开会。

私会：袍哥之外成立的小团体。

叫梁子：或叫"拿梁子"，报仇或仇杀。

跑滩：在江湖上游走，无固定职业者。

烧袍哥：烧香结盟加入袍哥。

通皮：与袍哥有往来。

避豪：到处码头避难。

栽插：新加入袍哥即开牌。

插柳上山：从小老幺一步一步提升上去。

上山插柳：中途参加（越过小老幺）。

穿黑袍：冒充袍哥。

通江：言语在各地码头行得通。

进步：入袍提升，又叫"超拔"。

水涨了：形势不好，风声紧。

赏示：得到大爷的好评。

盘海底：清问对方的山、水、香、堂。

矮起说：自我深刻检讨。

吃讲茶：发生争执的双方请大爷在茶馆内评理。

散眼子：自由散漫的人。

绷劲仗：冒充好汉。

操：在社会上拉帮结党、拜把好斗。

拜把：结拜弟兄。

拉稀：中途逃脱，不负责任。

打启发：敲诈抢劫。

镇堂子：能服众，在堂口上说是起话。

报盘：报告事情原委；说出原因、理由。

拜兄：入袍介绍人。

冒顶：袍哥大爷别称。

金陵接旨：进山堂接受新任务。

装桶子：俣人上当，受蒙蔽。

大同财：投奔与人当盟弟，或称义弟，而不改姓者，为大同财。

小同财：投奔与人当子辈而从所投奔之人之姓者，为小同财。

拉肥猪：向被绑架户索要赎金。

动观音：绑架妇女。

抢童子：绑架儿童。

关圈：把人藏起来。

翻圈：被绑架者设法逃脱。

摸庄：谋杀。

毛了：把人杀死。

勾勾匠：行劫时的眼线。

点水：出卖同伙。

划盘子：毁容。

同路赶场：相约行劫。

肉票：人质。

撕票：谈判破裂伤害人质。

14. 武器类

叫驴、喷筒：枪。

长挑：矛。

苗子：花枪。

大喷子、轰天：炮。

片子：大刀。

青子、狮子：小刀。

橘板：剑。

蟠龙：棍棒。

狗粪：火药。

种子、米子：子弹。

15. 数目类

留、旦底：一。

月、两道子：二。

汪、横川子：三。

者：四。

中、满把子：五。

隐：六。

星、捏子：七。

张、哈子：八。

爱、钩子：九。

足、全伸子：十。

配、尺：百。

梗、干：千。

几丈：好多岁。

16. 袍哥内部常用术语

五旗：即五个堂口的名称，即仁、义、礼、智、信。

十旗名称：即十堂名称，即威、德、福、志、宣、松、柏、一、枝、梅。

公口：全体同心谓之公，出入必由谓之口。公口即帮会全体成员出入的总机关。

在园：在桃园的意思，即参加了袍哥组织。

在缘：汉流称结盟为大结人缘，因而在缘即在园。

苑内人：郭永泰有林园名称为松鹿苑，为开山堂时聚义的场所，是会内密商事宜场所，因而苑内人也就是参加了袍哥组织的人。

拜码头：专门在江湖上混事的人，不从事生产，全靠一张嘴，能顺口如流地讲江湖术语，熟练江湖动作，到处行走，称为跑码头。每到一处，必拜见当地码头。拜码头时，要运用江湖术语，行帮中礼节，不得随便。

袍哥的许多隐语已渐渐演化成为日常交际中的语言，不再有太多神秘色彩。

二、隐字

为了严守秘密，袍哥制作各种字，或除去偏旁，或写成不常见的字，或借用同音同义字，或将数字合成一个字，或分开一个字为一句话，以此作为各种重要语言记载的符号。即使被外人看见，也不明白字句的含义，内部的秘密就不会泄露。

1. 除去偏旁的

顺天转明——川大车日；顺天行道——川大丁首。

2．分开字为一句话的

金兰（蘭）结义（義）——人王脚下两堆沙，东门城上草生花。丝线穿针十一口，羊羔美酒是我家。

3．以数目代替的

洪——三八二十一；天——三十六；

地——七十二；会——一百八。

4．写成不常见的字

满——瀟；清——泋；明——汨。

5．连接数字为一字的（见图）

顺天行道：　　　　风后家日：　　　　结为万记：

金兰郡：　　　　　忠心义气：　　　　洪顺堂：

共同和合：　　　　一片丹心：　　　　反清复明：

三、暗号

除了隐语术语之外，袍哥在交往过程中，还以手势加以联络，在举手投足之间，便知道对方是不是袍哥兄弟。

1．天地人

2．国泰民安

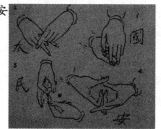

3. 敬烟敬茶

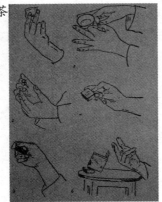

四、 茶碗阵

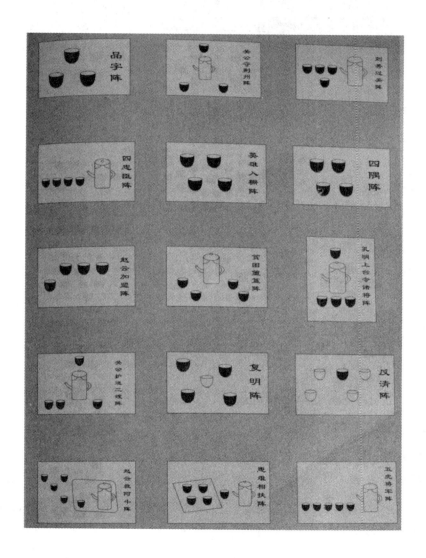

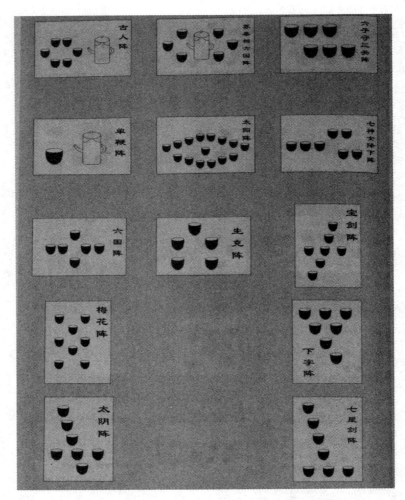

　　四川袍哥中的"茶碗阵"是一种通行的交际联络方式。袍哥相遇，不必问询，只看摆放茶碗的式样，便可知来人的用意了。

　　外地来的袍哥要拜码头，先在茶馆找个位置坐下，两腿平放，不能跷"二郎腿"。堂倌来倒茶时，客人接过茶碗以右手拇指置茶杯边，食指置杯底，向倒茶人相迎；而以左手做成"三把半香"之形，直伸三指尖附茶杯，所谓"洪门出手不离三"，袍界一看便知其为自家人。手拿茶碗时，切忌把手掌覆盖在碗口上，这在江湖上叫作"封口"，是很不恭敬的表示。

　　按规矩接过茶碗后，即有当地袍哥管事前来，同样倒一碗茶，两个茶碗相对放置，名为"仁义阵"，也叫"双龙阵"。对此，江湖上有谣诀形容它：

　　　　双龙戏水喜洋洋，好比韩信访张良；

今日兄弟来相会，先饮此茶作商量。

如三人同饮，将茶碗摆成鼎足三分之势，上一下二，也有一首谣诀：

三仙原来明望家，英雄到处好逍遥；

昔日桃园三结义，乌牛白马祭天地。

如四人饮茶，将茶碗摆成四方形，称为"四平八稳阵"，亦称"龙宫阵"，有谣诀云：

四海澄清不扬波，只因中国圣人多；

哪吒太子去闹海，戏得龙王受须磨。

如有事到外码头救援，即在茶桌上布成"单鞭阵"，其方式为倒茶满碗，并带来瓷制小茶壶，将壶嘴正对茶碗。对方如能援救，即饮碗中茶；如无法援救，即将碗中茶倒在地下，另倒一碗饮用。

如用茶壶嘴正对着排成一线的三个满碗，名为"争斗茶"，意即献茶人请对方与他争斗。对方如应请，便将三碗茶同时喝下；如不应请，便取当中那一碗独饮。

五、拜码头

在拜码头的规矩中，"兄弟会首"是袍哥初次见面的礼行。一般在各自公口开设的茶馆相会，这样既方便又避嫌。见面先敬烟茶，其风俗是"取茶吃茶，俱用三指"，相传为洪二和尚所创，为会内世代相传的暗号。如对答不一，礼仪不熟，便被视为"空子"或"黑袍"。如果对上暗号，主人便发问："汉留从何处而来？汉留到何处而去？"如来客有公片宝札或三大宪片子正式拜码头，即于此时交辕门官执事九牌，转报红旗五哥接客。客人在向红旗五哥拿上咐时，要口齿清楚地阐一段条子："我兄弟姓某草字某某，某某某小码头。兄弟上承拜兄栽培，下承兄弟伙抬爱，虚占某字出某牌，久闻贵龙码头山清水秀，人杰地灵，我兄弟带上一堂单张草片，请候贵龙码头一缘哥弟。尤恐款式不合，掉红掉黑，卷边折角，言语不清，口齿不明，礼节不周，仪注不熟，问候不到。我兄弟多在山冈，少在书房，只知江湖贵重，不熟江湖礼节，一切不周不到，还望大五哥高抬龙袖，亮个膀子，龙凤旗、日月旗、花花旗，给我兄弟打个好字旗。"这时，大五哥接过公片宝札，打发小老幺通请各位大爷迎风接客。并由红旗管事将客人介绍给本码头大爷会识，也要阐一段条子："各位拜兄初次会识，行客拜坐客，英雄拜豪杰，坐客一位是某某某好码头某牌某某某。"如来客不经过辕门官转告五哥，径直去拜大爷，就叫越城翻墙，严重违反帮规。但如过客来时，恰逢该地码头"作方手"，茶馆内找不到红旗五哥，直接去"作方手"的地点拜会，称为"闯山"。

先由来客赞《闯山令》：

适才小弟初来到，闻说众仙赴蟠桃，

特具香烛和纸炮，擅闯名山望恕饶。

一来请安把喜道，二来拜会众英豪。

来在辕门把目观，瑞气重重透九霄，

大爷仁义称师表，圣贤二爷美德操，

桓侯威名天下闻，管事五爷真高超。

自古英雄出年少，一个更比一个高，

只有兄弟礼不晓，拜兄近前把教讨，

特登名山来报到，十哥转禀要代劳，

倘蒙拜兄答应见，恭进香堂把圣朝。

大爷接禀后，如果愿见，即传出《临时接客令》：

刚才十弟来禀报，山门外来了大英豪，

怪道昨夜灯花爆，却原喜事应今朝。

贵客不辞远来到，敝山增添瑞千条，

为无知会先来到，愧未远迎十里遥。

接待不恭休见笑，礼貌荒疏要量高，

请进香堂把茶泡，吩咐迎宾大小幺。

另外，哥老会还有一种"换袍"仪式。此仪式源于嘉庆十九年（1814），贵州林怀明开筑青山，其子林涛任侠尚义，汉留弟兄希望林涛入盟，但因碍于生父在堂，父子不可同堂（否则称为僭越），为了吸收林涛入盟，汉留添设了"换袍"仪式，经换袍后，即改变为同袍之意，父子可以同堂。根据这一规则，祖孙也可以同堂。但同时又规定，换袍入堂的后辈，从记名之日起，须呼大伯盟叔三年，始能在盟内称兄道弟。这种入盟的后辈称为"矮举"，矮举记名，须从小老幺开始，小老幺尚未达到正式品级，系记名矮举，在品级上属于半步。后来有"子孙要换袍，先请问林涛"之谚。据说，矮举换袍为哥老会组织级别上设有半步的开始。

第四节　袍哥的公片宝札

袍哥都有用以证明自己身份的凭证，这种凭证有公片、宝札、红片、开印等不同形式。参加袍哥要领取公口发的公片、宝札、拜兄的红片，才能取信于人。至于开印，则是取得安排兄弟伙而充当拜兄的条件，也是每个会中人必须取得的手续。一般新加入的，要取得这些证件通常要经过三个会期，久为三年，短为一年，有特殊情况的人，可近期发给，也可立刻发给。领取时，要根据本人经济情况，集体或单独举行一次酒宴，招待公口里面的拜兄和执事人员。既要对公口自由捐款，又要对拜兄和送件人敬以一定的礼金或礼物。开印也是如此。若经济困难，对公口有功劳的滚龙兄弟，军、警、宪、特的小头目或政府官员以及被称为暗地扎墙子的人，可免礼金、礼物和捐款，也不负担当彐的招待费。

（1）公片：公片一般长七寸，宽三寸半（象征"三把半香"）。"公片"的正面称为"面光"，印有哥老会的堂名，用木刻正楷字体，一般用墨色印于红片上。背面有小型长方有边的公口印章，称为"背靠"。在清代，有的还在两边印有"同抚汉族""还我河山"字样。

（2）宝札：宝札又名"票布"，用长一尺二寸、宽八寸的白纸（或丝绢）印成。四角

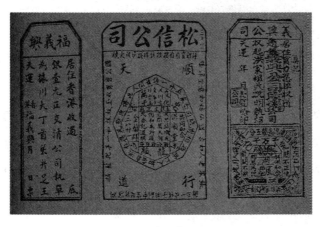

袍哥公片

有"桃园千秋"四个字。正面立四柱，用四句诗套
入"山、堂、香、水"的名称。据说永宁人郭永泰
立"荩忠山"时，其宝札上端两行字为"荩忠山下
路，一带明澄水"，下端两行字为"千秋云鹤香，
松柏郁为堂"。背面立四柱，即填写"恩、承、保、
引"四位拜兄的姓名（他们必须是本堂的山主或大
爷）。同时填写新入会者的姓名。领了"宝札"才
算正式参加袍哥。公口中派大小老幺给新贵人送宝
札，还要说一番恭维话："金字牌，银字牌，小弟
与兄送宝来，仁兄今日接宝后，步步高升坐八台。"

袍哥宝札（票布）

新入会者要给小老幺赏钱，同时还要给公口上一笔底金（相当于会费），称为"码头钱"。
这当然是后期袍哥业已公开后的习俗。在清代袍哥遭到缉拿时，香堂发给的宝札要当场销
毁，这叫"扯红旗"，只将新入会人的姓名记在哥老会的"龙簿"（又名"堂簿"），以防官
府查到凭证。

袍哥宝札（票布）

（3）红片：是袍哥新学或袍哥红片提排人的恩、承、保、引四大拜兄所发的片子，表
示这些人都是参加袍哥或提排人的证人。其片小于公片，红色道林纸做成，正面印黑字姓
名，背面印本人堂号的红色小字一般五哥背面是方印，有功劳的五哥背面是一条龙（长方
形）的印章。

（4）私片：出外跑码头单凭宝札还吃不开，必须上加一种"三大宪片子"，或称"幺
二三片子"，这是龙头大爷、圣贤二爷、桓侯三爷才有资格使用的"私片"。持有公片宝札

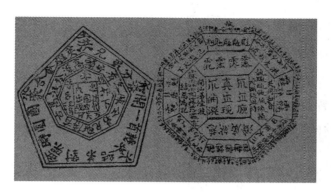

袍哥的红片

和三大宪片子的人，才是真资格的袍哥弟兄，才能正式拜码头、求张罗、请保护。没有这全堂证件的人，大多是跑浑滩的绿林兄弟，他们不能公开自己的堂口，以防案发之后连累码头。但他们熟悉袍哥内部隐语、暗号，经得起外码头执事的盘问（即"清下脚"）。袍哥行话叫作"有宝献宝（即有宝札就请亮出来），无宝受考"。对答不上，就是冒牌，称为"穿黑袍者"，若查出是敌方探子，就要"黑传"（暗杀）。

袍哥遇难，在外码头有时持"无字白片"，并在右上角或右下角用香烧一个小洞，插上一匹雄鸡毛，叫作"鸡毛火炭片子"，这是码头上遭刀案的表示。上角插鸡毛，表示为拜兄复仇。任何一个袍哥公口凡遇上这类人，都要立即给路费，并派人护送到下一码头，交涉清楚。否则此人在哪个码头的地面上遇害，哪个就成了"卖客"，受到袍界痛斥或制裁。

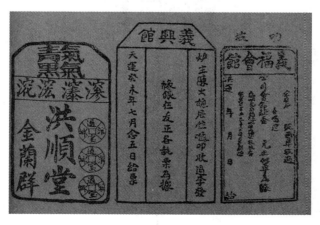

袍哥私片

（5）开印、传帖：开印，加入袍哥久了，对本公口有一定贡献，经红旗管事商请舵把子同意可以开印，开印后才能收纳为兄弟。

传帖，袍哥如集"攒堂大会"，传集各路兄弟，或向外码头通告某事，多使用"传帖"。遇有紧急机密事项，则派可靠的专人持公口火炭片子。

传帖分以下几种格式：

一是竹签：用于本堂的一般会议。正面写山堂名称，并有"见签如不到，众议罚香油银两毫"等字样，背面贴有红纸，上书会期及聚会地点。

二是"公盟正凭"：为正规的合会（即各码头联合聚会）的开会通知。帖的正面印有"大尊实公盟正凭"字样。帖内印有传帖诗句，及"天地认人为凭"，下书明年月日、地点及攒堂事由。正中书明山堂公口及出帖人姓名。

三是紧急机密通知。发起开会的山堂用本堂龙头大爷的公片宝札，在右上角用香烧一小洞，插上雄鸡毛，叫作"十万火急火炭片子"。开会时间地点由传信人对外码头当家大爷当面口述，以便保密。辛亥革命时，四川袍哥码头的首领于1911年8月4日在资州罗泉井为组织保路军起义召开的攒堂大会，就用的这种火片子秘密通知。①

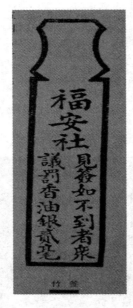

袍哥的竹签

（6）符箓：袍哥由于受白莲教影响，为了能得到神灵护佑，生命不受伤害，也使用符箓等物，但数量少，没有咒语。

---

① 参见赵宏：《袍哥理门一贯道》，团结出版社2006年版，第36—39页。

1. 净坛符：

2. 保身符：

第五节　袍界的节日

哥老会的节日一般称为会期。

最隆重的是农历五月十三日的"单刀会"（相传为蜀汉时关羽单刀赴会的日子），各地大小码头，都要张灯结彩，欢宴会众，广结宾朋，大排香案，论功行赏，栽培提升，接纳新秀。农历七月十五日中元会，这是为祭奠死难袍哥兄弟而开的。此外，还有正月间的"春台会"、腊月间的"团年会"等会期。袍哥在会期喜欢演唱的川剧剧目有《单刀会》《聚古城》《河梁会》《虎牢关》《辞曹挑袍》《巴九寨》等。一般在当地关帝庙演出。即使穷乡僻壤演不成大戏，也要打围鼓（即川剧清唱），以显示袍哥的风光。

一、单刀会

在有关帝庙的地方，一般都要在关帝庙举行单刀会。会场当中要挂关帝像或关圣帝君牌位，点上香花蜡烛。开会时由总舵把子先向神像叩头，然后才由其他大爷叩头，以下依排行叩头。敬神之后，执法大爷坐在当中，以下依排行排座，五排以上有座位，以下一律站立两旁。座位定后，由红旗管事出来办理新"进步"的手续，先向执法大爷丢拐子，请示请罪，然后将"进步"的兄弟带到当中向上跪下，管事再一次请示请罪，大声呼唱新进步某人、恩兄某人、保兄某人、引进某人。新参加人一直跪着，管事报了三个拜兄又一次请示请罪，然后才由恩兄分示新参加人的排行。在办完新进步的手续后，管事又请示请罪，办理提升调补，办完又再办处分。这些办完之后，大家入席，划拳饮酒，尽兴而散。

1944 年雅安荥宾合在沙溪村白马庙办的单刀会,事前就推出十个管事进行筹备,分担新进、提升调补、宴会席桌等工作。开会那天,单是雅安总社和各乡分支社代表就来了八九百人,荥宾合社总社长和四个副总社长都是执法大爷,新进兄弟伙的恩兄不限于总社长,而由参加人自由选定。选定某人为恩兄,就表示与他有深厚关系,以后的生命财产、生活前途都交由恩兄了。

如果说单刀会以礼节和娱乐为主,属于文堂子;而"做闲事"则有示威的意思,向周围的袍哥展示本码头的实力,所以又叫"武堂子"。

1946 年 7 月,天全十八道水当地袍哥举办的武堂子是由袍哥大爷杨崇凯等与另一码头的大爷高鉴民等召集,由杨崇凯负责筹办的。为了防止敌对公口的破坏,在举行武堂子之前,都要做一些必要的警戒工作。开会那天,会场四周有警戒,架起机枪,各地袍哥陆续到达,都是带了全部兄弟伙来的。中午时分,各地客人差不多到齐了,但由于很多人是吸鸦片烟的,要摆出大烟盘子过瘾,所以午后 2 时才开席。这次赴会的共六百多人,席是九盘九碗,有酒喝。饭后休息一阵。听到有人喊"进山了"!于是几百人鸦雀无声地进入会场。会场当中是用黄纸定的一张"汉寿亭侯关羽"的牌位,点燃香烛,推举一位拜兄坐堂。其余拜兄分坐两旁,五排以下的依次站立,人人荷枪实弹,如临大敌。一个管事出来,丢了拐子说"向拜兄请令"。坐堂拜兄说"令出原堂"。管事折转身来面向大家叫了一声"盛会开始"。随着就是"一百零八堂法式"。但在实际操作中,都简化了,常见的有五堂。第一堂为"访山"。由一个大管事出来用编成"四言八句"的话讲一番历代讲义气的英雄故事。第二堂为"团江"。由一个对各方面都熟识的人出来用袍哥的一套术语介绍五排以上的袍哥彼此认识。第三堂为"过红"。事前已把所有参加的几百人的姓名写在红纸上,摆在会场当中,每个名字上压一个小钱。又端出一大盆酒摆在牌位前,管事拿一只雄鸡在牌位前宰了,把鸡血滴一些在酒内搅匀,然后把还在滴血的鸡在名单上绕三转,看血滴在哪些人的名字上。据说从这些血痕可以预卜吉凶祸福。第四堂为"吃咒"。先由坐堂拜兄端了一杯酒跪在牌位前赌咒:"上坐关圣贤,下跪弟子某某某在面前,今后如敢上不认兄,下不认弟,死于非命,乱枪打死。"咒后将酒一饮而尽,然后其他参加的人依次上前发誓。所有的人经过"吃咒",喝过血酒,以后就同生死,共患难。吃咒完后就是"出山",也就是散会。出山时每个由会场出来的人都要打几枪示威,称为打威武炮。机枪步枪齐响,山谷轰鸣。闹了一个通宵，出山时已经天光大亮了。①

二、 中元会

每年农历七月十五有中元会，又称盂兰会。有时还可以选定七月中旬的任何一个日子举行。主要是悼念死亡的哥老会兄弟。举行盂兰会时，在关公像下侧悬挂亡牌，其牌子用绫子裱糊着色，中为宝顶形，左右为飞檐飘带。宝顶下有四个黑笔楷书字"慎终追远"，下为死者姓名。点神灯、焚香烛、献祭品、放鞭炮、烧袱子，仪式虽简单但庄重。

三、 团年会

团年会，每年腊月初一至二十日之间，任选一日进行。又称吃团年饭，实际上是一年的总结会。除开香堂外，当家钱粮要报告财务收支情况，并列单逐笔公布。红旗管事要报告本年度新进人数、死亡人数（并将死亡人的名单写于亡牌上），提升调出、功过赏罚、明年执事人员等名单，都要张榜公布，并请舵把子总结全年兴革事宜。弟兄伙过年在一起，以增进内部团结，同时也可以商量一些大事。

以上是哥老会重大的节日活动。还有一些小会及临时性的活动。新年团拜会是辛亥革命后形成的，只有部分人参加。多为哥老会兄弟伙请公片、请宝札、请拜兄红片、开印、送印、送片等。当天的烟茶酒等费用，全部由请片人、开印人负责。只有军、警、宪、特的头目因袍哥团体中的大小事情有求于他们，故不负担费用，并且还要恭请恭送，否则以后言语拿不通，事情不好办。哥老会的公口多设于茶馆内，由丸事人轮流值班，早晚碰头联系，解决临时纠纷及其他事项，称为茶会。是日参加轮值人的茶资，由值班人个人支付。另外每月由执事人或有关人员召开一次月会，商讨公口事务。②

---

① 参见杨治国：《西康雅属的袍哥》，载刘剑、丁小梅编：《帮会奇观》，中国文史出版社 2001 年版，第 227 页。

② 参见赵宏：《袍哥理门一贯道》，团结出版社 2006 年版，第 35 页。

第六章　袍哥与李蓝起义

第一节　李蓝起义前的西南地区形势

鸦片战争后，清政府对外妥协投降，对内残酷压榨，致使社会矛盾激化；封建官吏的巧取豪夺，严重的土地兼并，使农村破产，经济凋零。1851 年，洪秀全领导的太平天国运动爆发，坚持斗争达 14 年之久，从根本上动摇了清王朝的统治，促进和推动了全国各地各族人民起义的爆发和发展。与此相呼应，西南地区人民的反抗斗争也风起云涌：1856 年，爆发了云南回族领袖杜文秀在滇西的起义；1854 年，四川蒲江县廖怀信起义，影响遍及全西南地区。据 1908 年杨子元编纂的《蒲江县乡土志》记载，当时的蒲江农民"终年耕桑，一粒一汗，一缕一血，所得之区区，不足填无底之沟壑"，"蒲民之苦累久矣。而尤苦者，莫甚于解费、相验、夫马费。一案而牵连数家数十家。办理无端，苛敛半以肥私，以故民受其暴"。加上咸丰四年（1854）蒲江大旱，"绿山几无寸草，所有人家园圃瓜蔬俱绝"，官府还要催粮，并加征"津贴""捐输"，激起了该县农民的愤怒，咸丰四年五月，廖怀信聚众抗粮造反。

廖怀信（？—1854），绰号"廖毛狗"，蒲江县中兴场人。生于清道光年间，秉性豪放，好习武，喜交友。当时官府恶霸横行，廖怀信的妻子被恶霸侮辱，廖怀信便产生了反抗官府的念头。因他常聚众练武，被县衙侦知，县衙就连夜派兵丁缉捕。廖怀信机警逃脱，逃时惊跑毛狗一只，兵丁误认为廖怀信化身为毛狗溜掉，至此，人们便称廖怀信为"廖毛狗"。逃脱后，廖怀信与一起练武的兄弟、弟子、周边对官府不满的群众一道，组织"天地会"，自己作为头领之一。廖怀信及天地会兄弟用红巾裹额。咸丰四年夏，蒲江县及周边县发生饥荒，灾民遍野，而官府苛政暴敛仍然不减。廖怀信率众抗粮抗款，起义造反，凭借长秋山区的天险，与官府周旋。同年农历十二月，廖怀信与大邑、彭山等县的天地会会众聚师于双流黄水河，攻下涌泉寺。不久，廖怀信部又攻下并据守蒲江之东插旗山真武观。

十二月十六日，又在插旗乡八角庙严坎伏击浦江知县韩一松，将韩刺死。廖怀信乘势进攻蒲江城东、北二门，没有攻下，转而进迫邛州冉场一带。十二月二十一日，攻克大邑县唐场、安仁镇，沿途乡勇、民团望风而逃。廖怀信再攻崇庆州中和场，势不可当，西川震动。成都知府急调雅安、峨边、成都数营官兵镇压。十二月二十七日，廖怀信及起义部队被围，寡不敌众，廖怀信等数十人战败被俘，在崇庆西河坝殉难。① 廖怀信起义虽然失败，但影响遍及西川，为更大规模的李蓝起义打下了群众基础。

第二节　李蓝起义及经过

一、起义背景

云南昭通这一滇东北重镇，各族人民在清朝统治者的挑拨离间下，形成了严重的民族隔阂。回汉之间的矛盾长期未得到解决，统治者又出银子请来四川凉山的彝族与回族互相残杀，使昭通出现"乡人逃避入城，城中人逃入乡。田野不辟，米粮罄尽"的情况。甚至出现了"煮人肉，卖汤锅"的惨景。自然条件较好的绥江，也是"人民多半野食，终年不沾油盐者十之三四"，"各乡田土渐多荒芜，不及当年繁盛之四五"。这种现象从咸丰六年（1856）持续到咸丰九年（1859），农民流离失所，城镇手工业破产。为求生存，昭通各县都发生过"打富济贫"，打击贪官污吏，惩办土豪劣绅的反清壮举。

鸦片战争后，川、滇之间成立了一种烟帮组织。那时候，鸦片成为公开的买卖品，国内有些地方开始种植鸦片。四川邻省云南种植的鸦片价格较由外输入的低，川省烟商多往贩运。由于路上不平静，鸦片是一种大贸易，须要护送。那些被封建剥削压迫破产的农民组织烟帮，受烟商的雇佣，给他们做保镖。烟帮都配备鸟枪、刀剑等武器，他们熟悉地形，行动疾如风雨，他们靠抽收护送费为生。但贪暴成性的官吏却要坐地分肥，经常向他们勒索。因此，这些人虽然是流氓无产者，但他们对统治者有仇恨，能够与受压迫的农民团结一致，共同起来反抗。

烟帮大都是哥老会成员，所以烟帮与烟帮之间，烟帮与天地会等其他帮会之间，就都依靠哥老会的组织互相联系，在当时川南一带形成了一股巨大的洪流。李永和与蓝朝鼎就

---

① 参见《蒲江县志》，四川人民出版社1992年版。

是其中最主要的领袖。咸丰九年（1859）发生的由李永和、蓝朝鼎领导的农民起义，转战六省，历时六年，震撼全国，其深远影响仅次于同一时期的太平天国和捻军起义。这次起义虽然发端于云南，结束于甘肃，但其主要活动地区则在四川，其性质属于哥老会焚香结盟的聚众起义。

二、 起义经过

咸丰九年（1859）秋天，云南省大关县下关十六乡（与四川宜宾县连界）的农民因交不起粮被官府逼得走投无路，共推青年农民、袍哥首领李永和为首奋起抗粮。李永和、蓝朝鼎又均为当地"烟帮"首领。《湘军志》记载，"蓝大顺、李短答（鞑）居云南昭通大关边，以运护鸦片，为私贩魁。其党徒无虑数十，往来叙州，射利作奸。然自托商贩，颇重身家，无反心。会老鸦滩私贩有讼事，讯官诈赇之，不满意，因宜宾典吏别陷以事，捕二人置狱，竟请知县杀之"。叙州府在四川筠连县设卡，强收过道落地捐，又与李蓝烟帮发生纠纷，以致越境诱杀李蓝烟帮兄弟胡登科、杨寡狗等人。咸丰九年八月，"叙马营都司徐璋，潜遣千总赵三元赴老鸦滩，诱李蓝等，行至高县，加桎梏。李蓝贿兵役，得脱归……李蓝既脱归，乃纠合党徒八百人入蜀，声言复仇"。[1] 他们乘清朝无力控制边远地区的机会，占有了下关十六乡。

蓝朝鼎通过哥老会的关系，与李永和联合，号召烟帮人员到云南永善开立山堂，聚众起义。咸丰九年（1859年）九月八日宣布起义抗清。举"顺天"旗，自称"顺天军"，共推李永和为顺天王。以割发为记，故号"短鞑"，以"靖暴""诛贪""凭我雄兵猛将，横扫胡腥一十八山河"为口号。在袍哥开立山堂的仪制上，李永和采用"大同财"，其盟弟不必改姓。蓝朝鼎采用"小同财"，其盟弟多改蓝姓。娄汝理《班城遇贼说》中记载，他在"陕西定远所见到的'二帅主'，即蓝二顺，本姓蔡，继投张五麻子（张弟才），改姓张；后又从蓝大顺，又改姓蓝。其真正蓝二顺早伏诛矣"。由此可以看出，蓝大顺、蓝二顺称号，在蓝军中是可以异姓袭用的，其人未必原都姓蓝，只是投奔蓝朝鼎后成为了蓝朝鼎的结拜义弟。

咸丰九年（1859）九月十六日，李蓝起义军强渡金沙江，攻占叙府的大门安边镇，围攻叙府。到十月，攻占犍为县，建立铁山根据地。咸丰十年正月，乘清政府派来保厂的张大同渝勇军纪败坏、大肆焚掠的乱局，一举占领自贡大流井、贡井盐场。两厂盐工十万人

---

① 唐炯：《成山老人自撰年谱》卷二，清宣统二年刻本。

加入义军，以至于后来自贡民间有"二十万盐工，六十万袍哥"之说。李蓝从此军威大振，又连克荣县、乐山、眉山、彭山、名山等县，直逼成都外围的邛崃、大邑、崇庆州的元通场、灌县太平场等地。五月，在金堂县中河坝全歼清军。十月二日，蓝二顺部围郫县，十一月蓝朝鼎部围温江。四川总督曾望颜被困于成都，如坐针毡。此时，彭县黑窝谭盛友、朱二九与李蓝军遥相呼应，装束也效仿李蓝，头包白帕，身穿短装汗衫，腰束布带，脚颈缠绑腿，穿麻窝子草鞋，所谓"白布缠头遍执戈"。其中朱二九曾率众转战彭县、灌县、崇宁县、崇庆州等地，联络各地哥老会头目，众号数十万；聚则成军，散则为民。其联络暗号，除隐语外，还有隐字，用编造各种字体，或去掉偏旁及某一部分，又借用同音同义之字，将几个字合为一字，或分一字为一句歌谣，用这些未为人见过的符号传递信息，而又严守会中秘密，不为外人察觉。

当时川西其他地方的"哥老帽顶"，如名山县的胡八千岁、张里五、何黑二等人，也纷纷开山立堂，拥戴李蓝。咸丰十年（1860）十一月，李蓝起义军的一部挥师东向，张弟才攻占内江的椑木镇，由大足进击永川，进逼巴县。周绍勇部义军于咸丰十一年（1861）十二月二十五日，由石峡卡间道攻占清代涪州分州所在地鹤游坪，发布"为伐暴救民，以彰天讨而快人心"的"檄文"，历数清王朝"残民以惨，苛派繁征"，"州城府县，胥吏尽贪酷之徒"的弊政，标明"我帅主悯斯民之憔悴，奉上帝之名威，义兴南滇，旋征巴蜀，壮士如云，谋臣如雨，所到之处，势如破竹。扫此胡腥，挽回二百年之社稷；剪兹丑类，整顿一十八省山河。义旗所指，准尔壶浆以迎；天兵所过，自然秋毫无犯。上至缙绅，下逮士庶，各安本业，无事惊惶"①的决心和政策。将鹤游坪的土地交由农民自种自收。当时四川下层民众中流传着"要想吃饱饭，跟着李短鞑干"的口号。下层群众自发地就地组成哥老会山头，与李蓝起义军互通声气；使四川袍哥进入一个活跃期。李蓝义军则给这些拥护者发"腰牌"，以资识别和保护。

咸丰十一年（1861）四月，李永和卯得兴部起义军先后攻占仁寿、青神，将仁寿县改名为长乐县，青神县改名为安乐县。其后，李永和派周庭光以大督统名义留守青神县城，并分军游击于资州（资中）、资阳、富顺、宜宾、彭山、名山、蒲江、崇庆、大邑等州县。李永和则自率大军围攻眉州城。起义军虽然屡次击败围剿的清军，但眉州城却一直未能攻下。

---

①　参见胡汉生：《李蓝起义史稿》，重庆出版社1983年版。

同时，蓝朝鼎率众十余万进攻绵州，久攻未克，伤亡惨重。绵州之战失利后，蓝朝鼎经安县南下，所部仅剩下万余人。原驻守罗江略坪场的蓝部义军"李长毛"、谢大德之妻"谢寡妇"所部二万余人孤立无援，九月二十三日又受到唐友耕部川军的进攻，即退往绵竹，与蓝朝鼎部会合，后进驻什邡李家碾、河坝子等地。不久，湘军赶到，起义军迅速转移，经彭县、灌县、郫县入崇庆州。十月十三日，遭湘军袭击，再次受损。蓝朝鼎率部退向大邑、邛州。李永和派何崇政率万余人前往迎接。十月二十日，蓝朝鼎、何崇政部攻占丹棱县城，与眉州李永和部成掎角之势。

李永和部十余万起义军屯驻于眉州城西南的象耳寺、快活山以至黄中坝、张家坎一带，与丹棱、青神声势相连。主力集结于虎皮塘、松江口及其附近的铁门坎、石灰窑等地。李永和设大营于距松江口不远的刘家祠堂。卯得兴率部据守王家场、洪庙一带，并向北发展，控制了水陆交通，切断了米粮出入之道。

骆秉章令四川提督蒋玉龙派川军一部牵制丹棱蓝朝鼎部，防其东援眉州，北走蒲、邛；以全部湘军和部分川军进攻眉州。其部署如下：湘军湘果营六千余人由崇庆州取道将军庙、多悦镇进扎眉州西北的顺和场；湘军果毅营三千余人、护军营二千余人以及副将朱桂秋等三营由彭山进扎眉州以北悦兴场、金鱼山一带，与湘果军联络声势，向眉州西南一带进攻。此外，唐友耕所部川军四千余人和总兵黎德盛部二千余人由太和场渡过岷江，进攻东岸起义军，候补知县陈绍惠统带水师炮船沿江下驶，进攻起义军水寨，水陆配合，阻止眉州起义军渡河东走。

十一月初，唐友耕部首先到达眉州，随后湘军各部亦陆续到达。李永和闻讯，即收缩阵地，将岷江东岸的起义军调至河西，加强张家坎、黄中坝的防守，并放弃象耳寺阵地，以加强松江口一带的防守。七日和八日，湘军移营，由顺和场、悦兴场进至眉州城西，准备会攻松江口。蓝朝鼎派出何崇政、谢大德之妻率二万余人由万盛场一带进至东瓜场，威胁清军后路。骆秉章决定先打援军。11日，湘军护军营和湘果营分数路进攻，用劈山大炮向东瓜场轰击，迫使何崇政等部弃场退走。13日，骆秉章令黎德盛、唐友耕会合陈绍惠之水师炮船，由河东王家场进攻张家坎；湘军果毅营由黄中坝渡河进攻松江口，护军营和朱桂秋等三营与湘军湘果营左右配合，向起义军发起总攻。起义军顽强抵抗，击退清军的多次进攻。清军实行迂回包抄，前后夹击，终于占领了松江口，冲入李永和大营，纵火烧毁刘家祠堂和硝药局，数万斤火药爆炸。李永和率部退却，沿路又遭受清军截杀，伤亡三万余人。当夜，徐家冲、五里山、张家坎、黑龙场、莲花场等处起义军皆退据青神。

李永和虽然撤出了眉州，但起义军仍西据丹棱、南占青神。清军如南攻青神，蓝朝鼎部可从丹棱进占眉州、彭山，危及清军后路。因此，骆秉章放弃原定计划，以唐友耕部进驻青神城北洪化堰，牵制李永和部，防其渡河东走；令湘果、果毅、护军诸营由眉山西进，与川军联合，围攻丹棱。

蓝朝鼎等率四五万起义军坚守丹棱。1861 年 12 月初，清军发起进攻，起义军据垒坚守。清军投放火箭喷筒，起义军将垒中棚席等易燃物品尽行撤去。清军强攻失败后，改行围困战术，在距起义军营垒三四里处，分军扼驻，并规定起义军从何路突出，将拿驻守将弁是问。12 月 12 日，清军在各要道掘长壕，设木城，出游骑，断粮道。为了粉碎清军的围困，起义军于当夜从西门冲破川军封锁，突围北走。蓝朝柱率部先行，訾洪发、李长毛、谢大德之妻率部继进，蓝朝鼎率后队掩护。清军跟踪追击。13 日晨，川军追至麻柳沟，与起义军后队交战。蓝朝鼎且战且退，抢登插旗山，扼险抵御。正相持间，湘军陆续赶到，四面围攻。蓝朝鼎率众突围，在冲下山时不幸被清军刺中，壮烈牺牲。起义军余部由蓝朝柱等率领，经蒲江北上。骆秉章一面令湘军继续追击，一面令蒋玉龙率全部川军回扎思濛场和莲花场，与唐友耕合攻青神。

李永和自眉州退至青神后，与原留守该处的周庭光共同据守，拥有兵力六七万人。围攻青神的清军共有万人左右。因此，在兵力对比上，起义军仍占有很大优势。但李永和新败，仅以保守青神为目的，当清军进攻丹棱的蓝朝鼎部时，竟未积极配合作战。待蓝部放弃丹棱和蓝朝鼎牺牲后，李永和面临清军的强大压力，战斗意志受到影响。骆秉章为防其乘虚突围，令蒋玉龙部川军驻城西、城南，与城北唐友耕部联络声势。令黎德盛等部严密防守岷江东岸，水师炮船则在附近江面昼夜巡哨。12 月下旬，起义军几次从城南突围未成。骆秉章急令湘军舍蓝朝柱、訾洪发余部于不顾，回师青神，以图合围聚歼。

同治元年（1862）一月十七日，湘军已由新津折回眉州。李永和趁其尚未进抵青神之机，组织起义军突围。当晚，先由数千人手持灯笼火把，从南门冲出北走，吸引围城清军。李永和、卯得兴亲率数万人，由西南门潜出，以少量兵力攻刘家场清军，大队沿山边小路静悄悄行进，从宋家坝、观音滩、象鼻滩等处抢渡岷江。李永和、卯得兴突围成功后，率部返回犍为东北的铁山地区，周光庭则率万余起义军继续留守青神。

铁山地区是李永和部起义军重点据守的地区。咸丰十年（1860）春，李永和、蓝朝鼎曾率起义军东渡岷江，第一次进入铁山地区，以后又多次进入该地区活动。起义军在这里开仓济贫，除暴安良，执行了一系列有利于群众的政策和措施，深受群众拥护。

李永和等率起义军余部再次进入铁山地区后，湘军接踵而至。骆秉章一面指令嘉定、叙州两府所属州县派团练防守通向铁山的道路和隘口，断绝起义军的粮食来源，一面令湘军围攻起义军。起义军深沟高垒，凭险固守，同时由李长毛率万余人驻毛家寺，与铁山相呼应。湘军多次进攻，均遭失败。但由于粮食断绝，起义军无法继续坚守，被迫转移。同治元年（1862）三月三十日，驻守毛家寺的万余起义军经竹根滩、牛华溪、河坝场前往青神。清军派出部分兵力跟踪追击。次日夜间，李永和、卯得兴趁机率部撤离铁山。后为清军所阻，被迫分军：李永和率八九千人暂驻富顺、隆昌间的天洋坪，卯得兴率万人扎宜宾的八角寨。八角寨距自贡盐场仅一百余里，对其威胁较大。因此，骆秉章以全部兵力围攻八角寨，阻止卯得兴与李永和会合。对于天洋坪的李永和部，则令泸州、富顺、隆昌、荣县等州县的团练进行围攻。

五月十三日夜，李永和率三千余人撤离天洋坪，沿途遭团练截杀，损失严重，最后仅率几百人入八角寨，与卯得兴会合。李永和、卯得兴据险坚守，以至湘军围攻数月，毫无进展。八月，秋粮将熟，湘军逼垒而居，切断了起义军下山收粮之路，并增兵一千五百人，以大炮不断向起义军营垒轰击。起义军断粮，决定突围。九月六日夜，先以千余人攻朱桂秋营做掩护，李永和、卯得兴等率众潜出，经花古场、大塔场、泥溪、岳坡等地，于九日到达铁山地区龙孔场。

龙孔场四面环山，南面为黑虎台，东、北、西面为环龙山，环龙河流经西面。环龙山下有一山洞，名龙洞。只要在黑虎台附近修筑堤坝，环龙河水即可由龙洞灌入龙孔场，使之变为泽国。这样的地方，本来为兵家所忌，但李永和鉴于该处存粮较多，决定在这个地方据守，铸成了大错。

李永和率军到达龙孔场不久，清军即严密包围了该场。骆秉章派出奸细混入起义军，刺探军情，绘制地形图。接着清军沿场周围挖掘长壕，壕外筑墙。接连水田之处，编木为栅，筑起数道木城。墙栅之外，又密布梅花桩。起义军被困重围，但战斗力未减，人人都报必死之心，奋勇杀敌。清军围攻数月，未能攻破。骆秉章不得不派四川布政使刘蓉前往督战。刘蓉派人持信前往龙孔场诱降。李永和等予以拒绝，并率部奋力突围。清军无计可施，竟将环龙河闸断，阻水灌场，给起义军造成极大威胁。十月十八日，起义军首领李永和、卯得兴等十余人于猪市坡被俘。次日晚，訾洪发等四千七百起义军将士惨遭杀害。李永和、卯得兴被解往成都后，英勇就义。

李蓝的基本骨干力量是哥老会，其中存在大量流民、游勇，队伍庞杂。领导层中唐友耕叛变降清，且招降纳叛，对归顺的哥老改称"会事"，忌用"汉流"。李蓝所克州县都弃而未守，游击习气严重，未建立比较巩固的根据地，给养经常发生困难，以至绵州会战失利。李永和被俘牺牲后余部转战陕甘，坚持战斗到同治四年（1865），表现了不甘屈服于黑暗势力的反抗精神。

第三节　李蓝起义的影响和意义

轰轰烈烈的李蓝起义开了哥老会大规模起义的先河，对四川哥老会的发展起了很大的示范和推动作用，"蓝大顺赖将弁同心，结为兄弟，杀敌致果，克奏肤功。然而结盟联谱之风，于斯为盛，承其流者，演说桃园，哥老会乱流出。"①

李蓝起义沉重地打击了清朝封建统治势力，充分暴露了清王朝地主武装的腐败无能。它告诉人们，清朝的统治是可以摧毁的，从而鼓舞了人民推翻清王朝的斗志。由于义军发展壮大，一方面使清王朝用兵的财源遭到困难。依靠四川饷银维持性命的楚军，在抵抗太平军时，因军饷不济，抵抗力大为减弱。另一方面，牵制清军，使清王朝抽不出兵力去解除太平军对两湖的威胁，有利于太平天国革命的发展。

李蓝起义建立了铁山根据地的农民政权雏形，虽然这种形式是十分幼稚的，带有浓厚的游民色彩和游击气息，但"举兵靖暴，诛贪官污吏"，"开仓济贫"，"禁淫掠"，却充分体现了义军在政治、经济、军事上的措施是代表劳苦大众利益的，它与清朝封建制度形成鲜明对比，因而得到人民的拥护。

李蓝起义最终被镇压了，但清朝统治者对四川哥老会的畏惧有增无减。并由此而引起清政府对哥老会的残酷镇压，四川总督丁宝桢就多次告示要严惩哥老会。

如光绪三年（1872）五月，丁宝桢镇压会党的告示："照得本部堂前因川省盗贼横行，曾经通饬州县，示谕乡团，一体严拿。并不时密派亲兵，设法擒拿。数月以来，已获巨匪段小鬼、王老宝、杨昏亡等十余名，解省讯明正法。惟访闻该匪党，非尽无赖饥寒之人；其中竟有富户绅粮，畏其凶恶，隐匿包庇，甚至赔贴银钱，捐充帽顶。而不肖子弟亦多随从附和，借通声气，以装体面，种种情形本部堂已确有所闻。兹当严拿匪棍之时，若不谆

---

① 参见民国《邛崃县志》。

谆告诫，该绅富及纨绔子弟一旦身罹法网，殊堪矜恻。且本部堂嫉恶滋严，爱民如子，不忍不教而诛，为此剀切示谕绅粮富户等如悉：尔等固知喱匪帽顶，大干法律，亟早各改前非，本部堂亦当宽为原宥。倘敢执迷不悟，仍然庇匪通情，借充声气，一经拿获，即当明正典刑。本部堂执法如山，决不轻恕。至有不肖子弟，暗与交通，怙恶不悛者，凡为父兄等即刻首案。不然一经拿获，除将本犯讯明斩决外，其为富绅子弟则该父兄治以约束不严之罪。如为父兄者，务须随时密察，如营中家中再有通匪之子弟，即呈明或自行处治以免受累。各凛遵忽违，特示。"①

光绪四年（1873）三月丁宝桢告示："照得川省从前捕务废弛，以至会匪、盐匪、教匪，到处皆是。本部堂到任后，监督各地方官整顿捕务。迭饬各州县严拿惩办，以靖地方。半年以来，拿办之匪，不下数百名。其中著名会匪，如陈太平、吴幺代亡、裴新帽顶、罗杀猪、段小鬼、冯世奎、易老十、张新帽顶等，均经先后就获，讯明正法。此外，又有著名盐匪任韦驮、谭二疯亡、江大烟竿等；并著名教匪朱树德即朱洪元四名。各该匪等，前均闻拿，分逃在贵州、陕西地方隐匿。旋在贵州丹江地方将任韦驮拿获；又在陕西城固县、南郑县将江大烟竿、朱树德等拿获。其谭二疯亡一匪，由贵州潜回合江探信，即在合江县属胡漕山拿获。均先后饬解来省，发交成都府讯取确供，即行正法，将首级解至各犯事地方枭示。朱树德现在发府军讯，俟定供后，仍即正法。其谭二疯亡虽在资阳县监病故，已饬令戮尸示众，以昭炯戒。又支岁腊月匪徒董二麻等在安县、罗江县地方纠众抢劫，经罗江县令带兵前往搜捕，该匪胆敢恃众抗拒，随经本部堂调遣兵勇，驻往剿捕，四面兜拿，在红牌楼地方，将董二麻临阵生擒，即于军前正法。余匪溃散分窜，复经分饬营勇，暨各地方官四路穷搜，悉数擒获，讯供正法，殄灭尽净。又本年二月内，南江县匪徒张伟堂煽惑饥民，纠众滋事，踞寨抗拒，经南江县将张伟堂拿获，余匪亦按名捕获各在案。查各该匪等，党羽众多，从前恃众滋事，无恶不作，而任韦驮与江大烟竿，各属绅粮亦多畏其凶横，私相庇匿。乃或法网久漏，终被成擒；或凶焰方张，旋遭显戮，即疾毙狱中之谭二疯亡，亦必戮尸于身后；甫经肇衅之张伟堂亦将枭首于目前。足见为恶无矜宥之理，执法无轻重之条。凡属伙匪，皆当一律捕获歼除，岂容听其漏网稽诛，置身法外，惟查其中胁从之人，多系良民，平素畏其横暴，受其愚惑，以至陷于匪党。若一概查拿严办，情殊可悯。本部堂不忍不教而诛，自该剀切开导，宽其既往，予以自新。合行示谕，为此示仰军民绅

---

① 参见《四川保路运动风云录》，四川人民出版社 1981 年版。

粮人等知悉。自示之后，所有以前被任韦驮及各匪首等诱胁之人暨与该匪等勾通包庇各户，务各革面洗心，勉为善良，不准再行窝通匪类。本部堂宽其既往，概予免究，亟宜悔悟自新。倘执迷不悟，仍敢聚众贩私，烧会结盟，抢劫不法，乘机倡乱，及听从传习邪教者，一经访闻，或被别人告发，定即严拿尽法惩办，决不姑宽。本部堂嫉恶甚严，除恶务尽。果是积恶巨匪，虽远逃邻省，亦必设法拿获惩办，断不任其幸免。尔等慎毋以身试法，自贻后悔。其各凛遵毋违。特示。"①

在丁宝桢三令五申严厉镇压会党的前后，四川哥老会等会党仍在四处串联，聚众起事，哥老会力量"野火烧不尽，春风吹又生"，并成燎原之势。同治十三年（1874），灌县"红灯教"的首领李占明，与弟子李三少、余道士在温江、崇庆、彭县、灌县间，传习"照光拜灯拳勇之术"。官府以"阴谋不轨"之罪杀害李占明全家数人，李三少为师报仇，聚众于崇庆广州怀远山中，复"十百为群，结茅赵公山"，"灌县官绅束手无策，邑之情势，几如累卵"。李三少联络灌县红岩的袁文登于阴历七月初一攻占太平场，企图杀向县城。川督吴棠闻讯，"飞檄参将范继先率数百人入山……以游击费三春率数百人由玉堂、太平二场扼其吭，虎威军继后。复调河西团练会剿，河东团练策应，并檄水利同知胡圻署县事"②。才将这场起义镇压下去。光绪元年（1875）九月，江津县私盐贩首领任韦驮率众千余人，攻打泸州府属之庈安寨、云锦寨、白云寨，毁卡捣店，公开销售私盐，并张贴告示和冤白。盐枭及哥老会联合举事，使四川官吏惊慌失措。光绪二年（1876）四月，任韦驮率众六七百人在江津、永川两县交界的广圣寺再度起义，并联络哥老会首领李三打杵在犍为县石板滩起事。直到光绪四年（1879），任韦驮在贵州被捕，事态始平。

光绪十年（1884），大邑县哥老首领、邑监生杨洪中为反抗酷吏王喆的"滥刑苛征"，在邛崃、新津、崇庆等地哥老会的支持下，于十月十七日凌晨冒充"乡团送要犯归案"攻入大邑县城。十一月十八日，转战邛崃县水口场，一些哥老会成员因沿途取得富家财富，战斗力消退。杨洪中拟向雅州转移，率兵攻打穆坪，兵败溃散。事后，大邑知县王喆因"毫无防范"，被丁宝桢奏准革职。清廷严令"搜捕余匪，勿任一名漏网"。但事隔一年，光绪十一年十月初二夜，双邑哥老会首领高红鸡公被系于狱。时县令唐楚翘将换位，高之

---

①　转引自王纯五：《袍哥探秘》，巴蜀书社1993年版，第86页。
②　彭洵：《灌记初稿》第二卷，第43页。

党余端书知新旧交替时防必疏，乃与署中堂勇某某通，纠集党羽，焚署劫狱，拥高红鸡公出。① 次年即光绪十二年（1886）秋七月十八日夜，"匪从（蒲江）东方来，持输班梯，渡雉堞，火（蒲江）县治，劫狱囚，斩关出。不数里，鹧鸡唱晓，金乌升扶桑矣。（官军）擒渠魁大邑匪高红鸡公矣。狱囚林氏（蒲江县哥老会林管事）。初高系大邑狱，林劫之。除二十七人，半束发童，邻封良家子协从高者也，悉斩戮于市。"② 此条记载哥老会火烧蒲江县署事，在光绪十三年（1887）十二月蒲江县令凤全《修复蒲江县署记》中记为："光绪十二年七月十八日夜，突有啯匪百余人，梯城羼入，纵囚火署。"③ 当时官方文书中，有时把啯匪与哥老会的活动混为一谈。

---

① 民国《大邑县志·杂志》卷十四。
② 转引自王纯五：《袍哥探秘》，巴蜀书社 1993 年版，第 91 页。
③ 参见《蒲江县志》，四川人民出版社 1992 年版。

第七章　袍哥与反洋教斗争

第一节　反洋教斗争的起因

19世纪上半叶以来，面对西方列强的侵略，清政府继续实行闭关锁国政策，严禁外国人在中国传教，法国等天主教会却不顾禁令，派遣传教士潜入内地。接着西方列强以坚船利炮为后盾，无视中国法律，并且以强力迫使清政府同其签订了诸多的不平等条约。中法《黄埔条约》允许传教士在五口设立教堂传教，中法《北京条约》更是允许传教士在各省租买田地，建造自便。英国记者宓克曾指出："传教一事，其谋始不臧，在以兵力强之使从，致中国国家，惭其臣庶。复因立约保教，此事愈为怨怒之媒，而耶稣教门，遂为举国所愤毒。"[1] 从此，传教士拥入中国内地，干涉地方行政，引发了矛盾，这是反洋教斗争的起因之一。

二是中西思想意识形态的差异。基督教与中国传统的思想、信仰、风俗习惯不相容。封建官绅担心基督教的传播会引起人心大变，从而打乱统治秩序，因此从一开始就把基督教视为异端邪说，严加禁止。而传教士则想改变中国礼俗，反对敬神、祀天，引起群众反感。

三是传教士挑拨教民与非教民之间的关系。少数信奉基督教的信徒依仗教会势力为非作歹，更激起群众对传教士的仇恨。

四是传教士侵占庙宇，强买土地建立教堂，进一步激化矛盾。

五是传教士包揽诉讼，曲庇教民，破坏中国司法权，引起乡绅和基层官员的强烈反感。

自1856年广西西林发生地方当局处死非法潜入的法籍马神甫案（即西林教案）始，至1899年山东肥城教案止，凡四十余年，几乎年年有教案，处处有教案。四川人民反洋教斗

---

① 转引自"中国百科网"《教案》。

争，是全国反洋教斗争的组成部分。四川作为天府之国，被法国统治者看重，法国人得酿德勒在《吞并四川策》中称"川省为第一注意之地"，四川尤以法国传教士的天主教堂为最多。1892 年，全川有天主堂 161 座，布道室 1239 处。1899 年基督教在川建立 29 个总堂，25 个分堂。两教会竞相发展教民，以入教者的多少来评定传教的功过，造成"贤否杂进，美恶混淆"。在川的教徒们依仗洋人势力讹诈善良，包揽词讼，还运用各种手段掠夺非教百姓的资财，教民在川西诸县便占有 30 万亩良田，川民无不切齿。

第二节　反洋教斗争的情况

四川发生的反洋教斗争是从川东开始进而波及全川的。反洋教斗争都使用武力，因而多是袍哥人士参与或组织领导，起到了保护民族文化、民族宗教、民族伦理道德以及民族利益的作用，反映了清统治者的腐败无能，表现出四川人民对以侵略、掠夺为目的的洋教的强烈不满，也表现出袍哥这种流氓无产阶级的斗争性。其中影响最大的是酉阳教案、重庆教案、成都教案和大足教案。

一、　酉阳教案

1862 年，法国传教士邓司铎到酉阳传教，在小摇坝修建天主教堂"公信堂"，一些教民以传教士为护身符，横行乡里，强迫群众奉教，激起士民怨愤。1865 年 2 月，数百群众将公信堂捣毁。8 月 27 日，酉阳民众又自发在县城集会游行，抗议教士教民欺凌平民。29 日，有群众数十人到城隍庙与教士玛弼乐论理。玛氏出言不逊，逞凶打人，被群众殴毙。在法国公使威胁下，四川总督于 1867 年以处死 1 人，杖、徒、充军数人，由民众赔款 8 万两银结案。此次教案以护教抑民了结后，教士教民更加嚣张。1868 年，法国教士李国在酉阳组织教堂武装，欺凌平民，激起公愤。1869 年 1 月，民团首领何彩率众进城焚毁新修教堂，杀死李国。与酉阳毗邻的贵州群众也赶到酉阳参加反洋教斗争。教案发生后，酉阳知州派兵迫令民众缴械解散。华籍教士覃辅臣却乘机报复，率教堂武装杀死群众 145 人，伤700 余人。在法国恫吓下，清政府以处死民众二人，杖、流被捕群众，赔款 18 000 两白银结案，覃辅臣及不法教民在法国传教士的庇护下却逍遥法外。

二、　重庆教案

1862 年，法国公使提出将重庆城内长安寺给予川东主教改建为天主堂。消息传出，引起重庆绅商的强烈反对。法方却坚持其无理要求，并向清廷施压。清廷害怕引起事端，令四川省尽快将长安寺交给天主教会，从而引发重庆民众打教。1863 年 3 月，上千团勇和群众将天主教最大的真元堂及教堂设的医馆等捣毁。事发后，四川总督立即将川东道吴镐撤职，并采取措施防止事态扩大。最后，法国主教范若瑟与重庆绅商于 1864 年达成协议：天主教不再要求将长安寺改建为教堂，重庆绅商付给范若瑟 15 万两白银作为赔偿，对打教者也不予深究。是为第一次重庆教案。

第二次重庆教案发生在 1886 年，由美、英传教士购地建屋引起。1885 年冬，美、英传教士分别在重庆鹅项岭、凉风垭、丛树碑购地建教堂、住所，遭到民众强烈反对。1886 年 7 月 1 日，数百武童生及群众将美、英传教士在上述三地所建房屋全部捣毁。事后，成千上万群众又将城内教堂和教会建的医院、住宅捣毁，并与恃教欺民的教民罗元义发生冲突。罗指挥教会武装打死群众 11 人，伤 22 人，群众更加气愤，四处"打教"。在武童、民团的带动下，商人罢市，武童罢考，群众将重庆城内所余教堂及教会所建之各类房屋全都打毁。由此引起了川东 30 余州县反洋教的风潮，以及毗邻重庆的鄂、黔各县的打教事件。事发后，英、美、法公使向清廷大肆威逼。川督只得派员至渝与地方官会同处理此事。经反复磋商，最后以处死罗元义及民众首领 2 人，以银赎回英、美教士所购之地，并向英、美、法教会赔款白银 26 万余两结案[1]。

三、成都教案

1895 年，成都出现揭帖，对英美帮助日本侵略中国表示愤慨。是年端午掷果会上传教士与中国儿童发生口角后，传教士竟将儿童抓进教堂，从而引起民众暴动。英美教会传教士住宅及教会医馆当夜被焚。次日又焚毁美国美以美会、英国内地会、法国天主教堂三所，育婴堂和医馆各一所，打伤法主教杜昂。接着川西川南数十州、厅、县相继发生教案。英、美、法等国派军舰在长江示威，各国公使联衔抗议，要求严办高级官员。清政府又一次屈从，将川督刘秉璋革职，永不叙用。另有数名知州、知县被撤职，6 名群众被处死，17 名受军、流、枷、杖处罚，并向法国天主教赔偿白银 94.8 万两，英美等国新教 4 万两。[2]

四、其他地区的教案

其他地区也发生了多起教案。1873 年，川东主教范若瑟遣教士张紫兰潜赴黔江县建堂

---

[1]　参见许增绒：《重庆教案》，载陆大钺主编：《近代以来重庆 100 件大事要览》，重庆出版社 2005 年版。

[2]　"雨忆网络-中学历史在线"《教案》，2004 年 8 月 12 日。

传教，司铎余克林等遍贴告示，内容多系无礼之词，激起民愤，导致反洋教风潮再兴。南充、营山等地教堂被毁。1876 年，邻水、涪州等地群众相继焚毁教堂及教民房屋。

1900 年前后，北方义和团成员流散到四川，与哥老会中的仇教群众相结合，发动反洋教斗争。1900 年，北方义和团成员河南人马某来到綦江县扶欢坝宣传"灭洋"主张，"降谕文，作诗歌，手不停挥，顷刻数千言，琅琅可诵。其说大都以保国灭夷为主，由是人益神之，而从者众矣。浸寻及于贵州桐梓县境，蔓延数百里，莫不响应"。① 其徒杨瀛峰、封百川等人在贵州桐梓县青羊市老场聚众习神拳，制备旗帜二杆，一写"神兵"，二写"灭洋"。綦江县基督教教士王济安支使新场保正萧际云，密告老场保正陈秀俊是聚众习拳、诋毁教士的主谋者，綦江县令庄定域带人亲往查访。9 月 30 日夜，杨瀛峰、封百川率数百人，去新场焚毁萧际云房屋，复聚众以待官兵，一时"风声鹤唳，惊挠数邑"。川东道密饬所属，一体联防。后经川黔两省大吏带兵会剿始平，造成极大的震动。②

与此同时，川西温江、郫县、灌县、崇庆县一带，有哥老会首领吴直三领导的反洋教斗争。吴直三，字从英，温江县太平保三眼井人，生于同治五年（1866），以豪侠名乡里，投奔温江县雷拳师的武棚学练武艺，后在关帝庙开山立堂，自称吴大大王，其族弟吴庆熙称为吴二大王。1901 年，吴直三效法余栋臣，提出"替国诛洋"的口号，通过哥老会的关系，在郫县和灌县共谋起事，在清水浩（今温江县通平乡）与清军交锋。1902 年进攻郫县，分兵袭击崇庆县的怀远镇。1902 年 10 月，吴直三联络灌县崇义铺哥老首领宋书丞攻打崇义大石桥法国天主教堂。民国《灌县志》记载："冬十月，劫崇义场教堂，汛弁官青云与堂勇管带许宪烈击之，及于温江县东岳庙，匪方饭，逾垣而出，赤体死斗，丁勇败退。匪窜河西马祖寺，无赖多附之。忽成都知府刘心源率队至，匪出不意，获十余人，戮之，遂灭迹。是役也，实会匪吴直三等谋乱，其初啸聚温江清水浩，官军击之，由郫县窜挠崇义场，与灌匪合，旋至土桥场，拒捕，汛弁几遇害，复窜河西，檄乡团会剿始肃清。"吴直三被俘，囚于郫县大狱。1903 年，其族弟吴庆熙率众劫狱将他救出。1907 年，吴直三参加同盟会。1911 年 9 月 20 日，当他率领同志军救援郫县时，在德源乡花石桥战死。以吴直三为主力、以川西各地哥老会相互联合的反洋教斗争，分散各地，此起彼伏，并得到少数清朝

---

① 参见民国《綦江县志》卷二。
② 参见《汇报》光绪二十七年四月第二八二号。

地方官的同情和支持，成为四川总督的心腹之患。①

另外，这一时期出现了有个性特色的袍哥大爷，如唐廉江和廖敬之。

1902 年，重庆袍哥大爷唐廉江，同袍哥弟兄况春发、田得胜、廖敬之、沙国清、董云清等，在陕西街偶然遇到洋教堂司铎无理殴打中国人。地方官员奉承洋人，不但不秉公处理，反而责打中国人二百大板，激起围观民众的公愤。唐廉江挺身而前大呼打抱不平，于是民众将洋人和地方官痛打一顿。事后，教堂的洋神父逼迫重庆府县捉拿袍哥头子和打洋人者严办。廖敬之为了营救唐廉江，自行跑到巴县衙门自首，让唐廉江避往日本留学。廖敬之则被判无期徒刑，押回原籍遂宁执行。遂宁袍哥码头认为这是遂宁袍哥的莫大光荣，大办筵席，在监狱中送廖敬之出山，由"幺大"一步登天升为行一大爷，并在监狱中成立一道公口，掌旗执事。

袍哥码头（公口）设在监狱中是前无先例的，这不能不说是一个创举。其实这也是对廖敬之，对袍哥重义的最高奖励，是对官府对封建王法的挑战，是袍哥史上很有特色的一道风景线。

数年后，唐廉江由日本返蜀，专程赴成都设法营救廖敬之，并到遂宁狱中拜望廖敬之，被查获，关押三个月才释放。遂宁袍哥码头又代为具保，盛宴饯行，认为重庆袍哥最重义气。

第三节　袍哥领导的大足教案

大足教案是一个由四川袍哥领导以反洋教为起端而波及全川震动全国的一次起义。其策源地就是大足县的龙水镇。龙水镇距大足县城四十华里，位居全县中心，水陆交通发达，拥有近万人口，是该县富庶之区、手工业基地和工农业产品集散地，这为反洋教斗争提供了物力、财力等方面的便利条件。同时，龙水镇还是三教九流杂处之地，哥老会在这个地方有相当的势力，有四面公口（仁、义、礼、智），五堂人（仁字两堂，义、礼、智各一堂）。仁字两堂多为士绅，义、礼、智三堂各属小商贩、工人苦力、农民及市民。"一绅二粮三袍哥，外搭福音教。"是龙水镇几支有势力的社会力量，彼此之间羽争暗斗，镇情错综

---

① 参见王纯五：《袍哥探秘》，巴蜀书社 1983 年版，第 100—101 页。

复杂。社会矛盾激化，如箭在弦上，一触即发。①

1886 年、1887 年，大足县龙水镇人民因不满法国教士、教民的横行，曾两次拆毁龙水及附近地区的教堂。1890 年，重修的教堂竣工，适逢当地灵官会期将至，法国教士彭若瑟害怕群众再次打教，要求大足县令禁止龙水镇举行灵官会，并召集上百教民，配备刀枪，藏于教堂内。8 月 4 日灵官会这天，群众仍聚集龙水。此时又发生了教民打死群众和焚毁民房事件，激愤的群众因此奋起，捣毁教堂三处，公馆、医馆各一处。事后，教士逼迫知县惩办为首人员。县令认为三次打教皆为富绅蒋赞臣指使，遂派兵捉拿。蒋避于其表兄余栋臣家。

余栋臣是当地有名的袍哥大爷，据当时的报纸记载："余栋臣，大足龙水镇人，有兄弟四，姊妹二，贫不能自存，以负炭为生。有大膂力，秉性强悍，乡里以'蛮子'称之。彼处多哥老会，余隶籍其间，俨然翘楚，为同党所推尊。"②《民国重修大足县志》记载："余栋臣、余翠屏、余海坪、唐翠屏、李昌儒、李玉亭者，哥老会魁桀也。于是投袂而起，以灭教相号召。"这里的灭教系指灭洋教。

余栋臣等人组织煤窑纸厂工人和挑贩百余人起事。8 月 8 日余翠屏率人进攻龙水镇，杀死教民 11 人，毁房 200 余家。邻近的马跑场、蒋家坝民众，也焚毁教堂，群起响应。四川总督刘秉璋派桂天培带兵到大足镇压。嗣后，蒋赞臣投降官军，而余栋臣则率军转入山区坚持斗争。1893 年，重庆关道张华奎与法国主教舒福隆议定，以赔偿白银 5 万两修建教堂，并允诺缉捕余栋臣结案。

1898 年 4 月，巴县知县王炽昌诱捕余栋臣，械送荣昌县监禁。消息传出，群情激愤。蒋赞臣、唐翠屏、张桂山等率众数百人劫狱营救，将余栋臣拥归大足。余栋臣当即宣布起义。哥老会党人踊跃参加，不到 10 天，聚众 6000 多人；推选余栋臣、蒋赞臣、唐翠屏等为正副首领。5 月捕获巴黎外方传教会士华芳济为质，并公布其包揽词讼、强买田产等罪行；发布檄文，痛斥列强罪恶，宣称"自古夷狄之横，未有甚于今日者"。清政府派兵进剿，在三教场为张桂山所败，余栋臣派人分头攻打永川、江津、重庆、铜梁、内江、安岳等地，在铜梁又捕华籍司铎黄用中为质。各县纷纷响应，"计闹教三十余州县，焚毁教堂医馆二十余处"，震动全国。面对这一事态，清政府屡令川督剿抚兼施。10 月，四川布政使

---

① 参见胡齐晨：《大足人民反洋教斗争》，载《大足文史资料选辑》（二），第 54 页。
② 《华司铎被掳记》，载上海《汇报》光绪二十六年六月号。

王之春派统帅周万顺到余栋臣营内招抚，"准其自新"。蒋赞臣、余栋臣力主受抚，但张桂山等坚决反对，欲杀华芳济和周万顺。后周万顺亦被扣留。12 月清政府决意进剿。次年 1 月余栋臣带华、周二人下山投降，张桂山等部离散，起义失败，终以清政府向法国赔偿白银 118 万两结案。[①]

第四节　四川袍哥反洋教斗争的意义

"中法战争是近代中国反洋教运动的一个重要转折点。在此以前，运动的倡导者基本上是封建官绅，所采用的方式多半是骚动或械斗；中法战争后，封建官绅逐渐从运动中退出，而城乡人民群众则开始起着主导作用。特别是运动卷入了越来越多的民间秘密结社成员，他们逐步居于运动的领导地位，而所用的方式也逐步发展为武装斗争的形式。"[②] 也就是说，中法战争之后，秘密社会不但卷入了反洋教运动，而且成为了运动的组织者和领导者。1891 年长江流域的反洋教起义，就是秘密结社组织发动的。民间秘密结社反教行为表达的三重意向，分别为维系团体利益、仇洋排外和反清排满，而仇洋排外还是主要的意向。[③] 现藏第一历史档案馆的哥老会成员吴才标（吴才标是活动在川黔楚边界的哥老会首领）的《出山简》是迄今发现的第一篇出于秘密结社的文字，道出了仇洋排外的思想："又况镇华莫先于除害，中华之害起于外夷。大英、大法、俄罗斯、回鹘、日本群焉窥伺，中原鼎沸。而中原之揽大柄、操大权者，不思恢复之计，每每有议和者，抱薪救火，而甘牛后之羞，是何异于开门而揖盗乎？咱弟兄戮力同心，凡属夷种，悉皆荡之。"美国公使田贝在向美国国务院报告中说："据说，秘密的会社是这些骚乱的根本原因。该项会社以长江流域为最多，他们都是反对外国人的。他们同时也是中国官吏最恐惧的对象。"上海《字林西报》则肯定"哥老会是这些骚乱的根本原因"[④]。薛福成在《处置哥老会匪片》中，亦指出哥老会是这次斗争的发动者："此次焚毁教堂，殴毙教士，传闻系哥老会匪散布揭帖，激发众怒，事起则率党纵火，事毕则潜踪四散……迨入会者众，不免恃势滋事。今者教堂之衅，则又

---

① 参见"中国大百科在线"陈增辉、徐恭生：《大足教案》。
② 戚其章：《民间秘密结社与反洋教运动》，载《社会科学研究》1985 年第 4 期。
③ 孙江、黄东兰：《论民间秘密结社与晚清教案的关系》，载《南京大学学报（哲社版）》1990 年第 3 期。
④ 转引自卿汝楫：《美国侵华史》第二卷，三联书店 1953 年版，第 600 页。

为从前所未有。"薛福成道出了一个重要事实，就是 1891 年长江流域反洋教斗争蔓延甚广，实是哥老会大力发动的结果。

1860 年《北京条约》签订后，原在四川已有相当基础的巴黎外方传教会即以重庆为据点，设立主教，管辖云、贵、川诸省教务。1877 年，英国人在重庆建立了四川的第一个天主教堂，开始在四川传教。嗣后，美以美会、圣公会、伦敦会、公谊会、浸礼会、英美会等教会，相继侵入四川，大肆发展教徒，扩充教会势力。外国宗教势力的入侵，除了侵害到百姓的利益外，更要与中国本土的一些特殊集团发生矛盾，秘密会党和秘密教门往往成为反洋教的先锋。四川哥老会反洋教的时间比较早，而且产生的影响比较大，尤以川东为主。

四川袍哥的反洋教斗争，是在甲午战争后民族危机空前严重的情况下发生的，具有鲜明的反帝色彩。这些斗争在四川乃至中国南方都产生了巨大影响，它们是"义和团运动"的前奏。以中法战争为转折点，四川袍哥反洋教亦具有反清的性质。主要是因为在民教矛盾尖锐的情况下，清政府往往庇护洋教势力，压制群众，势必把反洋教引入反清的道路上去，为辛亥革命的发生做了铺垫。

但是，哥老会的反洋教也有很大的局限性。一是传入中国的洋教在当时的历史条件下，代表着比较先进的生产力和先进文化，而袍哥则是典型的封建帮会组织，在本土的文化受到挑战的时候，长期卑微扭曲的心态再一次发挥到极致，成为反洋教的原始驱动力，使反洋教斗争带有很大的盲目性。二是由于情绪化的东西太多，反洋教斗争往往把教会所从事的慈善事业也加以严重的歪曲。高等教育和西医在中国兴起，教会是起了很大作用的。从实际功能来说，教会给中国民众带来的福祉也是不可低估的。但受到盲目排外思潮的影响，特别是封建势力的阻挠，随着洋教而进入中国的现代科技并没有得到很好的推广，反而被作为异端邪说被官方和民间严加歪曲和打压。秘密结社在煽动仇洋情绪、编造谣言方面扮演了极不光彩的角色。哥老会的揭帖指责教会男女混杂，伤风败俗，进而声言教会迷拐幼孩，挖眼掏肠，剜心割肾。许大受《圣朝佐辟自叙》写道："慨自罗祖、白莲、闻香等妖辈出，而男女以混而混，今天主之邪说，阳教人谨邪淫，阴以己行贪欲，而男女名不混而实最混。"《藜藿呓言》一书甚至记述西洋人烹食小儿的传言①，这些都与史实严重不符，实际上是对现代文明和科学实验的严重歪曲。三是袍哥对封建统治者对其利用加打压的真实

---

① 参见孙江、黄东兰：《论民间秘密结社与晚清教案的关系》，载《南京大学学报（哲社版）》1990 年第 3 期。

面目认识不清。晚清士大夫对待基督教和国内的秘密结社，将二者违背儒家纲常之处相提并论，同加贬斥，甚至造谣附会。清朝政府对二者采取了不同的政策，但当民间秘密社会反洋教有灭洋扶清倾向的时候，则采用纵容的政策。然而封建统治者只是利用民间力量来抗衡洋教，一旦达到目的，民间力量便又会遭到剿灭的命运，义和团就是明证。从这点而言，封建势力与洋教势力同样可怕。

第八章 四川袍哥与保路运动

第一节 保路运动前四川袍哥的基本情况

由于帝国主义的侵略，半殖民地化程度的加深，商品经济的快速发展，长江流域的社会经济出现超越其他区域的虚假繁荣现象，由此而引起的社会经济生活的大改变，是长江哥老诸会党得以迅速发展的根本原因。太平天国失败后余下的百万大军，大多流落在沿江各省，为此后长江流域各会党的发展打下了坚实的会众基础。19 世纪末叶到 20 世纪初年，反对帝国主义传教士侵华的斗争风暴，是会党迅速发展的又一原因。在斗争的实践中，逐渐地把反对外国传教士的侵略，同反对清政府投降卖国活动紧密地结合起来，这些斗争又有力地促进了哥老会势力的进一步发展。①

1909 年四川省谘议局发布《解散会党案》，1911 年四川巡警道发布《通饬解散公口文》，引起袍哥对清朝统治者的不满。这一时期的哥老会，由于吸取了太平天国起义的经验教训，并受到早期产业工人斗争的影响，组织程度和斗争水平也得到了不同程度的提高。加上四川哥老会群众基础雄厚、联系广泛的特点，孙中山的"三民主义"与哥老会的反清思想及团结互助的精神有不谋而合之处，哥老会中的有识之士很快同革命党取得联系，主动接受其领导，使四川袍哥组织在这一历史时期除了在规模上崛起之外，并出现了质的变化，实际上成了联系革命党和基层群众的纽带，并在保路运动中成为革命的主力军。

辛亥革命前夕，哥老会组织在四川迅速发展，遍及城乡。到宣统元年（1909），官方已发现，"袍哥码头，通省棋布星罗，无处蔑有"，入会者"自绅商学界，在官人役，以及劳动苦力群，不逞之徒，莫不有之"。② 说明袍哥组织分布广泛，群众基础雄厚。革命党人从中活动，更使清政府惶恐万分。光绪年间就对哥老会屡发禁令，但收效甚微。光绪二十六

---

① 陈辉：《关于辛亥革命时期长江会党的几个问题》，载《华中师院学报》1982 年第 5 期。
② 《督宪锡遵查各款据实复陈折》，载《四川官报》甲辰第 12 册。

年（1900），四川总督曾以哥老会罪名，在成都屠杀四川武备预备学堂学生 30 余人。宣统三年（1911）初，更发布《通饬解散公口文》，宣称："近年莒革命党颇横，狡焉思逞，到处煽惑，若不及早申明法律，将公口解散，一经勾联为患，何堪设想。"尽管清政府对哥老会严加提防并竭力镇压，但为时已晚，腐败的清政府已无力扼杀遍及全川并有严密组织的哥老会公口，更无法阻止群众的反抗斗争。

第二节 同盟会对袍哥的联络、领导和利用

一、 同盟会联络四川袍哥

辛亥革命前后，革命派对联络、发动会党是相当积极的。在同盟会领导和策动的二十多次起义中，依靠会党为主力的约占四分之三。即使后来革命派看出了会党的缺陷，将工作重点转移到新军之中，也是利用了会党的渠道，并且从未完全停止对各地会党的联络工作。革命党人或加入会党组织以利联络，或争取会党首领，或组织新的会党组织，并提出"教同志赶紧去加以整理和指导"，欲以资产阶级革命思想"改造"会党。革命派认为联络会党大有可为，"若现在有数十百人者出而联络之、主张之，一切破坏之前之建设、破坏之后之建设，件件事情皆有人以任之，一旦发难，立文明之政府，天下事从此定矣"。他们重视联络和发动会党，号召革命知识分子"得以加入，领袖若辈"，提出要"大呼于众曰：去矣，与会党为伍！"这决不是偶然的，而是主观因素与客观实际相互契合的结果。[1]

孙中山在革命初期就对会党工作十分重视，1899 年 3 月，孙中山派毕永年和日本人平山周赴湘鄂各地联络哥老会。11 月邀集哥老会、三合会首领集会香港。议决三会结成一大团体：兴汉会，公推孙中山为会长。[2] 1905 年 8 月 20 日，中国同盟会在日本东京宣布成立，选举孙中山为总理，黄兴为庶务，四川的吴玉章、熊克武、但懋辛、董修武均被选为评议员。通过四川籍同盟会会员的努力，先后邀集川南义字号袍哥大爷佘英、重庆仁字号袍哥大爷张树三、广安孝义会首领张百祥等人去日本东京，面见孙中山，共谋革命大计。张百祥还成立共进会，作为联络哥老会、孝义会等的组织。1906 年 7 月，同盟会东京总部

---

① 参见郑永华：《试析资产阶级革命派重视联络会党的主观原因》，转引自"中华文史网"。

② 参见李松林等人合编：《中国国民党大事记》，解放军出版社 1988 年版，第 11 页。

董庆伯带来命令，要熊克武回四川和谢奉琦、黄树中等共同主持四川同盟会工作，联络会党，积极组织武装起义。1907年春，熊克武与黄树中商定在成都西郊草堂召开各方面负责人会议，讨论组织武装起义的问题。参加这次会议的有30余人。熊克武在会上向大家传达了东京总部关于组织武装起义的要求。

四川同盟会非常重视联络和领导哥老会的工作。同盟会当时的方针是"因地制宜，互相联络，联合哥老适时起义"。为了联络和领导哥老会，很多革命党人参加了哥老会，如吴玉章、熊克武等。很多哥老会首领经过革命党人的介绍，加入了同盟会，如川东北的张百祥、李绍伊等，川南的佘竟成等。川西北的哥老会首领秦载赓、张达三、张捷先、罗子舟、胡朗如、高照林、王天杰等在革命党人龙鸣剑帮助下参加了同盟会。重庆哥老会首领况春发、田得胜等人也接受了同盟会的领导。以川西地区来说，参加同盟会者达七百余人。四川同盟会与哥老会的这种组织上的交叉关系，为发动群众进行革命斗争准备了条件。

在四川的保路运动中，哥老会发挥了巨大的作用。首先，川西地区有哥老会积极参加的各路同志军的兴起，鼓舞了各地实行武装起义。川西南著名的袍哥首领侯宝斋于1904年即召集各哥老会首领数千人成立"九成团体"。1911年7月，集会于新津准备起义。大家公推秦载赓为川东一带同志军首领，侯宝斋主持川南的起义。同年8月，各路哥老会首领集会于资中县罗泉井开"攒堂大会"，具体布置武装起义，并一致同意改同志会为同志军。哥老会成为同志军的主力军。由于哥老会普遍参加同志军，武装起义席卷了全川，在川清军和鄂军都被同志军分割于各地，最终被各个击破。其次，同志军兴起后，依靠哥老会组织筹办了军需。哥老会首领带头捐助，有的变卖财物充军饷，有的出家财招兵。另外，在军事情报方面，哥老会在探听敌情、传递消息、承办交涉等方面发挥了重要作用。

辛亥革命时期，哥老会在各地都在不同程度上对革命做出了贡献，而四川哥老会组织较其他省普遍，革命党人和哥老会结合得较为密切，在全川各地武装起义中，哥老会是同志军的组织领导者，也是积极参加者。哥老会在川发挥的革命作用特别突出。

二、 同盟会领导下的与袍哥联合阵线的形成

20世纪初年，四川会党的反帝反封建斗争还处于自发阶段，斗争是广泛而激烈的，但是分散的，此伏彼起，连接不断，旋起旋灭。会党的斗争向自觉的资产阶级民主革命靠近是在1905年中国同盟会成立以后的事。

中国同盟会的成立，标志着中国革命进入了比较完全意义的资产阶级民主革命的新时期。此时，中国资产阶级革命派成了时代的中心，掌握着时代发展的主要方向。资产阶级反对封建专制势力的运动成了社会历史发展的"主要动力"。从此，民主革命风潮席卷全国，四川也处于这种新潮流的激荡之中。①

中国民主革命的先行者孙中山从事革命活动之始就十分重视会党。同盟会成立后，武装起义频繁，与会党的联系日益密切。同盟会主要负责人之一黄兴主张"重整会党，并告以今之倡义，为国民革命，而非古代之英雄革命"。"且以四川地险民富，足资割据，乃嘱李肇甫、谢持、张知竟、熊成章、尹骞、李为纶招邀熊克武、但懋辛、佘蓂臣（竞成）、张百祥之在会党有声势者先后东渡，深相结合，授以机宜。"② 四川同盟会会员熊克武等也认为："四川帮会的势力很大，散布的地区也广，这是我们必须争取的社会力量。"③ 著名哥老会首领佘英被吸收入同盟会，是四川资产阶级革命派开始与会党联合的一个重要标志。

资产阶级是要按照自己的世界观改造世界的。同盟会与会党联合的过程，也是会党在一定程度上被资产阶级革命派改造的过程。孙中山认为：会党是民族主义的遗产，"是平民革命的基础，不可埋没，所以教同志赶紧加以整理和指导"。④ 黄兴也指出："洪会中人，尤以推翻满清，为袭取汉高祖、明太祖、洪天王之故智，而有帝制自为之心，未悉共和真理，将来群雄争长，互相残杀，贻害匪浅，望时以民族主义、国民主义多方指导为宜。"⑤

同盟会对四川会党的"整理与指导"具体表现在：

（1）灌输资产阶级民主革命思想，加强政治指导。四川会党虽具有反帝反封建的传统并表现较大的革命主动性，但是他们的思想仍停留在旧式农民斗争的水平，"以为革命是想做皇帝。……都说'佘大哥（佘英）的星宿现了，不久做了皇帝，我们就好了'"。⑥ 因此，提高会党的民主主义觉悟，使其适应新的革命形势，以成为资产阶级革命派的助手就成了同盟会的一项重要任务。同盟会的宣传工作是从向会党首领介绍革命书刊和个别密谈并通

---

① 参见隗瀛涛、何一民：《论同盟会与四川会党》，载《纪念辛亥革命70周年学术讨论会论文集》（上），中华书局1983年版。

② 刘揆一：《黄兴传略》，载《中国近代史资料丛刊·辛亥革命（四）》，上海人民出版社1961年版，第284页。

③ 熊克武：《辛亥前我参加的四川几次武装起义》，载《辛亥革命回忆录》（三），文史资料出版社1962年版，第6页。

④ 胡汉民：《七十二烈士的成仁就是成功》，载中国国民党中央执行委员会西南执行部编：《革命先烈纪念日专刊》，1932年。

⑤ 刘揆一：《黄兴传略》，载《中国近代史资料丛刊·辛亥革命（四）》，上海人民出版社1961年版，第284页。

⑥ 杨兆蓉：《辛亥革命四川回忆录》，《近代史资料》1958年第2期。

过他们传播革命思想人手的。余英的觉醒得力于《革命军》和《警世钟》的启发。永宁会党首领黄方则靠同盟会会员熊克武、杨兆蓉等人秘密宣讲同盟会纲领，使他"知中山先生真先觉者"，感到"从前苦无人领导，今得其人矣"，毅然加盟。① 李绍伊则是由同盟会员萧德明等通过"大竹书报社"灌输革命思想而加入同盟会的。于是，在会党中"觉悟汉流来源，知道革命大义的各码头都有"。② 著名的四川同志军首领周鸿勋的思想转变是会党人士接受同盟会政治指导的一个典型例子。

周鸿勋原是清巡防军第八营录事，"以哥老结纳同营，同营士兵惟周马首是瞻"。③ 1911 年 9 月，四川保路同志军起义后，周鸿勋于同月 12 日在邛州率士兵杀管带起义，改第八营为武字营，自任统领，占据新津。同时发出大红名片号召各地会党武装来新津会合。周鸿勋在由新津向名山转战途中经同盟会会员范爱众等"陈述排满之意，劝周加入同盟会正式从事革命。周乃欣然下发"，表示决心接受同盟会的政纲，加入同盟会。"改换旗帜，用大黄旗上书'中华国民军'，旁书'驱逐鞑虏，恢复中华，创立民国，平均地权'十六字，并于士兵肩章上写'中华国民军'。周则用中华国民军武字营统领头衔"。④ 他所发布的《中华国民军邀集革命同人启》中有"汉族云亡，翻身实为排满"，"共和创政"，"直捣黄龙城，痛饮自由酒一盏；横销长白岭，乃还雪愤矢三枝，献虏先王，重戴尧天舜日；扬名后世，同祝美雨欧风"等句，表示了周鸿勋由会党首领转变成了资产阶级民主革命战士。

李绍伊原率孝义会在大寨坪起义的宗旨只是"兴汉排满"，但在他加入了同盟会，率众参加同志军起义后宣布："我们这次起义的目的是为了推翻满清王朝，打倒专制余毒，恢复汉族自由，解救人民痛苦，并不是争城夺地想当帝王。"⑤ 由此可见，同盟会的政纲，特别是推翻清朝专制统治建立共和制的主张，在一定程度上已为四川会党所接受。这是同盟会与四川会党建立联合阵线的政治基础。同盟会通过会党逐步取得了对四川革命的政治指导者的资格。

（2）采取参加进去和吸收过来的办法对会党进行组织改造。参加进去就是同盟会会员加入会党并担任一定的领导职务，直接对会党做工作。如熊克武回川后由余英介绍加入哥

① 杨兆蓉：《辛亥革命四川回忆录》，《近代史资料》1958 年第 2 期。
② 杨兆蓉：《辛亥革命四川回忆录》，《近代史资料》1958 年第 2 期。
③ 范爱众：《辛亥四川首难记》，四川人民出版社 1981 年版。
④ 范爱众：《辛亥四川首难记》，四川人民出版社 1981 年版。
⑤ 四川大学历史系辛亥革命史调查小组 1977 年调查记录。

老会当大爷。广汉的侯橘园"为了运用哥老会，本人特加入广汉向阳乡的哥老会组织，当上了码头上一步登天的大爷，和向阳乡龙头大爷张命三密切联系，并联络三水关龙头大爷向裕如等，对外地他又与孙泽沛等联系"。① 为联络川西会党，杨靖中介绍哥老会首领张捷先、张达三入盟，再由他们介绍入哥老会。吴玉章也加入过哥老会。古蔺县的同盟会会员为团结哥老会和巡防营，"党人都纷纷加入了袍哥"。② 在辛亥革命时期，四川加入会党的同盟会会员为数不少。保路同志军首领王天杰、秦载赓等都是身兼会党首领的同盟会员。喻培伦的两个叔父——喻汉之、喻彤甫也是同盟会会员兼哥老会舵把子。这样，从组织上给会党输入了新血液，使会党有了拥护和参加资产阶级民主革命的可能。吸收过来，就是将会党中有革命意识的首领吸收进同盟会中来，负担同盟会的革命任务。张百祥、余英、李绍伊、周鸿勋、刘天成、张捷先、张达三等都先后入盟。在川东南，"先后加入同盟会者数以百计，会党中人尤多"。③ 在川西，通过张捷先、张达三、高杏邨等"袍界巨子"，动员有知识、有豪侠气者，数月之间，收入同盟会会员七百余人。这些会党首领兼同盟会会员的人是同盟在四川发动各次武装起义和辛亥四川同志军起义的领导骨干。1907年，共进会的成立更加强了资产阶级革命党人同会党的联系。共进会是当时在日本东京的同盟会会员焦达峰、孙武、邓文辉、熊越、吴玉章、张百祥等人鉴于会党在下层社会有巨大的革命潜力，联络哥老会、孝友会、三合会、三点会等在日本的首领组成的一个统一的组织，由四川孝义会首领张百祥任第一任会长，④ 从而将中国南方各省绝大部分会党都在反清的旗帜下联合起来。共进会通过它的四川会员张百祥、熊克武、余英等把四川会党进一步团结了起来。

成立"万国青年会"是同盟会从组织上改造会党的一个重要措施。四川会党山堂林立，各不相属，不利于发动会党参加革命。于是，余英、熊克武、黄方等人在会党中倡导"仁""义"不分上下，用"万国青年会"名义，合二会为一。⑤ 同盟会希望用资产阶级平等思想去冲淡会党的封建等级制度，把分散的会党团结起来以备革命驱使。余英利用自己在会党中的威望，调解各会党的矛盾，努力将川南一带的会党改组成直接由同盟会领导的新组织

---

① 广汉政协：《广汉同志军的活动》手稿。
② 萧若愚等：《古蔺县独立经过》，载《辛亥革命回忆录》（三），文史资料出版社1962年版，第273页。
③ 杨兆蓉：《辛亥革命四川回忆录》，《近代史资料》1958年第2期。
④ 吴玉章：《辛亥革命》，人民出版社1961年版，第94—95页。
⑤ 邹鲁：《中国国民党史稿》第三篇第二十五章《四川诸役》，上海民智书局1929年版。

——"万国青年会"。他们曾经拟定章程，刊印成册，分发给各地会党，使川南地区的会党"仁义扯平，专讲会口"而无"占左占右之分"。① 在川西，同盟会员设立"汉流改良自治会"，以罗致群众，作为同盟会的外围组织。保路运动发生前，该会会员已达万人。由于同盟会对四川会党的改造工作不可能彻底，四川会党的旧式帮会性质远没有得到普遍和根本的改造，然而，他们毕竟在旧式会党的躯体上注射了新的药剂，涂抹了新的色彩，把会党引入了资产阶级民主革命的洪流，使会党成为同盟会在四川武装反清的社会支柱。

（3）把会党自发起义引导到资产阶级革命的轨道。同盟会宣传和改造会党的根本目的在于依靠会党力量举行武装起义。1907 年，川东发生刘天成起义，"党羽甚众且与革命勾结"。② 刘天成，四川崇庆州人，川滇黔边的著名哥老会首领，"自入同盟会，即以实行改革为己任，窜身滇黔之交，冀可乘间窃发"。③ 1909 年，他响应谢奉琦、余英等发动叙泸起义，失败后被清吏逮捕，1911 年在重庆就义。1907 年，同盟会谋成都起义，"内则结合新军弁目，外则招致民间会党"。④ 一时在成都集中各路会党达四千人左右。同年，江安、泸州、叙府起义更是以余英为首的会党力量为主力的。1909 年广安起义除由余英发动哥老会参加外，还借助了李绍伊领导的孝义会的力量。在辛亥革命前夕，同盟会与会党的共同战斗，不仅加强了两者之间的联系，而且扩大了同盟会的政治影响，把四川会党的自发斗争开始纳入了资产阶级民主革命的轨道。

从 1911 年 6 月起，四川会党借保路同志会取得了公开或半公开活动的机会。由于会党既拥有广大群众，又渗进了军队、团练、绅商之中，因此，四川各地同志协会都是由立宪派或同盟会通过会党建立起来的。"同志会者哥老会也"⑤ 的说法不是没有道理的。会党群众参加同志会对保路爱国运动转变为武装反清斗争起了不可忽视的作用。1911 年 8 月 7 日，盛宣怀在成都的坐探周祖佑报告说："更可恨者，川省向有哥老会匪，党羽甚众……因此次各州县协会一开，一般会匪死灰复燃，争赴协会书名，现假协会名目，煽惑滋事，其祸尚小。诚恐将来愈聚愈众，贻患滋大，实于川省人民治安大有关系。此系同志会有以启之也，其罪何可胜言"。⑥ 同志会"每次开会，旁听居十之八九，而哥老会与余蛮子（指余栋臣）

---

① 邹鲁：《中国国民党史稿》第三篇第二十五章《四川诸役》，上海民智书局 1929 年版。
② 《赵季和电稿》手抄本。
③ 《蜀中先烈备征录》手抄本。
④ 邹鲁：《中国国民党史稿》第三篇第二十五章《四川诸役》，上海民智书局 1929 年版。
⑤ 《民国重修名山县志》第二卷附论。
⑥ 《辛亥革命前后——盛宣怀档案资料选辑之一》，上海人民出版社 1979 年版，第 123 页。

余党均窜入，大乱在此"。①

　　四川保路运动发生后，同盟会采取了同立宪派"明同暗斗"的策略，积极引导会党开展武装斗争，为保路同志军的迅速兴起做了准备。同盟会重庆机关部派朱之洪以重庆股东代表的身份至成都，与曹笃、方潮珍、萧参、曾昭鲁、刘玉光、杨伯谦、龙鸣剑、刘永年等人及新军中党人密议，决定同盟会员分道四出。新津会议和罗泉井会议的召开是同盟会改同志会为同志军的重要步骤。

　　新津会议是由川西南著名哥老会首领侯宝斋出面召开的。同盟会会员、华阳哥老会首领秦载赓参加了会议，并给会议以积极影响。侯宝斋"名邦富，夙尚侠义……蜀西南一带江湖游士无不知其名者"。② 1904 年，他召集川省九府哥老数千人，秘密结成"九成团体"。1911 年 7 月，侯宝斋在同盟会的影响下，假借六十寿筵，集中"九成团体"百余人于新津密谋起义。会上，秦载赓"主张甚烈"，"决议各回本属预备，相机应召，一致进行，如兵力不足，不能一致下成都，则先据川东南，扼富庶之区，再规进取。遂推载赓为川东一带主帅，宝斋自任川南"。③ 新津会议为川东南同志军起义确定了战略方针和主要领导人。以后，川东南同志军的战略方针基本上是按照会议的决议进行的。同年 8 月，同盟会会员龙鸣剑、王天杰、秦载赓等约集会党首领罗子舟、胡潭、孙泽沛、张捷先、张达三、侯国治等在资州罗泉井秘密会议，决定将各路同志会改为同志军，推秦载赓、侯宝斋主持川东南起义工作，川西北则由张达三、侯国治号召进行，并决定在阴历七月间各地同时或前后参差几天起义。会后，龙鸣剑回成都，在四圣祠召开秘密会议，向党人传达了罗泉井会议决议，分派同志到仁寿、荣县、威远、井研等县策动。罗泉井会议是同盟会为实现武装推倒清朝所召开的一次与哥老会的联席会议，是新津会议的扩大。这次会议通过一些著名的哥老会首领将川西南的主要会党组织团结到了同盟会的周围。

　　在川西平原，同盟会员见保路运动发生，"同人等始借题作文，大肆鼓吹，分头各路宣传，奔走号呼，不遗余力。在省者，即加入保路同志会，任各县代表，如张捷先、蒋纯风、杨其阶、罗仁普等皆在省中任同志会宣传员。七月初间，张、蒋、杨即返西川各县组织分会，暗集武力，以作后援。罗仁普、汪联三等去自井王子骧（天杰）处组合部伍"。9 月 7 日，"成都血案"一发生，他们立即先发制人，"赶急函告邻近各县，围攻都城，以援救蒲

① 《辛亥革命前后——盛宣怀档案资料选辑之一》，上海人民出版社 1979 年版，第 133 页。
② 《蜀中先烈备征录》手抄本。
③ 《蜀中先烈备征录》手抄本。

（殿俊）、罗（纶）为名，实行我们的种族革命工作，借此问题，可以推翻满清专制，创立民国"。于是，同志军"风起云涌，轰动川西各属矣"。①

以上事实表明，在辛亥革命前夕，同盟会为争取会党，特别是四川哥老会，在思想上、组织上和军事上确曾做了不少工作。由于会党有反清的传统，同盟会的工作得以卓有成效。尽管当时革命党人的主要工作对象多在会党首领，没有深入下层，更缺少足资发动农民的土地纲领。但是，由于会党的家长制组织原则，历来是首领说了算，因而首领的背向对会党的去从有举足轻重的作用。因此，同盟会得以通过一些会党首领同会党建立起反清革命联合阵线，并在这一阵线中取得领导地位。这一阵线的建立对四川资产阶级民主革命高潮的涌现起了重大的作用。②

三、 同盟会以袍哥为纽带， 集中革命动力

武装斗争是阶级斗争的最高形式。在辛亥革命时期，四川人民进行反清武装斗争的组织形式是保路同志军，领导者是同盟会。以农民为主体的同志军在全川的艰苦奋战是埋葬清朝在四川的反动统治的决定力量。"同志军为兴汉首功，死者巨万"。③

同志军起义的根本原因，无疑是四川保路爱国运动深入发展激化了社会阶级矛盾，而同志军的迅速组成则是同盟会联合会党的成果。以下材料提供了足资征信的证据：

"是时党人与民间会党糅杂，皆以同志军为标帜。"④

"革命土匪，乘机混合，兵民交战，全川骚动。"⑤

"清宣统三年辛亥秋，继保路同志会而起有同志军。同志军者，哥老魁桀，号召群不逞之徒，乌合蚁附，非有营伍之编制及训练之素也。"⑥

"同志会招附近党羽围攻省城，各分会响应，哥老会与同志会互相表里，蜂起屯聚，民匪混杂，兵皆川人，莫肯力剿。"⑦

---

① 《公孙靖中郎自述历史》，转引自隗瀛涛、何一民：《论同盟会与四川会党》，见《纪念辛亥革命70周年学术讨论会论文集》（上），中华书局1983年版。
② 戴执礼编：《四川保路运动史料》，科学出版社1959年版，第504页。
③ 隗瀛涛、何一民：《论同盟会与四川会党》，载《纪念辛亥革命70周年学术讨论会论文集》（上），中华书局1983年版。
④ 熊克武等：《蜀党史稿——辛亥革命纪事》，未刊本。
⑤ 伦父：《川路事变记》，载《东方杂志》第8卷，第8号。
⑥ 《民国重修大足县志》。
⑦ 《赵尔丰列传》手抄本，四川大学图书馆藏。

"邛州陆军倡应，哥老和之，檄文所到，袍泽四起，川局于是大紊。"①

前面我们已经提到，会党是一个包括各阶层反清势力的集体。同盟会同会党建立的联合阵线，从实际上把聚集在会党旗帜下的四川各种反清力量集中到了自己的手里。会党的主要成分是以农民为主的下层群众，同盟会与会党联合阵线的主要阶级内容便是中国资产级革命派与农民的间接联盟。同盟会从这一联盟中，在相当大的幅度上集中了当时反清革命的基本动力。同志军的旗帜被当作四川各革命阶级、各革命派别的共同战斗的旗帜。同志军成了四川各革命阶级、各革命派别反清联合阵线的主要组织形式，也是资产阶级革命派与农民联盟的主要组织形式。关于这一点，我们可用四川同志军是以农民为主体的劳动群众的史实加以证明：

同志军"人不过佣工牧竖，器不过抬炮鸟枪"。②"富者输财，贫者执械。"③"此次团兵，多系村民，倚富有田产之人为生。"④

"皆系乡愚无知之人"，"农事未毕"即来。⑤

"官兵在各场所得器械，皆系数十年前练团之物，腐锈不堪……且拿获之人口供皆系乡间田夫，集团争路。"

"所拿之人，泥手泥足，多系乡间田夫，搜获之物，锈刀锈叉及团练号褂而已。"⑥

"拿的武器有刀有矛，有前膛枪和牛儿大炮，大多数都是农民。"⑦

这是辛亥革命时期的同盟会做四川会党工作所取得的最大成就。由此，同盟会聚集了致清朝统治于死命的巨大力量。

在辛亥革命时期，四川的武装斗争是十分激烈和残酷的。清王朝视四川为统治西南的根本，使尽浑身解数，调动鄂、湘、黔、陕、滇等省军队前来镇压匹川革命。有"屠夫"恶名的川督赵尔丰拥兵疯狂反扑，与同志军反复较量。端方气势汹汹带鄂军杀来。岑春煊口蜜腹剑，费尽心机。如果没有遍布全川的同志军的浴血奋战，使清军"防内攻外，东驰

① 《重修彭山县志》民俗卷篇二，附论二。
② 《江津县志》卷十六前事记。
③ 《荥经县志》卷九武功。
④ 《中国近代史资料丛刊·辛亥革命（八）》，上海人民出版社1961年版，第273页。
⑤ 《赵尔丰文告》，新津县档案室藏。
⑥ 中国第二历史档案馆编：《中华民国史档案资料汇编》第1辑，江苏人民出版社1979年版，第153页。
⑦ 宁芷邨：《犍为同志军见闻录》，载《辛亥革命回忆录》（三），文史资料出版社1962年版，第253页。

西击，刻无暇晷"，"顾此失彼，势处两难"，① 直至土崩瓦解，端方、赵尔丰授首，清王朝专制统治岂肯自动退出历史舞台。农民劳动群众作为四川辛亥革命的主力军是当之无愧的。同盟会以会党为纽带同农民劳动群众结成的联盟，使自己取得了武装斗争的领导权。尽管那时还有一些同志军是自发的，缺少革命党人直接领导，但历史潮流却把这些涓涓细流汇入了资产阶级领导的革命大潮之中。

同盟会对同志军的领导作用主要表现在：

第一，同志军起义在相当大的程度上是由同盟会策动的。新津会议、罗泉井会议以及成都血案发生后，同盟会会员龙鸣剑、曹笃、朱国琛发出号召起义的"水电报"都是同盟会组织、发动武装起义的重要活动。同盟会会员王蕴滋被派为郫县、崇宁、灌县三县联络员，吸收了哥老会首领张捷先、张达三入盟。在同志会成立之初，二张即从事起兵准备。他们号召哥老会支持同盟会。改同志会为同志军之日，张达三"首先在新场（距省五十里左右）集会一二千人，以为各路倡"。② 他们所组成的有五路军和一个学生大队的川西同志军是成都附近同志军一支主力。重庆同盟会机关部为了动员起义，"命张颐等走万，说下东党人同时起义。以萧参返荣、威、自贡与党人谋投身同志军，俾倾向革命"。③ 保路运动参加者曹笃写道："四川保路同志会与四川保路同志军实为吾党辛亥革命之始，促亡满虏，不可谓无功。然不知者，以为同志保路与同志军无关，而其实……该军亦为同盟会所促成。"④

第二，几支最大、最有影响的同志军的领导人都是同盟会会员或与同盟会有关系的会党首领。川西同志军统领是哥老会首领兼同盟会会员张捷先、张达三。东南路同志军首领秦载赓、王天杰、龙鸣剑、陈孔白、范华阶、胡御阶都是同盟会会员。雅州同志军首领罗子舟是会党首领兼同盟会会员。南路同志军统领侯宝斋是与同盟会关系密切的会党首领，副统领周鸿勋在起义后也加入了同盟会。温江孙泽沛、崇庆吴庆熙、犍为胡潭都是参加过罗泉井会议的会党领袖。川东北同志军统领李绍伊是孝义会首领兼同盟会会员，曾省斋也是同盟会会员。有的地方领导起义的会党首领，如綦江的池列五、江津的郭云程等，是共

---

① 《赵季和电稿》卷四《致内阁》。
② 王蕴滋：《同盟会与川西哥老会》，载《辛亥革命回忆录》（三），文史资料出版社1962年版，第219页。
③ 熊克武等：《蜀党史稿——辛亥革命纪事》，未刊本。
④ 曹叔实：《四川保路运动会和四川保路同志军真相》，载隗瀛涛、赵清主编：《四川辛亥革命史料》（上），四川人民出版社1981年版，第38页。

进会员。下川东著名的同志军首领高亚衡、廖树勋也是同盟会会员。可见四川同志军的主要部分的领导权掌握在同盟会的手中。

第三，同盟会的政纲已为多数同志军所接受。川南同志军各军皆树旗四面，旗帜上面写的是孙中山提出的"驱逐鞑虏、恢复中华、创立民国、平均地权"。参加同志军的哥老会，"向来以'排满兴汉'为固定不移的宗旨，他们在群众中以汉界、汉流自称。因之对孙中山先生提出'驱逐鞑虏、恢复中华、建立民国、平均地权。'的口号非常拥护"。① 这表明，同盟会的政纲，特别是打倒清朝专制统治，建立民主共和国的主张已为多数同志军所接受。因此，同志军的口号由最初的"营救蒲先生（殿俊）、罗先生〔纶〕"演变为"驱除鞑虏"与"革命独立"。随着同盟会领导的加强，四川同志军亦由起义初期"散漫之团甲，进而为有组织之首长"，② 形成了以同盟会为核心的领导中心。如秦载赓、王天杰领导"东路民军总部"，侯宝斋、周鸿勋担任了川南全军正副统领，李绍伊任同志军川北都督，罗子舟任"川南同志军水陆都督"等等。此时，同志军的战争既不是为建立太平天国式的旧式农民政权，也不再充当封建帝制改朝换代的工具，而是在资产阶级革命派的领导下为推翻封建帝制，建立新的政治制度——资产阶级共和国而奋斗了。仅据四川重庆、成都、涪州、万县、内江、雅州、西昌、广安、泸州等三十五个府州县革命独立的材料考察，这三十五个地方的独立具有如下特点：（1）都是在同志军战斗洗礼中实现的；（2）绝大多数是同盟会员参与或策划的；（3）组织形式虽花样颇多，有称"都督"的，有称"司令"的，还有个别称"正统"的，但都照同盟会的《革命方略》设立了军政府。川东五十七州县的军政府视同盟会员组成的重庆蜀军政府为当然领导，表示拥戴。这就确切地证实了同志军起义的资产阶级民主革命性质，显示了同盟会在同志军战争中的领导地位和作用。在当时，资产阶级革命派确实是一切爱国革命势力的重心。

当然，我们也要看到，会党虽然在辛亥革命时期有过某些新色彩，并对革命做出过贡献，但是资产阶级革命派是没有也不可能彻底改造它的。会党带着强烈的反清意识参加革命的同时，又拖着沉重的封建尾巴。它既给这次革命输入了大量农民和其他劳动群众，又给革命塞进了一些横行乡里的恶棍、游荡江湖的流氓无产者。在革命中，有的会党仍然

① 政协綦江县委员会：《綦江县辛亥起义》，载《辛亥革命回忆录》（三），文史资料出版社1962年版，第280页。
② 参见范爱众：《辛亥四川首难记》，四川人民出版社1981年版。

"不解革命运用，以为保路之举，所仇者赵尔丰，所救者蒲、罗诸人，而反对排满逐杀官吏"①，与同盟会发生龃龉。有的争权夺利，肆行虐杀，如会党头目邓大兴杀秦载赓于井研，邓儒轩杀侯橘园于汉州。有的被敌人收买，叛变革命，杀害革命领导人，如赵尔丰厚赂南路同志军军需长杨虎臣杀统领侯宝斋于邛州古松庵。在川东北，哥老会与孝义会大动干戈，互相仇杀。有的会党武装借同志会之名滋扰群众，危害革命。特别是在四川军政府成立后，会党由秘密而公开，有的首领由受压而掌权，尹昌衡、罗纶等又率先提倡设立公口以作当权的凭借，会党更"骄蹇不受约束"，其革命因素显然衰退，封建意识恶性膨胀，沉渣泛起，竟至成为反动派的帮凶。

还必须指出，辛亥革命时期，同盟会虽以会党为纽带曾一度集中全川革命动力，但是，由于中国资产阶级的软弱和妥协性，只能凭借现存的毛病甚多的会党来间接动员群众。因此，这种集中是极其有限的，最大限度仅能把四川的革命动力集中到覆亡四川清政权的程度，而远不能广泛深入地发动群众，特别是农民群众将反帝反封建革命进行到底。中国资产阶级革命派通过会党与农民所建立的间接联盟，是在特定的历史条件下剥削阶级与被剥削阶级的联盟。在资产阶级革命派的眼里，农民只不过是他们夺取政权的工具。清朝一倒，他们在暂时地取得了某些统治权力之后，便以为"素志已达"，掉转头来，抛弃农民，甚至反对和镇压农民继续进行的反帝反封建斗争。辛亥革命时期，在四川昙花一现的资产阶级革命派与农民的联盟，被资产阶级认敌为友、过河拆桥所破坏。农民没有从这个联盟中找到解放的道路。②

第三节　四川保路运动经过

自辛丑条约签订到保路运动发生的这段时间里，四川革命形势的发展是迅速的。帝国主义侵略的加紧，引起了中华民族与帝国主义的矛盾加深。清王朝媚外卖国的罪恶活动的彻底暴露，集中了人民对帝国主义与封建主义的仇恨。人民大众与封建统治者的矛盾逐渐显得特别尖锐化起来。劳动人民自发的反帝反封建斗争日益强烈了。由于资产阶级走上政

---

① 熊克武等：《蜀党史稿——辛亥革命纪事》，未刊本。
② 本节内容主要参考隗瀛涛、何一民《论同盟会与四川会党》，载《纪念辛亥革命70周年学术讨论文集》，中华书局1983年版。

治舞台，四川革命的阶级力量遂发生了新的配备。四川人民自发、分散的斗争在不断深入与扩大的同时，开始接受资产阶级革命派的领导而逐渐汇集到资产阶级领导的民主革命运动中来。

一、四川人民自办川汉铁路的斗争

为了将本国的"剩余"资本输出到半殖民地半封建的中国，帝国主义各国加强奴役中国人民，从19世纪末年起，采取了铁路投资的侵略手段，纷纷劫掠中国的铁路建筑、经营、借款等特权。帝国主义曾狂妄地拟订了一个纵贯西南，直逼海口的铁路计划，在1896年即着手夺取四川铁路权。英国资产阶级学者肯德在所著《中国铁路发展史》中即明白地透露：英国的计划是建筑一条由上海经南京、汉口、宜昌、万县而达成都的铁路，要使"条约港重庆""成为远东的圣路易"。这是因为"这个省份（指四川省）的财富和资源……是世界上任何地方都无法和它比拟的"。1897年，法国印度支那总督杜美主张：法国由劳开至云南的铁路，只有将它发展至人口稠密的四川省，才会显出它的真正价值；该铁路的目的地应该是该省省会成都，从这里再建筑一条铁路以达重庆。在这些计划下，首先英、法两国展开了攫取四川铁路权的竞争。继之，美、德、日等国亦参加了这种强盗活动。到了1903年，外国强盗更"计求强取，百端纷扰"。英、美两国"均以借款造路为请"，"蓄意觊觎"。帝国主义对四川铁路权的鹰瞵虎视，激起了四川人民的无比愤慨，川省留日学生首先发出了自办川汉铁路的呼声，"四川铁路入他国手之日，即四川全省土地人民永服属他国之日也"，以唤起川人的注意。1903年，新任四川总督锡良在群众的压力下不得不奏请自办川汉铁路。次年，于成都设立"川汉铁路公司"。

川汉铁路正是四川人民为反对帝国主义的侵略而倡议兴筑的。自办川汉铁路的过程也就是反对帝国主义及其走狗的复杂的曲折的斗争过程。

川汉铁路公司一经成立，英国公使即照会清政府应按照1903年所允川汉铁路所需之款由英、美借出。6月，法国领事向锡良要求包揽川汉铁路款工。在公司以"川人办川省之事"，"一切均系自办，尚无须借助于人"的严词拒绝后，法领事竟致函公司督办，以"将来如何结局……惟贵督办是问"相威胁。1905年，英国华中铁路公司与由法国东方汇理银行为首的法国银行团联合，共同决定建筑四川铁路，派代表濮兰德与贾斯纳来华游说官僚张之洞，并在北京鼓动中国全国铁路应由中央统一经营。其意在借清廷之手夺取川汉铁路。

建筑铁路需要大量资金。劳动人民不甘受帝国主义奴役，坚决拒借洋款。资产阶级软弱无力，根本不能单独完成修路任务。于是，川汉铁路公司"采内地集股，仿捐输而行债票之性质"的办法，自力更生由四川民众集股办理。1905 年 1 月，川汉铁路公司议定集股章程，明确规定：川汉铁路"不招外股，不借外债，是以专集中国人股份，非中国人股份，概不准入股"；"股票转售与人……惟只售与中国人，倘转售或抵债与非中国人，本公司概不承认，股票作废。"1907 年 3 月，《商办川汉铁路公司续订章程》重申："公司专集华股自办，无论整股零股，均惟华自购，不附洋股。"并针对外国强派工程师提出："延本国人为总工程师。其应聘东西洋各国人，均由本公司商同总工程师妥立合同，规定权限，仍旧公司监督。若应聘人怠于职务，本公司可随时知照总工程师辞退。"这些规定与帝国主义的侵略意图针锋相对，具有鲜明的反帝爱国的政治性质。

股本来源虽有"认购之股""抽租之股""官本之股""公利之股"四项，但其中主要是"抽租之股"，"公司所入，独恃人民租谷为大宗"。抽收的办法是："凡业田之家，无论祖遗、自买、当受、自耕、招佃，收租在拾石以上者，均按该年实收之数，百分抽三。""其有佃户押重租轻，及债户以租抵利者，但有租可收，数在十石以上，均一律照抽，不专抽自业主。"还规定"盐茶商业……尤应认购多股，赞兴轨政"。因此，全川七千万人，不论贫富，差不多都与川汉铁路发生了经济联系。而出力最大，受苦最多的是广大劳动人民。"抽收租股，每年虽有确实二百余万之收入，然此乃以压迫之力，取诸一般农民者。"川汉铁路公司虽然股款来自民间，也加上公司名义，但实际是官办，完全由锡良为首的官僚所把持。他们一面主张"将来推广，或附搭洋股，或添借洋款"以为侵略者留地步；一面大肆贪污中饱，盗窃拐骗，使路事进行非常迟缓而无成绩。这就使四川人民在反对帝国主义夺路的同时，还必须进行反对清朝卖路的斗争。

1904 年 11 月，四川留日学生上书锡良，主张铁路官商合办，并请厘定股东权利义务。铁路公司在 1905 年改成官商合办，但绅董"不得干预本公司用人行政之权"。1906 年，四川留日学生又联名指责官府把持铁路公司，要求把川汉铁路全归商办。1907 年，官商合办的川汉铁路公司改成了"商办川汉铁路有限公司"。自此，铁路公司的实权便落入了立宪派士绅之手。这些立宪派人其腐败与清朝官僚相差无几，贪污浪费仍非常严重。1908 年"虽所筹路款近八百万，而薪工局用，已消费至一百五六十万，铜元局之亏挪，又复二百余万，种种浮冒侵蚀，实属骇人听闻"。①

当时四川劳动人民已挣扎于饥饿线上，抱着纯挚的爱国热忱，卖儿鬻女，勉力缴股，

---

① 《川汉铁路公司改进会第六期报告》。

一首《来日大难歌》写道："自从光绪二十八年把路办，银子凑了万万千。也有官的商的款，也有土药烟灯捐。最可怜的是庄稼汉，一两粮就要出这项钱。要办铁路为的是哪一件？怕的是外国人来占路权。"但清朝官吏和立宪派分子对路款这样糟蹋，不能不激起人民的愤懑，而更增强对帝国主义的仇恨。"以劝捐而积恨于铁路，以铁路为洋务而迁怒洋人，四处哄起，遍打洋行教堂。"[1]

川汉铁路从 1906 年起开始勘测路线，决定路工首先自宜昌开始。1907 年，聘请了詹天佑为川汉铁路总工程师。1909 年，宜昌设立工程局，由詹天佑制订了施工计划，动工筑路。帝国主义的"此路之结果，非得外国专门家与财政之资助，绝难望其成就"[2] 的谬论，又一次在中国人民面前碰壁。

川汉铁路的自办，给帝国主义以当头棒喝，显示了中国人民反帝爱国的伟大气魄和艰苦奋斗、发愤图强的英雄气概。帝国主义在川汉铁路开工后，更加疯狂起来，报纸大肆诋毁煽动，说什么"国家将建筑并设立铁路之权，归于各省自办，真政府之一大错误"；"川路不借外款，不雇外国技师，现在居然开工，中国前途叵测，环球列强均当留意"。同时加紧同清王朝勾结借款，"恫喝要挟，无所不至"。张之洞遂于 1909 年 6 月 7 日与英、法、德三国银行签订了湘鄂境内粤汉铁路、鄂境川汉铁路借款合同，共借五百五十万英镑，规定粤汉路用英国总工程师，川汉铁路用德国总工程师。英、法、德三个侵略强盗初步达到了目的。美帝国主义是掠夺川汉铁路最狡猾、最阴险的角色。早在 1903 年即要挟清朝承认它投资川汉铁路的特权。1909 年 8 月，当张之洞正与英、法、德商谈借款时，美国即组织了以摩根公司为首的银行团，由国务院指定为对华铁路投资的官方代理人，企图组织一个由美国领导的包括美、英、法、德的四国银行团在财政金融上彻底控制中国。1909 年 4 月，又急电美驻华公使柔克义向清朝声明粤汉、川汉铁路借款应有美国参加，"美国银行与英、法、德三银行，皆当利益均分"。美国总统塔夫脱无耻地向中国提出警告，又以美国务院远东司司长司代德为美国银行团驻北京代表，压迫清廷屈服，承认其无理要求。于是，美、英、法、德四国开始了分赃谈判，草拟了四国银行团的协定。7 月 13 日，四国政府以同样照会通知清政府，要求早订正式契约。1911 年，清廷在美国等帝国主义唆使下，不顾全国人民的一致反对，于 5 月 9 日宣布了"铁路干线国有政策"；18 日命端方为"督办粤汉川

---

① 《川汉铁路公司改进会第六期报告》。

② 戴执礼编：《四川保路运动史料》，科学出版社 1959 年版，第 100 页。

汉铁路大臣",强行接收粤、湘、鄂、川四省铁路公司。20 日,和美,英、法、德帝国主义签订了"湖北湖南两省境内粤汉铁路,湖北省境内川汉铁路借款合同"。这笔总额为六百万英镑的卖国借款,断送了两湖境内一千八百里路权,还以两湖厘金盐税做担保;又允许四国享有陆续借款的优先权及路权,实际即将全部粤汉、川汉铁路拍卖。清朝的所谓"铁路国有"政策是一种"夺路转送外人",替帝国主义没收人民财产的卖国政策。"四国银行团"的借款只能使中国更加殖民地化。当时代理四川总督的王人文也不得不承认:"合同乃举吾国之国权、路权,一畀之四国。""损失国权,莫此为甚。"

二、 从保路、 武装革命到四川独立

当"铁路国有"的消息传到四川后,全川人民莫不义愤填膺。"乡人函电纷驰,争议嚣然。"但立宪派分子则主张"有条件之要求"。邓孝可甚至在《蜀报》上著文盛赞"铁路国有"政策。他们对铁路"国有"或民有并不关心,只要求清廷"保存现有之款,求还已用之款"。一开始便暴露出立宪派的面目。

但是,清邮传部尚书盛宣怀却于 6 月 1 日与端方会衔发出"歌电",声言"欲举现存已用之款,一律填给股票";如果川省定要筹还路款,清廷"必须借外债,必以川省财产作抵"。这样就严重地损害了立宪派的利益,使他们的幻想落空,与清廷的矛盾加深起来。他们从切身利害关系出发,不得不顺从广大人民的义愤激情,由谘议局出面,发起保路斗争。6 月 17 日,川汉铁路股东代表在成都开会,成立了"四川保路同志会",在立宪派掌握之下,仍以蒲殿俊、罗纶为领导人,而奋斗的目标只是"破约保路"。

同志会这个公开的组织便于把广大群众动员和团结起来。四川保路同志会成立不到半月,会员已达 10 万。各州县、乡镇、街道都纷纷成立了保路同志会分会。妇女群众组织了"四川女子保路同志会"。中小学生乃至和尚、道士都加入了保路的行列。川西北的少数民族也纷纷响应。全川各阶层群众,不分男女老幼、民族和宗教信仰都团结了起来,进行反对帝国主义及其走狗的斗争。工农劳动人民的斗争情绪尤为激烈。"忠愤所播,小民尤易入脑,愤不欲生。"[1]"最足动人者,则下等社会贫苦人,发言之精当,忠悃之纯挚,有为士大夫所不到。"[2] 川汉铁路工人,也在宜昌展开斗争响应。这个局面,大为立宪派人所不及料。这正如吴玉章所指出:"群众是反对清朝统治的,他们既然参加进来,就把议员们的运

---

① 戴执礼编:《四川保路运动史料》,科学出版社 1959 年版,第 194 页。
② 见《四川保路同志会报告》第 8 号。

动变了质，变成了反对清朝统治的革命运动了。所以，谘议局的议员们虽然极大多数只是一些改良主义者，并不赞成革命，可是最后他们还是做了革命的不自觉的工具。"

立宪派分子害怕群众甚于清廷。他们在企图利用群众力量压迫清廷让步的同时，更注意控制保路运动的领导权，极力想把群众运动控制在温和的和平请愿范围。散布"要学立宪文明国人的样子监督政府"，要实行"文明争路"，甚至公开声称要防止"暴动"，要群众"不应怨望朝廷"，"不必集矢外人，致酿重大之交涉"。他们一面恳求王人文代奏，一面派刘声元为代表入京"哭诉"，乞求清廷收回成命。但是，正如毛泽东同志所说："……希望劝说帝国主义者和中国反动派发出善心，回头是岸，是不可能的。"① 清廷对他们软弱的乞求根本置之不理。王人文受到申斥，刘声元被"递解回籍"，刽子手赵尔丰奉命督川镇压。8月，更强迫接收川汉铁路宜（宜昌）万（万县）段。这时群众早怒不可遏，24日，保路同志会开会，参加者达数万人，群众要求罢市、罢课，以租股抵正粮，会众还没散完，一半以上的沿街市面就关闭了。

群众的罢市、罢课冲破了立宪派人所规定的"文明争路"的范围。他们连夜自造"保路同志会公启"，要求群众"勿在街市聚众""勿暴动""不得打教堂"，"不得侮辱官府"，并刊发光绪的牌位，贴在每户门首，要求焚香礼拜，表示他们所领导的运动决无犯上作乱之心，他们根本不理会群众不可遏止的反帝反清的情绪和意志。

全川人民在成都罢市、罢课后，迅速形成了全川罢市、罢课运动，造成四川"南起邛雅，西迄绵州，北近顺庆，东抵荣隆，千里内外，府县乡境，一律闭户"的局面。报上天天登载着贫民暴动、捣毁经征局、自治局、巡警分署，与巡警发生械斗，打毁外国教堂的消息。

立宪派分子阻止不了群众运动的发展，竟公然向清廷表示妥协，出卖人民的爱国运动。要求将借款、修路事交资政院、谘议局解决，同时组织"官绅商学界联合会"来维持反动秩序。但是他们立即受到群众的正义谴责，群众骂他们"讨好官场"，并在铁路公司门前示威。而清廷对他们则寸步不让。立宪派人骑虎难下，不得不顺从群众要求，提出"文明取消"捐税。9月1日，四川人民宣布不纳正粮，不纳捐输，不担任外债分厘。保路运动转变为抗捐抗税的斗争，使清廷"二千数百万之岁入顿归无着，四川一切行政因而束手，而

---

① 《毛泽东选集》第四卷，人民出版社1960年版，第1491页。

京都洋偿、解、协等款，全无所出……滇、黔、新、甘、边藏，向皆仰给于川者亦皆坐困"。① 清廷手忙脚乱，急派端方带大队鄂军入川镇压。

9月6日，铁路股东代表大会开会，会场出现了《川人自保商榷书》，清廷借口"其中条件隐含独立，尤为狂悖"，命赵尔丰加强镇压。9月7日，赵尔丰将同志会和铁路公司首领蒲殿俊、罗纶、颜楷、张澜、邓孝可等人诱捕，又封闭了同志会和铁路公司。赵尔丰的专横手段立即引起了成都市人民无比愤怒，数万群众拥至总督衙门请愿，当场被清军击毙有名可查者二十六人，伤者无数，又在城外屠杀数十人，制造了著名的"成都血案"。

赵尔丰的屠杀政策，不但不能遏止四川人民的反抗，反而将斗争扩大了。"成都血案"后，整个四川都沸腾了起来，爆发了席卷全省的全民性的大起义。保路运动进入了推翻清朝统治的武装斗争的阶段。

在保路运动的前阶段，同盟会员没有完全掌握这次运动的领导权，但一些同盟会员从运动一开始即主张导致推翻清朝的武装起义。他们对争路的态度是："不建铁路固死，建铁路亦死；铁路成固死，铁路不成亦死……吾人岂甘坐以待死？必于死中以求其不死。何以得不死？则革命之策是也。吾果革命，则川汉铁路，吾自集股，吾自建筑，何畏他人制我死命，何用他人越俎代庖。"② 龙鸣剑、王天杰等，一开始就看透了立宪派人争路的实质，采取了"明同暗斗"的策略，"外以同志会之名，内行革命之事"。他们除与立宪派共同进行合法斗争外，又暗地联络会党，准备武装起义。新津会党首领侯宝斋召集了"九成团体"（指川省九府哥老会）百余人会议，决定"各回本属预备，相机号召，一致进行"。8月，龙鸣剑、王天杰等在资州罗泉井与哥老会首领秦载赓、罗子舟、孙泽沛等人会议，决议响应革命，改同志会为同志军，准备武装举义。

新津侯宝斋、华阳秦载赓于9月7日晚冒雨率民军向成都进军。9日，侯宝斋的南路军与清军在红牌楼激战后，进至成都城下，歼灭了驻南郊武侯祠的清军。秦载赓所率东路军亦于同时在成都东面的牛市口、大面铺等地与清军战斗。成都附近温江、双流、郫县、大邑及较远的威远、荣县、井研等十余州县的同志军，二十万众从四面八方趋向成都，陷赵尔丰"于坐困之地"。帝国主义分子纷纷向上海逃窜。清廷急令滇、黔、湘等省清军从速入川，催令端方加速进军，又调岑春煊入川"宣抚"。但革命烈火，已成燎原。

---

① 见《赵季和电稿》第四卷《致内阁》。
② 见《四川革命书》，《中国近代史资料丛刊·辛亥革命（二）》，上海人民出版社1957年版，第315页。

同志军经过约十日的围城战斗，分兵转战各州县。侯宝斋率南路军转向新津，"应召来者……号称十万以上"，[①] 一时成为川西南同志军的中心。侯宝斋、周鸿勋被公推为正副统领，与清军主力朱庆澜部展开激战。新津失守后，各义军又转入分散战斗。侯宝斋、周鸿勋先后牺牲。

东路军在成都郊区连战七昼夜后，主力由秦载赓率领转战华阳中和场一带，一时又集聚义军二十万以上，并与王天杰、龙鸣剑部在仁寿会师，组成东路军总部，由秦载赓、王天杰分任正副统领，龙鸣剑任参谋长，整编了各路民军，在统一指挥下一致行动。东路同志军是一支由同盟会员直接领导的队伍。在群众的支援下，"其军所至，势如破竹，旬月间遂下仁寿、资阳、简州、井研、内江、叙府、犍为、威远、富顺、自贡等十余州县"，"所过秋毫无犯，不愧义师"。[②]

残酷的斗争，牺牲了无数革命人民。犀浦一役，大队长蒋淳风阵亡，五百学生军几乎玉碎。威远县奸绅郭藩杀害民军首领胡良辅，割下两耳"迎接"端方。秦载赓被人杀于井研，陈孔伯在自贡被反革命用煤油活活烧死，龙鸣剑亦病死行军途中。但是，川东南各县仍为同志军控制着。在王天杰和吴玉章同志领导下，继续奋战，使端方陷于进退维谷的层层包围之中，并开创了四川独立的局面，滇、黔、湘等省增援的清军，被阻边境，一直无法深入四川腹地。

当时四川各地，川北的顺庆（南充）、广安、绥定（达县）、宣汉、巴中、大竹，川东的长寿、涪陵、万县、夔府都展开了同志军对清军的战斗；几乎没有一个角落没有同志军起义，武装斗争很快发展成全省全民的空前规模，使反动派"东驰西击，防内攻外，刻无暇晷"。早在八月间，荥经、天全、卢山等县同志军，首先举起义旗，推罗子舟为"军长"，围攻雅州城，阻击向成都增援的西昌、西藏清军于大相岭，使赵尔丰所恃的精锐部队无法到达川西平原。"自七月至九月初旬共四十余日，无一兵弁援省以助赵督之虐。"

川西彝族人民反清武装，攻杀西昌县令后，进至洪雅、夹江等县。川西北汉藏人民联合起义，汶川县同志军千余人，毁县署，解除清军武装，南下战斗于灌县、崇宁等地。德昌彝民起而杀伤法国教士及护送他的清军。各族人民共同一致的斗争，汇成了巨大的革命洪流。农民斗争规模之大，除太平天国运动之外，近代史上再没有可以和它比拟的了。

---

① 见《蜀中先烈备征录》第二卷，第42页。
② 《蜀中先烈备征录》第二卷，第13页。

同志军的成分是比较复杂的，但它基本上是由自发参加斗争的广大下层群众（各地袍哥码头的"哥弟"）所组成。它的主体是具有无穷革命潜力的农民。赵尔丰诬称：人民"平日饥寒疾苦，无可告想，适自路潮震撼，又不幸而出于过激之行动，遂不免附会牵连，乘机而思逞"。"近日聚众滋事者，实以无业可守，无家可归之人居大多数"。不少曾经参加过反外国教会侵略斗争的下层群众也拥进了同志军战斗行列。余栋臣部将张桂山，聚集群众，支援围攻成都，转战川东南一带，攻占富顺，称富顺都督。四川义和团自 1901 年一直坚持着反帝反封建的斗争，此时又组成了同志军的一支重要力量。川汉铁路工人，自贡、犍乐盐场的盐工，资中、内江的糖工也参加了起义。

由于当时中国工人阶级还没有独立地登上政治舞台。作为革命领导者的资产阶级又是软弱无力的。他们没有将群众斗争真正地领导起来，使许多地方的农民斗争仍停留在分散、自发的阶段。同志军缺乏正确的思想指导和明确的反帝反封建的奋斗纲领，没有统一的领导，装备落后，经验缺乏。他们的领导成员多半是些会党首领，只有少数革命党人。他们当中的不少优秀分子，大多在残酷的战斗中英勇牺牲了，剩下的首领们有的上了立宪派的圈套，成了他们争夺江山的工具，有的被地主阶级所利用，互相拼杀，有的抱着狭隘的地方主义互不支援。致使同志军遭受挫折乃至瓦解。但是，广大劳动人民前仆后继的英勇战斗是可歌可泣的。人民以排山倒海的威力，摧毁了清朝在四川的专制统治，并为清统治在全国的覆灭敲起了丧钟。

各地同志军的武装起义，击溃了清朝在四川的军事力量，造成了四川独立的有利形势。当王天杰、龙鸣剑率师进攻成都时，吴玉章回到了四川。他在荣县发动群众，按租捐款，专援义军，更加紧训练各乡民团，准备不断扩大队伍，支援前线。当王天杰率师回荣县后，吴玉章即率众宣布独立，在群众的欢呼声中建立了荣县革命政权。荣县独立于 9 月 25 日，比武昌起义早半个月，是四川各州县独立的先导。从此，荣县成为东南路同志军反清武装斗争的中心。隆昌、嘉定、屏山、垫江、广安等县继荣县之后也宣布了独立。

当四川革命正闹得轰轰烈烈时，清朝命端方自 9 月初率大队鄂军杀往四川。端方的入川，更激起了四川人民的仇恨，使四川人民斗争的火焰愈益增高。同时由于鄂军西调，武汉空虚，10 月 10 日革命党人爆发了武昌起义。孙中山先生曾说过："若没有四川保路同志会的起义，武昌革命或者要迟一年半载的。"武昌起义的成功又给四川的革命运动很大的鼓舞。11 月 25 日，端方的队伍在资州起义，杀死了骄横不可一世的端方，使坐困成都的赵尔丰愈是孤立无援了。

重庆是四川同盟会员活动的中心。同志军起，张培爵等人即准备独立。11月5日，新军排长夏之时策动清军二百余人于成都附近龙泉驿起义。当夜整装东行，直奔重庆，沿途不断扩大队伍。22日，进入重庆城内。清廷官吏见大势已去，非逃即降。当天，重庆各界群众举行大会，成立了"蜀军政府"，推张培爵为都督，夏之时为副都督，通电全国宣布独立。接着"川东南五十七州县皆闻风响应"，纷纷独立，并先后宣布了接受"蜀军政府"的领导。

"蜀军政府"是直接由同盟会员组成的。它在成立之初，发表了对内宣言，宣布"驱逐鞑虏，恢复中华，建立民国，平均地权"的同盟会纲领。提出了召开国民大会的主张，宣布了一些减厘免税的财政措施，并派兵西进讨伐赵尔丰。这些措施在当时是一定程度反映了人民的要求而有进步意义的。但是，半殖民地半封建的中国民族资产阶级，即使他们在革命的时候，也是有着两面性的。四川的革命党人为了举行反清起义，做了一些发动和组织群众的工作，推动了保路运动，领导了武装斗争。他们之中的许多优秀人物为革命流尽自己最后一滴血，是值得永远纪念的。但由于阶级的局限性，他们不可能把革命的群众运动正确地领导起来，甚至惧怕群众的运动。

四川同盟会组织与全国一样，是松懈而成分复杂的，不能成为一个坚强的领导革命的核心，提不出彻底的民主革命纲领，给群众指出明确的反帝反封建的斗争方向，也没有能力去改造哥老会落后的一面。"蜀军政府"成立后，不但没有解决农民迫切要求的土地——这个民主革命的中心问题，发动农民去进行深入地反封建斗争，而且抛弃了在反清斗争中起了决定作用的农民群众，甚至反而依赖地方封建势力、清廷官吏来"维持地方"，"镇压匪类"，禁止群众与"反正清吏为难"。并容许大批投机分子、反革命分子混入政权内捣乱。"蜀军政府"在自己的对外宣言中，承认赔款外债照旧承担。"中国前此与各国缔结的条约，曾宣布者，继续有效。"① 充分地暴露了资产阶级软弱和妥协的特点。

在人民革命即将胜利的关头，四川立宪派人的本来面目完全暴露了。蒲殿俊等人被革命力量救出以后，发表了《哀告全川叔伯兄弟书》，说什么"保路同志会之目的实已贯彻无阻"，要同志军放下武器，停止战斗，"息事归农"。进而阴谋篡夺革命果实，私和赵尔丰订立密约三十条，承认赵尔丰的军事政治权利，于11月27日，在成都成立了所谓"四川大汉军政府"，由蒲殿俊任都督，赵尔丰的心腹朱庆澜任副都督，宣布了四川独立。不久，赵

① 《中国同盟会革命方略·对外宣言》。

尔丰阴谋复辟，策动了 12 月 8 日的成都兵变，叛军大肆焚掠成都。蒲殿俊被吓跑。陆军学堂总办尹昌衡做了都督。各地民军分起"讨赵"，继续向成都进军，尹昌衡乃将赵尔丰"明正典刑"。

"蜀军政府"不但没有利用当时有利的形势，团结各路民军，完成四川的革命统一。反之一当赵尔丰被杀，他们便认为"鞑虏已除"，"中华已复"，"民国已建"，而停止了军事行动，撤回了西上"索赵"的军队，听任立宪派人软硬兼施地摧残各路同志军，使轰轰烈烈的起义运动瓦解，从而把自己孤立了起来。当尹昌衡提出了"统一"口号，并以"武力相对，我辈必胜"相威胁时，"蜀军政府"中的动摇分子立即谋求妥协。1912 年 4 月 27 日，成渝两军政府实行了合并，于成都成立"四川都督府"，尹昌衡、张培爵分任正副都督。人民艰苦奋斗的果实最终被袁世凯在四川的代理人胡景伊窃夺去了。和全国情形一样，辛亥革命在四川遭到了失败。英勇奋斗的劳动人民因为没有正确的、可信赖的领导者，并没有从此次革命中得到任何好处。[①]

第四节　保路运动中的四川袍哥

一、　袍哥与罗泉井袍哥攒堂大会

在保路运动中，同盟会对哥老会的利用和改造采取的是"参加进去"和"接收过来"的办法。龙鸣剑和秦载赓等是川西同盟会的具体负责人。

龙鸣剑（1878—1911），近代资产阶级革命者。字顾山，又作顾三、骨珊，号雪眉，四川荣县人。1906 年入成都师范学堂，后赴日本留学，1907 年春在日本参加同盟会。1908 年到云南宣传革命。1909 年回川，当选谘议局议员，在成都四圣祠街创办四圣祠法政专科学堂，以学堂为掩护，积极进行革命活动（这所学堂实际上是当时四川同盟会的秘密机关所在地）。他加入袍哥并联络川西哥老会领袖秦载赓、张达三等加入同盟会。1911 年以参加"保路运动"为掩护，秘密联络会党，准备武装起义。9 月，四川总督赵尔丰诱捕保路同志会代表，封闭铁路，开枪打死请愿群众数十人。他见时机成熟，参加王天杰等发动的起义，攻打成都。在仁寿与清军遭遇，秦载赓率部前来，组成东路民军总部，秦、王任正、副统

---

① 　本节内容参见隗瀛涛：《四川保路运动》，中华书局 1962 年版。

领，龙任参谋长，与清军激战数日。因补充缺乏，又欠训练，战况不利，遂分路转进。龙鸣剑率一路攻取嘉定，后绕道叙府。在行军途中，龙鸣剑因积劳成疾，兼作战不利，忧愤发病，在宜宾乡下去世。

1909 年春，龙鸣剑介绍秦载赓加入同盟会。根据孙中山先生从联络会党入手，组织武装斗争的方略，秦载赓积极进行哥老会的工作。他以华阳县安吉团首事的名义，兼并仁寿县煎茶溪仁字号袍哥"文明公"，取得了公口总舵把子的地位，并结识了成都附近各地袍哥的龙头大爷。

1911 年 5 月，四川保路运动兴起，秦载赓被推举为华阳县保路同志协会会长。他首先将安吉团更名为同志军，按地区分保甲编队。然而，同盟会没有兵力，唯一的办法是依靠哥老会的人员，从中取得领导权，因势利导，举行武装起义。于是，龙鸣剑与秦载赓商定，由秦以哥老会首领的名义，用袍哥的紧急鸡毛文书，传到川西各大公口，邀约有号召能力的哥老会首领，于 1911 年 8 月 4 日到资州罗泉井召开哥老会"攒堂大会"。

罗泉井位于资州（今四川资中县）西 50 公里，是盐业繁华的山间大码头。会前，龙鸣剑先到资州与哥老会义字大管事张益山、罗泉井团总兼哥老会首领钟岳灵密商，钟岳灵曾经是龙鸣剑在法政学堂的学生。由钟负责接待并放哨 20 里以外，张益山负责资州及东大路警戒。正式会议于当天深夜在罗泉井基督教福音堂举行。参加者有同盟会会员龙鸣剑、王天杰、陈孔白，同盟会会员兼哥老会首领秦载赓、罗子舟、张达三，哥老会首领胡朗和、孙泽沛、侯国治、胡重义。有的哥老会首领派出管事为代表赴会。资州哥老会首领张益三、同志会代表周星五参加会议。

农历辛亥年六月十日（1911 年 8 月 4 日），一群神秘的"盐商"冒着酷暑，行色匆匆地赶到井灶林立的千年古镇罗泉井。当天深夜，镇上福音堂内灯火齐明，教堂上安放着一块关公牌位，堂下一字排列站着二十多名壮汉，每人手中捧着一束香，为首一人声如洪钟，高声念道："明远堂愚兄大令下，满堂哥弟听根芽；令出如山非戏耍，犹如金殿领黄麻。只为满奴兴人马，无端抢我大中华。扬州十日遭残杀，嘉定三屠更可嗟！把我汉人当牛马，视同奴隶毫不差。马蹄大袖加马褂，凉帽缀成马缨花。本藩闻言喉气哑，率同豪杰奔天涯。权且此山来住下，金台山上浴风沙。今日结成香一把，胜似同胞共一家。万众一心往前来，声摇山岳起龙蛇。不怕满奴军威大，舍生忘死推倒他。还我河山才了罢，补天有术效神娲。人生总要归泉下，为国捐躯始足夸。战死沙场终有价，将军马上听琵琶。争回疆土功劳大，流芳千载永无涯。奋我精神扶我马，勇往直前莫差嗟。大众弟兄情不假，请进香堂把誓发。"

念完誓词，众人把手中的香烛插入香案之中，每人端酒一碗，一饮而尽，然后像梁山好汉那样，依次而坐，"攒堂议事"。参加罗泉井"攒堂"大会的都是威震一方的袍哥大爷，会议的召集人是秦载庚，实际策划者是同盟会会员龙鸣剑、王天杰、陈孔白。根据孙中山"扬子江流域将为中国革命必争之地，而四川位居长江上游，更应及早图之"的指示，四川的同盟会员展开了联络袍哥共同革命的统战工作，取得很大成效，川南的袍哥首领余竞成，重庆的张树三，川东北的李绍伊、张百祥等都加入了同盟会。余竞成还到日本东京接受孙中山的指令，回到四川组织群众开展武装斗争。这次会议的召集人秦载庚和罗子舟、张达三等人也是加入了同盟会的，但他们发号施令的场合却是袍哥组织。

这次会议通过了五项决议：（1）保路同志会一律更名为保路同志军，将"文明争路"转为武装斗争，由秦载庚、侯宝斋主持川东南的起义工作；张达三、侯国治主持川西北的工作。（2）向各地团练局和富绅借用枪支，以解决枪弹来源。（3）向各县借用积谷、社谷及其他公共财物以解决粮饷。（4）探查敌情，掌握清军和警察的数量、配备、分布。（5）总部设在华阳和新津，要随时互通信息，交换情报，听从指挥。

这是一次非常重要的会议。它有两个历史性转化，一是将保路运动的领导权由立宪派领导转化为同盟会领导；二是由和平请愿转化为武装斗争。通过这次会议，全川的革命斗争更加如火如荼地开展起来，进一步推动了武装起义的革命进程，成为武昌起义的先导，加速了清王朝的覆灭，所以孙中山先生说："如果没有四川的保路同志军起义，武昌起义或者要推迟一年半载的。"从这层意义说来，罗泉井会议是辛亥革命一个重要的组成部分，它振聋发聩，首先敲响了葬送封建王朝的丧钟。

二、袍哥秦载庚与成都起义

秦载庚（1878—1911），原名明良，又名秉钧，清光绪四年（1878）四月十九日生于四川华阳县秦皇寺，祖父秦寿堂，是华阳县的武举，少读儒书，壮年练习弓马，精通中医骨科，曾经在家设立武棚，其门下弟子入学中举者数十人。载庚少时从祖父学武操拳，兼习诗书，胸怀大志，同三弟秦省三等人，闻鸡起舞，挑灯试剑，立志铲除清廷腐败统治，平息内忧外患。年十八进城应童子试，因考官不公，秦载庚结队殴之。华阳县沿府河地带有以袍哥为骨干自发组成的民间自卫团体，名为"安吉团"，见载庚英勇机智，不畏官府，豪侠仗义，推举他为"安吉团"的龙头。载庚带人防匪防盗，名声大噪，上至中和场，下至籍田铺，参加者数万之众，形成了一支可以对抗官府的民间武装力量，时人尊他为秦大帅。

罗泉井攒堂大会后的 1911 年 9 月 7 日，四川总督赵尔丰在成都逮捕保路运动领导人蒲殿俊、罗纶等，枪杀手无寸铁的请愿群众数十人，制造震惊全国的"成都血案"。当日下午，同盟会会员、双流县同志会会长向迪璋趁城门未关之际，闯出东门，登舟直下华阳县中兴场，向秦载赓通报血案情况。当日夜晚，龙鸣剑等革命党人急奔南门农事试验场，借府河秋汛，向河中投放大批木牌，上书"赵尔丰先捕蒲、罗，后剿四川，各地同志速起自保"，顺河漂下，迅速传递了紧急信息，后人称为"水电报"。秦载赓获悉后，当夜鸣锣齐团，召集军民千余人，冒着滂沱大雨，一路高呼"打倒赵尔丰！"直逼成都东门。同时利用袍哥的"十万火急鸡毛文书"，派人四路号召"全川各地哥老会组织同志军，支援力争川汉铁路权的保路会"[①]，号召各地组织起来的同志军开赴成都救援。

9 月 8 日凌晨，秦载赓所率同志军与赵尔丰的巡防军在成都东门外牛市口交战，打响了四川保路运动武装起义的第一枪。然后又在大面铺、西河场、赖家店一线与巡防军作战。至 9 月 10 日，各路同志军开来，载赓一一部署，连营四十余里，把成都东南方围困。但因同志军装备简陋，牺牲数十人后，退至龙泉山，与清兵迂回作战。数日后战斗失利，秦率部至籍田铺休整。与此同时，荣县的王天杰、龙鸣剑率同志军二万人，攻打成都不克，也退到籍田铺，遂组成联军。就地召开东路各属同志军代表大会，众皆以载赓功最盛，公推为东路全军统领，荣县王天杰为副统领。

东路同志军整顿扩编后，声势益壮，由统领秦载赓、副统领王天杰、参谋长龙鸣剑率领，再次向成都进攻。途中在苏码头、二江寺、中兴场、中和场、包江桥、琉璃厂一带与清军交战二十余次。二江寺一役，重创清军。战斗半月余，同志军士气虽旺，但军械太差，仍未能攻进成都。秦、王、龙等商议后，决定放弃一举攻克成都的原计划，改为分兵三路下川南，先收复州县。由军中的同盟会会员陈宽草拟檄文，李难草拟约法，规定："凡所收复之地，皆设军政、民政、财政、交通各机关。清吏苟无大恶大怨于民者，概给旅费，并派兵护送出境。军饷不足，则设义捐局，给据与富户假贷，六厘行息，俟大局戡定清还。"由于军纪严明，民众拥护，其军所至，势如破竹，旬月间就攻下仁寿、资阳等十余州县。此时，荣县由哥老会首领王天杰、同盟会会员吴玉章等人领导，于 9 月 25 日宣布独立。荣县遂成为四川省辛亥革命中最早夺取地方政权，一切皆由革命党人主政的第一个县。秦载赓也率部到荣县会师。邻近荣县的威远县，反正后见巡防军进剿荣县，便妄图复辟，地方

---

① 见《辛亥革命回忆录》（三），第 263 页。

顽固分子拥立被革命党赶下台的知县徐昭益复职。秦载赓闻报后急赴威远，在革命党人胡御阶协助下，将徐昭益擒获，在威远城斩首示众。

10 月底，驻井研的同志军首领邓大兴，与地方顽固势力串通，声称只反对赵尔丰逮捕蒲、罗，不反对君主立宪，且拥立已下台的知县张少川回衙主政。秦载赓闻讯大怒："不除奸党，何言革命！"决定由他单骑先到井研察看。11 月 1 日，秦载赓在井研县署训斥邓大兴，令其贴出布告，申言恢复新政，废除张少川。早饭后，秦载赓策马欲去犍为县视察。出井研南门行至二关楼，被邓大兴埋伏在此的爪牙朱九儿，用快枪暗杀致死，时年 36 岁。其三弟秦省三率大军于下午赶到井研，活捉邓大兴，隆重追悼秦载赓。此前收复的 30 余州县，闻烈士遇害，缟素三日，以示哀悼。王天杰、龙鸣剑率部取嘉定，而罗子舟已先占嘉定，又转攻叙府。①

三、 袍哥侯宝斋与新津保卫战

新津为成都南大门，扼水陆要冲，历来为兵家必争之地。保路运动时，该地是同志军与清军激战的主要战场。而新津保卫战是在袍哥首领侯宝斋领导下进行的。

侯宝斋（1851—1911），名邦富，祖居新津县花园乡罗家场，世代务农，仅有房屋一间，田土十亩。侯青年时迁居新津县城外西街。为谋生计，曾走南闯北，贩私盐、背桐油、漂放木材，后担任县衙捕快班头，并参加新津县城哥老会组织"新西公"。侯任侠尚义，轻财重施。"凡告贷者，无论亲疏，多倾囊相助"，又常"为人排难解纷，劳怨弗避"，因而名声日著，被推为"新西公"龙头大爷。与邻近州县哥老会头面人物时有往来，声息相通。

光绪四年（1878），侯宝斋任新津县城区总保，后又任全县团练局总团巡兼教练长，并负责河道保甲工作。侯前后任职的二十余年间，乡里安宁，商旅无阻。侯又乐于救困济人，曾捐资赞助"劝工所"，亦办习艺所，以收容无业平民及组织监中犯人习艺谋生。光绪三十三年（1907），新津县 9 个哥老会组织联合成立"新津九成团体"，公推侯宝斋为总舵把子。此时，侯已成为新津哥老会的最高首领，且在川南一带哥老会组织中颇有号召力。

宣统三年四月（1911 年 5 月），四川保路事起，各地纷纷成立保路同志会。旧历六月，侯在同盟会会员陈文清、邓子顽和胡洪熙的帮助下，成立川南保路同志会，任会长。从此，侯宝斋积极从事反清斗争。同年 8 月 4 日，罗泉井哥老会攒堂大会后，侯宝斋被推举为川南同志军首领。当月下旬，侯在新津县城西王爷庙，借办 60 寿筵为名，约集本县九成团体

---

① 参见王纯五：《袍哥探秘》，巴蜀书社 1993 年版，第 113 页。

成员和邻县哥老会首领到会，共商武装起义的具体步骤。当时四川总督赵尔丰派人四处张贴告示，对各地保路运动加以"抚剿"。有人问侯宝斋告示内容，侯为激起众人对赵尔丰的仇恨，便说："凶，凶，凶！赵尔丰要开红山，普剿百姓。"此后，新津便流传一句俗语："侯宝斋看告示——凶，凶，凶！"

同年9月7日，成都血案发生。当晚，消息传到新津县城，侯宝斋立刻抱病召集当地同志军，共集结三千余人，冒雨向成都进发。行至双流县城，与向迫璋统领的双流同志军会合，声势更壮。9月8日，南路同志军在成都南郊红牌楼冲破清军的阻击。9月9日，与清军激战于武侯祠外。侯部乘胜至南城下，与各路同志军形成对成都的合围之势。围攻十余日后，因清军固守难以攻下，在各路同志军器械不良、弹药无继的情况下，乃分兵转入各州县。

当时，驻防邛州的清军巡防军第八营录事（书记）周鸿勋，在营中秘密发展袍哥，号召"附和同志军，以救川民"。9月12日，周率领全营士兵，在邛州宣布起义，打死本营管带黄恩翰，向新津进发。9月24日，与侯宝斋会合。犍为时三妹、夹江苏二娘带的女同志军，以及洪雅、彭山、眉山、蒲江等地的同志军也来新津会合。一时军威大振，公推侯、周二人为川南同志军正副统领。"营屯四接，旌旗相望，大有震撼全蜀之势"。致使官府文报不通，蓉雅清军首尾不接。赵尔丰甚为恐慌，急电请外省清兵增援。又派清军统制朱庆澜、提督田振帮率马、步、炮各军攻打新津。10月2日，清军东路抵日县，为三渡水所阻，乃由北路兴义场进攻至县城北关，同志军据城而守，相持十余日。新津同志军有力地牵制了赵尔丰的主力部队，对全川革命形势起了推动作用。后清军诈和，侯中计，于10月16日率众撤离新津，转战他地。周鸿勋主力回邛州，后进军到自流井。侯宝斋则押辎重、银两，拟经蒲江，转道洪雅。中途，其军需杨虎臣暗中勾结邛州匪师祝定帮，诡称清军追到，骗侯至邛州固驿镇，又言用船送侯至古松庵暂避。10月18日，杨、祝等匪徒将侯宝斋杀害，并碎尸沉河灭迹。侯终年61岁。其子侯安延、甥魏清廷前往探寻尸骸，至邛州高埂子，亦被杨祝等人杀害。1911年12月，新津各界人士在县城武庙集会，公祭侯宝斋及同志军殉难诸烈士。新津哥老会大联合的组织"九成团体"发表了《大汉川南保路同志会侯宝斋暨子安延遇难公告》，誓拿杀侯凶犯。其文如下：

昔阮瑀既没，魏文为之辍奠；杨肇不成，潘安因而感旧。文人学士笔墨谈心，尚且痛良友之云亡，恨知音之难遇；况大丈夫慷慨定交，生死不渝，就大义以捐躯，为同胞而殉命者哉！侯君宝斋，吾邑伟人也，疏财仗义，肝胆相期；排难解纷，怨劳弗避。少年好客，早著孟尝之风；早岁从公，克树张纲之绩。是以名高望重，踵其门者无异登龙；交广游多，从其后者咸欣附风。俨然今日季布，不愧古代朱家。乃者盛奴卖国，赵贼殃民；今都督尹罗诸公，倡联同志共保路权。自七月十五日仓皇变起，噩耗惊传，我同胞兄弟慨大难之方兴，冀老成之坐镇，援推侯君为同志会长，总统以川南。君遂扶病从戎，奋身救世。产散千金，毁家纾乡邦之难；檄传四面，拼死剪汉族之仇。方期请终军之缨，缚鸣蛙于井底；挥刘季之剑，斩毒蛇于泽中。孰意风云变态，肘腋怀奸，饷糈巨万，竟被席卷潜逃。子弟八千，遽为箫声吹散。郭汾阳相州败绩，莫展龙韬；诸葛公渭桥丧师，空怀豹略。大事不成，人心涣散，侯君之遇足悲矣。更可叹者，奸谋误中，诡计难防。石头袁粲，命竟殒于戴渊；江左伯仁，死乃因于王导。父子俱毙于他乡，骸骨未归夫梓里。刘越石为匹磾所图，惨不至此；成安君为张耳所杀，酷尤过之。春草刬矣，忍令除根；秋兰锄焉，惨无遗蘗。

文披冤白，同声泪洒，英雄绩记汗青，异氏羞辱豪侠。然而河东败没，昭烈遂兴问罪之师；元规逃亡，太真用奋同袍之志；义愤所在，不可忘也。况今汉旗初定，汉族重光，汉流之组织方兴，汉种之奸残宜革。凡我热心男子，血性豪雄，忆旧游者，岂徒千里殒怀人之涕；吊英魂者，须使九原无衔憾之心，庶不致扬左笑人于地下，关张独美于当年。尔谋害我侯君父子人等，实为天理所不容，同侪所共愤！寝皮食肉死有余辜，碎骨粉身情无可宥。受泐启文公布，共图划削大仇。

新津九成团体及各界同胞人等谨启。

1912 年 1 月 23 日，凶犯杨虎臣被迫至新津武庙当众对质，于会场中被侯生前义友击毙。另一凶犯祝定邦也 1914 年 10 月由邛解省审办。1919 年，人胡念祖等请准就新津侯氏故宅建"宝斋专祠"，以昭忠烈，并营建衣冠墓于县城外西武庙后侧。①

四、 佘英与川南袍哥起义

佘英，字竞成，名俊英，四川泸州小市人，1874 年（同治十三年）11 月 12 日生于贫农家庭，童年时初学铜匠，后当雇农，最后以撑渡船为业，曾入武举李孝恩的武棚习武，好交江湖中人，急人所难，重然诺。二十岁中武秀才，是年被推举为小市袍哥义字公口的舵把子。1904 年 3 月读《革命军》《警世钟》等书籍，提高了对清政府黑暗腐朽的认识，他在《自述》中写道："因见巴县邹容作的《革命军》，湖南陈天华作的《警世钟》，才知

---

① 参见王纯五：《袍哥探秘》，巴蜀书社 1993 年版，第 113–117 页。

道我们汉人被满清压迫了两百多年……甲午年中日战争，满清政府打败了，订的《马关条约》赔银子二万万两，又割台湾、澎湖与日本。并允许他在中国设工厂，才显露出满清政府是一个腐败无能的政府……《辛丑条约》赔银子四万万两，拆毁了大沽口炮台，准各国驻兵在北京使馆区域内，从此瓜分中国的话，愈闹愈大。我们汉人如不起来革命，推倒满清无能的政府，除去一班贪官污吏，恐怕不能救四百兆同胞出于水火，眼见我几千年黄帝之子孙还有亡国灭种之惨。"并把两本书拿到茶馆酒店演讲，以唤起汉人起来革命。黄复生和蒋兆蓉等原在泸州川南师范学堂读书，早知佘英，由他们联名写信，邀佘英赴日东游。7月，佘英自费赴日，与孙中山相会。孙"见其魁梧奇伟，言论风生，大为器重，付以打通川滇黔会党之责"。佘英加入同盟会，任西南大都督。1907年初，佘英与熊克武、谢奉琦同回泸州，设立秘密机关于小市绫子街邓西林宅，准备发动武装起义。佘英利用他身为舵把子的威望，努力调和仁义两堂之间的矛盾，并介绍熊克武等同盟会会员加入袍哥组织。他们在哥老会内部提倡"仁""义"不分上下，并以"万国青年会"和"义会"的名义把川东南一带的袍哥组织统率在一起，成为同盟会可以直接掌握的革命力量。川滇黔边会党首领刘天成在佘英启迪下，弃"反清复明"的旧宗旨，归到资产阶级民主革命的大旗下。

　　佘英的革命活动引起了官府的注意，《叙州府知府联奎等为提讯革党谢伟甫事致总督禀》称："（佘英）伙党甚多，诛不可胜诛，防又不可胜防！自非严拿佘匪，不足以歼除后患。"泸州知州杨兆龙欲诱捕佘英，请他到衙门商议公事。佘英普任泸州团练局大队长，站岗堂勇皆佘英旧部，暗递眼色。杨知州见状，仓皇告退。佘英潜伏泸城，官府悬赏银千两通告缉拿。佘母知闻后，惊吓过度而死。国仇家恨齐集心中，佘英发誓："今后惟有以死报国，借赎不孝之罪而已。"本来拟于1907年端午节开始的泸州起义，因成都革命党人感到时间仓促，改订于11月14日趁西太后生日，在成都、泸州、叙府、江安同时起义。泸州起义的准备工作由佘英负责。各路会党得知消息后异常积极，旬日之间抵泸者愈三千人。驻泸州的盐务巡防营和川南巡防营中，袍哥也不少，经佘英联络，可为内应。11月5日，江安党人戴皮不慎泄密，十余同志被害。泸州知州闻讯，急令戒严。佘英当机立断，令各路会党及时撤退。佘英再筹备于叙府起义，因清吏侦知而罢。于是偕熊克武走上海，再渡日本。时共进会在东京成立，佘又加入共进会，广泛联络全国各地会党首领。佘英回川后于1909年3月在四川广安州发动起义，袭击州署及巡防军。失败后，又转赴嘉定（今乐山），12月袭击童家场等地团练所和水师。转战屏山县，急走叙府，计划在川滇边境建立根据地。不料被围困在豆沙关断蛇坡，佘英对围他的清军晓以排满大义，未果。佘英自认为"佘""蛇"同音，断蛇坡犯了他的大忌，便放弃抵抗，被擒。他在囚笼中仍对沿途百姓宣传革命大义。押至叙府后，他的部下刘慎自动前来官府投案。在审讯时，佘英指着刘慎说："他是我家装水烟的雇工，你们抓他干什么？"刘大声说："佘大爷，我是跟你搞革命的，我活着和你在一起，死也要和你在一起！"1910 年初，佘英被惨杀于叙府，临刑前口占一绝："牡丹将放身先残，未饮黄龙酒不干。同志若有继我者，剑下孤魂心自安。"时年 36 岁。

五、 袍界三巨子与西路战事

所谓袍界三巨子，是指成都西路郫县、灌县一带袍哥首领人物张捷先、高照林和张达三三人。清末，川西流传着"整烂就整烂，整烂到灌县"的俗语。这是因为西路同志军不但实力雄厚，且回旋余地大，与藏羌等少数民族有交情，进可以直下成都，退可以隐入深山，藏龙卧虎。赫赫有名的西路同志军大统领，便是灌县哥老会仁字号大爷张捷先。

张捷先（1872—1913），原名泽源，灌县崇义乡人。该乡哥老会盛行，1902 年曾以哥老会为主力攻打法国天主教堂。张捷先早年随宋书丞参加袍哥。1908 年 5 月，由杨靖中介绍加入同盟会，得以密传《民报》《黄帝魂》等刊物。曾见到陈天华创办的《游学译编》，其中有《民族主义之教育》一篇。文章提出："与秘密社会为伍，转移其旧思想而注之以新思想，转移其旧手段而注入之以新手段。"于是联合张达三、杨靖中等人发起成立"汉流改良自治会"。数月之间，加入者达数万人，成为同盟会在川西的外围组织。1908 年 10 月，密谋策动成都凤凰山新军中的哥老起义。事泄后，遂以禁烟委员身份赴汶川一带，与藏族瓦寺土司索代赓、卓克基土司索怀仁结为好友，使袍哥势力深入藏区，借以团结藏羌各族兄弟参加民主革命。

1911 年成都成立保路同志会，张捷先任该会宣传员。罗泉井会议后，张捷先联合灌县哥老会大爷张熙、宋书丞、王品三、张应举等，于 8 月 20 日，用哥老会"做方手"的仪式，在灌县城内火神庙开会，组织灌县同志军。县内十八个场镇的袍哥公口纷纷成立同志军营盘，其头目称为"同志大王"。9 月 7 日，成都血案发生，张捷先得到通知星夜率同志军开赴郫县新场。次日，灌县、郫县、彭县、崇宁县的同志军首领（均系袍哥大爷）齐集新场共同组成西路同志军，公推张捷先为大统领。下分五路：第一路统领为张达三，第二路统领由张捷先本人兼任，第三路统领为张熙，第四路统领为刘丽生，第五路统领为姚宝珊。另有蒋淳风从成都带来的 500 名学生军。

9 月 9 日，西路军前锋抵达犀浦，与清军激战。张捷先妻弟马腾骧及蒋淳风等人阵亡。

同志军退至郫县、崇宁县。10 月 7 日，同志军攻占灌县县城。另一股主力由张捷先率领退至崇宁县城。赵尔丰派新军六十七标王铸仁部包围崇宁县城，县城失守。张捷先退至灌县县城。11 月 7 日城陷，张捷先率军退至汶川边界，得瓦寺土司藏军的支援，于 11 月 26 日重新收复灌县。并将同志军开赴成都，镇压了赵尔丰的叛军，支持大汉军政府将清朝四川总督赵尔丰处决。

高照林（1863—1911），字杏村，又名全礼。生于崇宁县南一区张家庵，曾考中武秀才，后加入哥老会。为人仗义疏财，讲究信义，在乡中有很高的威信。他目睹清政府政治腐败，列强侵凌，常怀强国救民之心。1908 年，经杨靖中介绍加入同盟会，并积极鼓动哥老会中的坚定分子入同盟会。保路运动兴起后，高照林与杨靖中、蒋绍先等及时组织崇宁县保路同志协会，旋即在杨靖中领导下建立同志军准备起义。赵尔丰诱捕保路运动首领、制造成都血案的消息传到崇宁，他立即到杨靖中处，说："时机成熟，请以援救蒲、罗为名，迅速行动。"杨命他回张家庵集结同志军，并约定次日初攻取崇宁县城。他返家与妻子告别，妻子痛哭阻止。他说服妻子，毅然率领义军百余人与彭县刘丽生会合，占领崇宁县城。且身先士卒，赴县衙砍监破狱，放出囚徒 50 余人加入义军。随即出榜安民，公开演说，以民族思想鼓动群众，博得众人拥护，不多时便为义军筹集军需费用白银一千多两。次日，清军猛烈反扑，高照林率队转移到新场，与张达三会合后，开赴郫县县城，准备围攻成都。

9 月 13 日，高率队与尹德沛攻占新都县城。两天后，清军大举包围新都。9 月 15 日，城被清军攻破，高照林被俘。当时，高的女婿万清澄在成都总督府衙门任警卫官。总督赵尔丰命他劝岳父投降。高严词拒绝。他在狱中作诗言志："此身不作满清狗，留得人皮见祖宗。"被关押 40 多天后，高照林在成都凤凰山从容就义，时年 48 岁。

张达三系四川郫县哥老会首领，也是同盟会会员，在四川保路运动和反袁护国斗争中，都做出了杰出贡献。（其事迹详情见第九章第六节）

在川西哥老会中长期从事组织领导工作，先后介绍灌县张捷先、崇宁县高照林、郫县张达三加入同盟会的杨靖中（1883—1934），字润遍，别号西山佛子。生于崇宁县君平西岭。曾入四川陆军弁目学堂炮兵科，经黎靖瀛、余培初介绍于 1907 年加入同盟会，曾参与发动成都起义，事泄后，黎靖瀛等被捕。杨靖中离开成都回到崇宁乡下，参加哥老会，并在其中做发动工作，是"汉流改良自治会"的发起策划人之一。1931 年 5 月 10 日，他在为国民党中央党史编委会所写回忆录《公孙靖中郎自述历史》中说："然而汉流之加入党务工作者，确是鄙人之计划，集张捷先、达三诸君之力量，而至辛亥同志军兴，实因蒲、罗而激动民众。前四年之运动哥老会入会者,不知后四年之有路事问题发生也。种有万余人因,必收万余人果。"对通过哥老会组织发动群众的成果作了充分肯定。由于哥老会广泛联系各界群众,包括所谓方外的出家人,使同志军处处得到帮助。如成都草堂寺长老本志、青羊宫道士杨云龙、灌县二王庙道士李云岩,均曾经是哥老中人,都对同志军起义给予帮助。①

六、 袍哥与重庆反正

同盟会重庆支部于 1906 年底正式成立,其负责人杨庶堪等均对会党力量十分重视。杨庶堪、朱之洪利用"公强会"联络哥老会中的知识分子,借其社会力量,做武装革命的准备工作。重庆袍哥参加革命的著名人物有张树三、石青阳、陈新孜、冉炳之、况春发、朱之洪、田得胜、卢汉臣等人。

张树三是重庆袍哥仁字号大爷,重庆有名的拳勇教师。相传他能一掌击碎二十匹砖,从学门徒很多。其人任侠好义,喜抑富济贫,在城内开设天泰旅店,广交朋友。所交朋友中有不少知识分子,如朱之洪、吴骏英、董鸿词、杨庶堪、江潘等,都是革命党人。这些人在天泰旅店中密设"公书社",收藏清廷禁书及海外寄回的有关革命书报,供党人阅读。1905 年,经童宪章介绍张树三读中国同盟会誓词,张树三决心参加革命。他借学习实业为名,前往日本谒见孙中山先生,加入同盟会。次年回川,他一面筹资兴办实业,一面发展自己力量。殊不知正在进行中,突发恶症病逝。辛亥年重庆反正,张树三所在的袍哥组织中有不少弟兄和门徒参加起义。

石青阳,号蕴光,重庆府巴县人,1906 年在日本留学时加入同盟会。1907 年,他奉孙中山之命回到重庆,担任同盟会重庆支部理事。为便于与当地袍哥联系,他在 1908 年农历五月十三日单刀会那天,正式参加重庆仁字号袍哥,入袍即被破格提为管事。不久,他熟悉了袍哥内幕,便自立公口,当上仁字"体安社"的执事大爷,自行活动。他变卖家产在巴县界石乡创办蜀眉丝厂,吸收不少袍哥入伙。1911 年 9 月,成都血案消息传来,石青阳打出哥老会"体安社"的招牌,借口"保境安民",在巴县操练会党及学生军,组成一支有 200 支快枪的敢死队。

1911 年 10 月 10 日,武昌起义成功,各地同盟会员聚集重庆,公推杨庶堪主盟,联络会党共谋起义。同盟会会员朱之洪与朱必谦等人,利用他们在哥老会中的身份,联络巴县福寿场仁字号堂口的舵把子冉炳之,聚集各堂哥老,组成一队准备发动起义。11 月 19 日,

---

① 参见王纯五:《袍哥探秘》,巴蜀书社 1993 年版,第 117—123 页。

巴县仁字号袍哥大爷冉炳之派人命圆明场李心田即刻组织队伍。次日，李拉队伍至老关口，大摆疑阵，掩护重庆独立。[①] 袍哥大爷况春发在同盟会员策动下，劝说川东道炮队营教练邓昆山拆炮针机柄，并纠合勇士三百人，组成义勇队[②]。

1911 年 12 月 22 日，同盟会会员夏之时率起义军八百余人抵重庆浮图关。重庆知府纽传善急令关闭城门，负隅顽抗。杨庶堪派朱之洪等绕道出城，与夏之时会合。又派朱蕴章率体育学堂学生剖锁开门，引夏军进城。上午八时，杨庶堪发动同盟会控制的中营城防游击队及川东道巡防营起义。况春发率义勇队包围府衙。同盟会重庆支部为核心的革命力量，约集全城官绅商学各界代表近 300 人于朝天观开大会。重庆府各路哥老会和鄂军党人也武装到会。石青阳所率以哥老会"体安社"为名的敢死队，手持快枪，担任朝天观会场警卫的重任。当时重庆城内枪声零乱，清军兵无斗志，一片混乱：清军左营的粮草撤退不及，奉命焚烧；清军炮台所存弹药，又为党人所引爆，浓烟滚滚……川东道尹朱有基见情形危急，弃城逃走。革命党人押解重庆知府纽传善、巴县知县段崇嘉游街示众，迫使二人前往朝天观交印投降。下午二时，夏之时率军入城，同盟会重庆支部与各界人士协商，组成重庆蜀军政府，通电全国，宣布重庆独立。重庆附近的长寿县，在廖树勋领导下宣布独立。

七、 袍哥与川东北起义

与此同时，川东北的孝义会及其他地方的哥老组织也进行起义，积极响应辛亥革命。孝义会（川东北袍哥组织）创始人李绍伊，四川大竹观音乡人，出身贫苦农家。同治、光绪年间，观音乡与邻县梁山清平乡常因水利纠纷发生械斗，观音乡人推举李绍伊为首领，修复大寨坪寨堡，举家迁住。当时，大竹哥老盛行，公口林立，鱼目混珠。李绍伊以大寨坪中心集一会，称"孝义会"，多吸收贫苦农民参加，其宗旨是："兴汉排满，反对贪官污吏，土豪劣绅，苛捐杂税，互相救难扶危。"1906 年大竹籍留日学生、同盟会会员肖德明、陈凤石等人奉命回川，在大竹县以"大竹书报社"为掩护，发展同盟会组织。李绍伊加入同盟会后，孝义会也成为同盟会直接指挥的武装力量，大坪寨变成同盟会在川东的革命据点。清朝地方政府指控李绍伊谋反，但未拿获实据，便令他移主县城。绍伊在城内开设"本立生"茶旅社，开"孝友堂"继续发展孝义会组织。

---

① 参见傅渊希：《漫谈哥老会与重庆老关口之占领》，载《四川保路运动风云录》，四川人民出版社 1981 年版。

② 参见《民国巴县志》。

1911 年 9 月，李绍伊率众数千人据大坪寨起义，自称同志军川东北都督。派陈英奇、张广凤、余远光、廖子亚等人攻占垫江、邻水、广安、安岳等县。9 月 25 日，大竹县袍哥大爷黄殿臣、欧攀桂等人先期攻占县城，双方决战一昼夜，未决胜负。绍伊佯装败退，声言谈判，却突然在 27 日夜猛赴县城北门，破关直入。自此，大竹县全归孝义会势力范围。黄殿臣在同盟会会员邹畏之调解下，愿受绍伊节制，内战方平。绍伊以大竹举人吕廷祯为县知事，同盟会会员邹畏之为副知事。后又分兵攻占岳池、达县、梁山等地，势如破竹。但陈英奇由仪陇进军巴中时，却因轻信清吏，受骗遭伏，全军两千余人均惨死。绍伊闻讯亲率大军攻克巴中。

李绍伊自此据有川东十余州县，但由于农民小生产者的局限，缺乏远大的政治眼光，"用兵只以驱逐清吏，其他皆任人自为"，致使独立后的政权多落入封建官绅手中。随着清王朝的覆灭，李绍伊也失去了奋斗目标，率孝义会武装退守大寨坪，其雄心大志只在文字门面之上附庸风雅，他将自撰的两副对联贴于寨门：

　　人果同心，不两月推倒二百年清政府；

　　天真有意，未数日挽回十八省汉山河。

　　任他庸人招狗洞；

　　招引豪杰跳龙门。

偏安一隅，不图进取，丧失斗志的李绍伊，1912 年被当时的重庆镇抚总长胡景伊杀害。与李绍伊起义的同时，曾省斋（同盟会会员）于 10 月 27 日在垫江县小沙河宣布起义，利用哥老传讯"通告四方，约期取垫江"。当时重庆革命党人曾约他去渝共图端方，曾省斋则认为应该四处起义发难，"使清军防不胜防，以分其势而杀其力"。他在李绍伊支持下攻占垫江城，专取枪械弹药，对百姓秋毫不犯。后曾省斋转至李绍伊所据大寨坪，整编训练所部，编为精兵一团二营，于 11 月 11 日出发，取渠县、邻水、岳池、营山、蓬溪、射洪等县。11 月 21 日在广安同盟会会员胡辉配合下，利用哥老青壮年夺取广安，宣布成立大汉蜀北军政府。

八、 北路二侯

"北路二侯"是指保路运动中在广汉、绵竹等北路担任领导、联络重任的两位袍哥大爷，他们是广汉县的侯橘园和绵竹县的侯国治。

侯橘园，又名侯万中、侯鸿镇，清光绪二年（1876）生于广汉县新丰乡。光绪三十二年（1906）二月，自费入日本早稻田大学，学习期间加入同盟会。回国后，先在上海、江浙一带从事革命活动。后归老家广汉新丰与人合办岷华庆纸厂，又参加向阳场袍哥码头当大爷，借以联络各地袍哥头目。宣统三年（1911）七月，赵尔丰镇压四川保路运动，制造成都血案，引起各地袍哥愤慨。侯橘园立即联络张华镇的张天宝、向阳场的邓禹文、三水关的向玉如等袍哥首领，发动同志军千余人，在广汉武庙召开"汉州保路同志会成立大会"。侯橘园登台演讲，阐明路权必须保等人们关心的道理。侯被推举为名誉会长。

汉州保路同志会与同志军成立后，对来往驿传、公邮严密注视，在城北五里巷，截获赵尔丰派人送往北京的关于抓获并请求怎样处理四川保路同志会会长蒲殿俊、副会长罗纶等九人的公文。

宣统三十三年（1907）七月二十三日，奉令从德阳赶赴成都增援的清军一哨50人通过向阳场，埋伏的同志军包围了清军，侯橘园奋力夺得哨官腰刀，杀死哨官，同志军和田间农民也纷纷参战，打死清军十多人。

七月底，经侯橘园联络，各场镇同志军到三水关集合，准备开赴成都支援成都同志军的保路斗争。侯橘园在向人们讲话时，被同志军叛徒、连山领队秦老皮举枪击中，当场牺牲。

侯国治，绵竹县广济镇人，同盟会会员、绵竹县袍哥首领。1911年秋天，保路运动兴起，同盟会会员龙鸣剑、王天杰和袍哥首领秦载庚、侯宝斋在资州罗泉井组织召开攒堂大会，大会根据孙中山"扬子江流域将为中国革命必争之地，而四川位居长江上游，更应及早图之"的指示，联络了四川的20多位有势力的袍哥，准备发起保路运动，以此号召人民起来，推翻清政府统治。侯国治参加了大会。根据会议决定，侯国治与张达三为川西北同志军统领。

侯国治的任务是领导北路绵竹、广汉、德阳、安县、罗江等县的同志军起义。

四川各地袍哥纷纷组织同志军，向清政府发动进攻。侯国治在绵竹组织了同志军积极攻打成都。

四川军政府成立后，都督尹昌衡下令，将所有驻扎在成都附近的同志军选其精锐，改为川军第二镇，后来又改为师，由彭光烈任师长，侯国治任第二镇第八标标统（团长）。侯国治带着自己的人马返回绵竹，并且率队伍攻占了安县，后来在攻打茂州城的时候失败，队伍也自动解散了。

九、 袍哥谢厚鉴与西川起义

谢厚鉴（1874—1911），字镜堂，德阳县柏隆镇谢家桥人（清末谢家桥属于罗江县略坪镇管辖）。少年勇武，与绵竹侯国治（保路同志军北路重要首领）友善。

宣统二年（1910），谢厚鉴抢劫绵竹县板桥劣绅富商刘建良事发，被捕关入绵竹县监狱。侯国治想方设法，以护送即将离任的县令冯登回江西为交换条件，营救出谢。侯谢常到成都，与秦载赓、侯宝斋、白潭等时有交往。白潭见谢人才出众，胆略异常，请他回略坪联络罗江、绵竹、德阳、中江、安县、彰明（今属江油）诸县的袍哥举行武装起义。

1911 年，各县袍哥聚集略坪，住满略坪大街小巷、河坝山梁，共计万余人。见时机成熟，谢请拔贡石调南、秀才徐烈五为正副军师，黄亚廷为先锋，胡奔为联络，蒋跃廷为给养，以真武宫为帅部，制黄旗一面，上书"标统谢"三个大字，张贴布告晓喻军民，宣布起义。布告内容如下：

> 四川省西川路节制靖难军德安营标统镜堂谢示云：
>
> 我军所到，黎庶勿惊。
>
> 公买公卖，纪律严明。
>
> 不准烧杀，抢劫奸淫。
>
> 如有违犯，概不容情。
>
> 谆谆教诲，尔等庶民。
>
> 钱粮军需，遵照执行。
>
> 杀人填命，算账要清。
>
> 公告一出，宜各禀遵。

公告发布后，人马浩浩荡荡，攻克若干乡镇，兵临罗江、安县城下。罗江县令杜云樵十分恐慌，与赵尔丰等商议后，派何建章为代表押厚礼白银千两、鸦片两担来拜访谢，劝其退兵。

趁谢不注意，赵、杜调来大批官军，将义军团团围住。谢被俘，解往成都，被赵尔丰杀于东较场。①

---

① 参见罗江县《略坪乡志》。

十、　保路运动中的女袍哥

哥老会初期不允许妇女加入袍哥，四川保路运动期间，受革命风潮的影响，涌现出一批女袍哥。

大邑县王三大娘率领的同志军，享誉川西。王三大娘本名王杜氏，清道光十年（1830）生于大邑县城北，嫁与大邑县灌口鲜家营袍哥玉成公舵把子王泽源为妻，因王泽源排行第三，故称她王三大娘。她为人正直，有胆识，能扶弱抑强，深受群众拥护。其夫于光绪年间病故后，大家推崇王杜氏继任玉成公舵把子。保路运动兴起，王三大娘以八十一岁高龄，率领袍界男女百余人组成同志军，结伙攻县城。在她的影响下，斜源乡的徐幺大娘，苏家地区的晏幺大娘，及王杜氏的侄孙媳妇熊氏（人称王二大王）都英勇参战。辛亥年八月十七日，攻克大邑县城，王率部驻防关岳庙。九月十七日，赵尔丰遣陆军攻打被同志军占领的大邑县城。王三大娘召集兄弟伙五百余人，由其侄孙媳王二大王率领，与清军激战于大邑城北望羌台后的烂田湾，因兵力悬殊，王三大娘率部退回灌口。人称王三大娘为"辛亥女英雄"。

屏山县的时三妹，其兄为犍为、峨边一带的浑水袍哥，被清朝地方官杀害，三妹立志报仇，继承其兄拖棚子，发展女袍哥百余人，啸聚一方，辛亥革命时率众起义。新津县女袍哥苏二娘，其夫原在夹江县拖棚子，早亡。苏二娘率兄弟伙千余人，一律白布缠头，黑布绑腿，背上大刀和火药枪，参加保路同志军新津保卫战。

辛亥女杰杜黄氏也是著名的女袍哥。"杜黄，湖北人，原名黄铭训，字君仪，一字端室，号蜀山。父光奎，清同知。杜黄氏姊妹四人，己居长。聪慧嗜学，性豪迈。年十九归蜀长宁县人杜德舆，杜功名进士，时官部曹，壮志凌云，与女士一见相契，笃爱以敬。时值清光绪，庚子外患日甚。清帝国变法图强，而积重难返。女士与秋瑾同巷，极相得。俱嗜酒，酒酣共论时事，每谈及西欧女杰苏菲、罗兰故事。乃在北京城南丞相胡同本宅开妇女茶话会，首创杜氏女子家塾，自任塾长。秋瑾教国文、史地，日本女子服部繁子授算术，为京师女学发源之始。逾年正式开办四川女子学堂于四川营（明末秦良玉驻兵处）。又办《中国妇女会报》。居恒偶僮，不避客，尝云：'男女一也，德由己立。其身正，虽日见男子，何焕焉？否则，闭置幽邃，独将荡诀也！'因女士好客，一时知名之士及归国党员皆出入其宅，共论天下事。其夫杜德舆所得薪俸，大半助女子为郊游费。时人誉为'女孟尝'。庚戌（1910）杜德舆以清政日非，乃与杜黄女士密议，集合各省社会党人于北京城南陶然亭，以推广四川哥老会于首都，歃血为盟，曰'乾元会'。女士与妹君硕、君伟亦入党……

后女士寓津，迁法租界织布局。复集合女党数十人，设暗杀部，谋刺清廷诸权贵。时清廷戒备甚严，收索益密。女士不顾危险，与妹君硕伪装孕妇，身怀炸弹，入京凡十余次。……孙文为大总统，杜德舆始改名杜关，字柴扉，入内务部，任礼教局局长，改正朔，易旗帜。袁称帝，乃愤然辞职。民国三年四月归成都。女士与杜关、庞光志、李兆祥谋，分别往结社会首领吴庆熙、孙泽沛、张尊，在成都附近响应起义。陈宧变而护国。女士谓庞光志曰：'陈最谲诈，乃袁私人，不可恃。真护国者滇（指蔡锷）及熊（指熊克武）诸军，不如促诸西上，与会党各军合力逐陈。"① 可见其胆识非凡。

"天全县的孙三嫂，随时带着几十个'兄弟伙'抢人。荥经县包三嫂更是一个连军队也害怕她的女大爷。在雅属事变时，包三嫂统率一支袍哥队伍攻破天全城，撵走县长张孟滔，打开监狱放了全部被囚禁的人。听说她在县政府对面茶铺里喝茶，看到天全县政府的横匾后有'黄以仁书'四字，她恨死黄以仁，立刻拔出手枪来，对准黄以仁三字，一枪一个，枪枪打中。"②

灌县女袍哥刁李成秀（袍哥舵把子刁青云之妻），在川西袍哥界甚为知名。崇庆县城南郊的女袍哥组织叫"妇女联谊社"，约 60 人。四川丰都县有个女袍哥团体，叫"平权社"，公口设在衙门口熊瀛山茶馆内，女舵把子李志莲，共有女袍哥成员 17 人。

此外，民国时期，在成都、重庆、万县、雅安等地均有女袍哥的公口，如"巾帼社""四维社""三八社""坤社"等。

十一、 保路运动中的少数民族袍哥

保路运动中，四川各族人民体现了高度的一致立场，四川的少数民族兄弟也参与袍哥起事，顽强战斗。在民族杂居的西昌地区，安宁河两岸的彝、汉、回、藏各族群众五千余人，于 1911 年 11 月 5 日举行起义，提出"推翻满清，废除新政，杀贪官，灭洋人"的口号，冲进西昌县城，处决县令。灌县哥老会首领姚宝珊于辛亥革命前到汶川向瓦寺土司索代兴、索代赓兄弟（均是袍哥）介绍保路斗争情况。由索代兴率领的藏族民军在光复松潘、理县、茂汶一带地区的战斗中立下功劳。胜利后，省政府曾送匾表彰，索代庚被委任为"屯土统领"。懋功沃日土司和守备，在当地哥老会首领密约下，也宣布反正。

---

① 参见李肇甫：《杜黄女士四十年事略》以及《杜黄女士行述》，转引自王纯五《袍哥探秘》，巴蜀书社1993 年版，第 42 页。

② 杨国治：《西康雅属的袍哥》，载刘剑、丁小梅编：《帮会奇观》，中国文史出版社 2001 年版，第 222 页。

索代庚（？-1930），号季皋，藏族。瓦寺二十三代土司。辛亥革命前夕（1911 年下半年），四川保路运动已发展到三江口，瓦寺副署的土司索代庚立即响应，搜集全境铜、铁，分别在副署和总管大院昼夜赶造枪、炮、刀、矛。1911 年 9 月 7 日，赵尔丰下令通缉蒲殿俊、罗纶。索代庚于 9 月 10 日召集总管徐青福及五寨寨首商议出兵之事。决定 19 日分兵两路，同时出发，卧龙总管林镇江也带队星夜赶到，编入队伍。翌日，各寨士兵提前汇集副署，计三四百人。一路出界牌，与漩口姚宝珊队伍汇合直下郫县新场张达三的驻地；另一路翻大火地，经太平场、石羊场至郫县花园场会同张熙等队伍到新场汇合，组成一支同志军，编成五路，各路设统领一人。索代庚的队伍与姚宝珊的队伍为西路同志军，进入郫县，老幼欢迎。不久，为了不损伤县城人民的生命财产，索代庚与姚宝珊的同志军撤至郫县龙家湾附近，扼守郫、灌要道。索代庚带领士兵隐蔽在芦苇丛中，袭击经两路口全家河的清军。全家河一战，索代庚的士兵近百名阵亡。转战到崇宁县西郊，坚持防守崇宁县城。清军大举来攻，索代庚及士兵英勇迎战，士兵战死百余人，崇宁县城失守。不日，士兵从三江运火药至，索代庚与姚宝珊又率同志军围攻崇宁县城，炮声如霉，大战十日，又重新占领崇宁县城。从此，清军四处逃窜，到处挨打。辛亥革命后，索代庚仍任世袭土司，1930 年逝世。[①]

第五节　四川军政府袍哥大爷

1911 年 11 月 27 日，大汉四川军政府在成都宣告成立，在清王朝时期非法的秘密帮会组织袍哥会完全公开化，合法化了，由"会匪"变成了"共和功臣"，纷纷进入上层社会并掌握了要害部门的大权。一些原本与袍哥无任何联系的人，为了自己的前途一帆风顺，便纷纷与袍哥密切交往，甚至加入袍哥组织，自己创立袍哥公口。这其中，尹昌衡、周骏、蒲殿俊、罗纶等人就是代表。

尹昌衡（1884—1953），原名昌仪，字硕权，号太昭，别号止园，四川彭县人。自幼从父读经史，1902 年考入四川武备学堂第一期，1905 年被选派去日本振武学校学习。毕业后升入日本士官学校。1909 年回国，任广西陆军小学堂总办。1910 年返川，任四川督练公所

---

①　参见《汶川县志》，四川民族出版社 1992 年版。

军事科长，后升任编译局总办。辛亥革命后四川独立，1911 年 11 月，大汉四川军政府成立，出任军政部长。

1911 年 12 月 8 日，军政府阅兵，发生士兵骚乱事件，军政府都督蒲殿俊、副都督朱庆澜相继逃遁。成都城内一片混乱。尹昌衡率部队入城，平定了叛乱，遂被成都军政各界会议推为大汉四川军政府都督。同时开四川袍哥总堂口"大汉公"，自任总舵把子。

12 月 22 日凌晨，尹昌衡率部诛杀赵尔丰，复遣兵北征，打败江朝宗所部清军，四川军政府得以巩固。1912 年 1 月加入同盟会。同年 4 月，成渝两地军政府联合，成立四川都督府，尹被推为都督。6 月，西藏地方当局谋独立，袁世凯命尹兼任川边镇抚使率兵入藏西征。3 个月平定康藏叛乱，尹改任川边经略使。

1913 年 11 月，尹昌衡奉调入京，袁欲诱尹为自己效劳，尹不为所动，被控"亏空公款"罪下狱，判处九年徒刑。袁世凯死后，尹为总统黎元洪特赦。随即尹退出政界，归隐成都著书。1949 年 11 月投奔汉源羊仁安。西康解放后尹移居重庆，至 1953 年逝世。有《止园丛书》13 册传世。

周骏（1884—1923）字吉册，四川金堂人。1902 年考入四川武备学堂，1904 年毕业。1905 年由四川总督锡良选派赴日留学，1909 年回国，参加廷试，中步兵科举人，分发四川任新军第 17 镇 63 标标统（团长），驻防成都北郊凤凰山。1910 年春，四川陆军讲武堂成立，任兼职教官。辛亥革命四川独立后，于 12 月 8 日发生"成都兵变"，军政府正、副都督蒲殿俊、朱庆澜逃避。军务部长、同盟会会员尹昌衡出城招兵平乱，周骏应招派出 300人随尹昌衡入城。次日，周骏被推举为军政府军务部长。在尹昌衡成立袍哥总堂口"大汉公"的时候，周成立四川第二大袍哥组织"大陆公"，自任总舵把子。

四川成渝两军政府合并后，周骏兼任川军第 1 师师长，驻防泸州。1913 年，参与镇压"二次革命"，战后兼任重庆镇守使。护国战争爆发后，四川将军陈宧于 1916 年 5 月 22 日被迫宣布独立，袁世凯任命周骏为第 15 师师长，授"益武将军"（一说"崇武将军"），督理四川军务。周骏派所部王陵基西上驱陈，于 6 月 26 日进入成都。仅过四天，护国川军刘存厚部就进入成都，周骏的部队溃逃。7 月 6 日，北京政府命蔡锷为四川督军兼省长。7 月20 日，周骏被迫交出兵权，残部由川北卫戍司令钟体道节制。周骏下台后，与王陵基率手枪队百余人，携带巨款，经金堂逃到遂宁，再经西充、巴中、城口出川，去北京等候北京政府再次起用。1917 年，周被北京政府授为"将军府翔威将军"。1923 年 5 月，任四川盐运使职，不久病逝，时年 39 岁。

蒲殿俊（1875—1934），资产阶级立宪派领导人。四川广安人，字伯英，一字沚庵，号雪园。祖父蒲瑞溪是老贡生，父亲蒲玉林是县学生员，在当地颇有些名望。而蒲殿俊的启蒙老师却是其母李氏，李氏能赋诗作文，算得上是位才女，她亲自监督、教授年幼的蒲殿俊读书习文。天资聪颖的蒲殿俊在母亲的教导下进步很快。待他年岁稍长时，就拜县里的饱学之士周煦笙为师，同时也跟从祖父蒲瑞溪、叔父蒲慕学习诸子百家的文章。蒲殿俊18岁时，就考中秀才，名列第一。后到成都尊经书院求学，关于蒲殿俊在尊经书院的学习经历，史料上鲜有记载，但书院里的新学风气，对他日后维新思想的形成，可以说关系密切。

1895年，20岁的蒲殿俊参加州里科考，他写得过于投入，洋洋洒洒，时间到了还没写完，于是落第。落第后的蒲殿俊待在北京，开始和提倡维新运动的康有为、梁启超等人往来，思想渐渐转变。中日甲午海战爆发后不久，康有为、梁启超于1898年4月12日发起保国会第一次大会，对蒲殿俊影响很大。

这次集会出现了保滇会、保浙会等，蒲殿俊也迅速成立保川会。不久，蒲殿俊回到家乡，与胡骏、顾鳌等人创办紫金精舍，张澜、罗纶等人纷纷来校任教，所授课程除经史辞章之外，还有时务、舆地、博物等现代科目，蒲殿俊在这里废八股、倡新学。此时，蒲殿俊已是提倡新学的名士，但他对自己当年科举落第的事久久不能释怀。1903年，他参加四川乡试，中了头名解元，一年后又到北京参加会试，考中二甲进士，被授刑部主事，终于当上梦寐以求的京官。1905年，清廷派蒲殿俊到日本法政大学留学。从那时起，他就已经开始为川人保路而筹款，此后他一直为此事奔走，即使身陷囹圄也未曾退缩一步。在日本，蒲殿俊深受西方民主政治思想的影响，和一批志同道合的人高谈阔论。他那雄辩的口才和犀利的文笔也是在这里练就。但他并没有忘记远隔重洋的家乡，他鼓励家乡的少年留学日本，甚至自己出钱资助。不久，留学日本的川籍学生发出了川人自办铁路的倡议。蒲殿俊联合川籍学生三百余人，甚至发动所有的亲戚朋友，尽力认购筑路股金，共筹得三十万元。在他们的努力下，川汉铁路公司成立。遗憾的是，不懂筑路知识的官吏只知道中饱私囊，并无实质行动。1906年，蒲殿俊约集留日川籍学生三百余人，组成川汉铁路改进会，他被公推为该会正干事（会长）。这个改进会每月出版一期《川汉铁路改进会报告书》并由蒲殿俊领衔，由邓榕、胡骏、邵从恩等44名留日学生联合署名，发表《改良川汉铁路公司议》。1908年秋，蒲殿俊留学归来，在北京担任法部主事兼宪政调查馆行走。第二年，清廷令各省成立谘议局。蒲殿俊久负盛名，也是川人所推崇的通晓新政的好官员，于是成都各界纷纷邀请他回川。不久，蒲殿俊来到成都，被选举为谘议局议长。在蒲的领导下，谘议局就成了民主思想的阵地。他大刀阔斧地进行改革，与四川总督赵尔丰所代表的旧官吏集团"斗法"，一些不法官吏纷纷被弹劾。但蒲殿俊最热衷的，还是办报。1909 年，谘议局的机关报《蜀报》诞生，蒲殿俊任社长，他在日本练就的犀利文笔终于派上用场。他撰写了许多文章，介绍国外科学论著，评议国家大事。而那些贪官污吏的腐朽生活，也逃不脱他的笔伐。

1911 年 5 月，清廷忽然以上谕宣布川汉、粤汉铁路收归国有。大家都非常明了，这只是个幌子，来自民间的资金将全部被清廷没收，路权将全出卖给洋人。蒲殿俊知道后，异常愤慨，他在《蜀报》号召大家团结起来，"以死力争之"，要"死中求生"。1911 年夏"铁路风潮"发生，蒲殿俊与成都各大袍哥码头秘密交往，得到袍哥大爷们的支持，任四川"保路同志会"会长。保路同志会领导下的同志军，多为袍哥队伍。蒲殿俊让众人到总督衙门请愿，同时散发各种保路传单，号召全省群众起来"破约保路"。保路的风潮很快传遍各地，发展到一百四十多个县，参加者达数万人。

1911 年，成都等地的民众决定以罢市、罢课、停纳捐税的方式来支持保路运动，清廷命总督赵尔丰把此事镇压下去。消息传出后，蒲殿俊马上组织群众在川汉铁路股东大会门口散发《川人自保商榷书》的传单。这可给赵尔丰找了个好借口，他说《川人自保商榷书》"俨然共和政府，逆谋日炽"，再让保路同志会和股东大会的领头人物去督署看邮传部的电报。蒲殿俊、罗纶、张澜等九人不知是计，准时赴约，不料钢刀就架在了脖子上，九个人就这样被老奸巨猾的赵尔丰诱捕了。辛亥革命后，蒲被释放，成为"大汉四川军政府"的都督，但他没想到，这个官自己只做了十二天。这年年底，蒲殿俊在东校场阅兵，巡防军当场发动暴乱，会场大乱。阅兵台上的蒲殿俊慌了手脚，四处躲藏逃避。哗变的事情解决后，蒲殿俊有些沮丧，他知道自己写诗做文还可以，却没有打仗带兵的本事。

中华民国成立后，袁世凯想请蒲殿俊担任众议院副议长。蒲殿俊不为所动，婉言谢绝，他说："在共和国体立宪政体之下而言政治，舍政党则岂更有他道？"在北京，他与梁启超、汤化龙等人组织"民主党"，大力推行其立宪政治的主张。1915 年，袁世凯和蒲殿俊见面。在交谈中，袁世凯不由自主地自大了起来："我袁世凯，恐怕就是两个曹孟德也不过如斯而已。"蒲殿俊这次却没有给袁世凯面子，他回答："天下自认为不为人欺者终被人欺。"当天蒲殿俊就离开了北京。袁世凯称帝后，蒲殿俊与梁启超、汤化龙等人主持计划促蔡锷回云南起义。1917 年张勋两次演出复辟帝制的丑剧，蒲殿俊则在天津每日与梁启超、汤化龙"密图匡复"，积极赞助段祺瑞讨伐张勋。1917 年 7 月段祺瑞二次组阁时，蒲任内务部次长，因受排挤，12 月被迫辞职，逐渐脱离政治，以一个"文化人"的身份"尽力于舆论指导和社会教育"。五四运动后蒲殿俊曾任北京《晨报》总编，在李大钊等人协助下改组《晨报》副刊，增设了"自由论坛"和"译丛"两个栏目并请梁启超、胡适、王国维、鲁迅、郁达夫、闻一多、徐志摩、冰心、刘海粟、王统照等一大批文化名人为副刊撰稿。鲁迅脍炙人口的名篇《阿Q正传》就是以"巴人"的笔名在《晨报》副刊上连载发表的。可以说蒲殿俊对新文化运动也是有贡献的。

1927 年，待在北京的蒲殿俊之母因为思念家乡，常常提出要回四川。蒲殿俊是个孝子，他毅然离开《晨报》，抛下一切事务，一大家子回到广安。

他在老家创办丝厂、染织厂和木器厂等，甚至募修公园，什么事都做，但却多次拒绝军阀的高薪聘请，过着卖文鬻字的清贫生活。他曾在一首诗中写道："止酒从医谏，因逃恶税征。已无民畏死，安用壮拢人。饥饱凭毫瀚，兴亡听鬼神。比身浮来了，差免附朱门。"蒲殿俊一直蛰伏到他母亲去世的 1934 年。此后再次举家迁往北京，准备大干一番事业。不料刚到北京，他就染上伤寒，于 1934 年 10 月 28 日凌晨病逝，终年 59 岁。[1]

罗纶（1876—1930），字梓卿，又字梓青，四川西充人。14 岁入县学，不久考入成都尊经书院，师从宋育仁、骆成骧。罗纶性敏善辩，擅长辞章，很快就在成都文坛崭露头角。1902 年，罗纶考中举人。1904 年，罗纶应长寿县知事聘任，赴长寿任教督。罗在长寿力讲新学，主张学习西方变法，行君主立宪制的自强之道，同时又创修师范学堂和小学堂。罗纶在长寿任教督两年，开长寿风气之先，一时新人辈出，成绩斐然。

1906 年春，罗纶应聘回乡，与张澜等创办顺庆府中学堂。罗任国文、历史教习。当时外患日亟，清廷腐朽，罗纶想以学校为救亡图存、自强革新的阵地，故常以民族、民权思想启示学生。

1908 年秋，罗纶率学生及绅、商、工、农各界两千余人赴督府请愿，要求速开国会。

1909 年 10 月 14 日，四川谘议局在成都召开成立大会，罗纶被选为副议长，与志同道合的尊经书院学友、议长蒲殿俊等人共襄局务，领导四川的立宪运动。

罗纶任副议长期间，曾弹劾纠举"寻隙苛罚，滥施权力"的巡警道周肇祥；"任刑残酷，狱多冤滥"的崇庆州牧张溥；"横施威势"的道员饶凤操等贪官污吏，使其丢官撤职。

省谘议局成立后，立宪派人把整顿川汉铁路公司提上议事日程。在第一次会议期间，

---

① 2005 年 10 月 6 日《成都日报》。

由罗纶领衔将《整理川汉铁路公司案》提交会议讨论,议定了组织董事局、修改公司章程、清查账项、扫除锢习以昭商业信用、统一会计等整顿办法。会议结束后,罗纶等人即筹备召开川汉铁路股东大会。1909 年 11 月 26 日,川汉铁路公司第一届股东大会开幕,到会股东代表六百余人,罗纶被选为临时议长,主持会议。

1911 年 5 月,清政府皇族内阁宣布铁路国有政策,将川汉、粤汉两条铁路干线置于列强控制之下。罗纶等人在请求清政府收回成命无效后,认为政府"既夺川路,又夺路款,还要禁止言论电文的申诉",因而决定抗争。6 月 17 日,四川保路同志会在成都成立,罗纶担任大会主席,主持会议。会上推选蒲殿俊为同志会会长,罗纶为副会长兼交涉部长。号召"破约保路""文明争路",并在各州县成立保路同志分会。会后,罗纶等人组织了到督府请愿的游行活动,影响很大。四川保路运动蓬勃开展起来。

6 月 19 日,四国借款合同发表。罗纶异常愤慨,对借款合同逐条批注,驳诘清政府的卖国卖路行为,号召全川人民反对签订合同,保路救亡。8 月 5 日,川汉铁路公司特别股东大会在成都召开,列席代表五百余人,罗纶当选为大会主席。

8 月 4 日,川路股东全体会议公布了端方上奏清廷要求镇压川省保路运动的电文,群情激愤,提出罢课罢市。此风潮从成都迅速遍及全川。

9 月 5 日,同盟会员朱国深等将所撰《川人自保商榷书》在股东会场散发。商榷书宣传四川独立,引起清政府恐慌。9 月 7 日上午,四川总督赵尔丰将罗纶、蒲殿俊等九人诱至督署拘捕。面对气势汹汹的赵尔丰,罗纶镇定自若,侃侃而谈,有力地驳斥了赵尔丰的控词,使其无言以答。

11 月 27 日,大汉四川军政府成立,蒲殿俊任都督,朱庆澜任副都督,罗纶任招抚局长。12 月 8 日在东较场阅兵时士兵哗变,成都一片混乱。兵变后,蒲殿俊等人仓皇而逃。罗纶等人却力挽狂澜,坚留在军政府内,号召同志军万余人入城,会同尹昌衡所率新军平叛。

12 月 9 日,省城军民代表会集于北较场,选尹昌衡为都督,罗纶为副都督兼安抚局长。10 日,新的军政府成立,尹昌衡、罗纶发出通告,坚决镇压破坏分子。为了贯彻五族共和的政策,安抚已成惊弓之鸟的满族居民,罗纶将眷属送进满城暂住,以表示无诈骗相害之意。经过多方做工作,终于使成都的满城问题得到和平解决。

1912 年初,成渝两地军政府合并,罗纶任军事参议院院长,但他对于军事却很少过问,主要精力用于从事文化教育事业。他在少城关帝庙地址创办戏曲改良社,培养川剧人才。

又办《进化白话报》，开拓社会教育，输入新思想。

1912 年 7 月，尹昌衡西征平藏乱，胡景伊任代理都督。胡投靠袁世凯，对罗纶进行排斥和攻击。罗纶愤而辞去军事参议院院长之职，回西充老家，家居奉母。不久，罗纶被选为国会议员，与蒲殿俊联袂赴京。袁世凯复辟事起不久，罗纶返乡任顺庆中学教习。袁世凯称帝后，罗纶与张澜、钟体道等人在顺庆起义，组织川北护国军。罗纶为总参谋长，檄讨袁世凯。护国战争后，罗纶再到北京，任国会议员。

1921 年，罗纶回乡办地方自治，任筹备处主任兼西充中学校长。

1922 年，罗纶应国会之召赴京，因不愿受贿选曹锟为大总统，遂辞议员回家。

1925 年，罗纶被选为四川善后会议代表，继选为审察长。晚年在家赋闲，两袖清风。1930 年病逝。

第六节　重庆蜀军政府著名袍哥人物

四川保路运动兴起后，重庆的革命党人积极行动起来组织起义，1911 年 11 月 22 日重庆宣告独立，成立蜀军政府，他们借助的生力军也是袍哥组织，其重要人物夏之时、张培爵也是当时著名的袍哥大爷。

夏之时（1887—1950），四川合江人，17 岁时受邹容《革命军》革命思想的影响，为寻求救国救民之道，东渡日本入东斌军校学军事，1905 年在东京参加同盟会。1908 年奉命返川，策动革命，在四川新军十七镇任步兵排长，暗中从事革命活动。1911 年四川保路运动兴起后，他于 11 月 5 日在成都龙泉驿驻地策动新军 200 多人发动了震动全川的武装起义，处决了清军东路卫戍司令魏楚藩，被士兵推举为革命军总指挥。起义成功后，他率部东下重庆，一路上攻占了乐至、安岳、潼南，队伍扩大到 900 余人。此时，重庆的革命党人杨沧白、张培爵正在筹划起义，只是武力不足，夏之时义军的到来，给重庆革命党人以极大的支持。他们随即派人与兵临城下的夏之时取得联系，约定 11 月 22 日里应外合攻占重庆，并定这天为重庆独立日。

11 月 22 日，夏之时率革命军从浮图关攻入重庆，重庆革命党人及绅商学各界数千人夹道欢迎。在朝天观举行的盛大集会上通电全国宣告重庆独立和重庆蜀军政府成立，重庆知府钮传善和巴县知县段荣嘉被押至会场跪地投降。次日，公推张培爵为蜀军政府都督，夏之时为副都督并成立"大汉公"公口，夏总揽蜀军政府军务。夏之时在重庆任副都督期间，组建革命武装，组织了步兵七标和一个炮兵营，积极准备西征和北伐，并协助吴玉章和张培爵平定了担任蜀军总司令的反动军人林绍泉的叛变阴谋，巩固了蜀军政府，自兼蜀军总司令。此后，夏之时坚持革命，又投入反袁、护国、护法之役，积极追随孙中山，从事革命活动。1915年，原重庆都督张培爵被袁世凯杀害后，夏之时亲赴上海督促国民政府追认张培爵为烈士，并领衔募捐在重庆沧白路修建了张培爵纪念碑。1920年他因不满军阀专制，毅然退出军政界，1939年底回老家合江定居，晚年以书画文物自娱。

张培爵（1876—1915），字列五，号智涵，荣昌县荣隆场人。五岁入私塾读书。1899年冒籍考入隆昌县学，为秀才。1902年赴省城乡试，未中，随即考入四川高等学堂。1904年，入四川高等学堂优级师范科学习，接触到新思想。是年冬，他与同校的叙府属同乡创设旅省叙属中学（今成都列五中学）。次年春，被选为旅省叙属同乡会会长，主办旅省叙属中学事宜。后又与同学廖绪初等分赴叙属各县，筹集办学经费，使学校得以发展。

1906年，中国同盟会派遣熊克武、黄复生等人回川发展组织。张培爵即由谢持介绍加入同盟会，并以叙属中学为据点，致力于革命。1907年夏，熊克武召集同盟会员三十余人密会于成都草堂寺，谋划在川发动武装起义，张培爵与会，并被推举负责联系学界力量参加起义。在张等人的努力下，叙属、资属中学入盟者数百人。后同盟会决定在成都发动起义，泸州、叙府响应。

9月8日，张培爵、黄方等人在成都走马街宝和店聚会，决定由张培爵组织指挥学生参加起义。起义前夕，消息泄露，清吏加强戒备，起义未发而止。杨维、黄方等被捕下狱，革命党人亡命各地。张培爵因身份未暴露，留守成都处理后事。

1908年，张培爵任旅省叙属中学学监，利用到叙属各县催收学款之机筹划川南革命活动。1910年，他应重庆府中学堂杨庶堪之约，任重庆府中学学监。杨庶堪是同盟会重庆支部负责人，张培爵抵渝后，二人通力协作，组织"己辛学社"，作为同盟会重庆支部的核心，以重庆为基地开展反清革命活动。

1911年5月，四川保路运动兴起，张培爵主张介入保路运动，以激扬人气。9月7日，"成都血案"发生后，川西同志军武装攻打成都，杨庶堪、张培爵等人决定趁机在重庆发动起义，由张培爵负责与各地反清武装力量、哥老会联系，筹集军火，策动清军起义。当武昌起义的消息传来后，张培爵派专人或写信催促各地革命党人来重庆共谋大举。因端方率鄂军途经重庆，同盟会重庆支部乃在重庆附近州县策动起义。

11月初，重庆上下州县已纷纷起义。18日，同盟会会员夏之时率领的新军起义军也开抵江北。杨庶堪、张培爵速派朱之洪前去迎接，并请部队入城，共谋独立大计。11月22日，张培爵协同杨庶堪等率敢死队和同盟会控制的军队开赴朝天观举行起义大会。重庆官商学各界代表两三百人亦到会。革命党人押解重庆知府、巴县知县等清吏到来，命其交出印信，剪掉长发。清吏俯首听命。会上宣布蜀军政府成立，全场欢声雷动。是日，夏之时的军队入城。革命军振旅巡行，全城高悬汉字旗。次日，组织蜀军政府，张培爵被推举为都督，夏之时为副都督。张、夏通电全国，宣布独立。张还签署颁发了《蜀军政府政纲》《对内宣言》《对外宣言》等，在军事、经济、文化教育方面采取了一系列措施，并在重庆开山堂，组建袍哥组织"大汉公"。

在蜀军政府的影响和援助下，四川道府州县相继响应。随后成都也成立了大汉四川军政府。大汉四川军政府是四川总督赵尔丰与立宪派蒲殿俊等人妥协的产物。成都独立后，赵尔丰仍盘踞于督署中，张培爵等认为这是"官绅一气"的大阴谋，乃派夏之时率军西征。成渝两地分别成立军政府，东西对峙，政令不一，且易发生内讧。双方电函相商，专使往来，最后由两地军政府代表张治祥、朱之洪在荣昌相会，议定合并草约十一条，于1912年2月宣告两地军政府合并。

3月初，张培爵率队赴成都。3月3日，张途经隆昌，与谢持等人举行行营会议，致电孙中山等人，正式表示谦让，推举尹昌衡为都督，自就副职，以勉尽国民之责。3月9日，张培爵抵达成都，11日，四川都督府正式宣布成立。尹昌衡、张培爵分别就任正副都督。不久，孙中山辞职，袁世凯就任临时大总统。张培爵在政治旋涡中受到牵制，不能施展抱负。尹昌衡又极力加强自己的势力，重用胡景伊等人。7月12日，袁世凯任命胡景伊为护理都督，另调张培爵为四川民政长。胡景伊上台后，进一步投靠袁世凯，排挤张培爵等同盟会员。9月，张培爵被袁世凯以"咨询"之名调赴北京。10月，张培爵北上，途经上海时会见了孙中山、黄兴等人，汇报了四川局势，聆听了孙中山的指示，对袁世凯的野心有所了解。

张培爵到北京后，即向袁世凯提出辞去四川民政长之职，出国考察政治。袁世凯以商谈川政为名，委以总统府高级顾问职务，留其长住北京，以便监视。

留京期间，张还向袁世凯提出四川财政困难、在川设置大学等事，以求解决。后经张奔走有关部门，得以部分解决。其时，宋教仁被刺，善后大借款诸事相继发生，张对袁世凯野心有了更深了解，于是闭门不出，每天以读史籍解除烦恼。

1913 年 7 月，"二次革命"爆发，张摆脱监视，潜往上海，欲赴重庆参加讨袁，但因川江航运受阻而未成。不久，讨袁失败，张遂北返，迁居天津英租界，与在重庆参与讨袁失败后逃出的邹杰一道开设袜厂，并以此为掩护秘密从事反袁活动。

袁世凯知道张培爵在四川极有威望，亟欲收买，授意内务总长提名张培爵为四川巡按使，但遭到张的拒绝。袁知其情况后，遂以卑劣手段，欲置张于死地，袁世凯手下遂派密探李捷三假意与张培爵为友。李声言愿意投资袜厂，扩大规模。1915 年 1 月 7 日，李邀请张到华界四川饭店赴宴，车至途中，李以一卷纸交与张，说是合资经营合同，张未及审视，将其置于怀中。车停，军警四合，从张身上搜出纸卷，则为志诚团章程，均为反政府条文。张培爵遂被逮捕，后被押赴北京西郊宛平军政执法处监狱。1915 年 3 月 4 日，张培爵被害于狱中。临刑时，他虽内心异常愤懑，仍神色自若。遗著有《张列五先生手札》。

第九章　军政府时期的袍哥

第一节　辛亥革命后袍哥的变化

辛亥革命推翻了清王朝的统治，哥老会的反清使命结束，由于其没有明确的政治目标和纲领，虽然是"天生的反社会势力"，但动机和目的都过于狭隘，在传统统治秩序已经不复存在的情况下，其反抗和破坏的对象已失去了基础，革命性严重退化，对未来社会的走向一片茫然，匪性的一面又突现出来，逐渐沦为各种势力集团的帮凶。四川袍哥在保路运动后，以功臣自居，其活动由秘密转为公开，且组织和人数都急剧膨胀。清中叶，一个县只有一个公口，最多的也只是两三个公口，部分县还没有公口。而到了民国时期，一个县多达一百多个公口，一个乡镇也有三四个公口。

由于数量上的膨胀，客观上带动了哥老会内部组织制度和会规及仪式的简化，为其向社会各阶层扩散扫清了障碍。四川的军界、警界、政界、商界、士绅、民团等各色人等均能参加到袍哥组织中去。此前的一些禁止性的规定已形同虚设。辛亥革命后，随着民风民俗、社会道德的变化，袍哥中的"孝、悌、忠、信、礼、义、廉、耻"八字信条，也逐渐失去作用。由于政治环境的改变，继续保守帮内机密已无必要，帮会的内部情况日益公开，帮会内部制度也日益简化。袍哥中的多数头目不但成为匪首，而且成为垄断烟毒、赌博、娼妓业的头目，成为包庇作恶、坐地分赃的赃主。野心较大的大爷，则利用袍哥势力，暗收枪弹，组织武装队伍，在偏僻地区，霸占要口，征收货税，贩运食盐和烟土。有的甚至盘踞一县及几县，称霸一方。有的在经过非法的原始积累之后，又从事合法的行业。在这些活动中主要还是采取暴力手段达到目的。如陈兰亭、魏楷（辅臣）、邓国璋、杨春芳、汤子漠、郑启和、龚渭清等都是靠袍哥势力起家的军阀。曾经在辛亥革命时期做出过贡献的四川袍哥，在民国后，特别是在二三十年代，除了混迹劫匪流氓为非作歹外，有不少组织为军阀所利用，成为军阀扩张势力和混战的工具。四川军阀熊克武、刘湘、刘文辉、杨森、潘文华、刘存厚、田颂尧、邓锡侯等都利用过袍哥队伍，同时袍哥活动也为军阀混战推波助澜。

四川袍哥与军阀勾结的渊源起于辛亥成都起义。当时尹昌衡杀清廷总督赵尔丰，利用保路同志军队伍为支柱，成立四川军政府。从此，四川各地袍哥纷纷渗入军队。民国初年，川军编为五个师，袍哥除编入正规军外，大部分编为地方团队，被遣散回乡者，又成为后备的兵源。

川军第五师师长熊克武为同盟会会员，当初为了发动袍哥而参加了袍哥，该师官兵多为袍哥成员。熊克武的这支部队以后加入护国军，在川南、川东收编了大批袍哥，组成招讨军。熊克武任重庆镇守使兼第五师师长期间，属下第六师余际唐部系由全川江防军改编而成。江防军四个区司令杨春芳、陈兰亭、范吉祥、刘鹏程，都是川东袍哥队伍，后编为第六师的四个团，第一军第八混成旅郑英部和独立师周斆卿部，亦系袍哥队伍。革命党人、著名师长石青阳、颜德基、卢师谛、黄复生，旅长郑启和等，都是由袍哥起家，在护国、靖国各役中，又收编了其他袍哥队伍。川军其他各部，都有许多师、旅长是袍哥出身。袍哥组织和力量，也借重于军队得以迅速发展。

袍哥在川军中迅速发展的原因与川军连年混战有关。军阀借助袍哥关系招募游民解决兵源问题，而落草抢劫的袍哥，也往往按其势力大小分别于招安后被委任为司令、队长等。总之，四川军阀扩大实力的重要途径之一是利用袍哥扩充军队。川军人数最多时达到三四十万人，袍哥队伍约占五分之一。

反清的目的达到后，由于时局混乱，四川袍哥在社会活动中，更多以互助为目的，特别注重江湖义气，以信义为名，吸引更多的人加入袍哥组织。在川的外国人为了利用袍哥势力，结成广泛的交际网络，也自愿加入袍哥组织。帝国主义侵略者为了获得四川的丰富资源和广大市场，除了通过不平等条约掠夺四川资财和迫使中国政府镇压民众反侵略斗争之外，也利用四川袍哥的组织关系进行侵略活动。

有钱的袍哥对穷困者要有些周济，出手越大方越被称颂为讲义气。遇上外地袍哥闯了祸，来避风头时，要尽力掩护营救。遇到困难危险事情临头时，要挺身而出，为弟兄分忧解难。凡是这方面突出者，被称为"嗨得开"，声名大振。一张名片可通行八方，方圆数百里吃得开。但袍哥的江湖义气有时是非不分，坏人坏事有时也能借助江湖义气得到保护。

1933年，刘湘任四川省主席期间，兼任"剿匪"总司令，统率邓锡侯、孙震、李家钰、杨森、王陵基、刘存厚等六路川军，与川北的红四方面军为敌。刘湘为了维护自己在四川的统治地位，任用袍哥大爷冷开泰为情报处长，选择精干的袍哥分子设立情报处，组织情报网，大力发挥袍哥组织的活动特点，搜集各种情报，这支情报队伍被川人称为"土特务"。

1934 年，刘湘因惧怕长征中的红军进入四川，亲赴南京向蒋介石求援，随身保卫工作即由冷开泰指挥袍哥情报人员担任。

蒋介石早就想控制四川，乘刘湘求救兵之机派贺国光率参谋团到重庆，上官云相率六个师进驻万县，康泽的别动队也由江西调入四川，随后蒋介石的"武汉行营"迁到重庆。康泽指挥的别动队是一个特务组织，它入川的目的既是为了反共，也是为了蒋介石控制四川。别动队入川后，首先和袍哥的活动发生了冲突。别动队以查拿共产党、查禁烟毒为名，到处搜查，十分嚣张。刘湘部宪兵司令李根固的谍查队长、重庆义字袍哥大爷李少周，原是冷开泰的情报人员，因私卖吗啡，被别动队查出实据，将其逮捕，报经行营处理，予以枪毙。同时又将许多鸦片贩子及烟客扣押关禁，其中也有袍哥成员。

川军将领多有吸食鸦片者，别动队在川北前线各部队防区活动时，往往与川军将领发生冲突。南部县驻军李家钰的袍哥旅长陈绍堂是位瘾君子，别动队员侦知后，闯入旅部。陈正对着烟灯过瘾，别动队员长驱直入将其烟盘烟灯抢走。陈绍堂和他属下官兵异常激愤，随即联络地方袍哥暗杀别动队员。

蒋介石与刘湘的矛盾进一步加深，别动队转而注重搜集刘湘及其部队的政治军事劣迹情报，上报重庆行营，采取措施向刘湘施加压力。刘湘则以牙还牙，令冷开泰的情报队着重搜集别动队在各地贪赃枉法、制造纠纷、引起军队和民众反对的情报，由刘湘上报给蒋介石，后来竟公然要求调走或解散别动队。

别动队依靠行营及中央的势力，借故逮捕情报队员。情报队员则依靠川军及地方袍哥势力，伺机暗杀别动队员。中央特务与土特务的斗争愈演愈烈，后来发展到李注东旅派人在成都行刺康泽；三枪未中，仅将与康泽同车的副官打死。康泽见情况于己不利，事后未敢深究。

其实，蒋介石鉴于刘湘及川军各部力量庞大，袍哥势力又根深蒂固，对以刘湘及袍哥为基础的土特务无可奈何，不得不采取怀柔和笼络手段。别动队只得退避三舍。康泽鉴于袍哥势力难以对付，也采取了收买拉拢利用袍哥的手段。经过一番活动，先后投靠他的袍哥大爷有刘伯龙、戴绍章、王会云等。但因各地袍哥组织与别动队的关系十分紧张，积怨难消，刘伯龙等因投靠康泽，受到袍哥各码头的鄙视，也难以为康泽发挥作用。

抗日战争开始后，刘湘病死于汉口，冷开泰的情报处宣告结束。国民党中央政府迁到重庆后，军统、中统特务入川，也都采取利用和控制袍哥的办法，于是重庆袍哥组织得到更大发展。①

第二节　"袍哥政权"的产生

1911 年 11 月 27 日，大汉四川军政府在成都宣告成立，标志着"袍哥政权"的产生。哥老会这个在清朝统治下的非法秘密社会团体，在辛亥革命之后，完全公开化、合法化。袍哥由"会匪"一跃而变成共和功臣，以致一些清吏遗老喟然长叹："伸张民气即长匪风，扩张民权即滋匪焰。官威不振，民不畏官，官困于绅，绅困于匪。"② 由蒲殿俊任都督、朱庆澜任副都督的大汉四川军政府带有立宪头目与川督赵尔丰进行妥协交易的成分，军权仍由赵尔丰的心腹掌握。

独立后的成都，封建势力仍在兴风作浪，各色沉渣乘机泛起，以致酿成 12 月 8 日的成都兵变，市民遭劫，社会秩序极度混乱。蒲殿俊垮台，尹昌衡以平叛有功被推为四川军政府都督，与同盟会有关系的同志军大量涌进成都。12 月 22 日军政府擒获赵尔丰，将其处决。尹昌衡"以同志军难以控制，特设大汉公，作为哥老会的总公口，尹、罗、周、杨皆为大汉公掌旗大爷。城内各街、各警署也都打出公口招牌。同时还在各路哥老会头目中，选出资格较老、仁字排行的五哥若干人任大汉公五哥，专门联络各路哥弟"③。其中的"周"指军政部长周骏，"杨"指巡警总监杨维。

这时的尹昌衡，既是同盟会成都支部名义负责人、四川军政府大都督，同时又是哥老会大汉公的总舵把子。成都各街道，袍哥公口林立，仅仁字旗公口即达到 374 处之多。市民争相参加袍哥，希图自保，人心浮动；袍哥们日益飞扬跋扈，寻仇报复，戴英雄结、插花蝴蝶者，比比皆是。各种不良分子纷纷拥进哥老会希图升官发财，致使哥老会的成分越来越复杂，开始由一支反清力量变成社会恶势力。

---

① 参见李山：《三教九流大观》，青海人民出版社 1998 年版，第 1228 页。

② 《四川政报》第八期，1914 年 3 月 30 日。

③ 孙震：《参加辛亥革命见闻录》，载隗瀛涛、赵清主编：《四川辛亥革命史料》（上），四川人民出版社 1981 年版，第 503 页。

对成都袍哥势力恶性发展，尹昌衡不但未制止，反而大力提倡，他本人任"大汉公"总舵把子以后，有时还到各公口拜客。每到一处，公口必锣鼓唢呐，放火炮迎接，且簪花挂红，大摆酒筵，以致军政府红彩红布一大堆，处理政务却找不到人。周骏就任军政部长，也在门口挂出"大陆公"的袍哥招牌，从而形成袍哥关系支配管理城市的所谓"皮管街"的局面。军政府的首脑们认为"此时仓促间，欲约束各方面来省之数万同志军，及胁迫散走四方之巡防军、新军，使之慑服归队，或缴还武器，政治权力及军事纪律既一时无法树立，只有赖各地哥老会听命军政府，利用其帮规"。各州县地方政府，也有许多由袍哥大爷执政，如什邡县马井的袍哥大爷许旭山便担任了该县反正后的知县。

重庆蜀军政府都督张培爵、副都督夏之时，成立了重庆的"大汉公"公口。趁此袍哥大发展的机会，重庆仁字号大爷唐廉江策划成立"重庆袍哥联合会"，在重庆梅坡萃芳园开哥老会代表大会。但夏之时领导的"大汉公"的代表，提出要让夏之时任总龙头，遭到唐廉江激烈反对，使夏之时未能入选。[1]

袍哥的盛气凌人，使成渝两地军政府首脑感到了威胁。1912 年 2 月，成渝两个军政府合并成立四川军政府，开始节制哥老会，由军事巡警总监杨维发出公告，限日撤去省城各大街会党公口招牌。军政府同时着手整顿群集省城的同志军，将其能用之精锐整编为四川陆军第二师，彭光烈任师长，西路同志军统领、灌县哥老会仁字号大爷张捷先任参谋长。对未编入的同志军余部，"则慰遣回籍，就地编为保安义勇军，以捍卫桑梓之用"，并由张捷先出面，提出"功成不受赏，长揖归田庐"的口号，将川西"数十万同志军，均克日散归田里"。[2]

第三节　袍哥与反袁护国斗争

由于袁世凯及其爪牙胡景伊的阴谋，四川辛亥革命的成果被他们篡夺。尹昌衡被袁世凯任命为征藏军总司令，由胡景伊任护理都督。1913 年 6 月 13 日，袁世凯正式任命胡景伊

---

① 参见唐绍武等：《解放前重庆的袍哥》，载《重庆文史资料》第三十一集。
② 王蕴滋：《同盟会与川西哥老会》，载《辛亥革命回忆录》（三），第 218—223 页，文史资料出版社 1962年版。

为四川都督兼民政长，集军政大权于一身，改任尹昌衡为川边经略使。

袁世凯的这一任命，激起了四川民众的反抗。7月8日，四川各界联合会刊布传单，声讨胡景伊"蹂躏议会""破坏法律""卖官殃民""引狼入室"等十大罪状。

袁世凯对革命党人怀有刻骨仇恨，千方百计必欲置之死地而后快。他非法剥夺张培爵四川民政长的职权，又剥夺了国民党四川支部负责人、四川军政府总政务处总理兼财政部长董修武的职权。

川西哥老会首领张尊（达三）在成都通过报界揭露胡景伊。胡最怕袍哥闹事，酿成清末同志军的乱局，遂于12月10日发布《四川都督民政长劝告哥老改行通告》："照得前因中华国民社会党与国民党同恶相济，业经通令解散布告在案。窃查该党原系以哥老组合，而党既消灭，自应将汉留公口种种名目一律革除净尽……盖哥老首领向称大爷，凡良懦无识，任彼诱致，以为拜弟，即当听其指挥，生杀唯命。凡作奸犯科之事，皆唆使拜弟为之。事成，则大爷享其利；案破，则拜弟罹于法。至有引颈就戮死而不悟者，彼大爷且逍遥法外，窃喜操术甚工。夫以堂堂七尺之躯，竟供奸人利用，甘受戮辱，苟非大愚不灵，何属为此？"

辛亥革命在四川失败了，曾经红极一时的哥老会又沦入被取缔的境地。四川被置于封建复辟势力的代表袁世凯的黑暗统治之下。

1913年7月，孙中山发动讨袁，史称"二次革命"。四川的革命党人熊克武、杨庶堪等于8月4日在重庆成立讨袁军，公推熊克武任四川讨袁总司令，杨庶堪为四川民政长。次日，熊克武通电全省，宣布重庆独立。他在《讨胡檄文》中说："我四川当同志会时代，不惜流血千里，伏尸数万，除此专横强暴之赵尔丰……故四川改革，其受祸较他省为尤烈。乃去一专横之赵尔丰，又来一专横之胡景伊，其火烈水深，又较满清为尤甚！"

胡景伊对革命党人恨入骨髓，对保路同志军视为眼中钉，诬为"会匪"，予以残酷镇压。胡勒令关闭国民党党部，逮捕国民党人、《四川民报》总编辑谭创之。胡早知张捷先是眼前仍执掌兵权的同志军统领及哥老会首领，必欲除掉。1913年10月16日，胡景伊请第二师参谋长张捷先去军政府开会。当张赴会时，突然宣布逮捕张捷先，以"私通熊逆，放走张尊，扰乱西川，图谋不轨"的罪名，杀张于成都皇城求贤坊下。1951年熊克武为张捷先（泽源）所写证词说："张泽源在川西策动起义，有显著成绩。民元将起义的同志军组合，编成川军第二师，张泽源任参谋长。民国二年袁世凯叛国。我在重庆任第五师师长，举兵讨袁。张泽源发动第二师响应。我们失败了，张泽源遂被袁世凯的爪牙四川督军胡文澜（即胡景伊）所杀害。张泽源在辛亥保路起义革命，表现的成绩甚好。讨袁之役，立即响应。尚能坚定革命立场，不恋利禄，不怕威胁，终为革命死难。"1951 年 7 月，川西人民行政公署民政厅追认张捷先为革命烈士。其遗骨至今安葬于都江堰市烈士陵园。张捷先牺牲后，由同志军整编的队伍多被解散。

1915 年 12 月，袁世凯废除共和，复辟帝制。蔡锷在昆明宣布云南独立，组织护国军讨袁。四川省巡警总监杨维准备在成都发动讨袁，于 1916 年 5 月化装成邮差，秘密出成都，在灌县崇义铺找到了张捷先旧部宋辅卿，与灌县哥老会头目申价屏、姚宝珊等人联系。杨维与宋辅卿、白润之、周星五等人谋取灌县作为反袁护国的据点。5 月 19 日，灌县宣布独立，建立招讨军司令部于城内水利厅，发布《独立文告》，以"护国救民"为职志。杨维任司令，委宋辅卿、白润之、周星五为团长，申价屏为护卫营长，练兵筹饷，准备进攻成都。

张捷先旧部张尊（达三）为胡景伊追剿，逃至川北，绕道回郫县、崇宁县，5 月 19 日也在崇宁县城宣布独立。吴庆熙、孙泽沛、丁厚堂等人也在温江县、崇庆县、双流县交界处的刘家濠成立"护国军司令部"，吴庆熙任司令，孙泽沛为副司令，丁厚堂任参谋长。

老同盟会员、荣县哥老首领王天杰约集旧部举兵讨袁，失败后被周骏杀害。各地民军（多与当地哥老会有联系），如酉阳县的邹杰、开江县的颜德基、阆中县的龚焕然、安县的郑慕周、中江县的谢伯诚、绵阳县的张天宝，纷纷起兵讨袁。南充在张澜策动下宣布独立。刘伯承策动涪陵警备队起义，建成四川护国军第四支队，刘任指挥官，转战涪陵、丰都等地。原为孙中山任命的中华革命军四川总司令卢师谛，改任四川护国军第四师师长，他与川西哥老会首领孙泽沛、吴庆熙、丁厚堂、张达三关系密切。护国运动在全川蓬勃开展，逼使袁世凯的亲信陈宧宣布四川独立。"洪宪皇帝"的复辟梦破灭，袁世凯落得个身败名裂的下场。

第四节　袁世凯对袍哥的控制[①]

袁世凯对秘密社会的政策关系到秘密社会各个分支在民国社会中的定位，在某种程度

---

①　邵雍：《袁世凯执政时期对秘密社会的政策》，载《江苏行政学院学报》2004 年第 6 期。

上影响了新生的中华民国的发展方向。

袁世凯对秘密社会查禁的重点是与革命党合作的洪门帮会，与革命党基本上没什么关系的青帮则安然无恙，对秘密社会中的会道门总体上则采取了暗中放纵的态度，给相当一部分的会道门以改头换面取得合法地位的机会。袁世凯于 1912 年 9 月 29 日发出惩治帮会的《大总统令》，宣称："我国国体甫更，人心未定，此等秘密之集会结社若不事先预防，小之则流毒社会，大之且危及国家，应由各省都督、民政长督饬军警严行查访。各该地方如有秘密组织，意图骚乱者，不问是何名称，均即按照刑律命令解散。自解散以后倘再秘密组织，意图聚众骚扰，甚或有阴谋内乱及妨害秩序各情事，则刑律均列有专章，尽可随地逮捕，按法惩办。"

1914 年 1 月 9 日，袁世凯又发布《严禁哥老会令》，称："我国哥老会……勾结土匪，扰害治安，或要挟地方官，于各属设立码头，以及开山立堂等事，明目张胆，毫无顾忌。小之贻社会之忧，大之为国家之患，若不严行禁阻，何以弭隐祸而靖人心。嗣后，各省如再有哥老会设立码头暨开山立堂，或另立共进、改进等项名目，应由该省都督、民政长严予惩办，并通饬所属，一律悬为严禁。其已经设立各处，亦宜设法迅速解散，以杜乱萌，是为至要。"

袁世凯当然要在全国范围内查禁哥老会，但他的当务之急是要彻底斩断与中华国民共进会的一切干系，因此他在命令中将共进会列为哥老会各分支之首。

1914 年 2 月初，袁世凯又在四川民政长陈廷杰《呈明解散中华国民社会党善后办法》上批示，"所呈各节，尚属委协，仰即认真督饬办理，以靖地方"，企图借查办以哥老会为主体的中华国民社会党之际，彻底根除四川哥老会。

第五节　袍哥械斗

随着袍哥势力的膨胀，各州县袍哥之间为争夺利益械斗的事也时有发生，金川县"杜马之争"就是其中一例。

1912 年 1 月下旬，金川县绥靖屯士绅谢廷谦与谘议局局长杜春洋之子杜德珍竞选团练局长。杜自信能当选，结果落选。父子俩甚为恼怒，扬言"好戏在后头"。时杜春洋任袍哥左堂口协会西合公顺庆分社总舵把子，可调遣噶尔、庆宁、勒乌、甲咱等地袍哥武装。谢惧其势雄，当选第三日即备礼到杜府拜访，让团练局长职与杜德珍。谢得选票原本多为回民所投，其让职招致许多回民的不满，右堂口忠义公丹屯西合公分社舵把子马忠和（回族）讥讽杜"没有本事""仗势欺人"。杜春洋视马为眼中钉，必欲拔除，遂召集手下袍哥头目赵玉金、谢世海、吴朝富等人筹划。于 4 月 11 日集庆宁、噶尔、德胜梯、新扎等地袍哥兄弟伙数百名，身背刀枪，闯进沙耳各户回民家中掳掠。马忠和被围困在家，翻墙逃跑时中弹身亡，其子马明贻被冲进屋内的杜氏兄弟伙乱刀砍杀，马家财产被洗劫一空。突袭中，十余户回民房屋被放火焚烧。事态扩至安宁、噶尔，近百户回民遭劫。更有甚者，回民陈显庭被杜氏兄弟伙捆绑游街，惨受其辱。屯署所在地回民愤慨至极，拥进屯署喊冤呼救。屯知事彭尔钧出面与杜氏交涉，方免受劫。屯内多数马姓回族青壮年逃离家乡，有马明鼎、马明香等到成都坐控投诉。适逢懋功百余名回民被杀案发，亦有回民代表坐控。四川省军政府为安定川边，责令绥靖屯署捉拿杜春洋法办，并判杜氏赔偿受害者损失。杜春洋度势难敌，计设"投河身死"假象，家人哭办丧事，逃避惩罚而隐匿于周山，不久又到松岗隐居。后得知其子杜德珍仍把握团练局长之职，返回绥靖。杜氏操纵袍哥势力独霸一方，本事件受害者未得到任何赔偿抚恤，最后不了了之。①

第六节　军政府时期的主要袍哥人物

在反袁护国运动中，涌现出大批有名的袍哥人物，他们本着朴素的社会发展观，认为清朝毁我中华，袁世凯要恢复帝制，而袁世凯本身就是清朝官员，自然也是毁我中华。他们又受到同盟会国民党的影响，积极参与到了反袁斗争中去，他们中许多袍哥领袖成了中华英才，当然也有投机分子。这期间最为有名的袍哥当数熊克武、范绍增等。

一、熊克武

熊克武（1885—1970），字锦帆，生于四川省井研县盐井湾。1904 年留学日本东斌陆军学校，会见了孙中山，1905 年加入同盟会。1906 年冬，奉同盟会总部命返川，参加袍哥，并借助袍哥的势力和影响开展武装斗争。他在重庆、泸州等地与朱之洪、谢奉琦、佘英见面，继又到成都与黄树中在草堂寺秘密集会讨论武装斗争，到会的有张培爵、黄金鳌、

---

① 参见《金川县志》，四川民族出版社 1994 年版。

余切、陈伯珩、龙光等 30 余人。此后，熊克武在四川各地联络革命党人，设立机关，发展同盟会员，积极组织起义，先后发动泸州起义、成都起义、广安起义、嘉定起义等，但皆因事机泄露、叛徒出卖、众寡悬殊等原因失败。

1911 年 4 月 27 日（农历三月二十九日），熊克武参加了由黄兴领导的广州起义。他领着喻培伦、但懋辛、秦炳、饶国梁等 16 人组成的小分队，炸开两广总督署后墙，冲进督署去捉总督张鸣岐，张早已闻风逃匿，广州起义亦告失败。武昌起义爆发，上海的四川党人公推熊克武组织蜀军北伐。南京临时政府任命熊为蜀军北伐总司令。不久南北议和，孙中山命熊克武率部返川。蜀军政府任命熊为蜀军第一师师长，驻重庆。

"二次革命"爆发，熊克武与杨庶堪成立讨袁军，熊克武被公推为四川讨袁总司令。讨袁失败，熊克武被迫解散部队，化名陈颐丰逃到日本东京。孙中山组织中华革命党后，熊克武立即参加。1915 年参与蔡锷、唐继尧讨袁护国之役。护国战争胜利，委任熊克武为第五师师长兼重庆镇守使。1918 年就任四川靖国军总司令，后兼摄四川军、民两政。以后熊克武卷入四川军阀混战之中。

1924 年在国民党"一大"上，熊克武被选为中央执行委员会委员。广东军政府委任其为建国联军川军总司令。11 月，孙中山北上，以英文密信给熊克武："望即将所部集中武汉一带，相机行动。"1925 年 3 月 12 日，孙中山病逝于北京。湖南赵恒惕倒向北方，以武力驱熊。为参加北伐，熊克武率三万之众到广东。蒋介石为夺其部，扣捕熊克武、余际唐等人于虎门炮台。在各方面舆论压力下，1927 年，蒋介石被迫释放熊克武，熊克武仍任国民党中央执行委员。熊克武从此坚持反蒋。1930 年蒋、冯、阎中原大战，蒋介石亲笔写信给熊克武，企图利用他在川军中的威望，希其召集旧部替蒋打仗并以高位相许，熊克武拒绝了蒋介石的拉拢。

抗战开始后，熊克武在重庆任国民党国防委员，对前方抗战提出了积极建议。1939 年迁居成都，与朱之洪编《四川国民党史》，同时暗中与刘文辉、邓锡侯等商议，共同策划反蒋事宜。1949 年 7 月 1 日，熊克武与刘文辉等联络各界人士，在成都组成"川康渝民众自卫委员会"，熊克武任主任委员，积极进行反对蒋介石及其在四川的代理人王陵基的活动。12 月，与刘文辉等策动川西起义。25 日，由熊克武领衔的成都市内贴出布告，表示拥护中国共产党和中央人民政府。新中国成立后，熊克武历任西南军政委员会副主席，全国政协委员，第一届、二届、三届全国人大常委，民革中央副主席等职务。1970 年病逝于北京。

二、　范绍增

范绍增（1894—1977），原名舜典，号海廷。四川大竹县清河场人。少年时曾进私塾读过书，但当地赌风极盛，范绍增自幼不爱读书，嗜赌成癖，经其祖父教育，屡教不改。13岁时即投奔袍哥头目张作林门下，加入袍哥组织。张作林从事反清革命活动，靠赌场聚钱购买枪支，并持枪抢劫，积累资金。四川保路运动期间，张作林等袍哥首领随同以袍哥为基本队伍的保路同志军举起反抗清政府的革命旗帜，范绍增被卷入革命潮流，摇旗呐喊。范绍增随张作林部队上牛头山充当张部管事。1913 年，随张部揭起讨袁旗帜，活动于四川大竹、渠县一带。1915 年，袁世凯派陈宧督川期间，北洋军三个旅入川"清剿土匪"，张作林、范绍增将队伍分散隐蔽。1916 年，重整队伍响应护国军讨袁。张作林原为同盟会员，袍哥礼字山堂的舵把子。张牺牲后，范绍增被公推为礼字号袍哥首领，率部继续反袁，为革命党人领导的四川靖国军颜德基部收编，为第五团的营长，后升为五团团长。同年，讨袁战事结束，熊克武为川军第五师师长，兼重庆镇守使。1917 年和 1918 年，熊又在护法运动中任四川靖国军总司令和四川督军。熊为了统一川境，联合刘湘部打败颜德基部，范团改编为熊部第六师余际唐部的二十一团，范仍任团长。范利用袍哥关系将广安的郑启和师周绍轩团拉过来编为第六师第二十二团。余际唐的第六师所部四个团都是袍哥队伍，余不放心，排挤袍哥，范离开了第六师到熊克武部杨春芳旅的一个营作客。杨旅也是袍哥队伍，与范建立了交情。

范在当团长时，从经济上周济过乡亲，家乡人对他颇有好感，特别是又有袍哥关系，所以以后范的队伍的骨干力量是家乡子弟兵和袍哥组织，这便是范维系部队的基础。

1920 年，范在万县召集手下兄弟商议出路，决定不在熊部干了。在范的朋友罗君彤策划下，袭击了盘踞于奉节的唐式遵部，获得许多枪械。从而到长江南岸集结起一二千人，活动于酉阳、秀山、黔江、彭水一带。不久，范部编为杨春芳独立旅的独立团长。杨范等攻打熊克武部，帮助了杨森。杨春芳、范绍增被杨森分别委任为第四师师长和第四师第八旅旅长。此后，在熊克武与杨森的混战中，范又因战功，被杨森委任为新成立的第九混成旅旅长，该旅拥有新枪，编制也大。

杨森任四川督理后，要统一四川，但三年后刘湘联络四川各地军阀并取得黔军袁铭支持，起兵反对杨森，杨战败由范护送出川。1926 年，杨森从湖北返回万县，同年，杨森投靠蒋介石，被蒋委任为第二十军军长。1927 年，杨森奉蒋介石之命，率范绍增等部进攻武汉国民政府军，被武汉政府军打败，范绍增受伤。杨森以蒋介石为靠山，排斥异己，计划暗杀对他有功的范绍增，范得到消息后连夜逃走。范在长寿联络川军各派共同计划讨伐杨森。讨杨联军以赖心辉为总司令，以刘湘为后台，与蒋介石、汪精卫联系，以杨森庇护北洋军阀吴佩孚为讨杨的理由。1928 年 5 月，战事爆发，杨森的第二十军军长和川鄂边防总司令等职被撤免。任命郭汝栋为二十军军长，范绍增为川鄂边防军总司令。但战争结果是联军战败，范遂依附刘湘。

1928 年冬，杨森联络川境其他军阀进攻刘湘，被刘各个击破。在这次作战中，范为刘湘出了大力，把谢德堪部打垮，占领大竹、邻水两县，取得了刘的信任。经过这次战争，刘湘几乎抢夺到杨的全部地盘，杨被迫龟缩在渠县、广安两县。刘湘当上了四川省主席，大肆扩充军队，并打败了川南的刘文辉，刘文辉被迫退居雅安。范绍增经过讨杨胜利后，由三个旅七个团，扩编为四个旅十二个团。刘湘将范部编为第二十一军第四师。

1931 年，刘文辉拉拢范绍增，赠送范五十万元。刘、范的来往为刘湘得知，范只得向刘湘说明刘文辉送了五十万元，并问刘湘如何处理。刘湘回答："你拿到上海去玩，假都不必请。"于是范绍增带了一部分钱赴沪，并在重庆上清寺修建了豪华的范庄。

范绍增到了上海后，由于袍哥头目的身份，受到上海青帮首领人物杨虎、杜月笙的盛大欢迎，款待范吃喝玩乐，无微不至。范离沪返川后，杜又花巨款买下妓女黄白英以飞机送到范处。新闻界称之为：千里蝴蝶飞，万金送美人。

范绍增同杜月笙是 1925 年前后开始来往的。杜常介绍自己的徒弟们到四川找范绍增，要范帮助他们在范的防区内收购鸦片烟。范每次接到杜的介绍后，总是尽力帮助。1928 年，杜月笙还介绍他的同门兄弟、吗啡大王陈坤元到范绍增防区邻水县开设吗啡工厂，由范绍增给予保护。当时在鸦片烟出产地设厂制造吗啡，所获的暴利比从四川运鸦片到上海要大十几倍。

1929 年，范绍增第一次去上海同杜月笙见面时，杜月笙除了对范热情欢迎外，还和范换帖结拜兄弟，并陪在上海尽情玩乐，极力显示他在上海的特殊势力。以后范绍增每年都要抽时间到上海玩玩，范每次到上海，杜月笙都尽范的所好来招待范。

1933 年，蒋介石调四川部队去湖北进行反共战争。范绍增率部队两旅，进犯洪湖革命根据地时，被贺龙指挥的严英所属部队在老河口、新沟嘴地带痛歼，被俘千余人，范绍增负重伤。范骑的马、雨衣等都被红军缴获。范绍增到汉口养伤时，蒋介石派人携巨款慰劳，积极拉拢范为其反共内战效力。当杜月笙得知范在汉口养伤的消息时，立即派徒弟张松涛赶到汉口，接范到上海就医。船到码头，杜月笙又叫顾嘉棠代表他前来迎接范，送范到白渡桥公济医院，找了一个英国医生为范诊治。此后，范与杜的交情更加深了。

1934 年，范绍增部进攻红军川陕根据地，遭重大伤亡。1935 年夏，红军突破嘉陵江。范绍增部尾随红军到川西。刘湘命令范部阻止红军北上，结果红军顺利北上。刘湘要求蒋介石对范绍增撤职查办，企图以此剥夺范的兵权。蒋介石认为刘湘的意图在于排挤亲蒋的力量，乃复电给范以"革职留任戴罪图功"处理。以后范看到刘湘加紧收买自己部下的旅、团长，对己釜底抽薪，更坚定了投靠蒋介石的决心。

抗日战争开始后，范绍增调赴前线任十一兵团副司令，随军到汉口。当时刘湘任第七战区司令长官，入汉口万国医院就医。戴笠嘱咐范绍增暗中监视刘湘的行动，凡与刘来往者，向戴报告。范绍增旧部团长潘寅久从刘湘的长官部参谋处长徐思平处偶然发现了刘湘令王缵绪带两个师出川占领宜昌，同即将到襄樊的韩复榘取得联络的机密，转告给范绍增，范立即报告给孔祥熙。蒋介石得到这个消息后，当晚即乘火车到开封，以召开会议为名，借韩丢失山东战略要地的罪过，逮捕了韩复榘，押解到武汉处死。韩被处死后，刘湘也很快死去。人们说，杀掉韩复榘，吓死了刘湘。

蒋介石因范绍增报告刘韩勾结图谋叛变有功，命令范新成立第八十八军，委任范为军长。孔祥熙为了酬劳范的告密，也决定买机枪九百挺，赠送给范，顾祝同也送了一些武器弹药。范绍增回四川组建部队，召集旧部官兵、哥老会兄弟，队伍发展很快，编成了三个师。

军统头目康泽企图将范的一部分军队抓到自己手中成立"禁卫军"，范立即由顾祝同将范部调到三战区鹰潭、乐平一带。1940 年初，三战区长官部突然电令范绍增将新二十一师少校副营长曾汝林押送上饶，同时又接叶挺军长电要曾到新四军去。原来曾汝林是共产党员。经范绍增与幕僚研究结果，乃备旅费将曾送走。同时复电长官部称："曾汝林在病假中失踪。"后得叶军长复电致谢。1950 年曾汝林还去重庆山洞会见罗君彤（范的亲信幕僚）、陈章文（曾在范部任团长）表示个人谢意。

1940 年冬，范部在太湖地区与日军激战，伤亡一千多人，将日军击退，受到老百姓的慰劳。1941 年范部在江西临安、新登打退日军两次进攻。范部抗日有功，但 1942 年初，蒋介石突然调升范绍增为三十二集团军副司令，实际上剥夺了范的兵权。范绍增回到重庆。

抗日战争胜利后，范对蒋介石发动的内战态度比较消极，长期住在上海，与杜月笙来往密切。杜月笙的二女儿杜美霞拜范为干爹，杜范家眷也经常往来。范在上海原有住宅，能长期住沪，靠着与青帮首领的关系以及上海地区川军中的旧同事旧部属和袍哥多方面的关系，范有富华银行，乃积极参加社会活动，在金融界也颇为活跃，有上海"闻人"之称。

1946 年，范绍增出面在上海组织"益社"。这是一个袍哥团体，它的成立得到了杨虎的大力支持，名誉理事长是杨虎，理事长是范绍增。社内既有反蒋分子，也有国民党特务。益社成员多为军官总队被编余的军官，该社帮助遣运回川编余军官，先后达万余人，博得舆论好评。又借做生意的招牌，与中共地下工作人员伍云甫、管大同等联系，自组裕增贸易公司，运销苏北华北解放区棉花，或以现金，或以纸张、药品交换。范绍增还参加了杨虎、郭春涛组织的"民主同志联谊会"，并与中共地下党的李剑华结识，掩护了一些中共地下党员和民主人士。

1948 年，范绍增、杨虎在上海的活动触怒了蒋介石，蒋手令上海警备司令宣铁吾"立即逮捕范绍增、杨啸天"。由于高级特务泄密，范、杨求救于来沪检查身体的何应钦，始得脱险。1949 年春，范绍增回到四川，协同罗君彤编组军队。范看到蒋家王朝将要崩溃，一面组织力量迎解放，一面与中共地下党联络。他家乡一带的袍哥，大都拥护他迎接解放。当中共地下党员周绍轩被国民党特务逮捕后，范设法救出了周。范遵照中共地下党的指示，利用国民党部队和番号组织倾向革命的武装。范通过顾祝同的关系取得国防部暂编第十八纵队的任命，限于最多成立十二个团。范追求十万人的兵团司令职位，以便扩大实力，但当局借口军费困难，限制范扩大编制。主要原因是国民党特务机关早已侦知范绍增旧部与民革有联系，特别是周绍轩曾在苏、浙、皖、赣几省的军官总队中利用"益社"的关系进行过反蒋活动。当局认为第十八纵队"政治面貌不清"。1949 年 11 月初，范得到顾祝同的帮助，出任国防部挺进军总指挥，驻兵于自己家乡四川大竹一带。

范绍增在起义前夕，思想上有动摇，主要在于感激顾祝同的知遇之恩。这位袍哥出身的将军，思想上有浓厚的封建传统意识并有袍哥首领的江湖义气，这种江湖义气险些使他是非不分，他一度有加入到移驻大巴山胡宗南余部的打算，但经倾向于革命的部属的委婉启发，范终于坚定了起义的决心。

1949 年 12 月初，范绍增在四川渠县通电宣布起义，中共地下党已与范事先有联系。范的起义在所属地区保护了人民的生命财产，并将各县仓储完全交给了解放区军政机关。1950 年，范部在湖北改编。范被安排在中南军政委员会工作，后调任河南省体委副主任。1977 年因病去世。

范绍增的袍哥故事颇具传奇色彩，江湖人称"范傻儿"，在民间有不少传说。文艺界以他为原型创作了系列影视剧作，如《傻儿师长》《傻儿军长》《傻儿司令》等，其中有许多戏说成分，读者须明察。

三、　川西四大豪杰

旧时成都民谣说："前有孙吴丁张，后有马袁江汤。"其中的"孙吴丁张"即指"川西四大豪杰"孙泽沛、吴庆熙、丁厚堂、张达三。

孙泽沛，四川崇庆州观音乡人，祖籍灌县柳街乡孙家船。其父孙雨村应聘来观音乡一家私馆任教，光绪二年（1876）正月初五日得子取名泽沛，又名绍培。孙泽沛初随父读书，十几岁时因家庭生活困难，其父送他学木匠。他在随师走村窜户中，听到许多《水浒》英雄故事，倾慕行侠仗义的江湖好汉。一天，当他与表兄王宪章闲谈时谈到乡间活路少，手头缺钱，表兄指着地主童兴哉的小儿子说："你没钱吗，这童家小少爷不就是钱？"过了两天，孙泽沛便将童少爷抢来关在柜内，本想投书其父拿钱取人，谁知童少爷闭气死去。孙遂逃离本乡，浪迹江湖。

孙泽沛对绿林兄弟订有"四不"和"一专"的规约："不烧杀，不奸淫，不倒打码子，不抢商人"和"专整官绅大户"。

光绪三十四年（1908），他带人拦劫了灌县县衙差人送缴四川督府的皇粮，分给贫户，遭到追捕。一年后，他回家看望母亲，为邻居余水烟出卖，被捕入郫县监狱。其外祖父买通狱吏，孙乘机逃到邛崃南河坝，以种菜为生。后化名王再田在大邑李岗子开木匠铺，与结义兄弟郭耀廷等人相依为命，重操"杀富济贫"的勾当。

辛亥年春，崇庆观音乡总保赵锦堂鉴于风云变幻，人心不安，延聘孙泽沛回乡任团队队长。孙正式参加当地袍哥组织"益乐社"，当舵把子。当年赴新津县参加侯宝斋召开的九成团体聚会，8 月又在资州罗泉井参加袍哥攒堂大会。9 月 7 日成都血案发生后，孙泽沛立即联络袍哥弟兄 200 余人在崇庆州观音乡起义，有余显之和留日学生帅国瑛自荐为军师。孙率部向成都进发，与清军激战于温江县文家场一带，进攻失利后退回崇庆与温江县交界的廖场一带。

9 月 18 日，赵尔丰派兵一队，由成都开赴崇庆州运送弹药，行到三渡水，遭孙泽沛与温江吴庆熙的同志军伏击，毙清军百余人，获枪百余支，子弹数万发，大张同志军声威，但因误斩清军队官（同盟会会员）陈锦江，造成了不良影响。

10 月 6 日，同盟会会员黄树藩等在崇庆州城举事，逼知州薛宜瑛交出印信，夺得政权，当夜召集本州同志军入城。众议分为五路，孙泽沛所属为西路同志军。由于事起仓促，各路同志军鱼龙混杂，中路军马光耀等部趁火打劫，抢掠州府财物。西路军则军令肃然，最孚众望。孙在起义初期即发布安民告示："本军召集同志，原为争路保民；所过秋毫不犯，并不筹款一分；若有在外滋挠，军法决不容情；特此布告周知，父老昆弟勿惊。"①

孙部移驻州城后，托帅国瑛聘请龙应铭为西路军军师。帅龙二人向孙进言："城中不可驻兵，不若散处村落得宜。"孙即移驻崇庆州与温江县交界的合江店农村。果然在 10 月 16 日，同志军新津保卫战失败，薛宜璜卷土重来，崇庆州城失陷，孙部退至灌县普照寺。西路军县内木商王子尼组织的工人数十名，将双流县金花桥以南的邮电电杆电线毁坏，截断赵尔丰与其亲信傅华封部的通信联络。

11 月 27 日，大汉军政府在成都宣告成立，孙即派龙应铭前往祝贺。12 月 8 日发生成都兵变，孙即率西路军进入成都，与各路同志军共同维持省城治安。民国四川军政府成立，西路军编为第二镇（师）第五标（团），孙任标统（团长）。1914 年，辛亥革命的果实被袁世凯掠夺，其亲信胡景伊、陈宧排挤川军，孙辞职归隐故里。

1916 年 2 月 28 日，在孙中山代表卢师谛奔走下，孙泽沛招集旧部，与吴庆熙、丁厚堂、张达三联合组成"四川护国军司令部"，孙任副司令官，司令部设在崇庆、温江、双流三县交界的刘家濠。3 月 22 日夜，陈宧派大军征剿，孙率部退到大邑县沙渠镇。4 月 13 日开进邛崃县城，陈宧派兵围困邛崃，由福音堂牧师调停，护国军撤出县城。16 日，当护国军由南河绕至西河口时，陈军背信毁约，伏兵开炮，护国军损失惨重，退到大邑。17 日又退到崇庆县布金寺。此后，反袁浪潮席卷全川。8 月，孙泽沛、吴庆熙联合各路护国军围攻崇庆城七昼夜，未克，但为蔡锷川滇护国军进驻成都解除了后顾之忧。

护国战争胜利后，川督罗佩金委孙泽沛为团长，但孙已厌倦了军旅生涯和官场的倾轧，便辞去了上校团长官职，回归故里，以明"为国为民不为官"之志。罗犒银五千两。孙在观音乡建宅并建昭忠祠，供护国烈士。孙又在成都科甲巷置宅，开"群仙茶园"，组建川剧班子和剧场。1923 年，孙病逝于成都科甲巷寓所。②

吴庆熙，原名荣超，别号玉著。同治十六年（1877）生于温江县清平乡明山寺侧三眼井。其父吴师古是县内知名的私塾老师，庆熙与族兄直三都随其就读，均对清廷腐败、丧权辱国的行为十分愤恨。

---

① 参见政协四川省文史资料研究委员会、四川省人民政府文史研究馆：《四川保路风云录》，四川人民出版社 1981 年版。

② 参见《崇庆县志》，四川人民出版社 1991 年版。

1902 年，吴庆熙随吴直三参加反洋教斗争。因他"素豪于义，不事空文，惟志革命"，人称"吴二大王"①。1908 年春，经杨维、但懋辛、黄次峰介绍加入同盟会。并曾应张捷先、杨靖中之约参加当时的"汉流改良自治会"，在哥老会中进行革命发动工作。

宣统三年（1911）七月十六日，吴庆熙在温江高举保路反清大旗，成立"温江县保路同志军"。众人推举他担任统领，吴直三任分统，杨鹤琴为军师。后有李山舟率温江和盛场八保民军投奔吴部，众推吴庆熙担任"川西北同志军统领"，向成都进军，并发布告示："黄帝纪元四千六百零九年，川西北同志军统领吴庆熙告示。父老苦清苛法久矣，诽谤者族，耦语者弃世。吴与诸同志袍泽约会于省门，故特先至。仿效高帝与父老约法三章：杀人者死；伤人及（盗）抵罪，余悉除去；清法官吏皆按（安）堵如故，决不妄杀。吾之所以来省为父老除害，非有所侵暴，待诸同志到，共举贤能，定川中大计耳。使众周知。"②七月十九日，吴庆熙率同志军与清军交战于草堂寺（现杜甫草堂）后，退屯文家场。又有寿安保黄星耀、兴利保简云龙及各地队伍来聚，众至三万余人。赵尔丰派遣巡防军两路夹击，在文家场辜家碾一带激战六小时，清军受挫。吴庆熙与孙泽沛联合退到兴利场，与张捷先统领的西路军协同作战，进攻成都西门。

民国建国后，同志军整编，吴庆熙担任川军第二师第六标标统，后任骑兵团团长，被袁世凯的爪牙胡景伊排挤下台，回到温江。1916 年 2 月 28 日，在温江明山寺召集旧部，成立护国军司令部，任司令长，誓师讨袁。4 月 18 日攻克大邑县城，5 月 4 日攻克邛崃、蒲江二县，一直与北洋军转战川西南四个多月。护国之役胜利后，曾被委任为松（潘）、理（番）、茂（县）、汶（川）垦殖总办，但未就任。1920 年，任熊克武部十七旅旅长，驻防梓潼。后又任梓潼、剑阁清乡司令。1922 年 9 月 21 日，剑阁巨匪谭益生肆行抢劫，庆熙率部清剿，在大寨山阵前牺牲，终年五十一岁。

丁厚堂，字泽煦，灌县安龙场人，素与孙泽沛友善，参加崇庆县同志军，在保路战斗中作战勇敢。1916 年，孙泽沛、吴庆熙联合建"护国军司令部"时委任丁厚堂为总指挥，转战崇庆、郫县、崇宁、彭县。

护国战争胜利后，滇黔军与川军之间及川军内部，为争夺防区，内战不止。滇黔军在唐继尧控制下，欲长期霸占四川，称霸西南。在护法战争中，唐始终不就任孙中山任命的

---

① 参见《温江县志》，四川人民出版社 1990 年版。
② 转引自王纯五：《袍哥探秘》，巴蜀书社 1993 年版，第 139 页。

军政府元帅职，却在 1918 年就任滇川黔靖国联军总司令和岑春煊为核心的军政府政务总裁。在 1918 年 9 月，重庆靖国联军首脑会议上，唐以《川滇黔三省同盟计划书》要挟熊克武同意他独揽四川大权。此时，丁厚堂完全投靠唐继尧一边。唐任命他为滇川黔靖国联军援陕第四路总司令，纵其招引各地土匪头子，委以"司令"，扰乱四川。丁厚堂在江油擅自发行货币"浚川源券"，抽取鸦片烟税，骚扰百姓。1918 年 11 月 23 日，熊克武将丁厚堂枪毙于绵阳县。①

张达三，郫县新场人，原名张尊，字中元。同治九年（1870）生于典当业者家庭，身材魁梧。光绪年间考中武秀才，素以仗义疏财、扶危济困闻名乡里。光绪年间曾任省督署卫队管带。

1907 年，四川革命党人计划趁庆祝慈禧太后诞辰之机，暗杀赵尔丰于会府，事机泄露后，党人被捕。张达三因革命党人黎靖瀛负责指挥其卫队关系，亦被捕，不久获释。同年底，革命党人杨靖中回崇宁县，通过哥老会，发展同盟会员，于 1908 年介绍张达三加入同盟会，并着手组织"汉流改良自治会"。张达三担任自治会的外交，到各州县"运动有知识、有豪侠气者参加同盟会"，数月之间发展同盟会员七百余人。1911 年 8 月，张达三受组织委派参加资州罗泉井哥老攒堂大会，密商武装起义方略，决定组建保路同志军。会后，张达三派社会中强健分子十余人连夜驰赴各处告急。

9 月 8 日，为声讨赵尔丰制造血案，川西数县同志军齐集张达三住地郫县新场，合编为西路同志军，下辖五队人马，各路置统领一人，张达三为第一路统领。各路统领公推张捷先为大总统领。张捷先是仁字号袍哥，张达三是义字号袍哥。西路同志军向成都进发，在犀浦与清军激战，学生军首领蒋淳风等人阵亡。犀浦战后，张达山率队进驻郫县。城隍庙军事会议后，决定不在郫城与清军交锋，开赴崇宁、灌县、彭县，分散与清军周旋。发动各码头的袍哥，联合民团，壮大力量。在太平寺与清军交战，赵尔丰增派陆军第六十七标王铸仁部进犯同志军占领下的崇宁县城，双方展开激战。辛亥革命成功后，张达三率同志军经太和场、洞子口开到成都，先住城内浚川源银行，后迁到凤凰山驻扎。同志军经过整编后，张达三被委任为新军第二镇第七标标统，驻成都凤凰山。

1915 年，张达三召集旧部高举护国军大旗，自任川西护国军司令，展开讨袁战争。次年 5 月 19 日，率部千余人进驻唐昌，宣布崇宁县独立并自兼理县事。

---

① 李祖桓：《一九一八年四川大事记》，载《四川文史资料选辑》第五辑，第 41 页。

讨袁战争胜利后，张达三被委任为新编川军第一军第四师独立团团长，驻防新都。1917 年，四川督军罗佩金拘禁第四师在省各级军官，解散其部队。张达三亦被解职。

罗佩金败走后，戴戡任省长，当时懋功八角屯察都和尚若巴作乱，分陷五屯，僭称"通治皇帝"。代理省长戴戡任命张达三为松茂垦务总办兼征懋军司令，入山与汉军司令王植三配合，经数十战，历时半年，先后收复抚边、崇化、懋功三屯，打破逆巢。

10 月下旬，防绥汉军所属原新募军第一营营长杨大元叛乱，率川边土兵数千人攻击征懋军。张达三与叛军奋战数月。1918 年 1 月 1 日，叛军统领李阳山对张达三突然袭击，张达三阵亡，卒年 48 岁。遗体运回郫县，以陆军少将礼葬。

邑人特撰挽联："救民若渴，赴义若饥，汉书所谓大侠；忧患而生，劳瘁而死，造物毋乃不仁。"

马翼张、袁松生、江建龙、汤化龙四人，都是灌县人，由袍哥首领而起家，他们是 19 世纪 20 年代四川军阀割据，相互倾轧，利用哥老会扩充实力的产物。那时各地大小军阀为了壮大自身力量，抢占地盘，不惜以利禄等笼络手段，纵容袍哥人物拖人拖枪，扩充队伍。马翼张是二十九军田颂尧委的司令官；袁松生是边防军李家钰的游击司令。江建龙和汤化龙都是二十八军邓锡侯的游击司令。类似这些既是带兵又是哥老会头目，左右逢源的人物，在当时的四川遍布各地。虽为游击司令其人枪均很少，衣服也是五花八门、吊二郎当的，被时人讥为"五独司令"（即独立旅、独立团、独立营、独立连、独立排），归根到底，只有一排人荷枪实弹守卫司令部。

四、　川北袍哥冉射屏

川北保宁府，素为重镇。当地哥老会首领冉射屏，原名冉文光，系仁字号"保汉公"总舵把子。原籍阆中老观乡，寄居城内白花庵街。清末，经同乡孔震生、彭典初介绍，冉加入同盟会。冉又以哥老势力投身保路运动，1912 年公开在城南锦屏山武侯祠开山立堂，有随从二千人。在城内米粮市街开设"三元居"茶社，为公口活动地。由管事蒋锡三处理日常事务。1913 年，为反对袁世凯及其爪牙胡景伊的倒行逆施，阆中人龚焕然、孔宝庆自成都归里，约集哥老会首领冉射屏，以及庄严、孙东瀛、郑福田、母剑魂等人，共谋讨袁讨胡。冉射屏曾与小黄沟袍哥王玉章密议集结二龙、老观、千佛的兄弟伙在石滩操练，以待川西北哥老首领张达三部到阆中，与龚、孔等共同武装起义。

川北观察史杨湘，闻知事变将起，认为冉射屏是实力人物，或可依赖，派人与冉联系，冉趁机将其接到老观家中，明保暗拘。但未能与龚、孔联系。1913 年 7 月 15 日，阆中护国军宣布起义，冉任护国军昭（化）、广（元）招讨使。孔宝严率川军第五师熊克武部经过阆中去买马的一排兵力，冲入道台衙门，得童排官与马队官之助，解除了道台衙门的武装。接着冲入知府衙门，知府张作藩逃走，只缴得府印。7月17日，正式宣布阆中独立，拥护孙中山的"二次革命"。龚焕然任讨袁军都督，孔宝庆为讨袁军司令。

7月21日，胡景伊令高培德与张作藩反攻回阆，逮捕杀害了龚焕然、孔宝庆、庄严、孙东瀛。并诱骗冉射屏入城，捕杀于道台衙内。临刑时，冉射屏将身穿的皮袍一脱，说："留下这张干净的皮。"（"皮"为袍哥的自称）慷慨赴死。①

五、 川西北的"何天王"

安县著名的袍哥何鼎臣，原名何定力，字奠川，安县桑枣镇立志村人，人称"何天王"。《沙汀传》中《念书的哥儿爱"跑滩"》一节对何天王作了如下描述：

> 辛亥革命造成四川哥老会的"中兴"。在安县，最早参加保路同志会的就是袍哥何鼎臣。此人当时正年轻剽悍，以赌博为业，讲豪侠义气，爱接济穷文人。他曾送二十两银子给举人蒋雨霖，这钱一部分是赌博赢胡某的。胡某弄了一批打手向何寻衅讨钱，何因而去秀水投靠了袍哥大爷向浑，与秀水筲箕滩的土匪合了伙。一次，胡某带十几人到秀水去看夜戏，被何及其兄弟伙强拉出场，用乱刀砍死。自此，何的名声大振。

> 辛亥年间，他带一百多人打进县城游行，然后去绵阳，与别的民军会师，赴成都攻打赵尔丰的将军衙门。武昌起事，何已转了一大圈回县，名气更大。在城里"开山"，成立"公口"，成为全县哥老会的头目。在川西一带人称"何天王"。他的队伍主要由农民与邻场镇的哥老们组成，配备梭镖、叉刀、明火枪和火药枪。"光复"后，知道应舍弃满装，改革服饰，又不知如何改法。朝熙（沙汀原名杨朝熙）小时在街上看到这支身着"勇"字号褂，打起"靠腿"的奇怪队伍，像唱戏一样，觉得很好玩。②

另外，新编《安县志》第二十五篇《人物》中的《何鼎臣传》有如下记载：

> 1915年，冯玉祥率部入川清匪，驻防绵阳。何鼎臣主动自首，并给冯做向导，探匪情，协助清剿工作。1916年，冯玉祥奉命调驻汉中。因蜀道艰险，军械辎重难于运输。何鼎臣主动去茂县、松潘筹借骡马五百匹，驮运弹药；并派人护送冯部安全出川。

① 参见《阆中县志》，四川人民出版社1993年版。
② 参见吴福辉：《沙汀传》，北京十月文艺出版社1990年版。

后来，冯玉祥在《我的生活》一书中写道："何鼎臣在清乡工作中给了我们很大的帮助。""我对何鼎臣推诚相与，视如老朋友。"冯玉祥出川后，何鼎臣的队伍被编入川军赖心辉部队，为上校团长。1918 年，何率部与北洋军阀部队交战于遂宁、蓬溪，失利后带部队回到安县，驻扎于桑枣、晓坝、沸水等地。在驻防期间，协助县衙清剿沸水乡张光炳和桑枣红庙子周为善等匪众，受到县人赞许。1919 年初捐田办教育，在浮山脚下筹建两所小学。1920 年病逝。①

六、　沙汀舅父郑慕周

《沙汀传》中《舅父的袍哥社会》一节，深刻而形象地记述了辛亥革命前后，四川袍哥的巨大变化和当时人们的心态：

辛亥前，安县袍哥的主要成员是城镇无业游民、摊贩、手工业工人。因为当时官绅勾结，连一个家奴小子都敢估吃霸赊，欺压百姓。百姓参加袍哥，是为了保护自己。也偶有破落子弟，或急功近利的小粮户侧身其间。朝熙从小熟悉的舅父好友萧维斌、范绍才、刘德胜，都是小商贩出身。与郑慕周（即沙汀的舅父）关系最深、后来结为儿女亲家的谢象仪，还在金厂梁子上用尖底背篼背过矿砂，当过所谓"沙班""金夫子"。他们在朝熙心目中都是"绿林英雄"，是专与官府作对的好汉。他还不懂"清水"袍哥与"浑水"袍哥的区别，对于他们偶尔采取的"浑水"袍哥的行动，贩烟、路劫（极少嫖、赌），都认作是面对为富不仁者的，没有什么不应该。达到的也是"清水"袍哥的目的：重仁取义，济困扶危。

……

哥老会的被压迫地位，决定了他们在保路运动中能与同志会形成同志军共同举义。袍哥乘势发展。无路可走的农民大量拥入，社会上有一定地位的、过去瞧不起袍哥的士绅，也纷纷参加。照安县城里说法，当了袍哥就算"掐了眼睛"，变成人了。绅士的加入，不必像郑慕周、谢象仪那样，从老幺十排做起……他们只需捐了钱便可成为辈分最高的"一步登天的大爷"。这样，哥老的实权落在了绅士手里。这些人一变又当上团总、乡长之类的角色。安县许多乡镇头面人物往往是"土匪"型的，而拥有武装力量的袍哥头目多被"招安"成军。……这就使得四川形成了官府、乡绅、军阀、袍哥

---

① 《安县志》，巴蜀书社 1991 年版。

四位一体，互相勾结又互相争夺的局面。哥老会可以是执政的势力，也可以是在野的势力，无论是哪一种，它已变了质。……袍哥世界为他展开了四川社会错综复杂的政治、经济和人际关系的网络，展开了一个十足的强力社会。①

这时的哥老会虽发生了与军阀合流的变化，但也有一些袍哥因看清社会大势，而成为走向进步的传奇人物。

沙汀的舅父郑慕周（原名郑世斌），因幼年丧父，家道败落，当过童工，挑过炭，当过卖吃食的小贩。就在他沉入底层的时候，结识了袍哥大爷李丰庭，参加了袍哥。1917年，由李授意，与好友谢象仪在城关益昌茶社击毙永安乡土匪头子陈洪绍（永安乡袍哥公口永益公社的舵把子）。郑避仇离家投奔川军张邦本部，后毕业于四川省通省团练讲习所，由连长、营长升任旅长。1923年任川军第八混成旅旅长，驻防灌县、茂汶、松潘县，曾做过一些好事。1926年辞职回乡，捐大洋1400元办起私立汶江小学。后又捐田195亩，作为办学基金。不少有学识的进步青年，经沙汀介绍来校任教。又于1931年发行无息贷（后改为奖学金）资助贫苦学生入中学和大学，并在安县办图书馆，捐赠大量图书。在白色恐怖下保护沙汀的安全。新中国成立后，郑慕周曾任安县副县长、省文史馆研究员。1955年病逝。②

七、 洋人袍哥

袍哥虽然在清朝末年参加了反洋教斗争，并且出现了许多带头反洋教的人物，但由于袍哥在四川的影响巨大，为了便于在四川开展活动，仍有一些外国人参加了袍哥组织。

法商异新洋行大班斐洋人（重庆人称其为老洋人）致力于联络袍哥码头，包席请客，与袍哥拉关系。斐洋人的儿子斐利比斯，孙子河斯达，也都与袍哥拉关系。特别突出的是洋行推销员希腊人巴巴达，竟然跻身于袍哥组织，并以袍哥的身份到处拜访码头。巴巴达是一位希腊游民，少年时游荡海外。法帝国主义侵入云南后，巴巴达曾在滇越铁路进行走私活动，逐步深入中国内地。他了解到袍哥组织势力兴盛，便设法找到袍哥人物，由湘军将领鲍超之孙鲍某引进，参加了仁字袍哥的"进同社"，步位为三排。他又到重庆经重庆袍哥大爷邱绍芝超拔出山，升为大爷。巴巴达最初仅推销钟表、日用百货、装饰品等，请袍哥李炳南充当助手，凭借袍哥关系的协助，在长江上游各地推销货物，获得厚利。他有一

---

① 吴福辉：《沙汀传》，北京十月文艺出版社1990年版。
② 参见《安县志》，巴蜀书社1991年版。

次在内江打麻将，一夜输银千余元，次日抬了几箱钟表偿还赌债，返回重庆结账时，仍有盈余，可见赚钱之多。

巴巴达为了推销洋货，曾以小型电影机流动放映电影，招徕顾客，这是电影机最早在四川出现。后在重庆开电影院，放映外国影片。刘湘驻军重庆，巴巴达与袍哥大爷范绍增、陈兰亭等结识，过从甚密，曾在重庆开设华洋旅馆、西餐厅、酒吧餐厅等，招徕外国军舰的船员水手，并为其接洽走私买卖，介绍妓女玩乐。华洋旅馆成为军阀买办袍哥与洋人水兵相勾结的中心，进行了许多罪恶交易。

巴巴达是个中国通，能说一口流利的中国话，谙熟中国生活方式，嗜赌如命。与袍哥商人等交往时，调笑戏谑，十分随便。巴巴达娶了一位重庆女子为妻，系袍哥李炳南的姨妹，生二子五女。重庆解放后，于 1951 年 5 月携全家返回希腊。在蜀地活动达四十多年。[1]

民国初年，美商永明保险公司大班开普，经翻译人员胡文钦引进，也加入仁字袍哥，见袍哥人员也以袍哥礼仪相待。由于洋人与袍哥联络并加入袍哥组织，洋人便通过袍哥关系代办收购原料物资，推销洋货商品，出现了一批专做洋货生意的袍哥买办。

民国后的军阀混战时期，帝国主义进一步勾结袍哥进行军火走私。大批军火由上海运往长江中上游各地，同时进行鸦片、吗啡运销。袍哥军阀更是借助于外国商轮或兵舰掩护运输，进行鸦片、吗啡和军火走私。袍哥军阀邓国璋的大批吗啡，正是托法国兵舰"柏林"号由重庆运到上海的。袍哥大爷唐绍武专营军火，与德商洋行勾结，往来于重庆、上海，凭借洋人与军阀的关系，正式取得了国民政府的护照，大批军火由太古、怡和、日清各公司轮船以及英法兵舰运输。袍哥与洋行、外轮的勾结，最初多靠洋人袍哥巴巴达牵线搭桥。

---

① 参见唐绍武等：《解放前的重庆袍哥》，载《重庆文史资料》第三十一辑。

第十章　防区制时期的袍哥

第一节　袍哥与军阀

四川袍哥在辛亥革命和护国反袁斗争中虽然有较大功绩，但并未改变其封建意识和家长制个人崇拜的落后组织方式。在革命中，有的袍哥大爷与同盟会发生龃龉：有的争权夺利，公开仇杀；有的醉心利禄，为旧势力所收买，叛变革命。如哥老会头目邓大兴杀秦载赓于井研，邓儒轩杀侯橘园于广汉，杨虎臣杀侯宝斋于邛州，大竹县的哥老会与孝义会为争夺地盘大动干戈。灌县哥老首领姚宝珊因私怨残杀另一哥老首领王品三全家。由于哥老会没有明确的政治目标，最易为军阀、土豪所利用，具有政治上的盲动性；它以地域自立山头，具有组织上的分散性；盲目崇拜、依附大爷，大事均由大爷发号施令，目无法纪，肆意烧杀抢劫，在行动上具有很大的破坏性。哥老会的这些劣根性，助长了四川的三种恶势力：军阀、土匪和烟帮。当然，哥老会好的方面也并未完全消失，大革命时期共产党领导的四川郫县等地的农民运动和其他一些进步活动，也有哥老会的积极参加。

四川护法战争后，由同盟会与哥老会联合策动的保路同志军余部，在编入了"护国军"之后，又编入了护法的"靖国军"。护法战争在军阀破坏下宣告失败后，四川哥老会中掌握重兵的龙头大爷，或自立门户，变成新军阀，或依附于军阀门下。四川由此进入军阀割据、各立防区、相互混战的防区制时期。当时，四川有五个主要的相对独立的防区，即二十一军军长刘湘管辖的川东防区（其后一度扩展到全川），二十四军军长刘文辉的川南和西康防区，二十八军军长邓锡侯的川西防区，二十九军军长田颂尧的川北防区，二十军军长杨森和二十三军军长刘存厚分管的川东北防区。

军长们凭借各自的军队占据随时变化但相对稳定的防区。在军司令部下设政务处（或委员会）分管防区行政、司法及财政税收，军长有权任命县长。清代四川的军队约有五万人，而到1927年，四川的正规军已超过三十万人。在大量招募军队的同时，也大量扩充分散在各地的民团（称为团练局或团务局），到了 20 世纪 30 年代初，民团人数估计高达五十万人以上。① 这支队伍基本上是袍哥队伍，或者与袍哥有密切联系。这一时期，灌县团练局长姚宝珊、宋辅卿、刁青云等全都是袍哥头目。申介屏把护国战争中组建的灌县护卫营的人枪拖去投靠刘存厚，刘立即委任他为靖国军第三师独立旅旅长。陈兰亭原系石柱县绿林出身，1916 年劫枪率袍哥队伍参加讨袁起义，不久即受编于熊克武部任连长，1920 年参加驱逐滇黔军之役，因功升团长、独立第三旅长，1930 年投靠刘湘，任二十一军边防军司令。范绍增原本大竹县袍哥，1915 年参加护国军，胜利后被众推为袍哥首领，占山为王，在大竹、广安、渠县接壤的山区当土匪边棚管事。当时王蕴滋在川军第二师任连长，于剿匪中捉获范，劝范另觅正途。范后投奔颜德基部被收编为模范营营长，参加靖国战争后升任团长。1926 年，范在杨森部任第七师师长兼川鄂边防军司令，倒杨（杨森）投刘（刘湘）后任第七师师长，后任八十八军军长。还有邓国璋、龚渭清、吴之镐、魏辅臣、杨春芳、汤子模、覃小楼、石肇武等，都是各地袍哥中的头目，而又在军阀军队中担任要职。

日益庞大的散漫队伍，无固定钱粮来源，全靠打抢以作军需。军阀队伍、本地团防、浑水袍哥共同搜括民财，故四川民谚说："军队剥皮，团防抽筋"，"匪如梳、兵如篦，团防来了如刀剃"。四川自 1912 年的"成都兵变"起，到 1932 年的"二刘大战"止，共发生 470 多次军阀混战，给人民的生命财产造成了惨重的损失。

1932 年，军阀田颂尧指使其弟田泽孚将川西北二十六个县的袍哥联成武德总社，田泽孚自任总社社长，但不久即名存实亡。王缵绪建立"怜民社"，自任社长，要求全师军官一律参加，他的同乡西充县其他营以上军官，凡路过他防区，都邀请入社。参加"怜民社"的人，都在左手指戴上银丝戒指做标志，一律以社友相称②。

护国战争中，熊克武在川南、川东收编袍哥队伍，成立招讨军，后改编为川军第五师。重庆著名袍哥唐绍武即在该部。后来重庆袍哥又与刘湘的部队关系密切。

第二节　袍哥与匪患

匪患，是民国年间四川的大害。由于军阀割据，连年混战，哥老会中的浑水袍哥，乘

---

① 罗伯特·A. 柯白：《四川军阀与国民政府》，四川人民出版社 1985 年版，第 11 页。
② 李仲华：《川军将领王缵绪》，载《西充县文史资料选辑》第六辑。

机拖棚为匪。这些匪徒不仅打家劫舍，剪径绑票，甚至截击溃军，抢场劫县。军阀为了扩大势力，不惜采用招匪成军的手段，进一步助长了匪势。由于社会很不安定，破产农民和其他流民大量增加，烟哥、赌棍、兵痞、流氓铤而走险，成为大大小小的"棒客""刀客""棒老二""二股账"。

金堂县的巨匪赖金廷成为川西匪霸，人民切齿痛恨。赖金廷，字国英，1877 年生于金堂县红瓦店四方碑双礁子。叔父赖开太、三哥赖熙、姐夫彭执其都是浑水袍哥中的老摇（头目）。赖金廷最初给他们当边棚管事。

1922 年，川军刘斌师长派人招安，彭执其担任团长，赖金廷也当了营长。赖上任七八个月，匪性难改，拖走大批枪支，后又用吃掉溃军等手段扩充匪势。其抢劫范围包括金堂、中江、简阳、新都、广汉、德阳等县及成都市区。并与川北、川西、川南三十余县的匪首结拜为兄弟。1925 年，他手下的头目徐宗顺洗劫赵镇。次年，军阀杨秀春旅将匪帮变民团。赖金廷和罗春山成立"联合团"，由地方附加田赋供其军需，条件是不在本辖区抢劫，于是匪帮俨然成为小军阀，在防区内拉丁派款。并将金堂县长寿山、万年山、飞龙山的浑水袍哥拉拢过来，成立"三山总社"，名为"忠义公"。当赖金廷开攒堂大会时，城厢遍街都是他的兄弟伙，到处鸣枪，驻军无法统管。最后，邓锡侯下决心围剿，于 1930 年将赖匪击毙。其余部赖合山于 1933 年趁邓锡侯与刘文辉交战之机，重返金堂为匪。1940 年，窜入成都暑袜街抢劫金城银行。由于案情重大，几个小匪徒伏法，而赖合山却摇身一变成为善后督办公署情报处人员并升任北区谍查主任。1948 年，赖合山重返金堂县，串通三山袍哥，当上"忠义公"总头目，又"炮选"为县参议员，并组织"反共救国军"，1951 年被镇压。

绵阳县匪首左汉章，外号"左大王"，也是当地袍哥总头目，1894 年出生于绵州左家岩。二十岁即为土匪。民国初年倚仗族人的权势，在松垭乡当上团防，明是团，暗是匪。他在袍哥内原本是个老九，此时却自己提升自己为大爷。1920 年东乡大总保左廷栋因左汉章劣迹暴露，民怨很大，将他开除团练局。左汉章跑到三台县马鸣寺占山为王，公开抢劫，曾两次入狱，他的小舅子罗绍林（军阀部队团长）将他营救出狱。出狱后依靠族人左舜清（绵阳县参议长）的势力，成为绵阳县袍哥总舵把子，势力延伸到邻近数县。又通过在绵阳川剧界"雅南剧部"建立袍哥组织"互助社""泰兴社"的手段，控制剧团，盘剥艺人。1949 年春，自知恶贯满盈，惊吓而死。

川西巨匪"吴机关枪"，原名吴之镐，字翰章。1891 年生于温江县刘家濠吴家瓦房。家本有田 40 亩，被其父出卖，陷于贫困。由刘家濠袍哥大爷、南区团总戴安帮"栽培"加入袍哥组织。后流落成都行窃，回乡约他二哥吴殿元等人结伙为匪。民国初年曾被驻军包围于宅院内，他用鞭炮置铁桶内燃放，拼死突围，故得绰号"吴机关枪"。1916 年，护国军兴，温江原保路同志军司令官吴庆熙在明山寺筹建四川护国军，吴匪与二哥为躲避搜捕，遂往投军。在吴部当兵两年多的时间中，经常同一些匪习未改的官兵在威远、仁寿、华阳等县乡下，乘战乱之机恣意抢夺。1919 年，吴部为四川督军熊克武改编，他和二哥不愿受编，暗中纠集一批人枪，潜回刘家濠一带为匪。刘家濠濒临金马河，为温江、崇庆、双流三县交界处，地形复杂，有广阔的回旋余地，自从吴匪盘踞，乡人即呼该地为"小梁山"。双流县警备队队长李占云前往清乡，被吴匪困于擦耳岩。1921 年又在金马河坝打败崇庆县陈乾周团，声名大振。著名匪首曹簧、杜奎等前来结伙，啸聚匪徒最多时达两千人。1922年吴匪被四川国民军第一师师长兼川北清乡军司令彭远耀招安，初任营长，参加刘湘反熊克武之战升任罗江县城防司令，次年 3 月，任温江清乡军第一支队长，时人故云"陆军大学不如绿林大学"。吴匪仍不改匪习，县知事江永林无法控制，逃往舒家渡避难。1924 年川军第十四师师长刘斌将其招安，委为旅长。次年腊月吴匪回刘家濠绑杀哥老首领戴安邦。戴之子报仇，于 1926 年正月将其杀于成都西郊住处。

川西灌县一带土匪也很猖狂。著名匪首有张油波、蒯廷忠、朱青山、宋国太、袁旭东、杨耀庭、周连五等，其中最知名的要数袁旭东。袁旭东（1909—1951），字玉英，又名少文，世居灌县玉堂乡，三岁丧父，靠母持家。幼时曾就读灌县乙种农业学校林科，因与乡绅子弟斗殴而辍学。回乡在玉堂场会仙桥侧袁家武棚子拜张鹏飞为师习武，其家境也更为穷困。袁于此时参加哥老会，与袍哥大爷董如松很熟。1926 年，他伙同王子奎等七人去成都凤凰山二十八军李家钰部驻地盗枪，运到郫县后事发，王子奎被捕杀。袁旭东逃往卧龙关一带保烟帮。一次，他将崇义铺烟帮卫黄等十二人打死，刁青云得知后将袁等撵回玉堂乡袁家山。1932 年，袁率匪伙投奔宋辅卿为便衣队。因与中兴乡桑子清不和，被桑包围，腹部受伤，抬回袁家山。次年，毗河军阀混战，二十四军战败。袁在漩口袭击该部尚营长，夺得枪支，却被李少舟抢走，袁盛怒，纵火烧李宅。1935 年袁接受灌县四区区长招安，去通江、巴中围攻红军，被击溃后回灌县为匪，骚扰灌县、崇庆、汶川等县。1943 年，省保安六团清乡，被袁击退，且抄杀副乡长陈季字全家。1946 年，第一行政区专员冯均逸亲自来玉堂场招安，袁旭东佯装接受，并在玉堂场修建别墅卧雪山庄，但拒不交出武力。他自己用抢劫的钱财购置田宅，仍纵容其爪牙为匪。袁旭东三十余年横行灌县、崇庆、汶川一带，拉肥子、抢童子，奸淫烧杀，无恶不作。1947 年，在其宅设坛超度为其匪伙所杀冤魂，名列牌位者达 946 人之多。

1946 年前后，四川省第一行政督察区在灌县设立两个联防清剿办事处，但各地匪患如故。其原因在于从民国初年以来形成的军（军阀）、团（团防）、袍（袍哥）、匪（匪伙）四位一体的联系从未斩断，甚至酿成由哥老、土匪包办治安的怪现象。当时四川省内各县负责保境安民重任的主要负责人及各乡镇的团总，基本上都是当地的袍哥舵把子。如四川省会警察局侦缉队长刘家兴（从民国初年到 20 世纪 30 年代初一直控制侦缉队），便是成都"协进社"的袍哥。在蓝世钲任司令时，城防司令部谍查长是温江袍哥戚亮斋。三军（指邓锡侯、田颂尧、刘文辉三军联合指挥部）时代结束后设立四川善后督办公署，其专管治安的情报处长冷开泰，就是四川著名的土匪和袍哥"汉华公社"总舵把子，其成员中的周联五便是灌县的匪头。成都卫戍司令部的谍查主任是著名袍哥张绍泉，副主任是郫县大袍哥徐子昌。成都警备司令部的另一谍查机构——乡村情报所，其主任银运华是袍哥"华成公"的舵把子。

川西北德阳、罗江、绵竹、安县、彰明（后撤县）五县交界处的隐逸山，山本不高不险，由于是五县交界，又是一块飞地，因而匪患猖獗。小小弹丸之地，南北长不足十公里，东西宽仅三公里，就有十余个袍哥码头。这些码头的袍哥大爷，全是各乡团总、联防大队长，一到夜晚，全部明火执仗，异地抢劫，甚至凶残地将新上任的年轻乡长蔡福周一家活活烧死。蔡福周是隐逸山本地人，中学毕业，有正气，负责任，同情百姓，于是没给各路袍哥拜码头，并对袍哥公事公办，提出整顿治安的各项要求，这就触犯了袍哥的利益。一个冬夜，蔡福周全家睡熟，一伙歹徒包围了蔡福周家，将所有门窗锁死封严，将两桶煤油倒在蔡家房上，然后点火焚烧。熊熊大火映红了天，房中哭喊惨叫声早惊醒了隐逸山人，但是谁也不敢去救，一家三口人活活被烧死。官军到来，又不知是哪个县的匪徒，查无处查，抓无处抓，只有不了了之。当地百姓苦不堪言，匪徒恶名遍及川西北。

曾经被人民视为英雄的袍哥，到了民国中期，不少人变成了人人唾弃的匪徒，为害乡里，为害周边，成了大害。其原因有以下几种：

（1）啯噜自身的匪性遗传。袍哥的前身是啯噜会，他们本是无业无产的游民，为了生存，他们结伙抢、盗、骗，即使到了清中后期，袍哥们都有了固定住所和活动场所（码头），但仍被统治者视为盗贼，各地各级官员都要剿灭他们。而他们的经济来源仍然有限，于是便对一些为富不仁或他们认为该劫夺的官商富户进行有计划有组织的抢劫骗盗，民国时期，这种生财之道仍被许多码头所沿袭。

（2）袍哥在辛亥革命（保路运动）中贡献突出，被视为"民国的功臣"，因此许多袍哥便沾沾自喜，居功自傲，认为民国的天下（至少是四川）是袍哥用生命和鲜血换来的，就连孙中山和黄兴都称赞袍哥，委袍哥舵爷以重任，因此向民众向官商收点"利钱"是天经地义的，于是打家劫舍、拦夺路人便成了常事。

（3）民国中期是多事之秋，军阀混战、国共战争、日军侵略，哪一件事都是让最高统治者揪心的事，四川及其他地方的袍匪事件虽屡屡发生，甚至抢劫到政府头上，但较之前几者，也只是疥癣之事，统治者根本腾不出手来料理。事情闹大了，便责成地方军阀来剿一下，而这些军阀又与袍匪有着许多关系，于是也只走走过场，这些袍哥匪徒便把政府的"剿匪"视同儿戏了。

（4）清朝时，袍哥组织是秘密的，有很大危险，因此袍哥公口（码头）一个县只有几个或一个，而民国时，由于是"有功之臣"，袍哥合法化，身份公开，无危险了，袍哥公口便如雨后春笋，迅速滋生出来，一个县多达几百个公口。僧多粥少，每一个袍哥都要吃饭，而且要吃好的，除了一些正当生意、正当收入外，不得已只得谋取"飞来横财"，去抢劫。所以，许多袍哥码头，白天是"清水"，是人民的保护神，到了夜晚，脸上一抹，便开始杀人越货，只不过不在本码头行劫，"兔子不吃窝边草"，或远方作案，或易地作案。

（5）政府委袍哥以重任，如维护地方治安，造成了官匪一家的局面。袍哥舵爷一般都是民团团总、联防队长、保安司令、游击司令等，还给枪支弹药，有改府撑腰，袍哥们行事更是胆大气粗了。

第三节　袍哥与烟帮

烟帮，即保帮运售鸦片的武装集团，是民国时期袍哥土匪和军政界人物的结合体。四川禁烟运动始于 1915 年。四川省政府于 1936 年 10 月 12 日颁布《禁烟委员会组织规程》，1937 年 11 月公布《四川省厉行查缉余毒办法》，1938 年 5 月公布《四川省禁烟稠验规则》《取缔土膏店办法》《各县烟民传戒办法》。这些书面法规繁多，但都仅为一纸空文。官通烟帮，军动烟土，明禁暗贩，禁而不绝。

四川的鸦片烟有两大来源。一为云南、贵州两省所产"南土"，有贵州土城烟帮保运。当时四川设有"叙永、古蔺、古宋、长宁、兴文禁烟查缉所"，驻节叙永。但该县政府的秘书、县财委会副主任以及著名的哥老会头面人物（人称"叙永五霸"）公开插足烟帮，使烟土源源不断地运往重庆。二为当时的四川第十六行政督察区所属的懋功、茂县、松潘、靖化、汶川以及比邻的雅属芦山、天全等县。烟帮则多由灌县进出，运往成都。1938年，灌县的袍哥西华公总舵把子申价屏亲自带领武装烟帮到懋功，除去运费净得鸦片烟五千余两。灌县袍哥大爷曾成志，曾先后担任灌县蒲阳镇警备队长、灌县城防中队长、绥署谍报科组长、一六四师少校副官等职。1942年，他任灌县城防中队长时，借清匪为名，带烟帮进山，替别人保烟和自己贩烟共得鸦片两万余两。灌县其他的较大的烟帮头目还有周联五、杨文光、贾长清、杨吉廷、曾子光、杨耀庭、姚可南等人。禁运的这些黑幕使民国期间四川烟毒泛滥。1938年2月，灌县不完全统计有吸毒烟民共4560人，直到1949年尚有烟毒店71家。

川西北的安县，是烟帮出没的另一条大道。"1949年统计，全县各乡镇开设红灯烟馆达427家，制造熟膏者19家，制造'唆唆'（鸦片毒品）的1家。本县山区产大烟1600公斤。每年到松潘、茂县一带武装贩运大烟的有76帮，5360余人；零星贩运者5700人；年贩运烟土4800公斤。"①

此外，袍哥中的不良分子还带来另一社会弊端，便是赌博。袍哥的公口茶馆，有不少兼做赌场。所谓"以抢劫为武差事，以赌博为文差事"，袍哥大爷大摆赌场，抽头吃利，害得人倾家荡产，械斗仇杀，使社会不得安宁。

旧中国四川各地的卖淫嫖娼，也多有袍哥势力为其靠山，特别是中上等妓院，如成都有名的"花老四"便以王缵绪的"怜民社"为后台。19世纪40年代，成都市省会警察局正式发给"乐女证"的娼妓有13565名，大多数均有黑后台。

黄、赌、毒历来是地下社会垄断的行业。

第四节　袍哥的火并

由于政府的纵容，也由于政府首脑忙于内战，无暇顾及民间的事，原本"为国为民、驱除鞑房"的袍哥组织，在19世纪30年代以后，公心渐渐消退，私欲渐渐膨胀，往往为

---

① 参见《安县志》第二十四篇《社会风土》，巴蜀书社1991年版。

了私利，为了本码头利益，与昔日的反清战友刀枪相向，甚至血流成河、尸积如山。

为了抢夺地盘，为了寻仇报复，袍哥们经常发生冲突，"大鱼吃小鱼"，有些火并还演化为战争。

一、　柑子树之战

1923 年，双流县柑子树场镇的李安邦与刘家濠的黄瞎子的火并，是一场前所未有的袍哥大战。

双流县柑子树场镇位于金马河旁，是李安邦的"防地"，金马河上游二十里便是刘家濠，是黄瞎子的势力范围。黄瞎子的兄弟伙有许多剽悍亡命之徒，如吴歪嘴、雷大马刀、张吉三、苏尔黄等都是有名的负案悍匪。

事件的起因是吴歪嘴带人在李安邦的"防地"抢劫军阀刘成勋部队一个团队枪支，弄得柑子树全场大乱。李安邦非常不满。黄瞎子又提出要在柑子树场镇建码头。李安邦知道，这是抢夺码头，拒绝了。

1923 年 11 月，黄瞎子串联了十二个袍哥舵把子，纠集了两千多人枪，准备袭击柑子树场镇。李安邦得到消息，约集了温江、华阳、新津以及本县的袍哥大爷秦月州、陈吉三、吴炳文、吴小丰、骆孟阳、白绍坤、岳崇仙、杨栋臣、姚树廷、邹善成、陈斌武约五千人枪，推举秦月州为总指挥，准备在黄瞎子出动后，直捣刘家濠黄瞎子的老巢。

黄瞎子见抵不过李安邦，便派苏尔黄为代表，出面交涉议和，李同意罢兵，并遣散了援军。哪知黄瞎子议和是假，缓兵是真，待李人马撤退时，黄瞎子又卷土重来。黄瞎子、吴歪嘴带袍匪冲过金马河，封锁石桥，直攻李住地永泉寺。李不备，身边只有百余人，仓皇退逃。黄瞎子追赶十余里。后来，李安邦得到军队接应，反攻黄瞎子获大胜。黄、吴二人下落不明，其余十多个黄的干将和邀来的袍哥大爷，被李安邦用招安的办法诱回，酒席间将他们当场击毙。参战的黄、吴袍兵，全被围歼，逃出者很少。

二、　金堂赖罗火并

赖金廷是金堂县有名的恶霸袍哥，驻防金堂县的旅长杨秀春也怕他三分。罗春山是龙王场、红瓦店、云绣乡的袍哥舵把子，和赖金廷是老庚、干亲家。1925 年杨秀春实行以匪治匪，派人与赖金廷、罗春山商谈成立"联合团"维持治安，条件是不在辖区内抢劫。由赖金廷直接管辖，任副团长；龙王、日新、云绣、福洪等丘陵乡镇由罗春山管辖，罗任大队长，归赖金廷指挥。不久，赖与罗争一散兵的新式手枪，赖未夺到手，便对罗有怨气。1927 年，赖的兄弟伙何锡珍的手下罗老九在罗春山的辖区抢劫，被罗春山所杀，何怀恨在心，常在赖金廷面前挑拨是非，赖对罗很不满。1928年罗春山的亲信严茂生率袍匪冒充军队去成都郊外抢劫时，慌乱中遗失物证，经查是金堂县赖金廷"联合团"的东西。成都疑为赖金廷所为，乃将物证交由驻军杨秀春查处。杨嘱团长、金堂县长许达权转告赖："上峰原打算委你当清乡司令，看来这个局面你也难维持了。"赖听后，怒不可遏，认为是罗春山有意陷害他，又使他失去升官的机会，便决计除掉罗春山。

1929年3月，赖金廷掌握罗春山信佛的特点，设计在康家渡悬幡挂榜打"罗天大醮"，请罗申文上表，表示对罗的尊敬。罗很高兴，亲率林二兴等十余人前往。到达康家渡后，赖假意盛情接待，赖的兄弟伙何锡珍与罗很熟，陪罗烧鸦片烟，罗的手下也各有赖的兄弟伙相陪。当晚二更后，何锡珍与罗开玩笑，乘其不备，连发三枪，未击中要害，又拖至天井里，把余下的七发子弹全部倾泻在罗身上，结果了罗的性命。又把罗的尸体从后门拖出放在市场坝。这时，赖金廷走来，潸然泪下，亲手给罗春山烧了一堆"倒头纸"，并吩咐兄弟伙用被子裹尸，派人看守。第二天，又派赖合山、赖昆山等十余人，随带抬盒两个，装满金银斗壳、香蜡钱纸、猪头三牲等祭品，护送罗的尸体到罗家。赖金廷狡诈多端，这种假意标榜袍哥义气的做法，果然收到了一时的效果。罗春山的老婆非但没有计较，反而以礼相待。

罗春山死后，手下庄子才、严茂生马上扶植罗的幼弟罗绍光继续掌舵，他二人掌握实权，发誓要为罗春山报仇。赖金廷决计一不做二不休，以武力吃掉庄子才、严茂生。是年4月下旬，赖集中全部力量，外调一区民团，兵分九路攻向龙王场。这天，正是安葬罗春山的日期，刚把棺材抬出大门，闻警后，庄子才立即集合袍兵逃走。赖金廷手下管事刘华春带人赶到罗家门口，对着棺材打了三枪。罗绍光、庄子才更充满仇恨。庄子才背着罗春山的灵牌，头上顶着纸钱，其余人也脱光上身，一心与赖决一死战。于是，兵分两路，向已到达牟塔寺的赖合山拼死进攻。哀兵必胜，以一当十，锐不可当，一鼓作气把赖合山打败。赖金廷稳不住阵脚，节节败退。许达权的部队本来是佯装支持，见赖败逃，就一枪不放，从泰山庙撤向姚渡。赖金廷的袍兵全线崩溃。

庄子才、严茂生虽然取得胜利，但自量实力不如赖金廷大。庄子才避往新繁，严茂生逃走大邑，这场火并才算结束。

三、"左大王"与"何天王"

1928年，安县袍哥大爷何鼎成的当家三爷肖烈坐一乘四人轿，带一个随从，两个脚夫挑着一挑银元一挑烟土，回三台县柳池井省亲祭祖。由于何鼎成的面子，沿途袍哥码头都有花红火炮迎接，烟茶酒宴招待。肖烈由安县花荄到了绵阳新店子，新店子码头也宴请两日。新店子有个外地跑滩的袍哥廖老九对肖烈说："有个左汉章'左大王'在此地耍了几个月，人很对，是否请拜兄会一会？"肖烈认为自己的上司何鼎成是天王，天王总比大王凶，自己又是当家三爷，是耍枪耍炮操出来的，根本不把左汉章放在眼里，于是就说："披毛长角的野仙，我去拜会他？不去！"廖老九把此话传给了左汉章，左大怒，当晚召集他的二十多个兄弟伙"坐堂"（开会），以肖烈侮辱他为借口，令他的死党武茂生、钟守安率二十余人，携火炮、大刀等武器连夜赶到松垭，在肖烈回三台的必经之地水磨河和太平山分路处埋伏，置肖烈于死地。事后，让随从给何鼎成带话，说肖烈被绵阳左大王拿了梁子，造了"忍"字，何天王有枪杆，左大王有腿杆。何鼎成听了报告，气得七窍生烟，大叫要捉拿左汉章报仇，食肉寝皮，并明示手下：把左汉章活捉，幺排升大爷，要当官的升连长；打死左汉章的，幺排升三爷，要当官的升排长。左汉章听到这个消息，从此隐匿于灌县刁青云、什邡马伯华处，根本不露面，所得的银元烟土，一股送了人情，一股分给兄弟，一股自用。十年后，何鼎成死了，这桩命案才不了了之。

四、　火并新都夏德三

1923 年，广汉袍哥大爷陈裕光（外号"陈龅牙"）、康绍文攻打新都下东区团防的事件也是由于袍哥间的矛盾引起的。由陈裕光出名片字样到各县招请匪队，打与康绍文有仇的新都下东区团总夏德三。什邡的匪头冯老四、冯老五，彭县的匪头何吉三，安县的匪头李磨子，绵竹的匪头谭开述、廖成谷，罗江的匪头易祖德等，一方面由于袍哥互助是所谓"义气"，而主要的是为了打伙求财，都应陈龅牙的招请，率匪队前来。加上与康绍文直接有勾结的金堂匪头彭植其、赖金廷等匪部以及陈龅牙、康绍文的兄弟伙，共计四五千人，打出陈龅牙精心拟出的"奉天命打团防"的旗号，浩浩荡荡地去攻打与广汉西区邻接的新都下东区。团总夏德三没有料到匪人有这么多，在众寡悬殊的情况下，团队被缴了械，夏德三兄弟被击毙，驻军张有卓（夏请来的）营也被打垮，张营长被俘。各部匪头，名义上由陈龅牙指挥，实际上当然谁也管不了谁。他们在新都下东区约蔡家庙（现四川化工厂一带）、唐家寺及与广汉连接地区的向阳场一带大抢三日，成都到广汉的交通完全断绝，这一带居民家内的财产被洗劫一空。匪徒拉"肥猪"（人质）一千余人，并拉去青年妇女五六百人。这些妇女很多后来自杀或被杀。在匪徒大抢三天当中，新都到广汉的大道上，挤满了逃难的人群，周围几十里的居民都跑了，他们扶老携幼，四处逃生，个个咒骂，惨痛难言。

匪徒抢劫之后，退驻广汉北区，在什邡、德阳、广汉三县交界的兴隆场、金辅寺一带出卖拉到的"肥猪"，有的几百元几十元一个，有的几元一个也卖。因为他们要回原来的匪巢，距新都远，以后事主家人不容易来取，所以宁愿降价出售，以免多费伙食；同时他们拉的穷人也多，实在卖不起价。他们说："我们当拉了一只鸡一样，总要卖几个钱。"

各路匪徒经过一个多月才退完。在这期间，广汉和新都的驻军坐视不理，不肯去追。就连彭植其、康绍文俘获的张有卓营长，也是后来由新都地方哥老首领派人交涉，向新都全县人民筹款一万八千元，才得赎回！

第五节　袍哥泛滥

四川军阀以哥老会为工具，加紧争夺地盘，袍哥组织也趁机大肆发展。1934 年，二十四军退西康，刘文辉叫他的五哥刘文彩来西康组织袍哥。除了刘文彩之外，还指派军部副官陈耀伦，旅长袁国瑞、杨升武，财政厅长文和笙等四人帮助筹备。诸事齐备后，刘文彩派人到宜宾邀请仁字旗叙荣乐大舵把子宛玉庭，义字旗大爷李绍修来雅安，主持成立叙荣乐雅安总社，以刘文彩等五个筹备人为总舵把子。但是叙荣乐只是在雅安成立了总社，没有能够向各县发展。

1939 年，雅属各县开始普种鸦片。种烟、运烟都需要武力，于是大批枪弹流入各县，地方武装大大发展，而这些武装又都掌握在袍哥手里。二十四军为了掌握这些地方武力，各师旅长都讲起袍哥来，袍哥组织像雨后春笋一样应运而生。1941 年起，单是在雅安先后就成立九道公口，人数约为 9784 人。其中有：

（1）进同社，由二十四军团长刘述尧任社长，一个退职营长陈碧光任副社长，约有袍哥 600 人。

（2）忠义社，由二十四军退职团长权光烈任社长，副社长是二十四军特务营副营长李忠孝和西康保安团团长王德全，约有袍哥 1500 人。

（3）荣宾合，由二十四军副官长陈耀伦任总社长，副总社长四人：二十四军军部交际主任杨国治，科长沈季和、俸薪樵，雅安县参议会议长（后来的国大代表）高炳鑫。雅安总社有 744 人，各分社共有 4683 人，总计 5427 人。

（4）成仁大同社，由二十四军营长安国长任社长，副社长二人，一是军部副官徐绍武，一是荥经到底坝乡长熊继湘，约有 357 人。

（5）会仁同，由西康省保安大队长张明清任社长，军部经理处委员彭文渊任副社长，共约 200 人。

（6）国光社，二十四军参谋长伍培英做幕后，由其侄子二十四军军部副官伍栋梁任社长，约 200 人。

（7）群贤社，二十四军一三七师师长刘元琮做幕后，其族弟刘元萼任社长，约 1200 人。

（8）辛巳俱乐部，由刘文辉的侍从室主任吴定一任社长，副社长有军部副官处副处长左仲三、毛丽三，退职团长王吉三，约 400 人。

（9）会礼同，由雅安地方袍哥舵把子开木器铺的生意人李耀庭任社长，地方袍哥舵把子开碗铺的生意人周玉成任副社长，约 200 人。

由上面各个公口的主持人就可看到当时袍哥与军队的关联。袍哥的发展不止在军队，也扩充到党政群团各界，甚至中小学教师、中医生等。国民党雅安县书记长邓守勋、天全县三青团干事长刘茂松，都是荥宾合的三排。天全县书记长熊大武是荥宾合的大爷，宝兴县长权光烈、芦山县长陈叔才都是袍哥。王达生当了天全县长，感到不是袍哥吃不开，赶忙跑回雅安向陈耀伦叩头，请求栽培；陈提他做个三排，他就感到"恩同再造"。唐湘帆当荥经县长，带的卫队都是袍哥便衣队，别人称他县长他不高兴，总希望人家称他唐大爷。①

由于袍哥的泛滥与势力的膨胀，袍哥对地方政权的干预和渗透更加厉害，造成了所谓的"袍灾"。1921 年，杨森委任四川兵工厂总办马德洪为川南总司令，带了金良佐一个步兵团到天全，同时还委任谢克熙为天全县长。谢克熙是二十多岁的年轻人，不懂得政治手腕。他为了向地方筹集军费，办了酒席请地方士绅吃饭。在席上，他首先要求团练局长杨敏三出钱。杨是天全的地主，又是袍哥的舵把子，一向武断乡里，目无官府。县长当着地方士绅要他出钱，他感到面子难过，不答应。谢克熙说："你是地方首户，你都不带头出，谁愿出？"两人你一言我一语，斗起气来了。杨在桌子上拍了一巴掌说："老子就不出。"随即愤然离席而去。杨一出城就调集各乡袍哥来围城。

团长金佐良知道事情是由于筹集军饷引起的，就一面指挥部队守城，一面提了几桶洋

① 参见杨国治：《西康雅属的袍哥》，载刘剑、丁小梅编：《帮会奇观》，中国文史出版社 2001 年版，第 214—215 页。

油，扬言要将全城街房烧毁。那时，天全仁字旗袍哥信义公的舵把子是杨鹤山，由于天全只有这一道仁字旗的公口，杨鹤山又是一个正直热心的人，平时与杨敏三的关系还不坏，看到事情紧急，就挺身出城去会杨敏三。但杨敏三不接受调停，要继续攻城。杨鹤山回到城里央求金良佐体恤百姓，不能烧城。金良佐看到攻城的人多，寡不敌众，怕攻城后自己走不掉，于是答应只要地方给他筹集点军费，他愿意率队离开，并请杨鹤山送他到雅安。

金良佐一走，杨敏三率领袍哥打进城，将谢克熙捉住。杨对谢说："你要我的钱，我要你的命！"谢克熙被绑出时，惨叫："杨大爷，我才二十多岁呀，请饶个命吧！"但是杨敏三无动于衷，谢克熙就这样被枪杀。

天全县永盛乡十八道水场有个袍哥曹茂松，原曾任该县衙门的警备队长，后来退职嗨大爷。1927 年秋天，他的兄弟伙进城，为了一点小事与驻军的士兵打起来。袍哥人少，有的挨打后跑了，有几个倚仗自己是袍哥，跑到连部去，想连长与他们敷敷面子。可连长杨某是一个不通嗨的人，他听这些人提到袍哥，就说："老子不懂，毛多（谐音袍哥）嘛肉少。"这些袍哥挨了骂，回去后对曹茂松添油加醋地一说，曹就下令，拥了袍哥二百人，一律便衣带刀，乘双十节的晚上进城，用马刀砍死连部卫兵，抢进营盘，杀了杨连长并砍死砍伤士兵几十人，然后将全连枪弹抢劫一空。

当时天全驻军是二十四军张旅长部下李松营的第三连，张旅长大为震怒，立即调集部队要剿办天全。地方士绅吓慌了，忙又把杨鹤山大爷找了出来进行调停。张旅长提出惩办祸首、清还枪支、抚恤伤亡等条件。结果是曹茂松被逼走了，死了的由地方掩埋，伤了的由地方医治，清不齐的枪支由地方赔偿。事后曹茂松还说："杨敏三当年杀死县长都没事，杀个连长算得啥。"言下之意，不是他害了地方，而是地方绅士太胆小了。

就是这个曹茂松，过了两年，也就是 1929 年，由于他的兄弟伙与另一袍哥大爷杨绍兴的兄弟伙打架，他也出头。双方为了给兄弟伙扎起，曹家就与杨家打起明仗来。这一仗前后打了十五年。杨绍兴被曹家打死，后来，杨家又把曹茂松打死。前一辈死了，后一辈又接着打下去。杨绍兴的儿子杨明光与曹茂松的侄子曹独手又打了几年。双方前后死伤几百人，烧的四合头大瓦房就有若干间。十八道水场本来是天全县的首场，附近都是产米区，但由于袍哥长期打仗，场上几百家人都搬走了，只剩下几户孤寡，场没人敢来赶了，四周的农田无人耕种，成了一片荒野。老百姓死的死，逃的逃，连上粮也没人了。

1944 年，刘文辉任命陈耀伦为雅属剿匪司令，由杨国治先行带了三个营的兵力到了天全，经与天全县长商议，决定对十八道水场采取招抚的办法，由杨国治先用"叫梁子"的方式把双方说好。双方同意以前的事一刀两断。陈耀伦到了十八道水场，向双方约定，今后如果谁先动手，军队就站在被打的一方。这场械斗才算停止。另外天全县新场街子的陈步胜和陈思亮的战火，从1941年开始一直打到1946年才由陈耀伦调解好。六年之间，双方死伤几百人，烧了房屋几十间，新场街子闹得几年无人赶集。①

第六节 袍哥分化

哥老会尽管给四川的社会生活带来了上述弊端，但当时它事实上仍拥有广大农民、城市平民以及破产失业的小生产者，因此，哥老会也就不能不在一定程度上反映和代表这些人的意愿和要求。当时的四川军阀为了实现称霸野心，连年混战，对人民征收高额的田赋和苛捐杂税，以充军费。民国初年，四川全省田赋总额沿袭清末的税额为476万元。到1925年，已增加到710万元。② 但仍不能满足日益频繁的军阀混战所需经费。有的已开始提前预征田赋，郫县已征至1979年，即强行预征了53年。此外，还有上百种的杂捐杂税，如北伐捐、冬防捐、门牌捐、艺妓捐、牛皮捐，种鸦片的上烟捐，不种的上懒捐，吃鸦片的上瘾民捐，农民穿草鞋进城交草鞋捐，赤脚的交赤脚捐，甚至还有妓女从良捐、花子捐，就是厕所也要收茅厕捐。③ 当时民谣有"饿殍遗钱犹纳税，穷户无处不催科"，"自古未闻粪有税，而今只有屁无捐"之句。④

1927年初，郫县属于二十八军邓国璋师龚渭清旅的防区。由于军阀横征暴敛，民怨沸腾，郫县新场团总、哥老会首领张云卿，组织"农民御暴自卫军"，自任总指挥。四乡闻风而起，3月27日，花园场首先发生抗捐斗争，该乡周锡元等率民团和农民武装打死下乡催捐的军阀部队连长。后来，犀浦、永兴、太和、三道堰等场纷纷加入，组成十个大队。加上灌县、温江、崇宁、双流、新繁、金堂和成都前来声援的农民武装，共约一万五千人，开赴郫县城，围城四十八天。龚渭清心惊胆战，在被围之初即向驻灌县的李德发旅求援。4

---

① 参见杨国治：《西康雅属的袍哥》，载刘剑、丁小梅编：《帮会奇观》，中国文史出版社2001年版，第221页。
② 西南军阀史研究会编：《西南军阀史研究丛刊》第一辑，四川人民出版社1982年版，第394页。
③ 西南军阀史研究会编：《西南军阀史研究丛刊》第二辑，四川人民出版社1983年版，第104页。
④ 参见王纯五：《袍哥探秘》，巴蜀书社1993年版，第163页。

月9日，该旅沿成灌公路东下，在太平寺与农民军激战一整天，遭受重创，农民军牺牲三十七人。后由三军部出面调停，以龚部换防、废除一年苛捐杂税、五年不预征田粮税赋、免去二十万军费等条件平息事态；并举行"农军阵亡将士追悼大会"，竖立纪念碑。同年7月，张云卿在中国共产党郫县临时县委书记黎灌英（静中）帮助下，开办"吉祥寺团练学校"，组建农民协会，成立"川西独轮车工会"。

为了检阅农民武装力量，扩大革命影响，以黎静中为书记的中共郫县临时县委决定，由哥老会首领张云卿出面召开并主持追悼大会和树碑典礼。时间在10月，地点在新场。

当时参加的人，除新场本地和它的联幅乡场马街及三道堰的农军、群众外，还有外乡外县代表，共一万余人，大都荷枪实弹，送的挽联把整个新场都挂满了。开会时，各乡乡长、本街的首事站在前面，农军和团练队伍站在中间，工会、农会、学生等排在后面。追悼会上，黎静中和张云卿都讲了话，历数了军阀、贪官、污吏、土豪、劣绅的罪恶，号召人民起来同他们斗争。

黎静中为大会写了好些挽联，其一是：

三月杜鹃声，唤醒农民春梦；

九秋黄花祭，招来烈士忠魂。

黎静中还为大会写了一篇韵体祭文，原文佚失。还有一首《悼死难农友歌》：

烈士们！烈士们！

奋斗牺牲不顾身，

尽逐暴军出郫城；

农民革命垂青史，

烈士芳名万古存！

为支援郫县农民军，灌县哥老会头目、团练局长宋辅卿于3月31日指挥河东民团从东、南、北三面进攻灌县城。随后，又在崇义铺阻击军阀李德发旅开往郫县的部队，并在石羊镇、柳街乡与军阀部队激战。① 1929年2月，灌县崇义乡组建了由中共灌县特支领导的农民协会，以"农民大同盟"的名义发表宣言抗捐。同一时期，曾莱在荣县和内江领导

---

① 《灌县志·宋辅卿传》，四川人民出版社1991年版。

210

农民运动。蒲江县高桥也建立农民协会，展开反对军阀的抗暴斗争。眉山、邻水等县也开展轰轰烈烈的农民运动，其中均有哥老会的成员参加。

张云卿（1882—1930），郫县新民场乡金柏村人。三道堰高等小学堂肄业，后入岷阳书院学习。结业后，常住成都，经营木器生意，并为叔父张达三奔走于郫、彭、灌、崇等县。宣统二年（1910），经张达三推荐，加入袍哥再加入同盟会，回乡后，任协合保保长。1919年任安定乡（新民场）乡长及团总。

张云卿为人正直，做事有胆识。任乡长期间，见军阀随意铸造假银元坑害百姓，十分气愤，把乡民家中的假银元 1500 元集中起来，要求军阀兑换后归还乡民，乡民极为称赞。后担任袍哥首领，名闻郫、彭、灌、崇等川西各县，引起军阀注意。

1925 年，江防军总司令黄隐派部队驻扎新场，以清乡剿匪为名，对付张云卿。张云卿临危不惧，即时调集团丁五百多人，以武力对武力，迫使军阀撤退。

当时，郫县驻军旅长邓国璋任意抽税，年预征达六年以上，致使民不聊生。张云卿于 1926 年春组织农民游行示威，反对军阀横征暴敛。农民高举锄头钉耙，张贴标语，高呼"砍倒一切不平等条约！""砍倒烂军阀！"同年秋，张云卿组织了"农民协进会"，联络各乡农民、工人及青年学生，高呼"打倒帝国主义""打倒吴佩孚""打倒烂军阀""拥护郫县农会"等口号，举行第二次示威游行。队伍到达县城时，驻军紧闭城门。1927 年春，县政府宣布征收税捐九万六千元，根据当时的收税额，这已经收到了 1979 年，激起了群众的强烈不满。张云卿便联络各乡，组织"农民自卫军"四千多人，在新场东岳庙建立农军总部，张云卿被推为"农民自卫军"总指挥。他广泛联合崇宁、灌县、温江、彭县、新繁（现属新都）等县民团一万多人，抗粮抗捐（又称"农军冲突"）。

同年 6 月，张云卿又在新场青塔寺开办团练学校，培训干部，自任校长。7 月，中共川西特委派共产党员黎静中等来郫县开展工作。张云卿在黎静中的帮助下，改造旧农会，组织以贫雇农为主体的新农会；冬季，又建立理发、独轮车等十多个工会组织，组织工人反对抽捐抽税，要求当局兑现工人最低工资。

1928 年，农运逐步深入，张云卿接受黎静中建议，在新场玉皇观开办政治训练班，由黎静中主持，培养农民骨干。同时成立妇女协会，组织少年宣传队，宣传反帝反封建的民主革命思想。

1930 年冬，张云卿病故，终年 48 岁。出殡之日，全乡数千人手持白花默哀送葬。

第七节　防区时期的著名袍哥

军阀混战的防区时期，袍哥、军阀互为表里，相互渗透，在四川政治、经济、军事、文化的舞台上，袍哥大爷翻手为云，覆手为雨，演绎出不少闹剧，这其中最有影响的袍哥人物当数刘文彩、冷开泰和石孝先。

一、刘文彩

民国时期，四川大邑县的刘氏家族盛极一时，刘湘、刘文辉掌控了四川军政大权，同时刘文彩控制下的袍哥为其巩固军队和地方势力起了极大的作用。

刘文彩，号廷星，1887 年生，在家排行老五，是川西地区的大地主。1949 年 3 月 18 日《大公报》称，刘文彩在四川富户中居第三十三位。而 20 世纪 80 年代的《大邑县志》确认刘的地产为 8091.43 亩。刘文彩涉足袍哥甚早，早年就是大邑县总舵把子牟秉年的拜弟并被牟封为小老么。当时他以牟亲信的身份，出入大邑和附近各县的场镇，所到之处，备受当地袍哥的关照。

刘文彩曾任"叙府清乡司令部中将司令"和"川南税捐总局总办"。驻叙府（宜宾）期间，因叙府民团基本上是袍哥队伍，为了控制民团，刘文彩更是不惜以官宦之身，亲自整编叙府袍哥。刘文彩整编叙府袍哥时，四川哥老会已普遍与军阀合流。

二十四军军长、西康省的实际控制者刘文辉想凭借自己的政权力量在西康发展袍哥，便与他的哥哥刘文彩利用家乡大邑县的特殊位置，建立一个庞大的袍哥码头，西接康藏，南连成都及川中各州县，"公益协进社"便产生了。

"公益协进社"初创于 1941 年冬，由安仁原来的五个袍哥公口合并而成。总舵把子由刘雄三、刘文彩和刘体仁担任，刘文彩掌握着实权。

"公益协进社"的社规：（1）同心同德同肝胆，结仁结义结金兰。（2）本社讲仁义，讲忠孝，不准对父母忤逆，不准对拜兄失礼。同时宣称：没有不是的拜兄，只有不是的拜弟；舵把子有事，兄弟伙要打就打，要拼就拼；尊重妇女，不许串灶（奸淫自家亲属的妇女），如有串灶，抛江扑灰等等。①

"公益协进社"初创时并未大张旗鼓，规模和影响都有限。1942 年 3 月刘文辉回乡省亲。刘文辉此次回乡，排场不小，出动了两辆轿车，刘文辉夫妇和孩子们坐一辆，五六个随从坐一辆；此外还有一辆大卡车，供警卫排乘用，警卫排一色黄呢军服，荷枪实弹，煞是威风。

刘文辉回乡省亲确实成了公益协进社的一个转折点。刘文辉刚刚返蓉，刘文彩就将公益协进社扩大规模，升格为总社，日常经费由他的账房按时拨给财务股，特殊开支通过他，需要多少，解决多少。这个总社就成为联络、争取、团结其他袍哥公口的总机关。

袍哥大爷都设有自己的茶馆，又叫茶社，名为"立码头"，把茶馆当作袍哥兄弟伙的活动中心，并借此对外送往迎来，广为交纳。刘文彩也有自己的茶馆，叫作"同庆茶楼"，是一栋全砖结构的三层洋楼，迄今仍矗立在安仁镇街头。

公益协进社拥有支、分社三百六十多个，"十万兄弟伙，一万多条枪"，威震川西。

公益协进社异军突起，成为 20 世纪 40 年代川西农村实力最雄厚的袍哥组织之一。安仁镇从此不再只是刘文辉的后院，而且成了刘文辉家族集团在川西江湖的大本营，成了刘文辉家族集团伸向四川的一个主要的桥头堡。

有一些故事，可说明刘文彩当时在大邑、在川西的权势。

1942 年 3 月 6 日，新津县张场先主寺弦歌悠扬，公益协进社"协进剧部"应邀来此演出。

"协进剧部"是个新班子，它是刘文彩亲自组建的。

刘文彩是个半文盲，但这个半文盲竟还很有一点文艺细胞。他爱好川剧，爱听川剧坐唱，擅长打"响器"和"帮腔"。叙府时期，常邀约一些玩友到家里清唱同乐。他在安仁特意兴建戏院，并以他的字号命名。组织公益协进社，他也没忘记配个戏班子，派专人去成都"做箱子"（即招收演员），高薪聘来川剧名角。

袍哥公口办剧团，也算是中国帮会史上的一个创举。

刘文彩始料未及的是，他的这个创举，差点引来一场刀兵之灾。戏班子跑码头，受地头蛇刁难是常有的事。但协进剧部应该可以例外——毕竟有刘文彩做靠山。先主寺一个叫

---

①　邵雍：《近代中国乡村社会权势关系演变——以刘文彩与袍哥为个案》，载《上海师范大学学报（哲社版）》2004 年第 5 期。

张汉卿的小混混，却偏要在老虎嘴上拔牙。

剧团有位叫菊芬的旦角，颇有姿色，张汉卿就起了色心。

这天他酒足饭饱之后，在几个兄弟伙的簇拥下大摇大摆地进了剧场，正好菊芬登台。菊芬原本在成都春熙大舞台唱红，刘文彩许诺"一不陪酒，二要保证安全"，才说服她加盟"协进剧部"。安仁镇谁都不敢轻薄她。张汉卿不知轻重，见菊芬天生丽质，而且演技过人，就动了邪念，赶紧到台角守候，演出结束时把菊芬拦了下来，一嘴酒气地要菊芬到外面陪他喝一盅。菊芬死活不依，他便动起了手。公益协进社管事李沛成闻声赶来，把菊芬拉到身后，警告张汉卿："我们总办讲了，菊芬不陪酒。你不要惹事啊！"

李沛成原以为"总办"两个字会把张汉卿吓跑，哪知道张汉卿听了反而勃然作色，指着李沛成骂："总办算个球！阎王老子都不怕，你吓唬谁？"

其他人知道大势不好，拉上菊芬就走。张汉卿想追，被李沛成拦住去路，张气急败坏，一边咆哮一边对李沛成拳打脚踢。公益协进社另一个管事跑回安仁向刘文彩报信。

刘文彩拍案而起，马上指令："能和则和，能打则打，总归要张汉卿认罪才罢休。"

3月8日清晨，先主寺被团团包围。当地袍哥大爷李元亨刚开门，就见四面山头人山人海，一个个枪在握，弹上膛。李元亨大惊，知道是张汉卿闯下大祸了，赶忙拉上张汉卿，亲自赶到安仁，朝着刘文彩双双跪下，恳求"高抬贵手"，网开一面。刘文彩则端坐不动，一声不吭。李元亨到底见识广，马上明白过来：张汉卿冒犯的不只是刘文彩，而是整个公益协进社。没奈何，二人便在安仁设宴，一桌一桌地向公益协进社会众赔不是。原来天不怕地不怕的张汉卿，这时一边尾随着大爷李元亨，一边紧张地环顾左右，生怕有人报复他，两条腿直打抖。[①]

该出手时就出手，这是刘文彩能够聚合十万会众的一个重要原因。

公益协进社不仅叱咤江湖，对官府同样颇具威慑力。公益协进社核心机构"内八堂"，与一般袍哥公口的"内八堂"迥然有别，并无"座堂""盟证""陪堂""元堂""执堂""副堂""礼堂""刑堂""新一"之设，而是全盘照搬政府体制，设慈善股、调解股、水利股、教育股、治安股、总务股、财务股、交际股，几乎将政府事务囊括净尽，这是刘文彩对袍哥传统体制的一次重大改革，使袍哥组织和职能现代化、社会化；另一方面，也是与蒋介石集团把持的地方政权分庭抗礼。在刘文彩眼里，他的公益协进社实际上是一种特殊

---

① 参见笑蜀：《刘文彩真相》，陕西师范大学出版社1999年版，第255-256页。

的政权形态——"地下政权""幕后政权"。而他自己，则常常以"地下首脑""幕后首脑"的身份，凌驾于地方合法行政首长之上，对他们颐指气使。对刘文彩的这种自命，地方合法行政首长没有谁敢不默认。大邑县和附近各县的新县长上任，必须先去安仁镇向刘文彩"报到"，每逢安仁镇刘氏家族有重大庆典，必须送礼致贺。

刘文彩就这样在蒋介石集团控制的川西农村，建立了刘氏家族集团的"国中之国"。他当然颇为自得。有一次，他公开戏谑来老公馆"朝拜"的几位"父母官"说："你们这些蒋介石的豆瓣，不要以为'为政不得罪巨室'嘛，只要你们有啥，就给我说。"刘文彩对作为官方意识形态的"三民主义"没有兴趣。一次，别人提到了"三民主义"，刘文彩嘴一撇说："啥子三民主义，不如学好三门手艺。"虽然大邑县府依照蒋介石中央政府的指令，于 1943 年、1947 年迭次颁布关于哥老会组织的各项禁令，对眼皮底下的公益协进社却不敢稍有冒犯；虽然"天无二日""国无二主"是中国人固有的心理，地方当局却也只能默认双重政权并存的现实，即"地下政权""幕后政权"公益协进社与地方合法政权并存的现实，默认"地下首脑""幕后首脑"刘文彩对地方合法行政首长指手画脚。①

刘文辉统治西康期间，为了解决军政费用，曾在境内广种鸦片，运销内地，以开辟财源。1942 年，刘文辉启用刘文彩推荐的唐登汉任荣经县长，自此大烟开始在荣经等地种植起来。该县的大烟收获后，常由刘文辉派出正规部队、刘文彩派出由袍哥舵把子率领的山防大队共同以"护商"的名义运回四川大邑，再由刘文彩主持的"公益协进社"负责经销。刘文辉为了直接向成都销售大烟，特派周桂三营驻在成都附近。周桂三等人负责保卫大烟仓库并通过袍哥关系，与成都的军警宪兵打交道，刺探查烟禁烟的情报。遇成都方面检查严风声紧时，就暂存不发运，等风头过了之后再大批运出。在袍哥关系的掩护下，周桂三营负责烟土转运十三年，运了六七千担烟，基本上没出过事。自 1942 年后，刘文辉的二十四军官兵与各县县长、乡镇长、袍哥土匪串通一气，经常以最低的价格向百姓收购成熟的大烟，然后在贩烟和抽烟税中牟取暴利，大发横财。②

二、 冷开泰

冷开泰（1889—1950），四川仁寿县观音寺木泥寺村人。十几岁时被清巡防军招为新兵，服侍管带。后由成都新巷子罗大爷栽培，加入袍哥任小老幺。1911 年 12 月 8 日，四川

---

① 参见笑蜀：《刘文彩真相》，陕西师范大学出版社 1999 年版，第 273–275 页。
② 参见赵宏：《袍哥理门一贯道》，团结出版社 2006 年版，第 155 页。

军政府都督蒲殿俊在东较场点兵，巡防军闹饷哗变。冷开泰是乱兵之一，大打"起发"，抢当铺、商场，愈抢愈凶，后来竟发展到抢藩库银行。冷开泰带头开仓，将藩库银子七百万两抢劫一空。事发后害怕受到追究，远走甘肃碧口，开始贩鸦片、当土匪。后来由于得罪了"川西三杰"——灌县袍哥首领刁青云、申价屏和宋辅卿，只好跑滩到重庆。

1916年，冷开泰同重庆江防司令余际唐的第四区司令范济祥部中绰号老圈的著名匪首彭氏三兄弟等混在一起，开始抢劫生涯。由彭老圈弟兄拉队伍"放阴儿"（袍哥黑话，意为抢劫），冷开泰在重庆负责购买枪弹，共同分肥。同时冷在璧山开设"群英茶园"，作为招纳流亡匪徒的联络据点，并笼络璧山驻军团长徐光辉等，掩护其罪恶活动。后来冷开泰利用曾得荣的关系，在龙泉驿操袍哥，又结识了不少土匪。1920年，冷同这批土匪袍哥在石经寺换帖拜把。从此成都附近地区的恶势力结成一片，到处烧杀掳掠。同年，冷开泰被赖心辉"招安"为所部支队长，驻防龙泉驿、茶店子、山泉铺等处并继续抢劫行旅和住户。有次，冷开泰探得遂宁商帮将护送一二十挑银锭进省，就带着队伍，在山泉铺场上拦劫了这批银锭。随即把队伍拖到彭山，投奔驻防彭山的余连长，在彭山附近继续进行抢劫。

冷开泰在上海做客期间，利用青帮关系，帮川军第三混成旅李越森部的游击司令易吉三购买一批枪弹，沿途经汉口宜昌一带，由洪帮护送平安抵川。从此，他自以为有青洪两帮做掩护，可以在上海"拉肥猪"，就和身边的秦子均、向子材、肖进汉商量，物色到一个江西财主为"肥猪"对象，又串通一个在法租界某公馆的看门人，乘公馆主人不在上海时，假借别人名义骗财主赴宴，先用药把他的保镖麻醉，然后把财主绑走，交肖进汉等人看守。次日，事情暴露，三人被捕，其他二人被枪毙，冷开泰被廖海澄营救获释。

冷回川后，投奔驻防石柱的易吉三。易委任他为副官。冷嫌此处池子小，打听到三十二师师长唐式遵和三十三师师长潘文华驻防万县，就到万县投靠了三十二师独立旅旅长杨海清。后来冷开泰为刘湘办好了购运枪弹一事，深得刘湘赏识，委任他为驻汉办事处副官。从此，他在上海、汉口一带，专为刘湘购运枪弹和运销鸦片。由于他办事得宜，又被提升为宜昌办事处副处长，不久又改调为四川航务管理处检查处长。冷在宜昌活动一段时间后，回重庆见刘湘。刘委任他为四川善后督办公署首任情报处处长。

刘湘移驻成都后，冷向他献一条以匪治匪的方案，诱使各地匪首"缴枪自新"，以便收集人枪，以资利用。效果果然不错。金堂、温江、彭县、安县、绵阳、成都等地的匪首先后"自新"，共缴出长短枪二千支左右。督办公署都给这些人委以职务。后来成都市区的治安，基本上由这些自新的匪首负责维持。

刘湘到南京、上海、杭州等地，都由冷开泰负责保卫，随侍在侧。四川善后督办公署被撤销，另设川康绥靖主任公署后，冷开泰的职务自然解除。后来冷与军统有染，被刘湘察觉，关系发生微妙变化，不被任用。

冷开泰自情报处长下台后，利用自己与军阀、袍哥的广泛关系，筹组公司行号，从事经济方面的投机诈骗活动。开办恒泰字号，地址在成都北新街，内部组织除经理、协理、会计等人员外，另设监察委员会。冷开泰任总经理。恒泰字号经营的业务除了存放款和投机买卖外，则是明明白白地贩运鸦片。组织西宁公司，总公司设在雅安，公司设董事会，下设运输、贸易两部和总务处。冷开泰任运输部经理。组织蜀和公司，冷开泰自任董事长，公司地址在成都光华街黄石子公馆。业务范围为存放款、代粮食部运输粮食，购买四川红白糖、叶烟，运销陕西。组织汉华公司，地址在成都西御街邹善成宅，冷开泰自任理事长。冷开泰在开办公司期间，不是按正规的公司运作，而是多用权谋和欺骗，致使这些公司在不长的时间内相继关闭。尔后，更是采用庇匪拉肥、坐地分赃、强行勒索等手段巧取豪夺。

1946年，冷开泰在成都开山立堂，成立汉华社，本人自任总舵把子。老袍哥王蕴滋还为汉华社撰写了《海底铨真》。后来，国民党四川省党部迫令解散汉华社。

1947年，冷开泰到处拉选票，竞选立法委员，不料，国民党突然规定立委候选人要由中央提名，冷开泰的竞选资格被宣布无效。

1949年，国民党在成都开办"游击干部训练班"，班中设"设计委员会"，冷开泰任副主任委员。那时，军校有各种新旧武器两万余件，还有许多军用物资，拟分批发给受训人员。冷转达游干班受训的人，叫他们各自回去组织队伍，有多少人发多少枪。在发枪之前，军校先征询冷的意见，要他考核报来的队伍人数是否确实，以及这些头目的号召能力如何，这就使大批想拖队伍当官、领枪弹的人竞相奔走于冷开泰的门下。

成都解放前夕，冷开泰还坐着吉普车，与各地的反共游击组织密商对策。成都解放后，冷拒不自新，暗中策划各地聚众暴乱。当时，有十几个县发生暴动，其中有些是冷开泰直接指挥的，有些是受冷的影响而发生暴乱的。

1950年，冷开泰被镇压。

三、　石孝先

石孝先（1907—1949），出生于重庆南岸大石坝。年幼失学，从小就在外面惹是生非，嗨袍哥从幺满十排嗨起，还嗨过很久的三排，因为太年轻不能出山当大爷。其父石青阳很忧虑，给他找了一个厉害的女人金渊管他，还真把石孝先管得服服帖帖的，可是由于金渊的两个哥哥与石孝先过从甚密，到后来就无法管他了。石青阳又把石孝先送到黄埔军校第三期受训。石孝先受不了那种约束，结拜兄弟，打架角力，破坏学校的纪律，学校准备开除他，他却开小差跑到上海去了。石孝先所到之处，总以约人拜把子为要事，领袖欲又很强，其最终目的是想当全国哥老会的总舵把子。石孝先在南京开"浣花饭店"时，把店内一切经理人等，从他石家的舅祖公汤老爷起，到红白两案的厨师，以至于跑堂打杂的幺师等等，全都叫来嗨了袍哥。他趁关门打烊时，在大餐堂内挂起一幅关云长画像，点上大红蜡烛，说是石青阳大爷赏了示，其人可嗨某几排，敬过神，行过礼，于是饭店里的工友们都是袍哥了。石孝先只要有空闲，就在饭店里讲述袍哥的故事，以此笼络人心。

蒋介石政府西迁重庆之时，石孝先出山当大爷开山堂，其袍哥组织叫"三合公"。石孝先经常派人在茶坊酒肆，大办招待，以"小洞天"为中上等宴客地点。一般的袍哥，多半在章华大舞台侧边的道地饭铺，吃了记上石孝先的账就行了。他知道戴笠在监视他，就主动请戴笠吃饭。事前先行准备，装点门面，大摆阵容，要让戴笠看看他的手面和潜在实力。不但陪客的名单自己挑了又挑，连任招待的小兄弟都是心腹。不久，戴笠又回请石孝先。你来我往，打得火热。戴笠还提出要与石孝先合作，但一直没有成功。原来，石孝先提出的合作条件是"混和编制，互相训练"。第一步是戴笠拨一批特务参加袍哥组织，作特务技术的训练，再由石孝先拨一批人给戴笠，安置在军统局工作，以后军统要继续安排袍哥人马，几千几万都不在乎。这个办法是让袍哥队伍特务化，戴笠当然不会同意。双方周旋了好久，戴笠指派了一个川籍特务汤伯勋参加袍哥，石孝先指定其为五排，管事或当家，随他自己的意愿。后来汤伯勋请石孝先对戴笠说，汤本人要求脱离特务组织，专门嗨袍哥。这事为特务组织纪律所不容许。戴笠认为石孝先在挖他的墙脚，因而大为不满，就把汤伯勋调回军统局，从此不知下落。石孝先猜测，这个汤五弟一定被戴笠暗杀了。两人的关系更加僵化。

抗战期间，重庆粮食供应紧张，蒋介石召集粮食部长徐堪、次长刘航琛等开会，出高价到处去买米，想尽办法却总是买不到。正在紧张之际，石孝先站出来说："我有办法，三日之内包管有大米源源而来，只消我派人到四乡各县产米区去。你们先拨款子来，赶快准备车船，交给我调度作为运粮工具，我打包票解决这个问题。"蒋介石立即叫徐堪、刘航琛拨大宗款项交给石孝先，让他去买粮食。

款项到手后，石孝先发动袍哥兄弟连夜分头到各产粮区采购粮食。不出三天，大量的粮食就由水陆不断地运到重庆。接着石孝先在小十字打铜街口一座三层楼房挂起"重庆民食供应处"的招牌。附近居民欢呼道："石大爷的米来了，大家快站队购买。"各重要街道也都设置了供应站，由袍哥兄弟招呼发卖。很快各仓库、码头、货栈，都堆上了大米，说是石大爷办来解决民食的。

此举却得罪了刘航琛。刘本来想利用粮食危机夺取粮食部长职务，不料石孝先以袍哥力量破了他的美梦。刘以粮食部的官方势力威胁石孝先，严查石孝先买米的账。要石孝先一笔一笔地凭据报销，以符"合法的会计手续"。凡是有账目不清，手续不全的，定要石孝先赔偿。石孝先却根本不吃他那一套。刘航琛改派他的亲信涂重光来接管民食供应处，也碰壁而返，从而把事情弄得很僵。

此前，石孝先同刘航琛合伙做过猪鬃生意，所囤的货放在刘的仓库里，且价值不菲。刘航琛声言："如果石孝先不办清手续，就要扣留他的猪鬃。"石孝先盛怒之下，集合袍哥队伍，到仓库硬把大批猪鬃提走了。刘航琛无可奈何，只好认输。

石孝先为了不让刘航琛在经济上扼住自己，决定筹办海丰银行，地址选择在小十字原来的民食供应处。由石孝先担任总经理，在璧山、永川、隆昌等县市设分支行。

张群主政四川后，得知石孝先同刘湘部下的两个师勾结得紧，于是对他严加防范。住在石孝先家的杨沧白，唯恐石孝先出事，于是作了一首长诗送他，要石好自检点。其诗云：

> 石生瑰具人中龙，少年意气矜豪雄。
>
> 与余两世笃师友，宛有退让君子风。
>
> 人心苦愈山川险，乱世涉深嗟难免。
>
> 济人然后归隐耕，愿尔虽亨无忘蹇。
>
> 若翁平生擅豪快，逐虏兴军晚赢债。
>
> 独奉香山一瓣香，生死交情几人在。
>
> 诫子知翁慕郑陶，此亦人子素怀高。
>
> 等视冤亲系悲悯，暴寡凌弱徒蠢蠢。
>
> 夷祸滔天今足凛，无语心忧唯涕陨。
>
> 勖君箴群冀君省！

不久，石孝先突然失踪。遍寻山城，无人知其去向。当时，除了蒋介石，谁也不敢惹石孝先。石老太太泣求杨沧白搭救儿子。于是杨沧白写了一封亲笔信给蒋介石："闻青阳之子孝先密赴公召，多日不归。窃以为师之教导学生，礼固宜然。第其母望之心切，仍盼告诸其家，以便驰送衣物书籍来也。"蒋介石立即派人安慰石老太太。石孝先被蒋关了一段时间后，放回。由此，石大爷的威信大减，海丰银行也办不成了。

石孝先受到蒋介石的压制，元气大伤，但仍想在政治上捞取资本。抗战后，国民党还都南京。石在"国大代表"的选举中受阻于重庆市市长张笃伦。石孝先母子俩同赴南京为蒋介石祝寿，请求蒋介石帮助他参加竞选。后来石孝先如愿以偿当选为"国大代表"。为了报答蒋介石，在重庆解放前半个月，石孝先发起了十万人的"迎蒋示威大游行"，喊出了"欢迎蒋总统""打倒共产党"的口号。

1949 年 11 月 30 日，重庆宣告解放，成立了军管会。第二天，军管会派人叫石孝先亲自去报到，问话之后仍让他回家。次日，石孝先于惊骇之余病死于家中。①

---

① 参见赵宏：《袍哥理门一贯道》，团结出版社 2006 年版，第 206－218 页。

第十一章 抗日战争时期的四川袍哥

第一节 袍哥的联合

20世纪30年代，四川哥老会组织迅猛发展，成都、重庆成为川西、川东两地袍哥活动的中心。日军侵略中国后，国内仁人志士一致要求政府摒弃内仇，一致对外，于是国共两党再度合作，其他平素有成见的一些团体也纷纷联合，这给川口袍哥组织也营造了一种联合的大氛围。再者各地袍哥公口有大有小，小码头常有受气之事发生，为了避免受气，于是中心码头纷纷联合成大码头。

据《新新新闻》1943年9月的统计，成都全城计有667条街巷，哥老会公口码头（连同分支社在内），总数在600左右。这些公口人数不等，多者上万，少者近百。前期规模较大的有：东门"汉永社"，社长王青云；南门"崇汉社"，社长卢华廷；西门"清和社"，社长余海山；北门"庆福社"，社长卢怀三；城中"宣汉社"，社长王瑞生，总称"四门五码头"。后期打乱了这种格局，由现任或卸任的党、政、军、特头面人物，各立门户。著名的有，由卸任县长陈俊珊任社长的"聚贤文武社"，公口码头设在成都新开寺；由一六四师师长彭焕章创立的"合叙同"，公口一度设在春熙路；由省会警察局侦缉大队长刘嘉兴创立的"协进社"，码头设在华兴街的福荫茶社；由成都警备司令部督察处长徐子昌创立的"西城社"，码头设在花牌坊大茶馆；由军统特务黄亚光创立的"群益总社"，码头设在天仙桥茶社；由中统特务成都区长刘国辉创立的"大中社"，码头设在提督街大中茶社。另外还有善后督办公署情报处长冷开泰的"汉华社"，稽查处长蒋浩澄的"同声社"，乡村情报所所长银运华的"华成社"，川康绥靖公署谍报课长蔡玉斌的"更生社"，二十一军金柜课长吴毅侯的"正伦社"，警备司令部参谋彭德贵的"融志社"，军统特务周予迅的"正诚社"，旅长邓叔才的"社建会",成都县长曾次金的"大成社"。①

抗日战争爆发后,全国的政治中心转移到重庆,各种帮会势力都在重庆寻找机会,重庆的袍哥组织也得以迅猛发展。抗战时期四川哥老会呈现出以下特点:一方面是国民政府以重庆为陪都,加紧了对四川哥老会的控制和利用,以此对付地方实力派和进步力量,先后炮制成立所谓"人民动员委员会"等组织,妄图领导控制全国的帮会。同时蒋介石又认为四川帮会势力太大,除派特务密切控制外,还随时企图杀一儆百,使袍哥更加顺从他。蒋介石把兵役署署长、四川袍哥程泽润枪毙,便是一例。另一方面,四川的地方实力派也企图掌握袍哥,以做后盾。刘文辉便在雅安大肆发展袍哥并趁机扩充其实力,以此与蒋介石抗衡。抗战期间,沦陷区的青帮、洪帮及其他帮会组织蜂拥入川并在四川大肆发展,这也刺激了四川哥老会的本土竞争意识。哥老会恶性膨胀,公口越来越多,成员越来越滥。在激烈的政治斗争中,四川各地的袍哥以地域组织合会,实行大联合的趋势日益增强,并且纷纷争取官方的登记认可,成为公开合法的社会组织。为适应不断发展的形势需要,大多数的哥老会在组织结构上也发生了重大变化。如大邑县刘氏家族的公益协进社,下设治安股、经济股、外交股、水利股、调解股、文书股,已与现代政权机关的结构趋于一致。

大邑县安仁镇是军阀防区制时期川军许多将校的老家。刘氏家族在四川政治、军事上举足轻重。1941 年,官僚地主刘文彩为了扩大势力,将原先的安仁公、利安公、敦仁公、集成公、兴义公五个公口合并成立公益协进社,总社设在安仁场同庆茶楼。社长刘雄三,副社长刘文彩和刘体仁。其分社和支社共一百三十多个,分布在成都、邛崃、眉山、蒲江、新津、乐山、雅安、天全等地,号称"十万兄弟伙,一万多条枪",成为 20 世纪 40 年代川西农村实力雄厚的袍哥组织。

偏处西康的雅安,袍哥大联合的规模更大。荣宾合摘取孙中山《三民主义》中的某些词句编成袍哥的誓词和社章,向县政府立案获准,成为合法的社会组织。先后在竞选国大代表、县参议长、自卫队队长、乡镇长中起着举足轻重的作用。

川北的阆中县,于 1941 年由哥老会仁字号的保汉公、义字号的聚义公、礼字号的扶汉公联合成立"保德社"。

川南的宜宾县,于 1944 年由哥老会头目黄叙平、周绍文、闵锡如、黄季云等邀集各家代表在县城东街商余茶社开会,先后洽商两月余,成立了袍哥的统一组织"协进会"。选举

---

① 绍云:《成都袍哥史略》,载《成都志通讯》1988 年第 1 期。

吕鹿鸣为会长，下设办事处，每十天开茶会一次，有重大事情则召开大会协商。

1943 年 3 月，成都行辕主任兼省主席张群，对哥老会方面发布禁令。但就在禁令公布期间，成都开了一个万人以上参加的袍哥迎宾大会，为的是庆祝"合叙同"袍哥总社开山立堂。"合叙同"原是川南宜宾一带的大型袍哥码头。事前由成都袍界权威人士在马镇街刘耀奎家会商决定在成都成立总社，一致推举当时驻成都担任警备的潘文华部一六四师师长彭焕章当总舵把子，他的副师长严啸虎当时任成都警备司令。根据绍云《成都袍哥史略》记载："这个'合叙同'总社，组织之庞大，范围之宽广，人员之众多，可以说是空前未有。除总社外，还设立了东、南、西、北、中五个支社；又在华阳县境内设立十三个支社；另外又设忠、孝、仁、爱、信、义、和、平八个分社；加上'精洁''精容''精诚'三个分社，共有二十四个分社、支社，总人数八万三千多人。迎宾大会是在成都东丁字街华瀛大舞台开的。开会那天，全川各县大小码头派来参加的代表即有二千八百多人。当时的省会警察局长方超，系军统特务头目，奉行辕密令，亲率武装警察向东丁字街会场进发，准备包围逮捕一批首要分子，立个大功。不料，所有附近街巷交通隘口，早已由彭焕章的一六四师官兵荷枪实弹密布防守。方超见势不妙，只得偃旗息鼓借故溜走。"①

由于大批官绅成为哥老会首领，以及许多袍哥大爷被上层收买利用，因而哥老会已从清朝反抗封建统治的民间秘密结社，变成民国时期国民党、军阀奴役和压迫人民的工具。1907 年加入同盟会后又加入哥老会并长期在川西袍哥中进行活动的杨靖中，晚年在《自述历史》中慨叹："一切贪污土劣皆踊跃投机于国民党旗帜之下，只图升官发财，利己营私，天良丧尽，何以党言，以后恐无澄清之日矣。"杨靖中愤然辞去国民党崇宁县党部的职务，归隐"平乐山庄"。②

第二节　国民党对袍哥的控制和利用

抗日战争全面爆发后，中国的政治、社会均出现了极为混乱的局面。在中国拥有相当影响、历史悠久的教门、帮会势力乘势迅猛发展，并由此成为中国共产党、国民党以及日

---

① 绍云：《成都袍哥史略》，载《成都志通讯》1988 年第 1 期。
② 《郫县志》，四川人民出版社 1989 年版，第 760 页。

本侵华势力三大政治、军事力量都加以利用与控制的对象。

抗日战争时期，日本侵略者主要利用教门、帮会做以下几方面的工作：

（1）在沦陷区，以教门、帮会形式组织群众，提出"保家防匪"口号。如在"治安区模范县"山东峄县，日军强迫当地农民参加红枪会组织，每天晚上都要开讲、练功夫，即使农忙季节也不例外，有时还胁迫他们去峄南抢粮。

（2）在边缘区，以发展教门、帮会作为对抗日根据地实行封锁或蚕食的先锋队。

（3）在国统区或抗日根据地，利用教门、帮会作为特务活动线网之掩护。

中国共产党相应采取了争取、改造教门、帮会的对策，并根据形势的变化不断进行调整。在抗战初期，将争取教门、帮会作为发动民众运动的重要工作，此后，对教门、帮会的政策作出了具体的规定：

（1）在根据地，明令禁止封建教门、帮会活动，向人民宣传、解释敌人利用封建组织破坏根据地的阴谋。对某些会门头子与日寇勾结有破坏行为的，号召会门群众起来反对。会门头子必须向抗日政府自首、具结，宣誓不再进行会门活动。对广大会门群众，则予以深入教育并吸收加入各群众团体。

（2）对日军占领区或边缘区之会门，则派人积极打入，争取与团结会门群众，孤立其中的汉奸分子，推动会门打击敌伪下乡抢掠的便衣队、特务分子，广泛揭露敌人残暴行为，反对抽壮丁。

国民党为了抗日、反共，同时也为了稳定社会秩序、维护自己的统治，对教门、帮会势力采取了利用、控制与取缔的策略。

国民党四川省党部在"袍哥抗日"的口号下，派人四处组织哥老会。成都行辕还专门制定了《领导与运用汉流办法》："（一）拣忠实党员加入公口，运用其行动，激起其精神，使为本党工作。（二）吸收其首领与有力分子，提高其知识，匡正其思想，使能接受本党之领导。"[①] 1938 年 1 月，刘湘病逝于汉口，蒋介石为了直接控制四川，任命张群为四川省主席，遭到四川地方势力的抵制，川西哥老会扬言"要组织川康民众百万武力"以对抗。此种现象数年前已见端倪，故哥老会有时成为当政者的隐患。

1936 年 7 月 9 日，蒋介石驻重庆的行营以治宽字第 1460 号训令，要求四川省政府制定

---

① 梁家贵：《利用、控制与取缔：抗日战争时期国民党对教门、帮会的策略——以苏鲁皖为中心之探讨》，载《阜阳师范学院学报（社科版）》2002 年第 5 期。

禁止哥老会的有效办法。文中说："查川省哥老袍哥等会，从类众多，流品复杂，贻毒社会，由来已久。诚如原提案所谓一切作奸犯科、败乱法纪之事，无不与该会党徒为缘。与其制裁于事后，曷若防患于未然。二十四年三月五日通令省属各市县政府广张布告，厉行禁止该会党类之结合。一面责成当地官吏警团、地方首人随时严密查禁，有犯必惩，期以灭杀其力量。所幸禁令之后，此风随已消歇。本年初夏，因各县灾荒奇重，又恐若辈借端勾结，死灰复燃，扰乱社会治安……密电各专员，督饬所辖各县政府查明勒令解散。"

1936 年，四川省政府《惩治哥老会缔盟结社暂行治罪条例》规定：

第一条　四川省政府为禁止哥老会缔盟结社维持社会治安起见，特制定本条例。

第二条　自本条例公布之日起，各县政府应将各该地哥老会一律解散，由会中首领出具切结，并缴销戳记名册。如有底金者，应提作该县救事业费。

第三条　哥老会不遵令解散，或再有缔盟结社者，得拘捕其首要，处一年以下有期徒刑，或三百元以下罚金。

第四条　哥老会于命令解散时以暴力抗拒者，得按照刑法各条治罪。

第五条　各县政府应密派探警调查报告，并设密告柜，准由当地人民举发，但不得挟嫌诬陷。如经查明不实，应照诬告治罪。

第六条　本条例自呈奉委员长行营核准之日公布施行。

此条例下达各县政府后，收效甚微。如当时的成都市政府即在复文中说："等因奉此，自应遵办。惟查本市治安机关不属职府管辖，奉令前因，无法转饬。"

1936 年 9 月 12 日，社会部为处理帮会发布密令："关于处理帮会问题，经本部会商中央组织部另拟原则，呈奉核准如下：（1）变消极的防范为积极的领导，使成为本党外围组织。（2）遴选帮会中有地位及领导能力之本党同志，组织党团，发挥核心作用，以领导及掌握帮会之活动。（3）务须各地帮会不为奸党及民主同盟所利用。（4）防止各地帮会之组党运动。如万一不能办到，则运用党团组织从中发挥作用。（5）防止海外和国内帮会组织合流。"

1937 年，国民党中央派文鹤笙来成都改造哥老会，但受阻于地方势力，无法实施。1940 年，社会部决定加强对四川袍哥的领导，重庆哥老会首领张知竞等发起成立"国民自强社"。成都哥老会首脑得知此消息后，异常振奋，遂由成都哥老会首脑陈俊珊与四川省党部联系后，由陈俊珊、李瑞卿、卢怀三等联合成都各个哥老会堂口的大爷，于 1941 年 4 月

12 日在成都外南聚会，召开"国民互助社发起人会"。推定筹备员 33 人，以陈俊珊为筹备主任，卢怀三为副主任。国民党省党部职员鲜炽贤、赖鼎立也以袍哥资格参加发起人会。但事后直接指导这一行动的国民党军委会特别委员黄梦飞代表国民党中央"指示筹备会只能先组织成都国民互助社，不得成立省的组织"，"川西各县只能以人事关系推动组织，是否受成都互助社领导，应先得中央之核准"。①

抗日战争期间，重庆是国民党的政治中心，国民党为了巩固其独裁统治，特别注意利用袍哥势力分化打击进步力量和地方势力，曾先后在 1923 年组织"国民自强社"，1941 年组织"人民动员委员会"，派遣大批特务打入袍哥组织，进行控制和操纵。

"国民自强社"是由军统老牌特务、"十三太保"之一的曾扩情为幕后操纵者。1932 年夏天，在重庆机房街召开成立大会，重庆各个哥老会大公口均派大爷出席。大会推举陈兰亭为名誉社长，余仕高为社长，下设正副总干事等职。社址在龙王庙街章华大戏院楼上。该社经向国民党重庆市党部登记备案，批准为合法民众团体。一些袍哥曾在当时高兴地说："现在袍哥出头了，政府许我们嗨了！"1938 年余仕高病故，仁字号袍哥石孝先任总干事，冯什竹任副总干事，以重庆仁字号袍哥五人，义字号袍哥五人，礼字号袍哥三人，智、信两堂各一人分任干事。1939 年，军统局突将石孝先逮捕，"国民自强社"随之解体。②

"人民动员委员会"系 1941 年夏天在重庆莲花池江苏同乡会礼堂宣告成立的。参加成立大会的有重庆仁字号袍哥田德胜，以及谭备三、冯什竹、唐绍武、石孝先、何占云等袍哥首脑。青帮代表有张树声、韦作民，洪帮代表有杨虎、杨庆山、程壮等。另有各帮会骨干分子数百人。戴笠的军统局特务组织派警察总队副总队长徐亮主持成立大会。宣布其宗旨为"联合全国帮会抗战建国"；"服从三民主义，拥护蒋总裁"。委员会采取秘密组织方式，不挂牌子，对外用各自帮会名义进行活动。"人民动员委员会"曾参与暗杀汉奸，一直活动到抗战结束后。参加过成立大会的洪门代表崔锡麟回忆说："我到重庆后，决定搞一个全国性的青洪帮组织，以帮助抗日工作……不久，我们的活动被特务头子军统局局长戴笠知道了，他向蒋介石作了汇报。蒋说：'洪帮要组织起来抗日，万一被'异党'利用，不堪收拾。四川遍地是袍哥，势力很大，必须控制四川袍哥的各县头头……要用软的手段，不能硬来。'于是戴笠去找上海帮会头头杜月笙设法组织全国青洪帮大联合。后来杜月笙、戴

---

①　国民党军委会委员长侍从室档案。
②　唐绍武等：《解放前重庆的袍哥》，载《重庆文史资料》第三十一辑。

笠两人具名，在重庆交通银行，邀请田德胜、张树声、韦作民、向海潜、杨庆山等人参加宴会，提议组织'中国人民动员委员会'。"

可见，该组织是军统特务头子戴笠派警察总队副总队长徐亮出面，联络本地袍哥及外来的青、洪帮，组织的一个在军统特务控制下的统一的帮会机构。这一决定原出于蒋介石的授意，声称"戴先生（戴笠）是代表总裁领导大家的"。其组织章程为：委员会内部设书记、常务委员、委员及办事人员；并设办事处，由书记主持一切会务；设指导委员会、设计委员会，聘各帮会骨干分子参加工作。办事处秘密设在重庆戴家巷37号。

第一任书记为军统特务蒲凤鸣，原系云阳袍哥，他死后由特务金玉波（洪门）接替。当金与戴笠一起飞机失事摔死后，由军统特务严守三（洪门）继任。常务委员中有徐亮、张树声、杜月笙、杨虎、杨庆山等。委员有田得胜、冯什竹、韦作民、唐绍武、石孝先、程壮、蒋相臣等。指导委员、设计委员更有一批人。

军统利用"人民动员委员会"控制帮会，与中统发生了争夺。当时，国民党重庆市党部主任委员为中统头子方治，他也想控制袍哥组织，曾于1943年动员田得胜、冯什竹等袍哥大爷率各堂袍哥集体加入国民党。此事被"人民动员委员会"的军统头子金玉波得知，立即阻挠，使田得胜等不敢遵照中统指示行事。1944年，方治又令田得胜等率袍哥山堂组织"文化列车"，游行街头，遭到军统的阻挠，方治未能如愿。

抗战胜利后，因金玉波与戴笠同机丧命，原以动员抗战为名的"人民动员委员会"业已过时，遂自行销声匿迹。但国民党在抗战胜利后派遣了大批特务人员参加到帮会中，使某些帮会组织特务化。其中最典型的是在四川，军统特务大批参加洪门"武圣山"，参加创办袍哥组织"正诚社""融志社"等。"武圣山"原与上海洪门"五圣山"有关，原"五圣山"的首领张子廉于抗战胜利后在四川活动，与军统特务头子罗国熙以及杨森的亲信夏炯交往密切。罗、夏都是仁字袍哥，又结交了范绍增部的旅长廖开孝，廖为礼字袍哥。罗、夏都在上海参加过向海潜为首领的"五圣山"。在川的张子廉主张由川籍的罗、夏组织"武圣山"。由于袍哥在组织形式与礼仪上和洪门大致相同，彼此可以交叉参加，于是许多仁、义、礼各堂袍哥转入"武圣山"，使其得以迅速发展。

军统特务组织的"正诚社"，全部以军统人员为骨干。总社长周迅予，副总社长贺鳌。参加该社的袍哥，绝大多数是稽查处、警察局、侦缉队和刑警队系统的人员，并有重庆仁、义、礼各堂袍哥与军统有关系的特务分子。正诚社的活动与军统的活动是结合在一起的。他们在军统局命令下，经常夜间出动逮捕共产党员，迫害进步人士。他们还奉军统局命令，封闭《新华日报》馆，接收八路军办事处。新中国成立前后，少数正诚社分子随军统逃往台湾，大多数先后被捕，依法受到镇压或管教劳改。

军统特务组织的"融志社"，由曾成武任社长，寇忠大、李如德任副社长。三人都是特务头子唐毅手下的干将，有"三凶"之称。他们原来都是袍哥分子，组社后，大量吸收军统下层特务分子入社。该社配合军统稽查处人员，进行反共活动。由于该社社员是下层特务和警察，在民间作恶多端，敲诈勒索，民众畏如蛇蝎。融志社的舵把子人物，完全抛弃了袍哥的江湖义气，一意横行霸道。1947年，曾成武因争女人与时任重庆警备司令孙元良发生纠纷，孙将其逮捕，以抢劫罪名送法院，拟将曾处死。警察局长祖护曾成武，迫使孙将曾释放。但曾成武终因恶贯满盈，在成都被人打死。新中国成立后，融志社骨干分子纷纷被捕伏法。①

除了军统直接插手袍哥组织之外，中统特务拉拢利用的袍哥组织，如仁字正论社，义字众合社、全义社等，还吸收袍哥大爷加入中统特务组织，支持他们新组袍哥公口，著名的有刘野樵的"群义社"和卢俊卿的"大道公"。1945年春，刘野樵开始组建袍哥公口，因声望差，无号召力，乃用义结金兰方式笼络各堂袍哥弟兄，陆续拉得二十余人，聚集在"凯歌归"餐厅成立"群义社"组织，自己当上执事大爷，又名社长。他依靠国民党重庆市党部及中统特务的支持，分别向仁、义、礼各堂袍哥拉人，扩大力量，在国民党重庆市党部主任委员方治的策动指挥下，进行过很多反共活动。中统特务卢俊卿是袍哥大爷卢汉臣的侄儿，在仁字辈五排。卢欲自立公口，但力量不济，问计于石孝先。石教以新立公口，推三省公副舵把子蒋相臣为正舵把，自己为副舵把子，利用蒋相臣来过渡，挖三省公口墙脚，离间唐绍武与蒋相臣的合作关系。1946年春，卢趁蒋相臣经商去沪之时，用蒋相臣的名义宣布筹备成立新公口大道公。大道公成立时，卢俊卿自任社长。

三青团、复兴社控制下的袍哥公口不及中统控制的多，但在工商界却比中统力量大。三青团头目康泽、重庆市三青团支团部干事长陈介生控制下的袍哥组织有周懋植的"宗汉社"、仇秀敷的"正汉社"、高允斌的"四权公"等公口。

---

① 参见李山：《三教九流大观》，青海人民出版社1998年版，第1259页。

第三节　袍哥（"忠勇社"）《哥老会组织大纲》

面对全川哥老会大联合的趋势，国民党政府深恐因此会使四川地方实力派更加难以控制，多次明令禁止。1942 年，国民党四川省执行委员会组思字第 807 号训令："为严守本党立场，避免影响本党声誉计，凡属本党同志一律不准参加帮会。否则以违反党纪论。"1943 年，眉山县政府密令称："四川省政府密令开；案奉国民政府军事委员会委员长成都行辕三十一年十一月十五日……代电开；据机密报告，最近本省发现全省性之哥老会组织，名称为'忠勇社'，并附呈《组织大纲》一份。等因，奉此，除分行外，合亟令仰遵照，认真严肃查禁。县长张玉阶。"这份密令中所要查禁的哥老会全省性组织为"忠勇社"，但没有更多的资料印证这一组织在全省范围内的存在，倒是其组织大纲值得重视。

1942 年，四川袍哥内部（未署名）拟订《哥老会组织大纲》（原件存雅安档案馆），原文如下：

一、哥老组织之宗旨：为四川谋生存，为社会谋幸福，集中人力奠立四川之基础，领导社会以拥护中央抗战建国为宗旨。

二、统一四川哥老组织之名称，定名为忠勇社。凡属社会均以忠、义、勇、信四德为精神，即对团体尽忠，对弟兄尽义，对奋斗尽勇，对社会尽信，以发扬哥老之光大。

三、设委员会、总社、支社、分社等，成都设委员会，以川将领之高级者任委员长，以总其成。川东、川南、川西、川北各设总社，以川军之戍区将领任总社长，上承委员长之命令，以训练指挥各支社。各县设支社，以全县中哥老之资深望重者任支社长，上承总社长之命令，以训练指挥各分社长。各乡镇设分社，承支社长之命令，以训练各社员，使明忠义勇信四德，以发扬互助之精神，作保国卫民之奋斗。

四、社员之征集，就现在各乡镇之哥老组织改组，举行登记，以愿参加者为原则，不施勉强。惟社员分内外两组，内组为保护之社员，外组为被保护之社员。

五、外组社员之选格，不论士农工商，只要人格健全者均可参加，便需二人之介绍，一人之担保，具恳切之志愿者，方允其参加为正式会员。

六、内组社员之选格，以家声忠勇，有胆有力者，且富有忠勇牺牲之性，乐于效死之青年始得参加。但需有二人确切之担保，且具有恳切之志愿者，然后经相当之考核，严格训练，认为合格后，始得为正式会员。

七、外组社员之权利。外组社员加入后，即受本社之保障。若社员富者为盗匪所抢劫，呈报本社，本社负责清查，并附近各支分社帮助清查。如清查无着，本社负责赔偿。附近各支分社帮助赔偿。其次，若社员有官非口舌斗争等，不问理之曲直，本社得全力扶助，理直到□其正义，理曲者尽力照护，务使社员得享本社保障。但不得借故侵犯他人酿造争端，以违社规。如有上项情事者，受社内严厉之制裁。

八、外组社员之义务。外组社员加入时，按照社内规定酌缴节金底金。节金由按社员生活状况酌定其等级，统以米为原则，按各社情制度，其出入务使收入能供本社之支付。

九、内组成员之权利。凡加入内组社员者，得受本社之供养，即每年给以相当之生活费，若忠诚服务，不犯社内纪律事，若干年时或五年十年，本社给以相当之安家费，并升迁其地位。若社员为团体尽忠效命招致罪庆，为官府所拘禁，本社应尽人力以救之，总以达成目的为止。如用人力，即尽人事以图之；如用财力，即尽钱财以图之；如用武力，即尽武力以图之。务使社员以脱危为安。如社员不幸遭难，本社以□□从奖，并厚待其家属。

十、内组社员之义务。凡加入内组社员后，不知国家有官吏，不知政府有法律，以社内纪律为至尊，社长之命令为至上，社员之权利为至重，忠诚服务，对社员确尽保（护）之职责，不惜牺牲一切以完成其任务。

十一、内组社员之设置，按地方情形及外组社员之多寡以确定。外组社员之名额，如此分社□办时只有五百名，即按三九腊月所缴之节金若干以决定之。若五百人以高低□算，每人三节能缴米一斗二升，则可得米六十石，以五分之一作本社之临时费外，其余五分之四，即内组成员之生活费，每人以二斗计算，可养内组社员二十名。

十二、武器之设备。凡有内组社员若干名，即购枪若干支。其费用由外组社员筹备或由底金内开支。

十三、经费之保管。凡各总、支、分社，暂设经济委员会，以保管社内之经济。如外组社员所缴之底金为社内之基金，应由委员会决定其经营生产之方法，以剩余之一部分作内给社员之安家费，余为枪弹、教育费。节金为内组社员之生活费及社员之临时费等，统由委员会决定其支付。

十四、社员遭受损失之解决办法。凡外组社员遇匪抢劫，本社之内组社员负责调查，同时呈报支社，饬各分社负责清查，以清还为止。如无法清查时，本社负责赔偿，及五十里以内之分、支社均负帮助赔偿之责，五十里内之分、支社内组社员酌罚薪金以警其清查不力之咎。

十五、对社员之援助。凡社员有重大情事，需社内援助，本社得尽全力以援助之。如本社力薄不能援助者，呈请支社，饬各分社援助。若全县之力均不能援助者，呈请总社，饬附近各县支社援助，务期社员不受外力之摧残为目的。

十六、教育。本社之教育，以实行忠义勇信养成团结互助为教育方针，由委员会教育处训练干部分拨各总社，以巡回训练各支、分社内组社员，以养成忠义勇信之精神，指导外组社员，以遵循社规，协力互助，保护桑梓，谋安居乐业之享受。

十七、实行忠义勇信，表扬互助精神。内组社员尽量收容豪侠分子，经严格训练后，使成为忠义勇信之实行者，秉承社长之旨意，效忠于团体，为外组社员以忠义勇信之表率，创成互助之精神，消除地方之隐患，奠定桑梓之安定，使外组社员遵循社规，以安居乐业。凡有事故陈明社长后即得其援助，为社员彰其互助之精神，造成盗息民安，夜不闭户之社会，以促大同主义之实现。

十八、本社之目的，以发扬忠义勇信四德之精神，团结川人拥护建设四川事业，培植四川青年，恢复四川地位为目的。如有妨害吾川团结，消灭吾川之事业，摧残吾川之青年，制止忠义勇信之实行者，由委员会集中全力，以歼灭之，完成社员惟一之使命，以达其目的。①

从"忠勇社"《哥老会组织大纲》的内容看，袍哥实际上是借用土匪收取保护费的方式来维护一方的平安，其内部的规则高于国法。

这一点，我们从广汉县的袍哥土匪收取保险费的情况，可见其一斑。广汉位居川陕大道，商旅往来，素极频繁。但1913年以后，时通时阻，1917年以后，几乎经常不通。不但商旅通过需要绕道或托有力量的袍哥土匪头子出名片信件交涉，即小部军队通过也要派人沿途先办交涉，否则就要挨打被吃。后来匪头儿们认为道路无人通行，等于自绝财源，于是彼此商定一个办法，由他们分段各收保险费，让行人持他们的路票通行。例如一挑盐收保护险五角，一个徒手或包袱客收一元。布贩、丝帮看货议费，多者百元，少者几元、几十元不等。

---

① 陈柏青：《袍哥钩沉探微》，载《崇庆县文史资料选辑》第八辑。转引自王纯五：《袍哥探秘》，巴蜀书社1993年版，第176—180页。

匪首们鉴于普遍造成无人耕田和人口减少的现象，会断了他们以后的生计，于是也兴起一套"新办法"，用抽保险费来代替普遍抢劫。即每乡每保每月向当地大匪头领共缴保险费若干元，即由这个匪头领负责保护，如有劫案发生，由他们清追惩办；外地匪来抢劫，由他们派匪去打匪。保险费的筹收办法，各乡不一。北区六场和东区连山、金鱼等场，是规定农民有耕牛一头，月缴五角；养猪一头，月缴三角；种稻一亩，秋收后缴谷一斗；地主运租谷进城，每石缴银五角，如此等等。这样一来，有些乡镇农民又部分地开始从事生产，逃亡开始减少，匪徒们坐享收益，没有抢劫的麻烦，多少也有点好处。但是他们的欲望是没有止境的，钱财越多越好，人枪也是越多越好。这种分乡分片自收保险费的办法，总对他们有了限制，他们当然不能满足。所以有些出了保险费的地区，仍有抢劫事件发生。地方首人（当然是袍哥大爷）去报知大匪头领，匪头领只推说某些兄弟伙不听话，答应清查。有时也把兄弟伙"毛"（即杀掉）几个做个样子，以表示他们的"信用"。①

第四节　重庆的著名公口

尽管张群与国民党政府试图取缔和压制四川的袍哥组织，但由于其有很深的历史根源，又在群众中有特殊的根基，最终不了了之，反而各地的袍哥组织更加泛滥，公口较之以前又增加了很多，并出现了许多著名的公口（码头）。这一时期重庆著名的公口主要有：

一、正伦社

是田得胜成立主持的公口，抗日战争以前力量不大，声名也不显著。军统来渝，开始控制袍哥时，田得胜极力拥护，强出风头。1942年，杨森、王缵绪由前线回渝，宣传反共言论，军统示意袍哥欢迎。田得胜带头纠集各堂袍哥六七百人盗用全市民众名义，在百货业工会举行盛大宴会欢迎。第二年，田以自己养老为名，向袍哥弟兄募集一批捐款，捐献飞机一架，名为忠义献机，曾得国民党中央政府颁给的奖章一枚，大绶带一根。田的拜弟陈攸序，在王缵绪的重庆卫戍总司令部办公室任第三组组长，专门拉拢利用全市袍哥。他曾以卫戍部名义，聘任各堂较有名望的袍哥大爷百余人为联络专员，规定按期集会，汇报所在地区的各种情况。他为抬高田得胜的地位，挟以自重，从中拉拢王缵绪与田得胜结为

① 侯少煊：《广汉"匪世界"时期的军军匪匪》，载《四川文史资料选辑》第十六辑，第99－100页。

金兰兄弟。其后，又通过王的关系，使田与重庆市党部方治关系密切，接受中统利用。田死心塌地为蒋家王朝卖力，每逢集会，即派正伦社的流氓地痞冒充群众参加活动。重庆解放前夕，蒋介石一度飞渝，田得胜还带头欢迎，以表忠诚。新中国成立后，田被依法处决。

二、蓝社

蓝社为石孝先创立。蓝社发展虽快，但品类复杂，内部并不稳固。石孝先的目的主要是想争取人多，虚张声势，以作为在政治上经济上进行讹诈的手段。在蓝社核心分子中，石孝先的姐夫潘纯锻系中统特务，他的心腹助手向东普、张竹筠、刘元彬等人，都是作风恶劣的职业袍哥、流氓地痞或特务分子，终日钻营设计骗钱害人，无恶不作。国民党军政界有很多人都是石孝先的父执，因此，石孝先同他们有一定的关系，但关系比较深厚、成为其背景的则是复兴社、三青团。石孝先本人也是复兴社成员，与康泽、陈介生、汪观之等系黄埔同学。1945年冬，石孝先当选市参议员，即系三青团支持出来的。1947年春，重庆市党团内讧，党方参议员以刘野樵为主，猛烈质讯攻击民政局长汪观之，使汪穷于答辩。团方参议员却酝酿罢免刘野樵的国大代表。由石孝先领衔提案，得到通过，使刘野樵的锋芒顿减。汪观之感激石孝先为之出气，在石孝先竞选二届"行宪"的国大代表时，预为准备假票，以军队选票为名，支持其当选。

三、三省公

三省公为重庆仁字袍哥老公口之一。抗日战争时期，由唐绍武继任执事大爷，蒋相臣、董泽普为副手，陈国章任大管事，人数约为三四百人，各阶层人物都有，其中工商金融界人较多，也有不少军警特务和地方保甲人员。组织活动比较保守，虽然也打破了过去的香规仪注，但还保留了一部分封建形式，每年仍照旧例，举办单刀会、中元会、团年、团拜四次大会，并举行简便仪式，吸收人员。唐绍武是一个旧式袍哥，嗜好赌博，吃喝玩乐，原来经营的沙利文饭店出顶后，另开大华饭店、盟友舞厅、冠生园餐馆等企业，依靠老袍哥的一套社会活动门道进行经营，业务很盛。对于军统、中统及各方面的政治力量，都采用圆滑应付手腕，保持表面良好关系，但不深入。

蒋相臣一向偏重工商业，经营瑞华玻璃厂、瑞华公司、瑞丰烟草公司等，凭借袍哥力量来发展工商业。以后，他在工商界有了一些地位，才逐渐参加政治活动，企图取得一些政治地位来掩护扩大经济事业。他曾任江北区长，后又当选市参议员，对国民党、三青团、市政府、工商界、袍哥各方面，都采取圆滑敷衍手段应付一切，遇事观看风色，再定行止。

四、义字总社

重庆袍哥公开搞政治活动后，强烈要求扩大影响，仅靠打破陈规、增加人数来扩大力量已嫌不足；必须统一行动、集中力量，才能达成其政治目的。仁字袍哥欲组织总社，由于条件不够，没有组成。而义字袍哥有组成总社的条件：一是义字袍哥在清代就强调团结统一，民国以来，林振国做总舵把子时始行分开，但为时不久；二是抗日战争中期，义字袍哥有一二十道公口，而且几个大公口各有二十到四十不等的分社，全市共有二百多道分社，需要统一；三是各公口主持大爷都是中下层社会成员，文化水平较低，意见较易协调。

"树德社"是以陈兰亭、冯什竹为首创办的。由于陈的地位和冯的人缘，早已成为重庆义字袍哥实际上的中心组织。

1944 年春，冯什竹、陈兰亭两次约集义字公口首脑，拟以树德社来统一重庆义字袍哥。各公口认为这个方式含有不平等意义，内心不服，表示冷淡，拖延很久未得结果。冯什竹了解到大家不同意以"树德社"名义领导，并知道孝义社舵把子杨少宣暗中作梗，于是改变方式，多方疏解酝酿，并拉杨少宣合作，终于 1945 年 4 月成立筹备委员会，推出八个委员，以冯什竹为主任委员，以杨少宣为副主任委员。又经过一段时间筹备，取得动员委员会书记金玉波同意，于 10 月 2 日在磁器街回园召开重庆义字总社成立大会，推举冯什竹、杨少宣为正副总社长。

总社内部组织改变过去二三五、幺满十排的形式，在两名社长之下设立部门职位，其人选由冯、杨二人协商提出，得到大家赞成。总社设在米花街竞业茶社楼上，每日按时办公。组长以上系义务职，其余办事人员支月薪，每月经费约法币三百万元。集会应酬招待等费，均在社办的五福公司盈利项下开支。总社成立之后，义字原来各社不动，仅须服从总社领导而已。冯什竹、杨少宣运用一些方法笼络各社首脑，保障其权利，调和内部矛盾。如果一般兄弟在烟赌娼酒及一切违法犯禁事件上出了问题，则极力庇护支持，或者调停平息，使大家感到总社确有作用，因而建立威信。义字各社分子绝大多数是军警特务和地方保甲人员，在中下层社会势力很大。

义字总社的社会经济活动，首先，是开办五福公司，专做囤积居奇、投机倒把、买空卖空等生意，盈利很多，可供总社开支。其次，是利用机会接收私立中学或私立医院，改名中正中学和重庆医院，假借教育和卫生事业之名来提高总社的社会声望。由于冯什竹的吸毒嗜好太深，精神体力不足，许多事务都掌握在杨少宣手中。冯什竹的脾气好，人缘广，杨少宣的干劲大，办法多，两人配合得当，义字总社一时颇为兴盛。义字总社在基层政权和民意代表选举上，特别显示了力量。过去义字袍哥在政治活动方面是远不如仁字袍哥。义字总社未成立之前，各区的区民代表主席竞选，十八个区，义字仅占两个。总社成立后，在区长和市参议员两次选举中，统一安排全市各区义字袍哥候选名单，统一布置竞选活动，集中力量，一致投票。临选前，杨少宣等乘吉普车亲赴各区指示督促，在十八个区中，义字袍哥当选十六个正副区长，当选十四个市参议员，获得巨大胜利。

自此以后，义字总社自称掌握三张王牌：第一张是警察局军统特务六个侦缉队的五个队长（仅一个是仁字袍哥）；第二张是全市十八个区的十六个正副区长；第三张是市参议会的十四个参议员和他们拉拢另外十二三个参议员结成的小集团。冯什竹、杨少宣自己虽不出面做官，但运用手中这三张牌，玩弄欺哄吓（hè）诈手段，不但市民畏若豺狼，就是市长、局长，有时也要移尊就教。义字总社成立时，卫戍总司令王缵绪亲临致贺。杨森就任市长，莅任次日，即拜访冯、杨。稽查处长罗国熙，警察局长唐毅、陈善周，民政局长赵冠先等，都与冯、杨勾结，狼狈为奸。杨少宣一个电话，杨森就发还奸商的巨额赃款。总社一声言语，参议员就撤回对赵冠先的弹劾提案。冯有很深吸毒嗜好，生活优裕如故。杨在官井巷购买高大洋房，出门有私车，上下有人扶，排场十足。

五、　礼字总社

礼字总社比义字总社成立稍早，但人数力量、活动范围、政治影响都不及义字总社。重庆礼字袍哥历来都系"礼渝社"统一领导若干分社，其成员除一部分中小工商业者外，大部分是服务行业、码头力夫、木船水手及警察特务、兵痞流氓等。抗战时期，总舵把子为何占云。其后范绍增自前线解除军长职务返渝居住，礼字袍哥弟兄咸相推重，请其出任领导，乃酝酿成立重庆礼字袍哥总社组织。由于礼字公口历来是统一的，成立总社不过是把旧的组织形式名称改换成一般社团的形式名称而已；加以范绍增的政治地位和社会声望，出任领导，大家拱服，所以没有经过大的困难就成立了。范绍增任总社长，何占云、廖开孝任副总社长。内部形式略同义字总社，不过规模较小些。各分社经过整顿之后，曾有一些发展，在基层社会有相当力量和影响。但范绍增在抗战胜利后不久，离渝赴沪，其后在沪另组益社；重庆礼字总社即由何占云、廖开孝、李樵一负责。由于何占云年迈无能，廖、李又各有其他组织，所以礼字总社活动较平常。1949 年春，外地撤退来渝的军统武装特务交警总队分子，大批加入礼字袍哥。这批人认为礼字历来与绿林袍哥相通，企图在重庆解放后上山打游击。上海解放前夕，范绍增返回重庆，重新领导礼字总社。他借其在四川袍哥的声势，向国民政府要求以恢复军职，企图重掌武力，伺机应变。起初获得一个纵队司令名义，范嫌太小，不足以资号召，仅由其旧属周绍轩、罗君彤、庞佑屿等前往川东组织队伍。范的亲信旧属范众渠，其时已继胡子昂任市参议会议长，范绍增邀其参加礼字袍哥任副总社长。1949 年 10 月，解放大军向西南进军，重庆即将解放，范乃在模范市场银行公会宴请各礼字公口执事大爷三十二人，商议在国民党军退走、解放军未到的真空时间，以袍哥力量维护地方秩序问题，得到一致同意，以后做了一些计划守卫的准备工作。接着范绍增以挺进军总司令名义，驰赴大竹、渠县组织队伍。重庆解放之际，礼字袍哥中大批军统、中统特务纷纷逃散。不久之后，范绍增在大竹起义，部队开赴湖北沙市整编。①

第五节　川西三舵爷

抗日战争前后，号称"川西三杰"的灌县袍哥首领申价屏、刁青云、宋辅卿，是远近闻名的袍哥人物。

一、　申价屏

申价屏（1876—1948），原名申吉品，字启藩。生于灌县城内陕西巷。初随灌县袍哥大爷王品三之子王子章当袍哥管事。保路运动兴起，他在西路同志军第三路统领张熙部任队长。该路另一首领韩檀与申不和，申在张熙面前密告韩檀父子阴谋叛降，张熙不察，误杀韩檀父子，更加重用申。1915 年，申价屏出任上五县保安队统队官。1916 年 5 月，杨维来灌县策动护国讨袁，灌县宣布独立，建立招讨军司令部，申价屏担任司令部护卫营营长。

护国之役胜利后，申带灌县的人员枪支投靠军阀刘存厚，换得川陕边防军第一混成旅旅长，长期驻防绥定（今四川达州）一带。北洋军阀头子吴佩孚被北伐军打败，窜逃入川。刘存厚将吴佩孚交申价屏保护。吴佩孚于 1928 年冬移居到申价屏驻守的河市坝，申对吴优待如上宾。吴欲假道川西逃往西北，申又陪送他。1931 年 7 月 27 日，吴佩孚及其家眷、随员、卫队共百余人乘车抵灌县。驻军旅长邓国璋、副旅长龚渭清率县内机关代表列队欢迎。吴表示自己已是野鹤闲云，寄情山水，不再问政治，欲往青城山小住。青城山道士也奉命打扫殿宇准备做吴的行辕。实际上，这些都是吴佩孚用来掩护他脱身北上施放的烟幕。而吴的这一决定得到邓锡侯的暗助，声言吴将改游灌县汶川交界处的龙池风景。

① 参见赵宏：《袍哥理门一贯道》，团结出版社 2006 年版，第 174 页。

申价屏以川西舵把子的身份，先向汶川、茂县、松潘沿途袍哥组织、土司头人"拿上咐"办交涉；又用白布制成大布标，上书"吴大帅过此"，派管事在吴的前站，高高举起，以资识别。一切准备就绪后，于 8 月 8 日送吴佩孚去龙池稍事停留，速经汶川、茂县、松潘进入甘肃省。申价屏帮助吴佩孚实现了闯关走西北的愿望。

申于 1934 年 5 月调任四川剿共总司令部懋抚绥崇民团指挥。1938 年任川康绥靖主任公署少将参谋，承办灌县战时食盐购销处及县银行业务，并兼任灌县善堂堂长。此后，申长期住灌县城，任灌县哥老"西华公"总舵把子。1947 年，申以绥署少将身份到懋功视察，实际上是亲率鸦片烟帮队伍进山。他在懋功县成立哥老会西华公码头，沿途哥老对申价屏的烟帮均任其通过，声言："申大王过本地，三天不宰帮。"仅此一次申就净得鸦片烟五千两。此后，申一直指使其兄弟伙保烟帮，所得巨款供他陪军阀、官僚狂赌挥霍。申为人粗鲁，好气斗狠，性格强悍。1943 年，国民党灌县县党部秘书李太林兼任灌县公园事务所所长。李太林与申价屏的部下有矛盾。6 月 13 日，申价屏的袍哥兄弟伙灌县兵役科科长邓守民骑马入园受阻。邓知申价屏也好入园跑马，便在申面前诉说："李太林连你也骂过。"申价屏怒言："李太林这娃娃太不落教了，丢他龟儿的茅厕（si）。"申手下的兄弟伙赓即将李太林毒打一顿，撕毁衣裳，搜去李的国民党党证，将其丢入粪池。由此可见申价屏的跋扈和袍哥的肆无忌惮。1945 年，申价屏任灌县参议会议长。1948 年病故。

二、 刁青云

刁青云（1873—1941），字成方，灌县崇义乡人。其父刁春和系经营山货的小商人，为崇义场仁字袍哥三排。辛亥革命四川同志军起义，刁青云以灌县崇义乡袍哥通班管事追随张捷先参加战斗。民国初年，在川军刘成勋部任连长，后升任团长，驻防川东。继回成都在余继唐部任旅长、副师长，人称刁司令。他与陈俊珊、乔种泉素有私会，结为金兰之交。

刁青云早年与著名的川剧玩友社"清雅堂"的鼓师王瑞成为友。王曾当他的袍哥管事，人称"卫生打鼓匠"。1920 年，彭县白水河的袍哥舵把子李金堂邀集各场镇的袍哥头目，创办川剧"西华科社"，次年由刁青云接办，具体业务由王瑞成负责，先后聘请有名望的老师，如汉班的雷海生、太洪班的崔凤仙、刘青山任教，在成都群仙茶园登台。刁常去悦来场看川戏，并结识附近李天福之女李成秀，后娶为妻。李成秀此后成为川西著名的女袍哥。

刁青云为人慷慨豪侠，急人之难，在江湖上素有义名，被称为"仁义拜兄"。传闻他与青帮头子杜月笙很有交情，并在上海滩救过梅兰芳。1931 年刁辞去军职，专任灌县团练局长、西华公社总舵把子。1936 年，为抵制随着蒋介石势力入川而来的青帮威胁，他与陈俊珊等人发起，在成都南门外双眼井召集成都各公口码头的舵把子开会，希望成立统率全城的联合社，一致对外。但因各公口互争高下，终成一盘散沙，未能如愿。由于刁的威望，冷开泰、徐子昌均曾投其门下。刁曾帮助冷开泰，使其运鸦片畅通。又曾帮助龙泉驿袍哥土匪曾云清到青城山出家避祸，并取名冯南轩。灌县袍哥曾成志经刁提拔，当管事、三排和大爷，曾任灌县治安中队长，绥署谍报科组长，1949 年任川西北反共救国军直属纵队司令，由于受到共产党人影响，认识到国民党政府的腐败，同年在郫县起义。1936 年，刁青云瘫痪后，其袍哥事务由其妻李成秀办理。1941 年，刁青云病故。

三、宋辅卿

宋辅卿（1876—1936），字开亮，灌县崇义乡宋家石桥人。少时家贫，在场上卖油糕。为人胆大，不怕事。在袍哥签党（当地袍哥有签、党之分，签指衙门师爷类人，党到指市井豪侠类人）之争中，他以空子身份敢于打签字号师爷杨督生，受到党字号大爷宋书丞的赏识，一步提到五排，当通班管事。辛亥年参加张捷先率领的川西同志军，攻打娘子岭，占领威州，立功升领队官。1913 年，张捷先被袁世凯的走狗胡景伊杀害后，宋回到家乡，联络西华公袍哥伺机复仇。1916 年 5 月，省巡警总监杨维逃出胡景伊控制的成都，来到崇义铺。宋积极支持杨护国讨袁，并与申价屏、姚宝珊等人联络，设招讨司令部于灌县，杨维任宋辅卿为团长。1921 年至 1923 年，川军第三军第七混成旅旅长兰钲委任宋为懋抚绥崇游击司令兼懋功县知事。1926 年 9 月退职回灌县任团练局局长。上任不久即在城北较场举办团练观摩大会，成绩卓著。

1926 年驻灌县的江防军邓国璋旅以军饷不敷为由，加征粮税（一年征十二年的税），还每月苛派伙饷杂捐，为此锁保正、拘甲长。宋辅卿顺应民情，支持民众抗捐斗争。1927 月 3 月 31 日，河东民团从东、南、北三面攻城，激战一昼夜。次晨，驻军李德发率短枪队数百人从北门出战，民团牺牲十余人，后以火力不支被迫转移。之后，驻军张贴布告，诬民团为会匪，派部队四出搜索骚扰。民团则占据四乡，断绝驻军的粮饷。为支援当时正围攻郫县城的郫县"农民御暴自卫军"，宋随后在崇义铺一带阻击沿成灌路东下企图围攻郫县的李德发部。宋急调灌县河西民团 300 余人参战，驻军受挫龟缩回城。灌县民团也转移三邑桥一带固守。4 月初，宋辅卿召集全县十区民团首领会议，派代表到成都驻军总部请愿。并且在成都以"灌县民众大会"名义散发声讨邓国璋、龚渭清的快邮代电。几经周折，成都驻军总部接受宋所提部分条件，双方于 4 月 18 日宣布签字停火。10 月 27 日，驻军为报复宋辅卿，由县知事范天烈出面撤换宋的团务局长。宋拒绝，率民团转移三阳镇。驻军派步兵二团及机枪连、手枪连、工兵营各一，袭击宋部，打死团丁十余人，夺走枪支二百余支。宋部转移柳街，驻军又三路合围，战斗十分激烈。团务局模范队长蔡斌武、团总宋步云及部属三十五人全部阵亡，余部溃散。宋只身逃往崇庆县，依附二十四军，组成川康游击大队，自任司令。

此时，原先的团练已散，宋急于扩充势力，通过哥老会关系招纳土匪。1932 年，宋辅卿在崇庆县怀远镇正式成立"川西边防游击军"。灌县太平场匪首汪碧清带队前往，当独立营长，玉堂场土匪袁旭东亦前往，其队伍被称为"便衣队"。1933 年，刘文辉与邓锡侯的毗河之战开始，刘文辉委宋辅卿为攻灌先锋，扼守岷江西岸从韩家坝至中兴场一线，并派出敢死队攻打灌县东郊观凤楼。后刘军败退，宋辅卿退到水磨沟、三江口一带，接受川军余安民部招安，收编为混成旅，宋辅卿为旅长，驻防什邡县马井一带。

1935 年，川政统一后缩编为四个连，宋辅卿辞去军职，住成都桂花巷，与成都哥老会人物往来。次年病死于成都。[①]

第六节　抗战时期袍哥的特点

随着国民党中央政府迁驻重庆，全国性的青洪帮组织也进入四川发展，这一时期国民党军政人员、特务分子也渗入袍哥组织，各种公口纷纷兴起。在此情况下，袍哥组织过去奉为经典的《海底》规章，不得不逐渐加以改变。到了抗日战争胜利前后，重庆袍哥的组织形式、组织性质都有了很大变化，归结起来有以下几点：一是逐渐省略、废除了一些香规礼节。二是放宽解释"身家清，己事明"，取消了一些限制规定，为军警宪特人员的加入大开绿灯，但对某些行业仍加歧视，如理发业人员仍不能加入袍哥组织。三是许多新设公口，有政治背景或特殊势力的，一般采取打破仁、义、礼、智、信五个旗号区分的办法，不设堂口，不讲班辈，吸收各堂袍哥自由参加。四是统一全堂公口，组织总社，内部增设各种委员会，各种业务组织，改用社长、主任委员、干事、社员等名称。重庆义字总社、礼字总社都是如此。五是新建公口，没有什么限制。只要有政治背景，有一定力量，就可随意成立一个公口。六是妇女也有了袍哥公口，大多数成员是仁、义各堂袍哥家属，专门

---

① 王纯五：《袍哥探秘》，巴蜀书社 1993 年版，第 181–186 页。

发展妇女袍哥姊妹。如由仁字袍哥三爷李炳云之妻人称李三娘的任执事大姐，人数还不算少，也参加选举等政治活动。

由于国民政府放松了对边远农村袍哥的管理，并且将农村的行政、治安、兵役、征税等事项几乎全都委托于袍哥大爷，这就给这些具有匪性的袍哥大爷机会，使他们在短短的时间里，权势、地位、金钱迅速膨胀。一些地方基层官员由于不是袍哥出身，执行公务时处处受到牵制甚至威胁，不是被挤走，就是被迫加入袍哥，做个"绅夹皮"。

由于治安管理混乱，这一时期的抢劫较过去更为猖獗。一些袍哥忘记了"兔子不吃窝边草"的规矩，开始骚扰当地的乡民，惹得民怨沸腾。有的袍哥甚至连官府、军阀的财物也敢抢，成了匪性十足的浑水。1942 年，罗江县略坪镇袍哥谢用之在绵阳川陕道上抢劫孔祥熙押钞车即是一例。谢用之（1891—1942），罗江县略坪镇人，谢厚鉴之子。横行乡里，抢劫成性。他常年在罗江、德阳、绵竹、绵阳、中江、安县、三台等处抢劫。1940 年，被国民政府委以"成都北道谍查"兼"山防司令"后，抢劫扰民更盛。1942 年，谢用之潜伏于绵阳莫家沟，抢劫了国民政府财政部长孔祥熙的押钞车，用棺材伪装抬回。事发后，被枪决于罗江东门外。

另外，这一时期抗战兵源紧张，拉壮丁、卖壮丁也成为袍哥获取钱财的一种方式。那些地方团总利用抗战招兵，强行将青壮年男子拉走，卖给军队，甚至将过往客商行人抓住，劫了钱财再卖给军队，然后串通兵油子袍哥想方设法将这些壮丁连人带枪拖回来。还有一些独生子家庭被派了壮丁，苦苦哀求袍哥大爷（团总），袍哥大爷便以出钱疏通关系为由，向家长敲诈勒索。罗江县大井铺的肖化龙就扼住川陕要道，先后将十余名外地客商抢劫后又卖了壮丁，仅卖壮丁一项就获利二十一万二千元，白银三千两。肖化龙（1904—1950）字云廷，罗江县大井铺人，从小入袍为匪，四处绑票，拦路抢劫，后自立山堂为袍哥大爷，抢劫更加嚣张。过往行商口传"走遍天下路，难过大井铺"。肖还常到北川、茂县、汶川、松潘、理县、黑水、平武等地抢劫，杀人越货，血债累累。1939 年被国民政府绵阳专署委任为"专署便衣大队长"兼安县、罗江、德阳、梓潼、绵阳五县谍查员，更加横行数县。1949 年再被委任为"川康游击挺进军"第一支队长，胡宗南"反共救国军"中队长。1950 年，与什邡山区女匪首赵洪文国（人称"赵母匪"）一起企图暴动，事情败露后被逮捕镇压。

第十二章 解放战争时期的四川袍哥

第一节 袍哥的恶性发展

哥老会发展到后期，在所谓"袍哥要操亮，必须把官当"的口号下，加紧与国民党省县乡各级党、政、军、警相结合，四川的基层政权几乎为哥老会的头目所包揽。基层的市息、斗口、屠宰税等，均由当地的袍哥堂口承包。地方上的恶霸、土匪、烟帮、赌场和妓院老板莫不与袍哥有牵连。

1947 年，青川县长陈忠尽，加入袍哥并当上大爷，随之政府官吏多参加袍哥组织。参议长魏兆卿是坐堂大爷，警佐是大爷，各乡参议员、乡长都是大爷。武装种大烟，武装贩运和出售大烟的多是袍哥，收、藏、吸食的是绅士袍哥，烟场抽头的是权势袍哥，禁毒设卡牟利的是官场袍哥，贩枪弹的是江湖袍哥。甚至耕种的农民、就读的学生中也有不少是袍哥，堪称袍哥世界。①

什邡县的哥老会头目宣意儒、马伯华、丁聘如、徐乐斋称为"四霸"，并利用公口和亲属联姻，成为"袍哥世家"，逐代交替，形成地方实力派。什邡县有民谣说："马骑不得，锣（罗）打不得，鱼（于）捉不得。"这帮袍哥首脑多数身兼当地要职，成为"地头蛇"。又有一帮袍哥"兄弟伙"，俗称"豆芽子"的爪牙，横行乡里。任何一个外来的行政长官或客商，如果不拜袍哥大爷的码头，那是必然要遭殃的，轻则失财丢官，重者还得掉脑袋。20 世纪 40 年代什邡云西哥老会中崛起的新派恶霸施泽，他以"清乡副总指挥"身份，执意挫败旧派永兴帮的宣意儒、马伯华等人，以致发生 1947 年枪杀马帮贵案。1948 年 3 月发生枪杀县特委会情报组长案，虽然特务机关大肆叫嚷，也无可奈何。

绵竹县也有民谣说："孝泉的钟（钟紫垣）撞不得，汉旺庙的坛（谭振武）磬不得，

---

① 参见《青川县志》，成都科技大学出版社 1992 年版。

烧壶滩的包袱背不得。"这些袍哥大爷称霸一方，一伸手乌云就来，当地百姓只能忍气吞声。

安县的袍哥势力也分据县、乡要职，县长也只得依附于他们。当地民谣说："安昌镇的羊子（杨茂轩）牵不得，塔水镇的锣（罗彬如）打不得，草鞋街的箫（萧玉成）吹不得，秀水河的坛（谭三害）磬不得，桑枣园的翳子（易德斋）丢不得。"意指这些袍哥舵把子无人敢惹。

北川县民谣：治城的理（李）讲不得，漩坪的桥（乔）过不得，曲山的曾（曾）搬不得，擂鼓的猪（朱）杀不得，通口的舟（周）坐不得，陈家坝的羊（杨）牵不得，小坝的屋（吴）进不得，片口的张开不得。暗指李乔曾朱周杨吴张姓袍哥不可招惹。①

这时袍哥的权、势、财都令人惊讶，因而平时的婚、丧、寿就大讲排场。哥老会的排场，在成都的一次"大出丧"中可以得到充分显示。1946 年夏天，袍哥协胜公大爷陈俊珊病故。灵堂设在成都大慈寺内。这一次大出丧，从开吊、做道场、酬宾、送葬，一共搞了七天七夜。在此期间不分昼夜举办流水宴席，共开了一万多桌。前来吊孝送丧的有十万余人，全省的清、浑两水袍哥，省外的青、洪两帮，各路宾朋，都赶来吊孝。出丧那天，丧罩四围前后，三十六个衣冠楚楚的抬丧夫，都是成都市和附近县上响当当的"龙头大爷"。参加送葬的军政各界头面人物近三百人。祭幛、挽联、花圈、锣鼓的队伍，长达几十条街，孝帕孝服，形成白色的人流。春熙路、东大街、总府街等闹市，万人夹道，盛况空前。沿街码头设香案路祭。丧葬费耗资四十万大银元，耗费的人力还不计算在内。这笔巨额消耗都由成都市和有关县的哥老会送礼筹集。

袍哥到了末期，其行为已到了十分专横的地步，使其逐渐失去民心，最终走向灭亡。

第二节　袍哥与"国大"选举

1947 年，国民党政府为装点门面，挽救危亡，在各县选举"国民代表大会代表"。哥老会作为四川最广泛的帮会，在伪选的刺激下竞相发展，垄断选举，演出了一幕幕明争暗斗的闹剧。

---

① 参见《北川县志》，方志出版社 1996 年版。

以新津县为例，当时该县在五十万人以下，只能产生一名代表，但却有两个候选人，一个是参议会议长、新津县袍哥总社舵把子胡开云，曾任过二十九军的旅长，防区时代当过成都警备司令；另一个由国民党提名参加竞选的是新津籍人、省参议员蓝尧衢，蓝投靠过国民党元老戴季陶、张继，以政客兼企业家身份活跃于成都。选举名义上是普选，由各乡镇及社会团体登记的选民直接投票，但实际上多由当地哥老会控制。蓝尧衢凭借自己的财力和人事关系拉票的结果，估计能控制的选票距当选应有的选票相差较大。到投票前夕，他不惜血本，以二十两黄金买一个乡镇的选票终于当选。

胡开云大失所望，恼羞成怒。当时蔡洞庭是胡的竞选秘书，极力怂恿胡在成都大街小巷到处张贴"快邮代电"，呼蓝为曹锟的徒子徒孙；又举行记者招待会并上告法院。蓝对蔡私下言和，许以重贿。蔡不但断然拒绝，还将此事在报界公布，一时舆论哗然。蓝决心杀蔡，遂通过他人收买崇庆县羊马场的袍哥土匪朱耀庭等人，在1948年1月14日深夜，将蔡洞庭暗杀于大邑县安仁镇私立文彩中学蔡的寝室内，当时蔡任该校校长。而在其中物色杀手者，又是大邑县北派帮会首领陈拙修等人。当时大邑的袍哥和地方势力分为陈（拙修）、刘（文彩）两大派，形同水火，互不相容。陈暗中支使人杀蔡之后半年，真相渐露，刘文彩执意要陈交出凶手，陈又将杀人凶手袍哥土匪郑树三等人骗到大邑县龙泉乡，杀人灭口。①

抗战后的重庆，竞选闹剧更是达到了登峰造极的地步。抗战胜利后，国民政府首先在重庆搞民主选举，给予袍哥组织极大的刺激。1945年秋，国民政府宣布取消基层政权"警保合一"制度，实行民主选举制度。首先，是民众普选区代表和由区代表会选举区长。其次，是民众选举市参议员和参议会选举议长，选举制宪国大代表。再次，是民众普选行宪"国大"代表、立法委员和参议会选举监察委员等。袍哥组织在这些选举中均起了一定作用，特别是基层政权选举，已为袍哥垄断。参加竞选区民代表的人物，大都是当过乡镇保长和在工商界活动的分子，百分之九十以上都是袍哥。因此竞选的人都采取各种手段来联络拉拢袍哥组织，甚至临时找人引进加入袍哥的也不在少数。市参议员加入袍哥的占百分之八十以上。

1947年普选行宪"国大"代表，两个袍哥大爷石孝先、卢俊卿的竞争更是达到了白热化的程度。石孝先有军政团（社团）三方支持，卢俊卿有党方支持。在袍哥方面，双方也

① 参见张平轼：《伪国大代表选举引起的谋杀案》，载《龙门阵》1988年第2期。

势均力敌。南京方面内部提名，虽然石为正式，卢为候补，但卢财力较石雄厚。临选前，卢派喻清和、肖性坚等驱车奔走各区，以大量金钱贿赂袍哥，收买选票，欲以事实取胜。石孝先则派田得胜、潘纯瑚驱车照样办理。石孝先的黄埔同学民政局长汪观之，派十余人昼夜填写为石孝先准备的假票许多箱。开票时，每当卢的票数追上石的票数，假票即以军队某军某师名义整体出笼，始终压倒卢票。最后计算卢得票五万余张，石得票六万张。石孝先当选"国大"代表，卢为候补。不久，普选立法委员。陈介生、龙文治等参与竞选，都来拉拢收买袍哥组织支持，袍哥大爷备受尊重。由于袍哥无人竞选立委，乐得各方应酬一些，结果陈、龙都获胜当选。

　　成都市"国大代表"的选举，由于袍哥横插一脚，差点让省主席邓锡侯下不了台。本来国民党中央已"圈定"四川的大军阀之一、当时指挥着几十万兵马的郑州绥靖主任孙震为"国大"代表。谁知跳出一个徐子昌，硬要和孙震一争高低。尽管事前成都市政当局多方派人向徐疏通，徐都不干。他仗恃拥有大小袍哥和土特务，搞十几万张选票毫无问题，就组织了若干办事处，由黄光亚、蒋浩澄等主持，天天开会请客，大拉选票。徐的党羽还为他筹集法币两亿多元做竞选费，并表示不惜任何牺牲，要为他效劳到底。他的竞选声势越来越大，孙震为此暗中着急，怕阴沟里翻了船，输不起那个面子。邓锡侯知道孙震是蒋介石信得过的人，如果中央"圈定"的都出了岔子，无法向总统交代。要解决这个僵局，只有给徐好处，徐才会让步。于是，邓让保安处准备一个保安副司令的缺给徐子昌，同时派副官长黄瑾怀向严啸虎和几位老袍哥舵把子打招呼，请他们叫徐子昌让步。徐这才顺风转舵，卖个人情给邓锡侯，同时又赢得了孙震的谢意，就偃旗息鼓，退出竞争。

第三节　袍哥组建政党

　　抗战胜利后，中国面临何去何从的形势，各地帮会组织面对扑朔迷离的未来，欲给本组织的发展拓展更加广阔的空间，帮会中的有识之士欲借鉴国外的做法，幻想通过议会民主参政，在中国实现多党政治，于是纷纷组建政党，掀起多党风潮。先后出现了中国民生共进党、中国洪门民治党、中华社会建设党、民主社会协进会、中华民众合众党、铁血党等。四川袍哥也在这种风潮的影响下，力图在某些地区组建政党，在成都就组建了两个哥老会政党："中华社会建设党"和"民主社会促进会"。

一、中华社会建设党

"中华社会建设党"系四川哥老会首领冷开泰、邓叔才所组织的，总部设在成都。并设有"汉华社""生活互助社"等外围组织。该党自称以"阐扬民生主义"为宗旨。在其党纲中声称："本互助之精神，以求共同解决人生经济问题。最终目的在使老有所终，壮有所用，幼有所长，鳏寡孤独废疾者皆有所养。"并订立《党章》和《行动纲领》。其发展组织，曾以"汉华企业公司"名义，在川西各地大量吸收成员。党员以一次缴纳党费多寡而分为甲乙丙丁戊五个等级。党费最高五万元，最低一万元。该党利用哥老会扩展党务，欢迎四川各县及西康哥老会人员参加，并联络社会人士，以充实力量。当时，该党还以"大同学术研究社"名义，发行《大同日报》《大同画刊》，并且组织大同出版社，以扩大宣传。其党章规定：

甲、权力机关：（1）全国党员代表大会，闭幕时由中央执行委员会代行其职权；（2）全省党员代表大会，闭幕时省执行委员会代行职权；（3）全县市党员代表大会，闭幕时由县市执行委员会代行职权；（4）小组党员代表大会闭幕时，由小组执行委员会书记代行其职权；（5）全区党员代表大会，闭幕时由区执行委员会代行其职权；（6）各级组织中，并设立监察委员会，分别执行监察任务。

乙、中央执行委员会设委员十一人至二十四人，中央监察委员会设委员七人至十九人，均由全国代表大会选出之。

丙、省执行委员会设委员七人至十七人，省监察委员会设委员五人至七人，均由县（市）代表大会选出之。

丁、区执行委员会设委员三人至五人，区监察委员会设委员三人，均由区党员代表大会选出之。

戊、小组设执行委员一人。

己、各级监察委员之任期与执行委员同。

庚、其选法及各级党部委员之任期另有规定。

上述中华社会建设党党章属于近代资产阶级民主化类型的政党的章程。它反映出哥老会在组织制度上的进步。中华社会建设党也制定了行动纲领，共分六大部分：

甲、争取民族自主，一切内政外交均应争取自主，接受国际援助，应不妨害民族自我之最高利益。

乙、开放国家政权，次第实施普选，并广延有名望之在野社会人士，及各专家，共襄政事，以求达到真正民主政治之途径。

丙、力主经济平等：如平均地权，劳资利益平均，公教人员待遇等事，以求社会正义实利之发扬。

丁、彻底改革教育：（1）义务教育之扩大与发展；（2）强迫教育之实施；（3）扫除全部文盲。

戊、扩大物资建设：在交通工矿农业垦殖国际贸易等部门之分头扩大发展，具体为：（1）建设铁路（五十万公里计划规定）；（2）建设公路（各省县乡镇构成公路网）；（3）建设各种纤维工业工厂（棉花丝织之类）；（4）建设重工业工厂；（5）建设各种原力工业工厂；（6）建设各都市公民住宅；（7）建设各都市县公用事业。

己、加紧救济工作：（1）救济婴儿；（2）救济鳏寡孤独；（3）救济老弱病残；（4）救济天灾人祸之难民；（5）救济失业；（6）救济贫苦病人。①

以上纲领的前两条，一是争取民族独立；二是争取真正的民主政治。这些资产阶级民主革命的要求，在中国共产党领导的新民主主义革命时期，虽然属于旧民主主义的政治要求，相对新民主主义的政治主张，有其落后性，但是哥老会建立的这种小党派，当时在国民党统治地区，对于争取民族独立，反对独裁统治，却有一定的积极意义。后四条中，关于力主经济平等、彻底改革教育、扩大物资建设、加紧救济工作、发展轻重工业的主张相当突出。在经济落后，民生贫苦的中国，仍具有进步意义。旧时代的哥老会，其主要问题是在社会秩序、社会经济文化建设中起破坏作用，有些地区的哥老会的活动类似土匪，但是从中华社会建设党的党章和行动纲领中可以看到，哥老会迎合时代潮流，随着时代的进步自身也进步了。从组织上，完全放弃了"三十六步半"的封建等级制的形态，改变龙头大哥专制的封建家长制为党员的各级代表大会制，并设立各级监察委员，起到权力监督制约的作用。从经济上主张多方面地开展现代化建设，并重视大力发展教育事业等。虽然这一哥老会政党的纲领在当时是不可能实现的，但是，它却反映出哥老会中的一种现代化的进步倾向。

---

① 参见李山：《三教九流大观》，青海人民出版社1998年版，第1248—1249页。

二、 民主社会协进会

民主社会协进会也是哥老会的党派之一，为成都哥老会首领方茂山、马昆山、李侯亭等所组织，以彭焕章的公馆为办公地点，并于太平街浓化茶社内办理入会登记手续。该会宣称以民主立场，根据三民主义最高原则，从事改进工作，期于迅速达成政治民主、经济民主之目的。该会曾印发缘起及章程。

章程节选如下：

第一章　总则

第一条　名称：本会定名为民主社会协进会。

第二条　宗旨：本会以民主立场，根据三民主义最高原则，从事实际努力，推动社会改进工作，期于迅速达成政治民主经济民主之目的。

第三条　会址：本会总会暂设成都，得由决议改适当地点。

第四条　关于民族方面者：（1）依据民族主义，发扬社会团体固有之优势，及适合现在需要之民族文化。（2）灌输各国民主制度下养成之公民道德。（3）矫正旧有习惯之劣点，改革环境熏染之恶习。（4）注重生活指导及互助。（5）以社会力量扶助陷于穷困之特殊天才。（6）推行民族保健运动，发扬拳术及有关卫生之及其他国技。（7）以社会表示鼓励急公好义之行为及乐于社会服务之精神。（8）注重社会交际，化除社会隔阂。（9）协助妇女运动青年运动之正当发展，及儿童保育工作。（10）加强社会联系及民族联系。（11）实现民族平等广大原则。（12）进行其他有益民族之工作。

第五条　关于民权方面者：（1）培养运用四权之基本问题能力，及优良方式灌输民治精神。（2）以社会力量依法保障会员之基本自由，使获得正当之运用。（3）提倡社会正义使其普及。（4）造成选贤与能之风尚。（5）发扬社会公意，表现社会制裁之公正效用。（6）推行各项自治工作，树立法治规模。（7）奖励民众参加政治工作，促进民众对于社会之责任。（8）补助及监视公务人员之行动，俾能展其所长去其所短。（9）造成健全舆论。（10）介绍并普及民治基本知识及有关学说。（11）化除党同伐异气息提倡合作精神。（12）拥护和平统一国策，努力民主建设基本工作。

第六条　关于民生方面者：（1）促进劳资合作，尊重劳工利益。（2）扶助生产事业，并指引群众参加其规模生产事业。（3）谋求农工商之和谐，发展增进其互助互利精神。（4）推广各种合作运动，及合作事业俾有实效。（5）扶助出口事业，增加其便利，俾能获有利之机。（6）促进地方性之物质建设。（7）保持旧有社会信用之效能，增加金融活动。

（8）促进交通运输之便利及安全。（9）以社会互助工作，保障平民职业之发展，并增进工作效能。（10）促成劳工保险制度之有效施行。（11）联络各种职业团体，保障各种职业之合法利益。（12）以社会力量，推广地方公共事业。（13）推广合理生活，促进经济繁荣。（14）辅助平民改进生产技能，增加时代应具有之经济常识及民生要义。（15）培养企业所需之功能。（16）促经济民生之基本条件。（17）进行其他有关民生之工作。

第七条　关于社会方面者：（1）提倡社会福利事业。（2）增高社会文化水准。（3）辅助社会救济工作。（4）促进平民教育，及成人补习学校。（5）普及社会正当娱乐。（6）参加地方公益机构及工作。（7）注重仲裁工作，减少民间纠纷。（8）提倡自卫精神，保障地方安宁秩序。（9）注重童、女工之工作情形，助其改善待遇及生活。（10）助济异乡遭遇困苦患难之人士。（11）以适当方法，表扬社会善举及其他美德，增进社会友谊及良好风尚。（12）举办社会调查，建议社会改良改革事项。（13）于可能范围内，推进社会运动，研究社会问题。（14）交换社会信托工作。（15）推进其他有关社会工作事项。

（注：原件缺第八至第十四条及第二、三章）

第四章　组织

第十五条　本会组织基础分为地域单位、职业单位、事业单位及工作单位四种。

第十六条　本会组织系统，以组为基本，组以下设若干分组，五组以上得成立支会。各支会构成分会，分会隶属于总会，不能成立支会之组，直属分会或总会；未便构成分会之支会直属于总会。

第十七条　本会各级组织以理监事为主脑，主席临时推定。总会设理事七十五人，互推常务理事二十三人，监事三十九人，互推常务监事十一人。分会设理事二十一人，互推常务理事九人，监事十三人，互推常务监事五人。支会设理事十五人，互推常务理事五人，监事七人，互推常务监事三人。理事会设总书记一人，干事长三人，书记干事若干人。各组设组长一人，干事若干人。支会以上得设名誉理事及顾问会。

第十八条　本会各级组织另订立。

以上《民主社会协进会章程》的总则和组织两大部分共十八条。其总则部分分为民族、民权、民生、社会四方面。实质上是要在奉行孙中山的三民主义原则下，进行一定的政治、经济、社会等方面的改良，并未超出资产阶级、小资产阶级改良主义范畴，但也反映出哥老会随着时代的进步，自身也在进步。它所提出的"实现民族平等广大原则""提倡社会福利事业"等项，都不能解决中国社会的主要矛盾和政治经济中的实际问题，但将这些主张与旧时代哥老会的"三十六誓"中所反映的封建专制政治与自然经济基础上的民间下层秘密结社的政治、经济主张相对照，明显地看到哥老会的政治经济主张已发生重大变化。它不再局限于游民、小生产者的结盟互助和观念，而是具有了现代化的资产阶级、小资产阶级的政治经济意识。

"民主社会协进会"在组织上以地域、职业、事业及工作分为四种单位。组织系统是在总会下设分会、下设支会、下设小组。各级组织均"以理监事为主脑，主席临时推定"。这种组织模式，基本上采纳了资产阶级、小资产阶级政党的模式，哥老会所组建的党派团体的组织结构，完全放弃了"三十六步半"的封建等级制，说明哥老会意识到必须以自身的变化适应时代的变化，否则就要被时代所淘汰。①

这两个政党在当时的历史条件下未成气候就流产了。

在国大代表选举时，四川省政府社会处得知部分哥老会有组党倾向，如重庆袍哥石孝先以"兰社"为名网罗川滇黔三省退伍军人，筹备"中国社会民主党"；重庆袍哥谭备三、石荣廷等计划组织"中国社会协进会"，准备将来改为"中国社会协进党"；成都袍哥叶道信等准备组织"中华社会党"等，遂由社会处草拟《处理哥老帮会非法组织实施纲要》，建议"逐渐变更消极的防范为积极的领导，使成为本党的外围组织"；"许可各地帮会，依据人民团体组织法，申请组织成为地方性合法团体"。1946 年 9 月 12 日，哥老会与青帮达成协议，在上海成立"中国新社会建设协会"，到会代表二千余人，四川哥老会有范绍增、田德胜等人参加。向海潜担任挂名董事长，军统特务徐亮任总干事。

第四节　恶霸、特务、袍哥及叛乱

1946 年 1 月 12 日，重庆成立"政治协商会议陪都各界协进会"，国民党特务唆使走卒不断到会捣乱，殴打政协代表郭沫若、王若飞、李公朴，搜查民盟代表黄炎培住宅，制造了"沧白堂事件"。2 月 10 日，重庆各界上万人在较场口举行庆祝政治协商会议成功的大会，一伙特务、暴徒闯入会场捣乱，打伤大会主席团成员郭沫若、马寅初、李公朴、施复

---

① 参见李山：《三教九流大观》，青海人民出版社 1998 年版，第 1249—1252 页。

亮、沈钧儒及新闻记者六十余人，致使许多人失踪或被捕，制造了"较场口事件"。这两起事件中均有以"社会服务队总队"面目出现的哥老会头面人物。"社会服务队总队在这次暴行中负责行动任务，由市党部和中统局负责领导，所谓群众是青洪帮、袍哥、工贼、地痞流氓，集九流三教之大成。""下层各区队负责人，有袍哥大爷义字'众合社'舵把子、国民党（重庆市）第二区党部执行委员贺洪兴，'全义社'舵把子王银山，'永德社'舵把子谭普连。"① 臭名远扬的流氓打手刘野樵，早年是重庆义字号袍哥的闲三排。军统老牌特务罗国熙当时是义字号舵把子。其后刘野樵羽翼渐丰，于是自立公口"群义社"，冯什竹、杨绍轩、罗国熙等任名誉社长，刘自任社长。国民党在面临政权崩溃的情况下，妄图以重庆为据点，确保西南，重庆袍哥头面人物立即随声附和。

一、 恶霸、 特务与袍哥

新中国成立前夕，国民党特务和各种反动势力加紧对袍哥、土匪的利用，妄图负隅顽抗。国民党当局特命在成都的中央陆军军官学校校长张耀明，在该校开办"游击干部训练班"。自 1949 年 5 月开始共办五期，每期一个月。前两期每期五十多人，后三期人数较多。特别是第五期，由于冷开泰的邀约，人数最多。其中有曾任四川省政府保安处处长的刘兆藜，驻峨边的国民党中将司令刘树成，郫县参议会议长、袍哥大爷杨子超，崇庆县的李泽儒，以及邛崃县的乔子均，灌县的周联五、张志达等人。1949 年底，以"游干班"分子为主成立了"四川省反共救国军"，由王缵绪、刘兆藜作首脑，另外又成立"反共救国军别动总队"，由徐中齐任总队长。"游干班"主任王旭夫任"川西南反共救国军总指挥"，赖合山任副总指挥，刘树成任"雷马屏峨山防司令"。其他如"纵队司令""支队司令"多由当地哥老会头目担任。其中王缵绪、唐式遵均为川系将领、军政要员。

袍哥大爷大多掌握着地方上的生杀予夺大权，横行一方，为所欲为，于是便成为地方恶霸。如大邑县的刘文彩、彭县的刘治平、江油县的黄清源等都是典型的例子。刘文彩前文已述，这里简要介绍以下几位袍哥中的恶霸人物：

刘治平（1881—1949），原名述仁，彭县敖平镇人，彭县著名袍哥。民国初年，追随匪首刘继君，两年后便自己拖棚为匪，成为浑水袍哥，人称"刘天王"。与川西北的一些土匪头子、袍哥舵爷、团防兵痞交往甚多。

1918 年，刘治平在敖平场率匪徒缴了回乡营长叶治忠一连队伍的枪械。半年后，叶又

---

① 陈文荣：《较场口血案幕后见闻》，载《重庆文史资料》第十辑。

带一营人回敖平场，抄了刘治平的家，将刘缉捕入狱，并在什邡监狱内施以酷刑。此时，刘治平的拜把兄弟广汉县高骈镇袍哥舵把子钟焕章为刘说情，找到了曾被他超拔入袍的成都城防司令彭斗盛，打通关节，将刘营救出狱。后又将他介绍给当时驻扎灌县、松潘、理县、茂汶一带的第八混成旅旅长郑慕周，被委为营长。刘尽力招募土匪加入郑部。郑于1920年委任刘治平为懋功县知事，闹了许多土匪为官的笑话。一年后，郑离职回乡，刘亦下台。

1921年，刘回到敖平场，当上了袍哥仁字复兴公的舵把子。他火并了刘刚真为首的敖平团防，让亲信刘英武掌握团防武装。彭县知事庹云卿又委任刘治平为清乡支队长。后庹调任广汉县，刘又任广汉县征收局局长，他半年内征收两次粮，中饱私囊，回乡购置水田六十亩。刘回乡后，当上袍哥舵把子、联保主任，兼管敖平场粮仓。刘倚势侵吞该场黄姓人家的房屋，黄家子弟黄变鲁、黄变泽前往通济场向该场袍哥舵把子何吉山求援。1937年冬，何命其爪牙席云方带匪洗劫敖平场，打死无辜平民舒葱子、穆洪恩等三人，商店及富户遭劫。县长罗远猷亲往通济场查处，命刘治平捉拿匪徒，独霸通济场的何吉山抛出四个人做替罪羊，刘亦草草了结此案。1942年刘支使其侄儿敖平乡副乡长刘爵绑架杀害进步人士周龙江。律师廖碧铮向县府控告，亦遭暗杀。1945年，刘治平当上彭县参议员，从此，他以官绅匪袍多重身份独霸一方，私造枪支，纵匪分肥，盗卖公粮，贩卖烟毒，坐吃牙行斗秤及烟馆赌场的硬股。到1949年，刘竟拥有私人田产七八百亩，但从不上缴任何"国税"。1949年，什邡县哥老会头目姜麟以春节拜年为名，在敖平场刘治平家邀聚了彭县、什邡县的一些参议员、乡长、袍哥舵把子，传达四川省政府主席王陵基在德阳县孝泉召开的反共、防共应变会议的内容。会上，刘治平被任命为"川西反共救国军挺进大队"纵队长。年底，中国人民解放军进军成都，刘自知罪大，难逃人民惩处，惊恐致病而死。①

易德斋（1876—1950），原籍安县桑枣镇，幼入私塾读书，16岁随父做米粮生意。清末追随何鼎臣的袍哥队伍，后做上尉副官。1920年在军阀张邦本部任营长。1922年离开部队，带回步枪四十余支，手枪两支，以袍哥大同公社总舵把子的名义坐镇桑枣，并将其势力扩展到晓坝、茶坪一带。1925年，任安县团练局局长。1929年5月8日，亲自带领数十人抢劫晓坝，后又以团练清匪为名，杀害无辜群众六十余人，烧毁房屋无数。1930年，团练局撤销，易继任警察局股长，专门搜集中共地下组织的情报，搜捕共产党员和农协会员。

---

① 参见《彭县志》，四川人民出版社1989年版。

1933 年 10 月易在桑枣被共产党除暴小组炸伤后，更加紧搜捕，杀害共产党员、农协会员多人。他利用权力，吞并公私田产，伙同其子收买枪支，聚集近一个营的兵力。1950 年初勾结起义部队 302 师少数叛军叛乱，被处死刑。[1]

黄润琴（1898—1950），原名泽荣，曾任崇庆县实业局长、县参议会议长。与其长兄、次兄、三兄、四兄、六兄及侄儿，横行乡里数十年。1943 年，他与施德全等袍哥头面人物组成唐安总社，有二十三个分社、九十六个支社。又纠集城区各袍哥码头的当家三爷、五排管事组成"三五联谊社"，图谋掌握全县袍哥势力，为其拉选票、贩鸦片、私设钱庄。1949 年组织"反共救国军第二师"，任师长。1950 年伙同侄儿黄光辉等人参加叛乱，当年 11 月被公审判处死刑。

黄清源（1898—1951），名正本，又名退庵、正培、三元，化名田在中，江油县重华场人，恶霸，重华区"土皇帝"，专署参议，梓潼县反共救国军顾问。儿时，黄初识字，性狡狯，不务正业。十三岁辍学加入袍哥。十八岁背枪贴大爷，逞凶抢劫，在社会上浪荡作恶。1920 年，梓潼县六区（重华）团总出缺。黄垂涎其职，一伙土匪支持其暗杀代团总欧奎，未遂，逃往蹇幼樵老家避风，不久被捕关监。两年后保释出狱。1922 年冬，以清乡剿匪为名，勾结驻军连长，进击重华地方武装势力，得梓潼县县长、县团练局局长赏识，委其为重华区副团总兼民团队长。次年自立堂口，建立袍哥组织"大同公社"，又获枪械三十余支，羽翼渐丰。

时川军孙震部驻防川西北，筹组江、梓、剑联团办事处，由蹇幼樵任处长，委黄为大队长。1923 年秋，黄欲除异己，率众偷袭青林口场，击毙团总邓云龙及团丁数十人，以清匪献功。次年初，黄又联络驻军一部进击东安场，血洗青林口，滥杀二百余人。仇家欧奎和邓云龙之子天富逃往外地，于同年 6 月勾结广汉县巨匪张泽荣（张烂腿）率六七百人洗劫重华场。黄率众在青林口八字山击毙张。1925 年 6 月 28 日，邓、欧又集合绵阳、安县大刀队前来报仇，再次洗劫重华场，黄逃往骞家求救，遂请驻军王鸿恩、余大奎部先后派兵清剿，击溃大刀队。次年，欧奎被暗杀，邓天富被驻军擒获枪毙于绵阳。黄遂独霸重华区一带，升任团总，进窥梓潼县政界。1928 年，黄任梓潼县门户督练长兼马路局长，1930 年任梓潼县公安局长、商会主席、保卫团副团长。

为阻止红军入川，1932 年成立"江、彰、平、北、梓、剑"联团，司令蹇幼樵委任黄

---

[1] 参见《安县志》，巴蜀书社 1991 年版。

为第五区指挥部指挥官。1935 年春，黄率梓潼、中坝、彰明地方武装一个大队，配合川军，沿嘉陵江虎跳驿至江口一线布防，与红军隔河对峙。红军向江、梓推进时，黄于 4 月 10 日匆忙退往重华，搜刮金银、鸦片烟连夜逃到安县驻扎，并私运鸦片烟数万两到成都。8 月，红军北上，他返乡大肆反攻倒算，劫掠民财，将数百支公枪攫为己有。因罪恶昭著，民怨鼎沸，被梓潼县社会名流 59 人联名告发，省保安处军事法庭将其逮捕。1936 年 1 月 27 日以"擅自撤退、借公财、侵占公有枪弹、运输鸦片、私行拘捕"等五项罪判处死刑，没收其全部财产。黄家倾巢出动，以价值十多万元的金银、鸦片贿赂省、专要员，改判其为有期徒刑三年，家产启封发还。1937 年春，国民党四川省政府撤销前判，将黄交四川军人监督执行监狱。抗日战争爆发后，即被"戴罪调服兵役"，任四十一军咨议官并参加复兴社。次年卸任归里，重掌"大同公社"，出任总社长，全力扩充其袍哥势力。抗战期间，他开设 16 个联社、100 多个分社，采取拉兵、派款、打劫和欺诈等手段，胁迫群众万余人参加。他控制重华区七乡一切权力，地方军政财文单位的大小职位均由其亲故或下属充任。当地人皆称黄清源是重华的"土皇帝"，专县地方官吏亦无可奈何。

黄清源祖留田地仅 7 亩，充当地方豪强的 30 多年中，以各种非法手段聚敛钱财，至 1949 年，他家占有田地 4100 余亩，庄园 3 处，房舍 7800 平方米，商店、自营铺面 30 余间，自有碾房 6 处，"承包"公有碾磨 32 洞，开设铁矿 3 处、锅厂 2 个，还在成都、广元等地的商号、工厂搭股。在争夺权势和兼并财产中，黄清源先后直接杀害 54 人。如重华人华沛暗告黄克扣薪谷，被其狗腿子用旧棉絮捆裹浇油烧死。1934 年冬，重华教师张黄子与黄清源弟因与街上寡妇何氏有染引起争斗，黄命人把何衣裳剥光，用猪尾巴捅下身而惨死。1935 年，他唆使兄弟伙毒打国民党重华区长，并将其丢下粪坑。红军的亲属、革命积极分子和进步人士多人，被黄残杀暗害。至于在争斗中死于非命的无辜百姓当以数百计。

1947 年，四川省十三行政督察专员公署委黄为参议。1948 年，黄任梓潼县民众自卫队顾问。梓潼解放前夕，出任梓潼县反共救国军顾问，策划应变之计。他将田地房产估卖与农户，筹措资金购置枪弹，在藏王寨、老君山积粮聚匪，占山为"王"。解放后，他见大势已去，只得带队下山，向解放军剿匪部队投诚，但暗中却网罗伪军、敌特和社会渣滓，阴谋制造反革命暴乱事件。1950 年 4 月 30 日，他指使其爪牙混入梓潼县各代表住地行刺。罪行暴露后，化装潜逃南充等地，7 月被缉拿归案。1951 年 9 月，在重华场公审伏法。

黄亚光，又名黄正光，成都外东青莲下街人。其祖父是老袍哥，父亲黄隆兴是成都东门外袍哥舵把子，舅父杨海山是外东袍哥"集义和"码头的舵把子，姐姐是女袍哥，又投身于天主教堂，全家住房都是天主教堂给修建的。黄亚光家既有袍哥的帮会势力，又有教会的洋势力，成都东门外无人敢惹。

黄亚光从小就在他父亲的袍哥码头上当"凤尾老幺"，1920年，刚成年的黄亚光得到得胜乡团练大队长邓守臣的赏识，当上了团练分队长。

1927年，黄亚光成立了一个新袍哥码头"少英社"，自己当上了舵把子。与军阀田颂尧的团长张少全和军阀刘文辉的手下高俊、朱平安、冷绍康以及其他军、政、团（防）的重要人员结拜为兄弟，势力大增，公开包庇烟（鸦片烟）馆，聚赌抽头，后来还在天仙桥秘密设厂造假钞票。

张少全为了贩运烟土方便，介绍黄亚光到松潘"汉军统领"杨抚权处当连长。不久，杨抚权奉命率领部队"援甘"，去打马步芳，结果全军瓦解，黄亚光乘机大抢财物武器，逃了回来。

黄亚光的另一个结拜兄弟邓大春在成都当上了卫戍司令部的谍查长，给了黄亚光一个"东区谍查主任"的官职，黄亚光作恶更加剧了。一次，抓捕了两个排字工人余成德和王元富，诬其为共产党，酷刑拷打，逼交"同伙"名单，先后逮捕30多人。

刘湘统一全川，成都卫戍司令部改为警备司令部，由于黄亚光的势力已经很大，便让他继续当"东区谍查主任"。抗日战争后，黄亚光又攀上了军统，给行辕主任郑锡麟当通信员、行动组长，和军统重要人员杨超群、陈翔元建立了密切关系。在袍哥"少英社"中，掺进了一批军统特务，改名为"群益总社"，总社下设十个分社，用"精、诚、忠、孝、仁、爱、信、义、和、平"十个字命名，势力大增，所有外东的船帮、旅馆、茶坊、酒店、赌场、妓院都归他掌握。他还在城内控制了春熙大舞台、三益公戏院、宜昌电影院，成了独霸一方的"大王"。

黄亚光与广元袍哥恶霸唐能、平武大匪首宋北海（绰号"宋皇帝"），从松潘、黑水一带武装贩运鸦片到成都。

黄亚光和他的手下四处惹是生非，敲诈盘剥。1945年，黄亚光的势力发展到了北门，公开在城隍庙摆设赌场。庙内和尚不明底细，出来干涉，黄亚光手下姚昌富抽出手枪，当场打死和尚。1947年，黄亚光在外东安顺桥一带招商摆摊设点，收取重租重押。当年发大水，安顺桥被冲垮，黄亚光以修桥为名，挨家挨户强行摊派修桥费，结果，修桥费大部分被他吞没；又强行撵走桥侧居民，强占民房三百多米。

成都解放前夕，黄亚光在"游干班"受训毕业，是反共"一百单八将"中的要角，担任了"游干班"联络员，积极组织各地匪徒和共产党打游击，给人民的平安生活造成了极大的损害，其罪恶历史天理难容，黄亚光及其匪众后来被人民解放军消灭。

二、　袍哥叛乱

四川解放后，原来称王称霸的袍哥大爷及"兄弟伙"，失去了往日的权力、利益，曾试图让共产党的新生政权重新给他们权和利，可希望破灭了，匪性根深蒂固的袍哥们不愿做良民，又在国民党特务及反共分子的配合下，重新组织队伍，招集旧部，疯狂向新生政权扑来，妄图夺回他们失去的一切。他们屠杀共产党人，屠杀解放军战士，屠杀无辜群众，给新生政权和人民造成极大的损失，犯下了滔天罪行。

1950年2月5日，正当成都全市人民欢庆解放的时候，突然在城周各地发生叛乱，习称"二五"叛乱。早在元月下旬，冷开泰、徐子昌、夏斗枢、周迅予等人在郫县花园场召集"游干班"分子和袍哥土匪头子开会，对暴乱进行部署。

2月5日，隐藏在新都县石板滩的稽查处情报大队长李干才利用龙潭寺袍哥匪首巫杰，首先发起了"东山暴乱"，立即引起了附近各县的袍哥匪首纷纷响应，金堂县的赖合山、新都县唐家寺的李显之、华阳县中兴场的贾慎之、新繁县龙桥的胡开惠、新津县的袁树江相继叛乱。

2月11日，灌县聚源场的张志达、崇义铺的李熙春、土桥场的师雨膏、顺江场的魏镇久、玉堂场匪首袁旭东同时叛乱，打死、打伤解放军战士和征粮工作队成员以及农民群众。匪首袁旭东、周儒卿、宋国太在灌县城南及城西骚扰，洗劫天乙街居民。蒲阳场匪首杨文光、高弼成三次攻打驻大明寺的解放军和蒲阳区公所。2月下旬，太平乡匪首杨介清将由城内返乡劝人不要参加暴乱的徐秀如、徐容容姐妹严刑拷打，活埋于青城山建福宫侧。崇庆县元通场黄光辉等人，集军阀、官僚、党棍、袍哥、土匪五位于一体，号称"黄霸天"，此时也回乡纠集道明场匪首陈楚王等人叛乱。成都附近还有"忠义公"舵把子于明辉，"大中社"社长刘国辉，"同声社"舵把子高金山等，也妄图举事。灌县玉堂场袍哥土匪袁旭东1950年伙同宋国太等参加叛乱，被击溃后逃回老巢赵公山，1951年4月16日在青苔沟毙命。成都稽查处处长、哥老会"正诚社"的大爷、担任川康反共救国军司令的周迅予，经灌县窜入阿坝州，在黑水和川甘交界的郎木寺一带负隅顽抗，于1953年5月28日被擒。

1950年2月20日，胡宗南妄图把四川哥老会作为他的"救国稻草"，他与唐式遵在西昌邛海新村招集了一批哥老会的龙头大爷。其中有汉源县的羊仁安、乐山县的周瑞麟、仁寿县的伍道垣，还有雅安的"罗八千岁"罗子舟、西昌的高开祥等人，封以"反共救国军纵队司令"和"新编第二军军长"等头衔。这些土匪头子也相继叛乱,他们残杀地方干部和群众,革命烈士丁佑君就是在这场土匪叛乱中被残酷杀害的。

第五节　各地的袍哥起义

由于中国人民解放军的节节胜利,政局发生急剧变化。1949 年初,民革在成都组建了地下民革川康分会。中共地下党与民革紧密联系,在川康国民党的党政军团、哥老会等地方势力中进行宣传和策反工作。同时筹组武装力量,先后举行了崇宁"五九"起义、华阳起义和范绍增起义。

一、　王蕴滋起义

崇宁县的袍哥首领王蕴滋联络崇宁县、灌县、彭县部分哥老会武装,以保卫地方和集训为名,组织反蒋武装力量,于 1949 年 5 月 9 日起义,在川康一带影响很大。

以下是王蕴滋的一段遗稿,可见其寻求出路的心路历程:

1946 至 1949 年,是中华民族历史命运大转变阶段,也是我重新投入民主革命的阶段。我当选(崇宁县)县参议长后,首先为实现我竞选提出的"缓征兵、缓征预征粮"的口号作出努力,在反动政府的压力下成效不大,但家乡农民知道我不会坑害他们。由于当时的川西地区是袍哥(哥老会)纵横之地,农村的袍哥势力成了第二种统治力量。辛亥革命和四川保路同志会组织的同志军、民军都曾利用过哥老组织的强大力量,而且得力不小。我回顾了这些历史,决心再次利用袍哥组织的力量拥共反蒋。由于我当时不仅没有找到中国共产党的领导,也不知道有"中国国民党革命委员会"(以下简称"民革")这个民主党派在酝酿组建中。我只凭对大势与大方向的理解行动起来。我利用"参议长"这块政治招牌,加上我过去广阔的社会关系,又重新活跃在成都的社会圈子中,积极结合全省各县的参议长及实力人物,其中不少人本身就是"袍哥大爷"。又利用我在参加同盟会的革命活动中曾奉命加入过的哥老会,并曾被给予"大爷"的尊号,于是以"参议长"加"袍哥大爷"加"川军将领"三重身份展开了活动。不久,与在成都的党、政、军、袍都吃得开的红人冷开泰、徐子昌等结交朋友,出版了我所编写的《海底诠真》约 40 页的小册子。这是一本借叙述哥老组织起源、发展的历史及其规章制度、语言、礼节(规矩),而贯以爱国爱民的忠孝观念,唤起哥老的反抗精神重走正道的图书。书中提出了"是哥老，必同仇"，又指出"哥老今被官僚耍"。书的语言通俗，大部分似《三字经》式的韵文，加之材料较准确详尽，一时成为川中哥老组织争相传看的书。始印一两千本，不月余而罄。

我像一个没有指挥官的士兵。我迫切寻觅革命组织的领导……下定决心后，于1946年底，伪称去游耍赌钱以骗过国民党特务，先飞香港，后转澳门。港澳均有国民党特务，因此我也经常进出于赌博公司。由于无人引介，在革命组织保持高度警惕的情况下，除了碰到几个以朋友身份出现的进步人士外，并未找到革命组织，这虽是一次相当幼稚可笑的政治行动，但却表明了我急切的求索之心。1949年元月，在两年多前结识的好友李宗煌，通过我家中屡电促我迅速返川，赓即又汇来了旅费。我分析当时解放战争形势发展，估计李有所图，便束装回成都。李是屏山县人，时任屏山国大代表。他原在川军二十四军刘文辉所办的军官学校毕业，任过刘部的团长，也因愤世嫉俗而辞官。我们相识后，政治见解相同，都决心拥共反蒋。因而他在家乡川南屏山、雷波、马边一带组织哥老力量以配合解放之用。返川后，李出于对我的了解和信任，直接向我介绍了"民革"在四川（成都）秘密建立组织的情况及大体计划，并表示愿介绍我加入。我同意后，由他本人及杨宗文（时刘文辉已被民革中央任命为民革川康分会的负责人，这是他在民革组织内部使用的化名）介绍，填写志愿书和誓词加入了"民革"。这使我在经历了四十多年漫长而曲折的人生道路之后，又重新跨上了革命道路。当时，我参加民革用了"余无我"这个化名，无过去的旧我，这就意味着新生。

在1949年元月参加民革后，组织即安排我为"民革川康分会"委员。这时我的公开身份仍然是崇宁县参议长。民革中央特派员杜重石传达了民革将迅速组织"民主联军"一类的武装以配合解放军解放大西南的紧急指示，民革川康分会赓即组建了在其领导下的"中国民主联军川康军事委员会"，由杨宗文（刘文辉）任主委，华正国（李宗煌化名）副之，并任命我为"川康军委"参谋长兼"民主联军川西军区"司令员，随之积极开展活动。由于解放战争形势的急剧变化，败退的蒋家各路人马正纷纷向西南溃逃。因此，我们建立和发展民主联军的工作以超常的速度进行着。大势所趋、人心所向，因而工作的进展也较顺利。川康军委的参谋处长朱戒吾给了我有力的协助。

民革当时的党组织和军事组织，其形式、活动方式，都是向共产党学习的。"民主联军"各军区（川东、川南、川西、川北）下分设纵队、支队、大队、分队；在政治领导上也设置了政治委员、指导员。我们发展的对象可以说是一切反蒋和不满当时现实的人，而主要者是国民党的军政人员、地方上的实力人物、知识分子、拥有武装的哥老组织首领。这一切活动，是我在1949年2月，以崇宁县参议长的合法身份回到县里，以"保卫地方，集训武装"为名，暗中进行组织发展的。不久，还分化和争取了一部分县警察队及县"国民兵团"的武装。我们粗略估计已联络和初步组织的川西各县反蒋武装约为两三万人，而人枪齐备能较迅速投入战斗的则只约四五千人，崇宁本县就占二千多人。不少同志主张，把那些届时能卷入战斗拿刀拿矛的外围群众也算进来，以扩大影响，鼓舞斗志，因此在内部宣称有十万之众。

1949年5月上旬，我们正在为执行民革川康分会准备于6月左右武装起义的指示积极部署时，为叛徒告密。崇宁县长谢锡九、温江专员冯均逸均系当时四川省主席兼保安司令王陵基的得力干将，便在王陵基密令下，纠集胡宗南部一个团，保安司令部两个团，及灌县、郫县、新繁等县的警察中队，以迅雷不及掩耳之势包围崇宁，准备一举歼灭我们。但我们也很快得到情报，乃迅速集结部分武装力量（约三百余人），进入崇、彭、灌三县交界之丰乐场山区，并决定提前起义。因丰乐乡与竹瓦乡是我组织的崇宁起义武装的两大支柱与基地。丰乐乡的首领、县参议员伍锡青，竹瓦乡的首领、国大代表刘绍成，同为我们的故旧，均已参加民革和民主联军，分任纵队司令员。

5月9日，前述反动武装也向我们所在的山区扑来，开始猛烈交火。虽事起仓皇，但起义人员毫无畏惧，英勇战斗，经两天两夜使敌不得前进。当时，我以事既暴露，就干脆打出了"民主联军"的旗帜，以示我们不是所谓"土匪"的乌合之众。邻近各县的民主联军（尚未公开）闻讯即纷纷派人支援，但为强大的敌军所阻击。而我们已弹尽粮绝，敌人还在增派兵力，经我与伍锡青、刘绍成等人商议后，决定于11日夜撤出战斗，绕道山区向雅安方向的邛崃、蒲江、大邑山区前进。当即派我子王善培秘密赶赴成都向民革川康分会请示行止，当时分会负责人之一的李宗煌以密电请示刘文辉（时任西康省主席）后，指示我们开赴西康雅安隐蔽，并要保持秘密，沿途不得惊扰群众。得到指示后，我们将未暴露身份而又有家室之累和留在地方更起作用的一部分人遣散和留下……约经五六日到达西康雅安，我拜见了刘文辉……这次崇宁"五九"起义虽然失败，但因爆发在敌人心腹地区，对社会的影响颇大。

王蕴滋（1891—1972），号靖澄，崇宁县（崇庆县）竹瓦铺（现新胜乡）人，后迁居崇宁县城北街。少时家境贫寒，父母佃田耕种，7岁开始为人放牛。主家是塾师，喜欢王蕴滋聪慧,教他读书,9 岁前读完"四书"。13 岁应童子试(考秀才),名列前茅。15 岁开始教私塾。他主张讲求实际,在壁上题词:"读得来万卷书,不如做得来一件事。"后入崇宁县师范传习所受训。18 岁入四川通省师范学堂学习,1910 年弃文从军,考入四川陆军官弁学堂,参加袍哥组织并加入同盟会。宣统三年(1911),保路风潮起,王蕴滋在本县人蒋淳风所领导的学生军中任宣传干事及分队长。民国成立后,任新军排长,被保送到四川陆军军官速成学堂学习。毕业后任四川陆军二师八团一营连长。1916 年孙中山发动"护国战争",王蕴滋积极响应,率队于潼川(今三台县)歼灭北洋军押运辎重部队,宣布潼川独立并通电讨袁。战后,任四川护国军第四师七旅旅长。

1917—1919 年任川西屯殖军参谋长,指挥汉土官军进驻茂县,兼理番知县。1920 年任四川省督军咨议。1921 年归附刘湘,被委任为川军驻滇代表。1925 年后,先后任川军团长、旅长、副师长。曾辞职返蓉,组织"亚昌"公司经商。后赴湖北省任国民革命军二十军第一混成旅旅长,1935 年,驻天全、邛崃、大邑一带,阻击中国工农红军。

抗日战争时期,认真阅读了毛泽东的著作,如《新民主主义论》等,对共产党有了新的认识,1945 年底回到崇庆县,被选为县参议会参议长。任职期间,多次掩护进步人士,支持进步团体开展革命工作。1948 年加入国民党革命委员会,同年 9 月参加川康分会工作。1949 年 2 月,任"民革"川康分会执委,"民革"川康军委参谋长兼民主联军川西军区司令员。为利用哥老会力量及争取地方武装力量开展反蒋活动,他回到崇宁县写了记述袍哥组织活动的《海底诠真》一书。通过反复酝酿,拟定 5 月 15 日在崇庆县丰乐场(今属彭县)举行起义。由于事机泄露,提前于 5 月 9 日起义。各地起义武装力量齐集于丰乐山区。5 月 11 日,专署派保安中队和崇庆县保警队前往包围,遭到起义部队反击。5 月 12 日,王蕴滋率起义队伍向丰乐场进攻,与保警队激战约两个小时,因寡不敌众失败。率余部南移到雅安。解放大军直逼成都时,他率领部队到成都与人民解放军会合,接受人民解放军的整编。

新中国成立后,历任成都市人民委员会委员、成都市革命委员会委员、"民革"成都市常务委员会委员等职。1972 年在成都市病故,终年 81 岁。

二、 其他地方袍哥起义

1949 年 9 月 6 日,川西蒲江县发生由袍哥大爷、蒲江县民众自卫总队副总队长张俊文、县警察中队长戴明渲率队攻打蒲江县政府、占据县城的事件。据成都报纸《新新新闻》1949 年 9 月 9 日刊载的消息云:"蒲江自卫副总队长张俊文、警察中队长戴明渲于六日午后叛变，率众二百余人，进攻县府。张俊文系县中土劣袍哥。抗战胜利后，即与崇宁王蕴滋参加李济深领导之国民党自新委员会工作。"又据该报 9 月 18 日刊登的消息："张、戴联络邻县哥老、土劣某某等，以求声息相通……待机蠢动，颠覆政府……六日午后一时攻占县城。一时枪声大作，尤以南街至县府一带，战事最烈，机步枪交响，直至午夜，全城已为叛匪占据……翌日，保三团吴团长由邛率队驰县进剿，乃仓皇向西南逃逸……午后五时，全城光复。"该报 10 月 2 日披露："自张俊文、戴明渲率队叛变后，县府为彻底根绝袍哥势力，曾通令布告取缔仁辅公、仁义慈善社及县境内哥老组织，并雷厉风行逮捕张、戴组织之各乡镇舵把子……先后逮捕五六十人。"

在川东大竹县，1949 年 8 月范绍增以"国防部直属川东挺进军总司令"的名义，联络哥老武装，准备起义。当中国人民解放军第二野战军从湖北入川时，他率部宣布起义，跳出火坑，走向新生（其事详见第九章第六节）。

第六节　解放战争时期袍哥的特点

解放战争时期，袍哥在四川社会生活中呈现出以下特点：

一是袍哥渗透到政权的各个方面，越到基层越明显。由于民国政府前期对哥老会采取放任的态度，袍哥势力发展很快，后来虽然采取了一定的措施进行控制和取缔，但已养虎遗患。县以下的政权和武装无一例外地掌握在袍哥手里。地方上的征粮、抓丁、治安、交通、烟赌都由袍哥控制。抗战胜利后，国民党当局先后搞过几次选举（参议员、国大代表、立法委员），袍哥在其中起了举足轻重的作用。在重庆市首届参议会中，袍哥参议员占了百分之八十。各县的参议员更是为袍哥所控制，如绵竹县广济乡的舵把子赵祝三就是该县参议会的议长。1948 年，选举立法委员，丰都县的名额被南京政府圈定给了青年党，当地袍哥不服，通知各地罢选，投票当天，全县竟无一人敢去投票。

二是袍哥的组织形式没有与时俱进，各山堂之间仍然独立行事，没有形成真正意义上的联合。虽然成都成立过"大汉公"、宜宾成立过"合叙同"，雅安成立"荥宾合"，重庆成立过"仁字总社"和"义字总社"一类的地方袍哥联合组织，但各公口仍然独立行事，只有联络，没有实质意义上的联合。几位川军领袖想以"川康大同公社"统一全川的哥老会组织，仍未取得成功。蒋介石的中央军入川之后，曾由国民政府社会部出面支持，重庆各界袍哥成立了"国民自强社"，成都相仿也成立了"国民互助社"，但都是只有名义而已。袍哥中的少数新进曾作过以袍哥为基础组织政党的尝试，并拟定纲领，但因诸方面的原因，均未成功。

三是难逃被控制和被利用的命运。国民党在基层的统治要依靠袍哥，但见其势力太大会危及政权的时候，又多次想取消和限制袍哥。1935 年至 1937 年，国民政府几次下达"查禁""取缔""惩治"袍哥的通令、条例、章程等，最后仍是一纸空文，后来就采取了拉拢和利用袍哥的手段。1940 年，蒋介石支持军统成立由青帮、洪帮和袍哥代表参加的"人民动员委员会"，会址就设在重庆袍哥首领唐绍武的大宅内。蒋介石还就此事明确指示："四川遍地是袍哥，势力很大，必须控制四川袍哥的各县头头。""对四川各县的袍哥组织，必须控制，要用软的手段，不能硬来。"① 也许正是因为国民党对袍哥的态度从放任到控制和利用的转变，才使袍哥在后期加入到"游击干部训练班""反共救国军"中去。

这时的袍哥特别是其头目，基本上都站在了与新生政权为敌的立场上，除少数袍哥起义外，大部分是冷漠或不配合的，更有甚者进行武装叛乱，对新生政权构成威胁。中国共产党从统战出发，积极争取袍哥力量。1930 年，红二军部收编改造了一支袍哥武装，在清除了其反动头目之后，有一千多人编入了第四师。1938 年，重庆的《新华日报》发表了《哥老会是抗战力量》的署名文章。根据中央的指示精神，四川的中共党组织对可以争取的袍哥做了大量的工作。为此，有的党员还参加了袍哥（如眉山的熊文祥，内江的雷勖等）。特别是争取到了像刘文辉这样的在四川军界最有影响的袍哥人物，对抗日战争和解放战争的胜利做出了重要贡献。新中国成立后，所有的袍哥组织皆予取缔。

---

① 崔锡麟：《我所知道的青洪帮》，载《江苏文史资料选辑》第二十辑。

第十三章　中国共产党对袍哥的争取与改造

第一节　新中国建立前对袍哥的争取

　　共产党与袍哥本身存在着一定的历史关系，老一辈无产阶级革命家朱德、刘伯承、贺龙等早年都曾加入过袍哥组织，所以中共曾一度试图利用江湖帮会的积极因素，限制与防范其消极因素，并加以教育改造，灌输革命思想。如大革命时期广泛发动江湖帮会武装来反抗军阀统治，支持国民革命军北伐；土地革命时期积极争取江湖帮会群众参加工农红军，打破国民党军队的封锁与"围剿"；抗战时期动员他们共同抗日，一致对外等等。这在特定时间特定地区内取得了较好成绩。但对此也不能估计过高，就总体而言，当时真正受党影响的并不占江湖帮会的多数，因此而走上革命道路的更只是其中极少数的先进分子。而随着根据地和解放区人民政权的建立和巩固，江湖帮会组织与生俱来、对革命起破坏作用的封建性、落后性等负面因素愈益显露，最终导致了对江湖帮会的全面查禁取缔。这既是巩固政权、建设新社会的需要，也是历史发展的必然结果。①

　　中国共产党为了团结一切可以团结的抗日力量，于 1936 年 7 月 16 日由中共中央发出《中央关于争取哥老会的指示》。《指示》指出：哥老会是中国许多秘密结社之一，是下层群众的组织，其成员大都是农民、手工业者、士兵与游民，在政治经济上是最受压迫与剥削的阶级与阶层。在哥老会代表民族利益与群众利益，进行反对统治阶级的斗争时，他们常常起着革命的作用。但是，由于过去得不到无产阶级的领导，它的思想与组织形式，带着极浓厚的保守的、迷信的、封建的与反动的色彩。因此，它又时常为反革命野心家和军阀官僚所利用、收买，而成为反革命的工具。《指示》明确向全党指出：目前我们对于哥老会的策略是在争取哥老会。这一政策的确定，主要出发点是，根据抗日民族统一战线的原

---

①　郑永华：《民国时期中国共产党对会道门政策的演变》，载《宗教、教派与邪教——国际研讨会论文集》，广西人民出版社 2004 年版，第 317 页。

则，哥老会是有群众基础的，是可以参加抗日斗争的一种群众力量。同年 8 月，成立"中华江湖抗日救国委员会筹备处"。8 月 19 日，由该筹备处向全国哥老会发出召开代表大会的通函。

10 月 15 日，在陕西省志丹县境内的马头山召开了全国哥老会代表大会，即"马头山开山堂"。周恩来在《关于哥老会问题》一文中提出："'兴中反日'应是哥老会中最中心的口号。"这和 1936 年 7 月 15 日毛泽东以中华苏维埃中央政府主席名义发布的《对哥老会的宣言》是一致的。《宣言》号召哥老会"要在共同的抗日救国的要求下联合起来，结成亲密的、兄弟的团结，共抱义气，共赴国难"。"各地、各山堂的哥老会山主大爷，四路好汉兄弟都派代表或亲来，与我们共同商讨救国大计"。

1938 年春，杜重石代表杨森去延安向朱德请教政事并拜会了毛泽东，谈到四川哥老会。杜重石回川后与人联合组建哥老会公口"蜀德社"并创办《大义周刊》，在四川袍哥中很有影响。

杜重石回忆说："1938 年春，我代表杨森去延安向朱德请教政事。同年冬离延安前，陕甘宁边区政府交际科长金城引我分别晋谒了毛主席（这是我到延安后的第二次见他）、朱总司令、中共中央组织部长陈云。我们都谈'抗日民族统一战线'对抗日救亡、争取最后胜利的重要意义和作用。我问：'川康袍哥组织遍城乡，和川康军人混为一体，有的还有武力，是否可以作为统战对象？'毛主席说：'旧瓶装新酒嘛。凡是对抗战有利的都要争取，团结到统一战线来。'陈云同志还说：'在白区工作和在战场工作一样，要有战术，还要有掩蔽体和保护色。'1940 年我到了成都，利用我的社会关系，遵照毛主席、朱总司令、陈云部长的指示，和二十三军师长陈兰亭、川康绥署副官长黄瑾怀、曾任过陈兰亭师的旅长杨纪元以及二十三军经理处长赵丕林等筹建了袍哥组织——蜀德社。通过杜桴生、王白与的关系，我们吸收了金大、川大、华大、齐鲁各大学一些学生，如关胜远、张照隅、袁芃实、赵仕奎、李扬波等人都作为'新酒'，加入了蜀德社这个'旧瓶'。当然，他们由不愿加入袍哥组织到愿加入，是经过一番争议的。到 1944 年秋民盟成立，沈志远、范朴斋介绍我加入民盟。当时，杜桴生及沈志远和我商议筹办刊物，决定请张表方老先生带头和一些川康军人做发起人。我去成都南门外衣冠庙，看望住在黄瑾怀新建住宅的张老，把我上述的在延安的情况和到成都组织蜀德社的情况，以及计划办刊物的打算向他作了汇报。张老欣然允作发起人。他说，除了汉奸、卖国贼都应团结起来共同抗日。又说，袍哥在四川保路运动同志会闹革命时就起过很大的积极作用，尹昌衡做了都督，成立了'大汉公'，尹都督就当了'大汉公的总舵把子'。《大义周刊》就这样开始筹办起来了。'大义'的发起人，有国民党监察院监察委员谢无量，有成都耆学、宿绅刘豫波，有电影界编导万籁天，有川康军人袍哥陈兰亭、彭光汉、邓叔才、曾南夫、李宗煌、黄云章，有新闻界王白与……是一锅色味都不调合的大杂烩。""因为《大义》打的是宣扬'袍哥'的民族意识、爱国思想的牌子，而'袍哥'的名声对社会观感又不好，怎么解决这个问题呢？《大义》同仁都同意杜栩生的意见：'袍哥'是社会团体组织，可以把'袍哥'称为'社团'。""在《大义》发表有《当前社团应有的态度》《社团产生的因素》《社团的基本立场》《一论、再论、三论义气》《社团思想与墨家思想》《社团的另名》，以及译载英国新闻处编译的《黎利计划的社团中心》等文，引导袍哥革故鼎新。"①

自 1931 年九一八事变发生后，全国人民抗日救亡的呼声日甚一日，袍哥中有民族气节的人亦拥护抗日。1935 年，重庆"警察局长范崇实反对日本海军陆战队上岸军事演习，谈判破裂，挨了日本驻重庆领事召谷廉二一记耳光。密探队立即组织江北袍哥土匪头子陈燮阳，连夜率众向定远碑日领事馆投掷炸弹，对日商洋行、货栈甩大粪罐子，事毕之后，驾小舟悄然离去"。②

认真做好对四川袍哥的工作，是在 1939 年中共南方局在重庆成立之后。那时，争取哥老会上层人士和地方实力派的工作，在周恩来、董必武等亲自主持之下，取得显著成绩。1942 年 2 月，周恩来在重庆同刘文辉会面。1944 年，南方局又派张友渔去雅安，做团结刘文辉的工作。③

1938 年，中共中央代表董必武、林伯渠、陈绍禹路过成都，特先看望邓锡侯。1939 年，八路军副总司令彭德怀路过成都，也会见了邓。彭德怀对抗日形势的分析，增强了邓的抗日信心。④

---

① 杜重石：《大义周刊始末记要》，《成都报刊史料专辑》第三辑。
② 熊倬云：《成都大川饭店事件内幕》，载《大西南的抗日救亡运动》，重庆文史书店 1987 年版，第 151 页。
③ 张友渔：《我奉派做团结刘文辉的工作》，《成都文史资料选辑》第二十一辑。
④ 田德明：《回忆邓锡侯先生事略》，《成都文史资料选辑》第二十一辑。

第二节　红色袍哥

　　由于共产党为国为民族而奋斗的业绩有目共睹，"团结一切力量共同抗日"的政策又很受各界人士的赞同，"人人有饭吃，个个有衣穿"更给了广大流氓无产阶级包括袍哥人员以无限希望，不少袍哥人员，包括上层人员都主动站到了共产党这一边，他们利用袍哥帮会的活动优势，与共产党人一道，从事抗日和其他革命活动，有的自己就加入了共产党，如杜重石、王伯高、徐茂森、张云卿等等。他们为中国人民的解放事业做出了杰出贡献，甚至献出了宝贵的生命。

一、　革命袍哥王伯高

　　王伯高（1897—1949），四川邛崃县固驿镇人，出身于没落的地主家庭。其父王梓舟，早年参加同盟会，民国初年曾任四川省议会议员及新津、双流、华阳等县知事。因秉性刚直，不满时政，晚年弃政还乡办学。王伯高少有奇节，个性刚烈。当他在成都联中和法政学校读书时，正值中华民族处于内忧外患之际，他以挽救国家民族为己任，毅然投笔从戎。1919年考入川军第三军刘成勋的军官养成所，结业后历任川军连、营、团长及上校参谋。1936年回到邛崃，开设中山旅馆，结识了川军师长、中共地下党员张志和，在张的教育帮助下，思想上受到很大启发。1937年抗战爆发，王曾筹组抗日自愿兵团，准备出川抗日，但遭到当局刁难，未能如愿。同年底，他带着中共四川地下党军运工作负责人车耀先的介绍信，进入延安陕北公学学习。1938年6月，王伯高回川后，决定采用"旧瓶装新酒"的办法，组织哥老会，开展"袍运"，利用袍哥这种与社会各阶层都能发生广泛联系的组织形式，进行抗日救亡工作。1940年6月18日的"关公单刀会"，王伯高在邛崃县城成立了"信义社"，自任总社长，在县属不少乡镇成立"信义分社"，拥有成员数千人。为了克服哥老会只讲江湖义气、缺乏政治观念的弱点，他还吸收了具有爱国思想的亲友和进步青年参加，并把他们培养成骨干，派入各分社。同时在城内开设"现代书店"，出售进步刊物。1938年秋，中共党员黄聘三以邛崃县营业税稽征所所长身份开展地下活动，得到王伯高的支持和掩护。1939年7月，

成都十二桥烈士陵园

中共成都西北区区委书记张黎群应王伯高邀请，派中共党员胡公拓、傅承筠到邛崃县，王将他们二人安排在敬亭中学，以教师身份进行党的活动。当被特务发现时，王即抢先连夜送他们返蓉。中共川康特委派谭竟平任邛崃特支书记，也得到王伯高的多方支持。1941年夏天，中共川康特委交通联络员尹英，有任务去雅安，中途被驻军逮捕，亦由王伯高出面营救获释。王伯高在邛崃的活动，官方深有所知，但慑于"信义社"的势力，不敢公开动手。1943年夏，王伯高还协助刘文辉阻止蒋介石税警团入西康。1947年6月2日，王伯高在成都被捕。他在狱中宁舍生命不变节，同一牢房的世界语学者、老共产党员许寿真赞扬他"不是一般袍哥大爷，很有革命者气质"。

1949年12月7日夜，王伯高牺牲于成都十二桥。①

二、 特别党员杜重石

杜重石（1913—）又名杜先器，是四川广安县人。父亲杜奉尧是当地知名士绅，拥有不少田产。杜重石18岁从广安中学高中毕业后，到上海入左翼文人许辛之等人开办的新华艺术大学学习戏剧和绘画。1933年，因父亲杜奉尧与川军二十军军长杨森是同乡和世交的关系，杜重石便到杨森手下的二十军司令部任秘书，同时还任广安县立第一中学的校长。

红色袍哥杜重石

中国工农红军二万五千里长征，由贵州入四川，在到达川北杨森的二十军防区时，杜重石亲历了杨森为了保持自己的实力，暗中与红军联络的经过，那时他已是少将参议，杨森的秘书。

1932年12月，由张国焘、徐向前、陈昌浩领导的中国工农红军红四方面军率部队入川，于1933年2月成立了川陕边区苏维埃政权。蒋介石得知后大为光火，立即命令杨森和刘湘派兵对红军进行"围剿"。

那时，蒋介石在军队中大搞"清一色"派系，实现他中央军将领必须是黄埔军校出身、陆军大学毕业的浙江人"清一色"队伍。各地方部队被称为"杂牌军"。杨森的二十军当时军力单薄，处境比较困难。因此他暗中与中共联络，避免与红军正面作战，以保证自己的实力不被削弱。为此，杨森曾密嘱手下亲信夏炯，派团长李麟昭去巴中得胜山与红军进行过一次谈判。

之后，川北红军提出了第二次协商。杨森的二十军第五混合旅旅长夏炯和随员杜重石

---

① 王廷全：《掩护地下革命活动的爱国民主人士——王伯高烈士》，《成都文史资料选辑》第十四辑。

一起代表杨森，在旅部所在地岳池县公园与红四方面军代表、西北革命军事委员会副主席兼红四方面军总政治委员陈昌浩及政治部主任黄超深夜密谈，最后达成协议：两军互不相犯，红军在攻打刘湘二十一军时，二十军给予红军后勤方面的支援。为表示对这次谈判的诚意，二十军承诺送给红军部分军需物品和医药物资等。当时还由杜重石亲自将两支德国造的 20 响快慢机手枪送给陈昌浩和黄超。为了瞒过蒋介石派到二十军中的军统耳目，相约在运送物资那天，士兵们虚张声势，制造假象，大叫"红军又来了……"在朝天放一阵乱枪之后，佯装发起冲锋，让运送物资的连队趁机把物资放在阵地，让红军取走。这是杜重石第一次与中共高层领导直接接触。

1937 年日军继在北平挑起"七七"卢沟桥事变后，又于同年 8 月 13 日挑起了上海事变，迫使整个中华大地掀起了全面抗战的热潮。杨森的二十军于 1937 年 9 月 1 日由贵州出发，一路跋涉，于 10 月 12 日抵近上海南翔前线。当时二十军的任务是防御大场、蕴藻浜、陈家行一线，阻止日军南进，南翔车站为指挥部所在地。

杜重石时任杨森的二十军驻上海办事处处长，主要任务是把上海各界抗敌后援会给前线部队的各种物资运往前线。在"七七"卢沟桥事变的前夕，杜重石就先行在上海法租界金神父路（今瑞金二路）、福展理路（今建国西路）口，租下了一幢花园洋房作办事处日常办公之用，同时筹办刊物《前哨》。当时罗青是楼下的房客，后杜重石知道他是与沈钧儒等七君子同时出狱的江苏救国会筹办人。当时《前哨》的出版，曾邀请沈钧儒、章乃器等救国会七君子以及罗青撰稿。从与罗青的接触中，杜又明白了抗日统一战线的许多道理，把罗视作自己的良师益友，也知道他在 1926 年就参加了中国共产党。杜当时也为郭沫若主编的《救亡日报》撰写了宣传抗日的《难民吟》《训子》等街头剧，以示《前哨》主办人的抗日立场。二十军在扼守南翔桥亭宅石桥的战斗中坚守阵地，英勇苦战，付出了较大的伤亡代价。

当时上海各界抗敌后援会派郭沫若和各界爱国人士胡兰畦、田汉、许幸之、胡苹等，由杜重石陪同坐火车于 10 月 17 日夜前往南翔慰劳二十军杨森部队，中途因铁轨被日机炸毁不得不折返。杜重石在乘坐运送物资的卡车赴南翔时，何香凝秘书胡兰畦执意同往，欲亲手将何香凝的慰问信交给杨森。后来杜重石遵嘱代杨森复函向何香凝致谢。

1937 年"八一三"上海事变后，在中国共产党的共同抗日号召下，迫于形势，国共第二次合作达成。二十军完成了坚守上海防区的任务，奉调去安庆整编。杜重石在结束了上海办事处事宜后，亦随军去了安庆。在上海时，夏炯亦与罗青有过接触，罗青与他讲了抗日形势，国共合作共同抗日的道理，深得夏炯欣赏，欲邀其协助二十军做部队政治思想工作。1938年元旦罗青与杜重石、夏炯一同从上海到安庆，罗青建议二十军可派人到延安去亲眼看看共产党全民抗战的真实状况，杨森同意了这一意见。夏炯主张通过罗青的关系派杜去延安，因杜在1933年秋曾与红四方面军有过接触，故杨森让杜代表自己前往延安考察。

1939年初夏，杜重石从安庆出发，由罗青陪同辗转香港、广州到了汉口八路军办事处，见到了办事处主任吴玉章和李克农，第二天与李克农同车去延安。在延安，杜耳闻目睹一派团结抗日的景象，社会秩序有条不紊，延安军民生活虽然清苦，但都是在各自的岗位上努力工作，共产党员更是以身作则，为民先锋。共产党的干部与老百姓血肉相连，水乳交融，与国统区完全是天壤之别。到延安后一星期，曾在1934年见过面的陈昌浩来看望杜，回顾了当年的旧事。

在延安，杜重石由边区政府交际科长金城带领见了毛泽东主席。毛泽东说，延安欢迎国民党人来了解解放区人民生活和执行抗日统一战线的真实情况。在毛泽东那里，杜懂得了许多革命道理，主席的智慧和胆识更加坚定了他"只有共产党才能救中国"的信念。

杜重石向毛主席提出入抗大学习的要求，得到了主席的首肯。于是化名"杜平"入由方正平任大队长的抗大三大队七中队学习。当时抗大的常务副校长是罗瑞卿，杜以自己与他是四川同乡为由，有时主动与他搭话，在罗那里了解了不少抗日统一战线的道理。在抗大学习期间，杜被选为抗大同学会副主席，负责为抗大对内对外募集资金。在抗大，经杜重石本人申请，当时一姓李的指导员请示领导后让他填写了三张油印的入党申请表格，取代号"王杨"的杜重石被吸收为中共"特别党员"——这是在特殊年代、特殊环境条件下的特殊做法。

离开延安前夕，杜重石分别受到毛主席的再次接见和中共中央组织部长陈云以及从前方回延安参加中共六届六中全会扩大会议的朱德总司令的接见，还由朱德介绍认识了周恩来和潘汉年。他们对杜谈到了抗日统一战线，争取抗日救亡最后胜利的意义等。杜当时提出：川康"袍哥"组织遍及城乡，并与川康军人浑然一体，有的还有相当的实力，是否可作统战对象？毛主席指示：旧瓶装新酒嘛，凡是对抗战有利的都要争取，团结到抗日统一战线上来。陈云还说，在白区工作和在战场打仗一样，要讲战术，还要有掩蔽体和保护色。在杜提到以后与组织联系方法时，陈云说，必要时会有人来接头。分别时，朱总司令让杜带了一封亲笔信给杨森，还在杜的笔记本上用钢笔写了"抗战必胜，建国必成"八个字。

　　杜重石离延安辗转西安回到成都，他利用川康地方的实力人物与蒋介石的矛盾，组成了"袍哥"团体"蜀德社"。中共地下党成都市委副书记杜桴生也介绍四川、华西、齐鲁等大学的一些学生作为"新酒"加入了这个"旧瓶"。1941年在"蜀德社"内曾传阅毛泽东《新民主主义论》的油印本。

　　杜重石当时在川康开展统战工作时的公开身份是杨森的二十军驻成都办事处处长，川康绥靖主任公署少将参议及"蜀德社"的袍哥大爷。1944年9月，中国民主政团同盟改名为中国民主同盟后，杜重石由民盟中央委员沈志远和民盟成都市分部主委范朴斋介绍加入了中国民主同盟。同年冬天，张澜等发起创办了《大义》周刊，杜重石任社长，宣传川康袍哥的爱国主义思想。1945年第二次世界大战胜利前夕，杜重石在《大义》周刊发表文章抨击蒋介石妄图独占出席联合国大会的代表名额。后来在全国各民主党派爱国人士的呼吁下，蒋介石不得不让共产党代表董必武出席了旧金山会议。日本投降后，《大义》周刊还反对蒋介石不准八路军、新四军对日军受降，并发表了张友渔《日本的和平攻势与无条件投降》等文章。

　　1946年秋，李公朴、闻一多被国民党特务暗杀，杜重石是成都举行追悼大会的发起人之一，针对国民党特务破坏大会的行径，杜非常气愤地撰写了一副对联：

　　　　怪！拥护三民主义，竟遭毒手，应留者未留，何弗思国中人群，要誓死争回民主。

　　　　妙！维持法西斯政权，定下阴谋，该杀的不杀，试环顾海外局势，应狠心抛却独裁。

　　不久，杜重石被以"袍哥流氓，包庇烟赌"之罪名逮捕，《大义》周刊亦被查封。后在爱国民主人士的全力营救下，杜被取保释放。

　　1948年春，杜重石在香港加入了中国国民党革命委员会。1948年5月，杜由香港经上海飞抵成都，驱车雅安，在完成李济深交办的事务后回港。在得知李济深已响应毛主席在西柏坡的"五一"号召前往北平，参加新政治协商会议的筹备工作，杜即赴北平参加学习共同纲领。学习期间，杜重石接民革中央组织部长朱学范通知，得知自己被选为民革中央执行委员会委员。

　　杜重石欢欣鼓舞迎来了新中国的成立，一心想为国家的社会主义建设做出贡献。1949年12月，由中共中央社会部部长李克农通知，杜奉周恩来总理之命，从北京去西安随贺龙的第一野战军进军成都，任贺龙的政治代表，以利用自己在川康的社会关系，负责川康地方部队的联络工作，协助接收起义部队，和平解放大西南。二一军的金堂起义就是通过杜与军长、杨森之子杨汉烈联络后确定的。在地下党和民革川康分会的工作下，川康的刘文辉、邓锡侯和潘文华都在大西南解放前夕举行起义，投入人民怀抱。

三、其他红色（进步）袍哥

解放战争时期，一些有进步思想的袍哥人物，出于对国民党政府的憎恶，对新的社会的向往和追求，自觉地投入到反对国民党势力的斗争中来，或协助共产党开展工作，被称为红色袍哥。除了杜重石、王伯高等早期加入共产党组织的外，还有许多可歌可泣的人物。

徐茂森（1916—1949），出生于双流县擦耳乡，曾当杂工，后经营盐业，对人诚信忠厚，豪侠尚义，因而当上了本乡"全福社"的袍哥大爷。1946年中共地下党员肖汝霖与之接触，徐茂森曾为地下党运送武器。1948年冬，中共地下党员石祖传化名彭先云到擦耳乡主持联络站工作，徐茂森把彭安置在自己家里做家庭教师，后又安插在小学校，得以顺利完成党的任务。至此，在肖、石等共产党人的影响下，徐茂森已坚定地走上了共产党领导的解放全中国的道路，并加入了中国共产党。徐海东是徐茂森的侄儿，1924年出身于该县红石乡的一个农民家庭，曾教过小学，当过钱庄会计。1948年7月，他秘密加入中共新津县地下组织领导的政治建设研究会新（新津）、双（双流）边分会，开始接受党的教育。1949年7月，经彭先云介绍，由周鼎文代表组织，接受徐海东加入中国共产党。在徐茂森主持下，他们成立"新民主主义同志会""农民翻身会"等组织，处死了擦耳乡反动武装头目廖永孝。不久，徐茂森任纠察队长、徐海东任文书，他们掌握了乡公所的武装。正当革命队伍不断壮大的时候，敌人也察觉了擦耳乡的情况，同年10月，徐茂森和徐海东先后被捕，12月7日牺牲于十二桥。①

张维丰（1917—1949），资阳县清泉乡人，家产殷富，青年时代即在县城组织"叙荣乐"社，任总舵把子，后又任乡长、县参议员、国民党党部监察委员、青年党县党部主席等职。1949年7月，在与中共川西临时工委密切接触后，决定弃暗投明，参加了共产党领导的革命组织"新民主主义同志会"。同年秋，张维丰受命在成都积极筹组武装，被任命为川康边人民游击纵队川东第三支队司令员。张维丰指示部下李阳春"组织资阳独立大队，协助解放"；邀请川康边临工委留蓉工作部领导人员前往资阳验收整编。

10月31日，张维丰奉命先到资阳做迎接解放准备，在成都牛市口汽车站被特务逮捕，关押于省特委会监狱。张维丰在监狱中表现坚决，严守组织机密，践行了"跟共产党走"

---

① 王廷全：《叔侄英烈——徐茂森、徐海东》，《成都文史资料选辑》第十四辑。

的诺言，并将随身一枚金戒指托人变卖，供狱中同志改善伙食。成都解放前夕，张维丰被国民党杀害于十二桥。①

蹇幼樵（1895—1973），名国深，字幼樵，江油县中兴乡人。新中国成立前江油地方势力首脑，立法委员，中共统战对象，为促进川西北地区的和平解放做出了一定的贡献。

蹇自幼从父课读，后入县城高等小学堂就学，中途辍学侍奉陷于冤狱的父亲。三年后父亲获释，父子流落他乡。1914 年回安家山办团练治匪，并开山立堂，建立"广益堂"袍哥组织。1923 年，蹇与其父一道加入中国国民党。1925 年，其父病故，蹇遂继任其父江油团练总局局长及江、彰、剑三县联团司令之职。不久，三县联团扩建为江、彰、平、北、青、剑六县联团，蹇仍为司令。1930 年任江油县公安局局长。1931 年任梓潼县县长。1934 年 2 月，出任国民革命军第十九军驻区团练干部学校副校长，不久加入复兴社。1935 年 4 月，红四方面军渡过嘉陵江直逼涪江上游地区，蹇受命率联团于清溪河一带布防，为保存实力而避免与红军正面交锋。1936 年，任江油县财务委员会及江油县党员登记指导委员会主任，注意团结地方知名人士和知识界人士，注重创办实业以发展地方经济，相继在平武、江油、武都、永平、大康等地办过铁厂、纸厂、碗厂、果园、炼油厂、伐木厂等。防区制结束后，土匪活动猖獗，他又自告奋勇，解囊出资，经请示县府同意后召集旧部组成临时武装，深入山区剿匪，四境渐靖。

1937 年 7 月卢沟桥事变后，蹇积极从事大后方的抗战活动。1939 年，江油县成立抗日救亡动员委员会，蹇兼任主任，由县财委拨资开展工作。1942 年，被选为县临时参议会议长。1944 年，被选为省参议员，不久赴省城驻会，广泛联络各派地方势力及政界要人。同时亦热心于发展家乡的教育文化事业，倡议创办江油简易师范学校以培养地方师资，用县参议会的余款办"苦学励进会"以资助高中以上的贫苦学生求学，筹款为"江彰旅省联合会"在成都忠烈祠东街购置会所，私人出资在江油澄水创办广益中学。1947 年，参与国民政府立法委员竞选，在第十选区以 45 万余票的最多票数当选。1948 年后，接受中共川北工委的策反，与中共秘密建立统战合作关系。1949 年 2 月，经李宗磺介绍在成都加入国民党革命委员会。不久李被军统特务秘密杀害，蹇亦受到监视。4 月，蹇成立"江油县民众自卫委员会"，自任主任，旋即建立"江油民众自卫总队"，接纳中共川北工委派遣的地下党员进入部队做组织宣传工作。后经周恩来派遣到王陵基身边做统战工作的中共党员郭秉毅

① 宋海常：《张维丰烈士事略》，《成都文史资料选辑》第十四辑。

的协助，取得省保安司令部的认可，于 1949 年 11 月 1 日在中共江油地下组织的控制下，成立"江、彰、平、北、青、松六县山区联防总队"，蹇任总队长。12 月 21 日午夜在大康宣布起义，在维持地方治安，保护公产、档案的同时，配合解放军入境解放江、彰地区。江油县人民政府成立后蹇任副县长，不久被特邀参加川北区各界人民代表会议，驻川北行署。后为四川省政协委员，1973 年逝世。

侯少煊（1899—1983），别名宗显，广汉县新丰镇人。1920 年在成都"金盛隆"绸缎铺做店员时与川北边防军司令赖心辉结识。1922 年，三水"正谊社"袍哥十六人被赖心辉手下清乡时抓捕，托侯少煊营救，侯少煊在成都讨得赖心辉的亲笔信回广汉交予赖心辉的手下，被捕者获释。"正谊社"感恩，吸收侯少煊为袍哥五排。1927 年，侯少煊得赖心辉提举，任成都南区禁烟督察主任，开始做鸦片生意，兼营大米、小麦、纸烟、银元生意，伙同川军军官摆赌抽头。1932—1939 年，侯少煊先后做过刘文辉的二十四军咨议，曾更元的咨议和上校参谋。曾更元在南江被中国工农红军打得全军覆没后，侯少煊帮助他收整残部，同时伙同曾贩卖军火、银元、鸦片。随后，邓锡侯委任侯少煊为上校参军，同时任成都纱帽街袍哥"同仁社"社长，并筹组"信华银行"任董事长。1940 年，广汉发生壮丁围城事件，侯少煊回城调解，使事件平息。次年出资 5 万元办广汉兴华小学。1944 年在成都办中孚公司，任董事长。广汉县第一届参议会选举，侯少煊为参议员，接着又选举为省参议员。

侯少煊在省参议会与张秀熟交谊深厚，并多次接受其教育帮助。1949 年 12 月初，派人将邱翥双等送到彭县，参加协助刘文辉、邓锡侯、潘文华主持的起义。12 月 20 日，侯少煊又去见刘文辉、邓锡侯、潘文华，并带回他们给董宋珩、曾更元的信，同时带回起义文告和《约法八章》。侯少煊在解放军未进入广汉时，接受联工委部署，从 12 月 23 日起组织地方武装维持社会秩序直到解放军进驻广汉。1950—1958 年，侯少煊任广汉县各界人民代表会议副主席、广汉县政协副主席和省政协委员。1983 年 8 月 31 日病逝。著有《广汉匪世界时期的军军匪匪》。

第三节　新中国成立后对袍哥的处理

中华人民共和国成立后，为了尽快结束混乱局面，政府及时出台了处理袍哥的政策。

1951 年前后，人民政府根据《中华人民共和国惩治反革命条例》，广泛发动群众，结合减租、退押、清匪、反霸、土地改革等运动，坚决取缔反动会道门组织。贯彻"首恶必办，胁从者不问，立功者受奖"的方针，区别对待。对于利用哥老会进行反革命活动、残害人民、在解放后组织武装叛乱的罪大恶极者，坚决镇压。对于历史上犯有罪恶，解放后弃恶从善，愿意改悔的分子，予以宽大处理。对立功者予以奖励。对哥老会的一般成员不予追究。经过清匪反霸、镇压反革命、土地改革运动和城市民主改革之后，军阀、土匪和烟帮宣告覆灭，妥善地解决了旧中国长期存在的封建帮会组织这一社会问题。袍哥就其组织来看，在后期已完全成为军阀、官僚、地主豪绅和国民党反动统治的工具，因而，它的消亡是历史的必然。在"坦白从宽，抗拒从严"政策的感召下，通过说服教育，使许多袍哥认识了袍哥组织的封建性和反动性，纷纷向军管会和公安局登记，其组织随之解体。从总体上看，辛亥革命后，袍哥已失去了存在的合理依据，其恶性发展，势必会成为社会的毒瘤，新中国成立后，则从政策上加速了它的灭亡，这正是袍哥历史发展的必然逻辑。

　　毛泽东指出：目前在全国进行的镇压反革命的运动，是一场伟大的激烈的和复杂的斗争。全国各地已经实行的有效的工作路线，是党的群众路线。这就是：党委领导、全党动员、群众动员，吸收各民主党派和各界人士参加，统一计划，统一行动，严格地审查捕人和杀人的名单……这里的原则是：对于有血债或其他严重的罪行，非杀不足以平民愤者，必须坚决判处死刑，并迅即执行。即对于没有血债、民愤不大和虽然严重地损害国家利益但尚未达到最严重的程度而又罪该处死者，应当采取判处死刑，缓期二年执行，强迫劳动，以观后效的政策。并决定捕人批准权一律收回到地委专署一级，杀人批准权一律收回到省一级。强调镇压要"打得稳，打得准，打得狠"。判处死刑者应是极少数（大约占清查出的反革命分子的十分之一二）。对于党、政、军、教、经、团中，内部清出的极少数人判处死刑者，报大行政区或大军区批准，有关统一战线的重要人员，报请中央批准。①

　　四川解放后，各级政府结合清匪反霸对袍哥进行了处理。由于各种原因，特别是四川基层社会的复杂性，一个人既可能是袍哥，还可能有其他多种身份，致使袍哥处置的具体数据已无法完全统计。但从现有的一些地方志史料来看，多数袍哥组织是在国家的有关政策发布后自动解散的。此前横行乡里的袍哥大爷，除有血债的之外，大部分没有枪决。

　　1950 年初，邛崃县各乡镇的袍哥头目相互串联，纠合特务土匪，并胁迫群众发动武装暴乱。

---

　　①　参见《毛泽东选集》第五卷，人民出版社 1977 年版，第 39–45 页。

同年 4 月，暴乱平息后，全县 166 个主要袍哥组织向政府自首登记，人数在五万人以上。①

1950 年 4 月，龙泉驿各乡镇码头袍哥头目大多数参与龙泉驿"三三"反革命叛乱。"清匪、反霸、镇反"运动后，袍哥组织被取缔。②

1949 年年末，温江县袍哥头目陈公爵、胡琏等与国民党特务勾结，垂死挣扎，自封为"总司令""总队长"等，发动武装叛乱。1950 年 2 月 11 日叛匪四处骚扰，甚至围攻县城。2 月 26 日，政府开始总清剿。叛乱头目或被击毙，或被捕获，袍哥组织随之解体。③

1950 年 8 月至 10 月，射洪县共有 103 个袍哥组织在《川北日报》上声明解散，从此不复存在。④

1950 年初，南充县人民政府对袍哥进行教育和登记工作，城内的袍哥代表人物吴俊夫、郑恕春、张泽林、杨竹泉等，于同年 3 月 26 日在《川北日报》刊登启示，宣布解散各自的袍哥组织。其后，李家、五龙、同仁、西兴、东观等乡镇的袍哥组织，也在《川北日报》上刊登解散启示。至此，结束了全县袍哥组织的历史。⑤

蒲江解放之初，国民党特务组织任命袍哥头目卢联三、杨万和等以"川康挺进军第三路军"纵队长、大队长等职务，通过哥老会组织发动武装叛乱。1950 年 5 月，武装叛乱被平息，浑水袍哥头目王瀛珊、戴明渲被击毙；任子良、卢联三、刘渐逵被活捉；杨万和在清匪反霸运动中被镇压。⑥

1950 年 2 月 8 日，天全解放。同年 2 月 12 日，袍哥头目杜子和、杨华贵等纠集 3000 多人包围县城，围攻解放军，被击溃。⑦

至 1951 年底，四川境内各州县的袍哥组织已全部取缔，在四川存活了一百多年，在中国近现代史上产生过很大影响的袍哥至此便消失了。

---

① 《邛崃县志》，四川人民出版社 1993 年版。
② 《成都市龙泉驿区志》，成都出版社 1996 年版。
③ 《温江县志》，四川人民出版社 1990 年版。
④ 《射洪县志》，四川大学出版社 1990 年版。
⑤ 《南充县志》，四川人民出版社 1993 年出版。
⑥ 《蒲江县志》，四川人民出版社 1992 年版。
⑦ 《天全县志》，四川科学技术出版社 1997 年版。

主要参考文献

［1］刘师亮：《汉留史》，1935 年成都排印本

［2］王纯五：《袍哥探秘》，成都：巴蜀书社，1993

［3］李山主编：《三教九流大观》，西宁：青海人民出版社，1998

［4］笑蜀《刘文彩真相》，西安：陕西师范大学出版社，1999

［5］刘剑、丁小梅：《帮会奇观》，北京：中国文史出版社，2001

［6］叶曙明：《大国的迷失》，西安：陕西师范大学出版社，2007

［7］《左宗棠全集》，长沙：岳麓书社，1990

［8］李耘夫：《汉留全史》，星星书报杂志社 1938 年版

［9］赵宏：《袍哥理门一贯道》，北京：团结出版社，2006

［10］吴思：《血酬定律》，北京：中国工人出版社，2003

［11］李子峰：《海底》（影印本），上海：上海文艺出版社，1990

［12］胡汉生：《李蓝起义史稿》，重庆：重庆出版社，1983

［13］隗瀛涛：《论同盟会与四川会党·纪念辛亥革命 70 周年学术讨论会论文集（上）》，北京：中华书局，1983

［14］隗瀛涛：《四川保路运动》，北京：中华书局，1962

［15］唐绍武等：《解放前重庆的袍哥》，《重庆文史资料》第三十一集

［16］政协四川省文史资料研究委员会、四川省人民政府文史研究馆：《四川保路风云录》，成都：四川人民出版社，1981

［17］罗伯特 A．柯白：《四川军阀与国民政府》，成都：四川人民出版社，1985

［18］陈文荣：《较场口血案幕后见闻》，《重庆文史资料》第十辑

［19］崔锡麟：《我所知道的青洪帮》，《江苏文史资料选辑》第二十辑

［20］杜重石：《大义周刊始末记要》，《成都报刊史料专辑》第三辑

［21］孟广涵：《大西南抗日救亡运动》，重庆：重庆文史书店，1987

［22］张友渔：《我奉派做团结刘文辉的工作》，《成都文史资料选辑》第二十一辑

［23］王廷全：《掩护地下革命活动的爱国民主人士——王伯高烈士》，《成都文史资料选辑》第十四辑

［24］王廷全：《叔侄英烈—徐茂森、徐海东》，《成都文史资料选辑》第十四辑

［25］宋海常：《张维丰烈士事略》，《成都文史资料选辑》第十四辑

［26］谭松林、彭邦富：《中国秘密社会》，福州：福建人民出版社，2002

［27］吕思勉：《中国通史》，北京：新世界出版社，2008

［28］曾国藩：《曾文正公全集》，李翰章编纂，李鸿章校刊，长春：吉林人民出版社，1995

［29］于洋：《江湖中国——一个非正式制度在中国的起因》，北京：当代中国出版社，2006

［30］庄吉发：《从萨满信仰及秘密会党的盛行分析清代关帝崇拜的普及》，《清史论集》（一）．台北：文史出版社，1997

［31］萧一山：《近代秘密社会史料影印本》，《国立北平研究院史学研究会社会史料丛编第一种》，北京：中国书店，1993

［32］康熙《四川总志》卷十《贡赋》

［33］严如熤辑：《三省边防备览》，清道光十年刻本，江苏广陵古籍刻印书店影印本，1991

［34］张集馨：《道咸宦海见闻录》，北京：中华书局，1981

［35］聂宝璋：《中国近代航运电资料》，上海：上海人民出版社，1983

［36］李榕：《禀曾中堂、李制军、彭宫保、刘中丞》，载《十三峰书屋》卷一"批牍"

［37］冯佐哲：《嘉庆年间五省白莲教大起义》，《清史论丛》第二辑．北京：中华书局，1980

［38］胡齐畏：《大足人民反洋教斗争》，《大足文史资料选辑》（二）

［39］中国人民政治协商会议全国委员会文史资料研究委员会编：《辛亥革命回忆录》，北京：文史出版社，1961–1963

［40］广汉政协：《广汉同志军的活动手稿》

［41］戴执礼编：《四川保路运动史料》，北京：科学出版社，1959

［42］《赵尔丰列传》手抄本，四川大学图书馆藏

［43］隗瀛涛、赵清主编：《四川辛亥革命史料》，成都：四川人民出版社，1981

［44］吴福辉：《沙汀传》，北京：北京文艺出版社，1990

［45］田德明：《回忆邓锡侯先生事略》，《成都文史资料选辑》第二十一辑

［46］蜀洪：《洪门诠释》，台湾：八八出版社，1992

后 记

一切皆是缘！

因为友谊和爱好，高校教授、中学教师、文化局干部，三个不同单位的人走到了一起，协同作战，做起了《四川袍哥史稿》这个课题。

那还是 2005 年一个热热闹闹的夏天，我们三人各自为衣食奔忙而又不忘相互关照，因为要帮老米新出版的小说《浑水》找销路，我们聚在了一起，边说边议，都感到袍哥问题大有文章可做，它不应该仅仅是文学、影视热闹的领域，更应该是学术研究领域值得重视的题材。一个动议，我们就都有一丝隐隐的冲动，并很快达成了共识，想要把四川袍哥历史的本来面目还原。承蒙四川省教育厅的立项资助，使我们终于有了这样的机会。

历史是一种逻辑关系，即使对留传下来的所有的史实钩沉，也仍然不是全部，或许遗失的部分恰恰就是历史的精华：它可能是在漫长历史河流中的一朵具有美学意义的浪花，影响了一代人的审美维度；也可能是某个不经意地方的一块顽石，却因为它的存在，从此改变了历史的走向。

所以真正的史学家，都不喜欢站在岸边看热闹，而是愿意沉入到尚未断流的历史长河中去，哪怕呛上两口水，却从中感受到存在意义上的真实。就算是枯干了的河床，闭目躺在上面，也可以让快乐的鱼虾和不太快乐的渔民在梦中复活。如果是有心人，不妨用上已经锈迹斑斑的小铁铲，选择一个裂隙插进去，说不定能发现先人们遗弃的鼙鼓或断戟，从此理直气壮地宣布自己是这一段河道的"哥伦布"。

可惜我们没有太多这样的机会。

幸运的是，我们的前人对此已经做了大量的工作，我们只是踩在他们的肩膀上，回望那一时段的滚滚波涛。

是的，这些曾经孤独，曾经因为孤独而抱成一团的风衣人，现在可以潇潇洒洒地走向我们所不知道的远方，我们可以不记得他们曾经扭曲的面孔，不记得这些硬心肠的人曾经流下的泪水，但他们的子孙还健在，时不时地会记起他们，或许还会查验他们骨殖上的伤痕，因为历史法则告诉我们，债是永远的心痛。

绵阳师范学院民间文化研究中心主任高梧教授以及谭继和、杨天宏等专家学者们的厚爱促成了课题的立项，四川大学宗教所所长李刚教授、古籍所所长舒大刚教授、哲学所所长蒋荣昌教授、四川师范大学特聘教授蔡方鹿研究员、华侨大学宗教所所长黄海德研究员、四川省林业厅森林旅游服务中心主任马朝洪、中共德阳市委常委宣传部长郝跃南博士给了我们鼓励和关心；《中国道教》杂志社副主编尹志华博士、中央民族大学孙琥璁博士、民间文化研究中心旷天全硕士、台湾民间文学作家蜀洪先生、名山县老中医张泽奎先生、绵阳席殊屋经理贺兆明先生为我们找寻资料提供了无私的帮助，巴蜀文化研究专家袁庭栋老先生奖掖后学，热情推荐此书；责任编辑穆戈先生为此书的出版付出了很多具体辛勤的劳动，在此一并致谢！我们还要特别感谢百忙之中抱病为我们作序的四川省历史学会老会长谭继和先生。

自课题立项以来，我们为书稿相聚多次，经常研讨，全书由刘延刚出谋统筹，唐兴禄写出初稿，刘延刚提出修改意见后，米运刚作了修改，最后再经刘延刚全面修改定稿。其间九易其稿，几多艰辛，一言难尽。完稿之后，却诚惶诚恐起来，生怕笔力不及，不能真实再现历史的原貌，既对不起往者，更负于来者。如有再版的机会，或许这些遗憾都可以弥补。

我们不奢望该书能藏之名山，留传后世，只希望能让来者有史可查，以资有用，就稍可心安了。

没有最好，只有更好，由于各种条件的限制，一部《四川袍哥史稿》，需要探讨的问题还不少，更深入沉潜的思考还要留给以后的时日。

夜已深了，梦还等着我们。

作 者

2012 年 5 月 1 日

四川袍哥史稿　SICHUAN PAOGE SHIGAO